KB137292

"I love you and am smiling at you from wherever I may be."[*]

To Jacques Derrida (1930-2004),
who taught me the profound meaning of the smile and the affirmation of life.
I share this book with you with a grateful heart, wherever you may be.

"나는 당신을 사랑합니다.
그리고 내가 어디에 있든지
당신을 향해 미소 지을 것입니다."

미소의 심오한 의미와 생명 긍정의 소중함을 가르쳐준
자크 데리다,
당신이 어디에 있든지,
깊은 고마움을 가지고 이 책을 나눕니다.

[*] 이것은 데리다가 죽기 전 쓴 자신의 장례식 조사의 마지막 구절이다.

데리다와의 데이트

일러두기

- " "는 데리다와 사상가들의 말이나 개념을 직접 인용하거나 특별히 강조, 또는 새로운 조명이 필요할 때 사용했다. 데리다는 기존의 개념에서 의미를 재구성할 때 인용부호를 사용했으며 본서에서도 데리다의 방식을 차용했다.
- 본문 중의 성서 내용은 〈*NRSV(New Revised Standard Version)*〉, 그리고 〈*The Inclusive New Testament*〉를 기준으로 저자가 번역한 것이다.

데리다와의 데이트

나는 애도한다, 고로 존재한다

강남순 지음

Dating Derrida:
I Mourn,
Therefore I Am

행성B

제13장 데리다의 유산, '함께 살아감'의 과제

제1장 시작이란 무엇인가: 애도는 이미 시작되었다

- 내가 '나의' 책(출판하기로 한)을 내어놓는 그 순간 나는 나타나며-사라지는 존재가 된다.
  (At the moment I leave 'my' book (to be published)—I become, *appearing-disappearing*.)
- 나는 나의 글에서 나의 죽음을 산다. (I live my death in my writing.)
- 나의 죽음은 가능한가? (Is my death possible?)

제2장 왜 데리다와의 데이트인가

- 나는 당신을 사랑합니다.
  그리고 내가 어디에 있든지 당신에게 미소 지을 것입니다.
  (I love you and am smiling at you from wherever I may be.)
- 나는 웃음과 노래, 눈물과 같이 편지로 부칠 수 없는 것들을 당신이 들을 수 있길 바라며, 여행하는 세일즈맨의 편지들을 당신에게 쓰고 있습니다. 내가 오직 관심하는 것은 편지로 결코 부칠 수 없는 것들입니다.
  (I write you the letters of a traveling salesman hoping that you hear the laughter and the song—the only ones that cannot be sent, nor the tears. At bottom I am only interested in what cannot be sent off, cannot be dispatched in any case.)

제3장 왜 데리다인가: 데리다 유산의 상속자들

- 상속이란 결코 "주어지는 것"이 아니다, 그것은 언제나 "과제"다. ⋯우리는 상속자들이다. ⋯존재한다는 것은 ⋯상속받는다는 것이다.
  (Inheritance is never "a given", it is always "a task" ⋯ We are inheritors ⋯ To be ⋯means ⋯to inherit.)

- 누가 상속할 것인가, 그리고 어떻게 상속할 것인가? 상속자가 도대체 있기나 한 것인가? …
  (Who is going to inherit, and how? Will there ever be any heirs?)
- 우리 모두는 중재자이며, 번역자이다.
  (We are all mediators, translators.)
- 보이지 않는 인용부호들에 주의를 기울이십시오, 하다못해 하나의 단어 안에 있는 것에도…
  (Be alert to these invisible quotation marks, even within a word…)

제4장 데리다는 누구인가: 데리다 언더 이레이저

- 나는 태어났다. …나는(아직 안) 태어난다. …
  인간이 단지 한 번만 태어났다고 도대체 누가 그러는가?
  (I was born. …I am(not yet) born …Who ever said that one was born just once?)

제5장 데리다, 뿌리 뽑힌 이방인: 저작과 공적 활동

- "나"는 저항의 바로 그 형태를 구성한다. 정체성이 선언될 때마다 소속성이 나를 제한한다. …어떤 사람 또는 어떤 것에 갇힌다. 당신을 가두는 덫을 찾아라. 그 덫을 벗어 던지고, 자유롭게 하고, 당신 자신을 해방하라.
  ([T]he "I" constitutes the very form of resistance. Each time this identity announces itself, each time a belonging circumscribes me, …someone or something sties. Look out for the trap, you're caught. Take off, get free, disengage yourself.)

제6장 데리다와의 데이트를 위한 읽기: 일곱 가지 제안

- 읽기란 시간, 훈련 그리고 인내심을 요구하는 것이다.
  또한 여러 가지 읽기, 새로운 방식의 읽기, 상이한 분야의 다양한 것들을 읽는 것이 요구되는 작업이다.

([R]eading …requires time, discipline, and patience, work that requires several readings, new types of reading, too, in a variety of different fields.)

• 정밀한 읽기는 바로 정치적 책임성의 조건이다. 정치적 책임성은 사건들을 읽고, 상황들을 분석하고, 선동가들과 미디어의 레토릭에 관심해야 하는 것을 의미한다.

(Close reading is nothing other than the condition of political responsibility. Political responsibility requires that one read events, that one analyzes situations, that one pay attention to the rhetoric of the demagogues and the media.)

• 칸트를 읽을 때마다, 그것은 언제나 처음이다.

(Every time I read Kant, it is always for the first time.)

제7장 해체적 읽기: 정치적·윤리적 책임성

• 나는 정치적·윤리적 그리고 사법적 책임성은 무한한 정밀한 읽기의 과제가 요청된다고 본다. 이것이 정치적 책임성의 조건이 되어야 한다고 본다: 정치가들은 읽어야만 한다. …광의의 의미에서 읽기란 윤리적이고 정치적인 책임성이다.

(I would assume that political, ethical, and juridical responsibility requires a task of infinite close reading. I believe this to be the condition of political responsibility: politicians should read. …Reading, in the broad sense which I attribute to this word, is an ethical and political responsibility.)

• 콘텍스트 바깥에는 아무것도 없다. (there is nothing outside of context)

• 콘텍스트 외에 아무것도 없다. (there is nothing but context)

• 모든 것은 텍스트가 된다. …내가 말하는 텍스트란 종이에 쓰여진 텍스트를 말하는 것이 아니라, 이 세계에 있는 모든 것이 텍스트다. 그것이 바로 내가 텍스트라고 부르는 것이다.

(everything becomes a text. …I mean not in the written text, not on paper, but in the world as a text. That's what I called the text.)

제8장 해체: 사랑의 작업, 인식 세계의 지진

- 해체는 하나의 '분석'이나 '비판'이 아니다. …해체는 '방법'이 아니며 '방법'으로 변모될 수도 없다.

  (Deconstruction neither an *analysis* nor a *critique* …Deconstruction is not a method and cannot be transformed into one.)

- 정의 자체는, 만약 그러한 것이 존재한다면, 법 밖에든 또는 법 너머든, 해체할 수 없다. …해체는 정의다.

  (Justice in itself, if such a thing exist, outside or beyond law, is not *deconstructable* …Deconstruction is justice.)

- 정의는 …기다리지 않는다. 정의란 기다려서는 안 되는 것이다.

  (Justice …does not wait. It is that which must not wait.)

- 해체는 하나의 방법이나 분석으로 귀결할 수 있는 것이 아니다. …해체란 사랑 없이는 결코 진행하지 않는다고 나는 본다.

  (Deconstruction as such is reducible to neither a method nor an analysis. …I would even say that is never proceeds without love.)

- 해체는 이론도 아니고, 철학도 아니다. 해체는 학파도 아니며 방법도 아니다. 해체는 하다못해 담론도 아니며, 행위나 또는 실천도 아니다. 해체란 일어나는 것이다, 바로 오늘 일어나고 있는 것이다.

  (Deconstruction is neither a theory nor a philosophy. It is neither a school nor a method. It is not even a discourse, nor an act, nor a practice. It is what happens, it is what is happening today.)

- 해체는 언제나 '예스'의 편에, 생명 긍정의 편에 있다.

  (Deconstruction is always on the side of 'yes', on the side of the affirmation of life.)

- 환대는 편안함의 해체다; 해체는 타자에 대한, 자신이 아닌 타자에 대한 …환대다.

  (Hospitality is the deconstruction of the at-home; deconstruction is hospitality to the other, to the other than oneself…)

제9장 환대: 환대 너머의 환대, 편안함의 해체

- 우리는 환대가 무엇인지 알지 못한다. …환대는 오직 환대 너머에서 일어날 수 있을 뿐이다.
  (We do not know what hospitality is …Hospitality can only take place beyond hospitality.)
- 환대란 편안함(at home)의 해체이다; 해체는 타자들, 자신이 아닌 타자들, 그 타자들의 타자들, 그 타자들의 타자들이라는 경계 너머에 있는 이들에 대한 환대다.
  (Hospitality is the deconstruction of the at-home; deconstruction is hospitality to the other, to the other than oneself, the other than "its other", to an other who is beyond any "its other.")
- 언어는 환대다. (language *is* hospitality)
- 미소가 없다면, 그것은 환대가 아니다. (Without smiling, it is not hospitality.)

제10장 애도와 연민: 함께 살아감의 존재방식

- 살아감이란 언제나 '함께 살아감'이다.
  (Living is always "living together.")
- 연민은 "함께 살아감"의 근원적 방식
  (Compassion …a fundamental mode of "living together.")
- 나는 애도한다, 고로 존재한다.
  (I mourn, therefore I am.)
- 살아남음―그것은 애도의 다른 이름이다.
  (Surviving―that is the other name of a mourning.)
- 매번 …죽음은 세계의 종국이다.
  (each time…, death is nothing less than the end of the world.)
- 무관심 또는 수동성은 '인류에 대한 범죄'의 시작이다.
  (Indifference or passivity …is the beginning of a crime against humanity.)

제11장 인간과 동물: '동물에 대한 범죄'를 넘어서

- 동물, 이것은 도대체 무슨 말인가!
  이것은 하나의 단어다, 인간이 살아있는 타자에게 명명할 권리와 권위를 스스로에게 부여하면서, 인간이 제도화한 이름일 뿐이다.
  (The animal, what a word!
  The animal is a word, it is an appellation that men have instituted, a name they have given themselves the right and the authority to give to the living other.)

- 그렇다, 동물, 이것은 도대체 무슨 말인가!
  동물은 인간들이 스스로 명명의 권리를 부여해 만든 이름이다. 인간들은 명명 권리와 권위를 유산으로 수여받은 것처럼 행동하지만, 사실 그 권리란 인간들이 직접 자신에게 부여한 것이다. 인간들은 수없이 많은 살아있는 존재를 단순한 이 하나의 개념 속에 몰아넣기 위해, 이 단어를 자신에게 부여했다: (절대화된 대문자로서의) "동물", 인간들이 명명했다.
  (Yes, animal, what a word!
  Animal is a word that men have given themselves the right to give. These humans are found giving it to themselves, this word, but as if they had received it as an inheritance. They have given themselves the word in order to corral a large number of living beings within a single concept: "The Animal", they say.)

- 동물은 우리를 바라본다, 그리고 그 동물 앞에서 우리는 벌거벗었다. 사유는 아마도 그 지점에서 시작되리라.
  (The animal looks at us, and we are naked before it. Thinking perhaps begins there.)

- 진정으로 내 말을 믿으시라, 내가 말하는 고양이는 실제의 고양이, 한 작은 고양이다. 그것은 고양이라는 *표상*이 아니다. 그 고양이는 이 지구상에 있는 모든 고양이를 우의적으로 대표하는 것으로서 소리 없이 침실에 들어오는 그런 비유석 존재가 아니다…
  한 동물이 나를 바라본다. 이 문장에 대하여 나는 무엇을 생각해야만 하는가?
  (The cat I am talking about is a real cat, truly, believe me, a *little* cat. It isn't the *figure* of a cat. It doesn't silently enter the bedroom as an allegory for all the cats on the earth…
  An animal looks at me. What should I think of this sentence?)

- 동물은 벌거벗지 않는다, 왜냐하면 벌거벗었기 때문이다. 동물은 자신의 누

드성을 느끼지 않는다. "자연에는" 누드성이란 없다.

(The animal, therefore, is not naked because it is naked. It doesn't feel its own nudity. There is no nudity "in nature.")

제12장 데리다와 종교, 데리다의 종교: 종교 없는 '종교'

- 신은 …*불가능한 것*을 가능하게 하는 존재를 의미한다. …나에게 있어서 신은 정확하게 내가 지닌 불가능성의 욕구를 나누는 존재다. 비록 신이 그 바람을 채워주거나 응답하지 않는다 해도.

  (God …it refers to the becoming possible of '*the* impossible' …For me, God is precisely that one who would share my desire for the impossible, even if he[sic] doesn't respond to, or satisfy that desire.)

- 종교란 무엇인가 …종교는 책임성이다, 그렇지 않다면 종교는 아무것도 아니다 …악마적인 것은 비책임성이다.

  (What is a religion? …Religion is responsibility or it is nothing at all …the demonic is …nonresponsibility.)

- 종교란 응답이다. …응답하는 것이란 책임성을 의미한다.

  (Religion is the response. …what responding means… responsibility.)

- 타자에 대한 윤리적 관계가 바로 종교다.

  (The ethical relation to the other is religion.)

- 윤리적 관계는 종교적 관계다. *하나*의 종교가 아니라 *절대적 의미*의 종교, 종교적인 것의 종교성.

  (The ethical relation is a religious relation. Not *a* religion, but *the* religion, the religiosity of the religious.)

- 신은 절대적으로 알려져 있지 않은 비결정적 수신자의 이름일 것이다.

  (God would be the name of the absolutely unknown indeterminable addressee.)

제13장 데리다의 유산, '함께 살아감'의 과제

- 책에 대한 생각은 총체성에 대한 생각이다.
  (The idea of the book is the idea of a totality.)

- 우리는 함께 잘 살아가야만 한다. (One must live together well.)

- 이웃이란 무엇인가…? 내 이웃은 나의 시공간과 아주 멀리 떨어져 살고 있는
  낯선 사람 또는 외국인, 어떤 타자 또는 전적 타자가 될 수 있다. …"함께 살
  아감" —맞다. 그런데 함께 살아간다는 것은 무엇을 의미하는가? "어떻게"보
  다 먼저 알아야 한다.
  (What is a neighbor…? My neighbor can be a stranger or a foreigner, any
  other or wholly other, living very far from me in space and time. …"Living
  togerher" —yes, but what does that mean? Even before knowing "how"?)

- 우리는 더 이상 편안하지 않다. (we are no longer at home.)

- 아무도 편안하지 않다. (no one is at home.)

- 오직 불가능한 것을 쓰라, 그것은 불가능의 규율이 될 것이다.
  (Only write what is impossible, that would to be the impossible-rule.)

제 1 장

시작이란 무엇인가:
애도는 이미 시작되었다

데리다의 글소리

내가 '나의' 책(출판하기로 한)을 내어놓는 그 순간, 나는 나타나며-사라지는 존재가 된다. (At the moment I leave 'my' book (to be published)—I become, *appearing-disappearing.*)[1]

나는 나의 글에서 나의 죽음을 산다. (I live my death in my writing.)[2]

나의 죽음은 가능한가? (Is my death possible?)[3]

1. Derrida, *Learning to Live Finally*, 32.
2. Derrida, *Learning to Live Finally*, 33.
3. Derrida, *Aporias*, 22.

1. 산문적 예민성과 시적 상상력

"데리다와의 데이트"를 시작한다. 여타의 만남과 데이트가 그렇지만, 특히 데리다와의 데이트는 '산문적 예민성(prosaic sensitivity)'과 '시적 상상력(poetic imagination)'이 요청된다고 나는 본다. '산문적 예민성'은 현실 세계의 사건들이 지닌 다층적 폭력성, 지배와 종속, 위계주의, 배제와 차별 등을 복합적으로 인지하면서, 그것을 넘어서는 변혁적 개입을 하게 한다. 또한 이유와 원인을 다각도로 조명하고 성찰하면서 매 정황에서 '어떻게'를 모색, 이 세계에 개입하도록 이끈다. 반면 '시적 상상력'은 눈에 보이는 것들을 넘어 다가올 세계에 대한 갈망, 그리고 비결정성과 불확실성의 세계를 끌어안게 한다. 시적 상상력이 '가능성'과 '불가능성'의 경계를 홀연히 넘어서서, 아직 오지 않은 세계, 도래할 세계(world to-come)에 대한 낮꿈꾸기를 가능하게 하는 것이다.

데리다는 "X"라는 주제를 다룰 때 두 축을 제시한다. 'X의 정치'와

'X의 윤리'다. 데리다가 사용하는 이 표현을 적용하자면, 산문적 예민성은 'X의 정치' 영역에, 시적 상상력은 'X의 윤리' 영역에 관계되어 있다고 할 수 있다. 이 두 축은 각기 서로에게 환원되거나, 완전히 분리되어서는 안 된다. 다층적 방식으로 두 축은 연결되어 있으며, 연결되어야만 한다. 데리다와 데이트를 시작하는 것은 '치열하게' 이 두 축 사이를 오가며 춤을 추어야 함을 의미한다. 내가 '치열하게'라는 표현을 사용하는 것은 데리다의 '불가능성의 열정'을 우리의 일상적 언어로 '번역'한 의미에서다. 'X의 윤리'는 다른 말로 하면 '도래하는 X(X-to come)' 또는 '무조건적 X'의 차원이다.

데리다를 깊이 만나고자 하는 것, 또 철학자로만이 아니라 인간 데리다와 데이트한다는 것은 산문적 예민성과 시적 상상력을 품어야 비로소 가능하다고 나는 생각한다. 이 두 차원의 세계를 내면에 지니고 있어야 데리다의 말과 글, 그리고 그의 미소와 같은 몸의 언어를 조금씩 느끼고 경험할 수 있기 때문이다.

'데리다'라는 이름처럼 현대 철학사에서 상충적인 평가를 받는 철학자도 없을 것이다. 또한 마치 '데리다표'처럼 간주되는 '해체(deconstruction)' 개념은 철학, 문화비평, 건축, 예술, 법 등 다양한 학제적 영역만이 아니라, 영화는 물론 요리 분야까지 광범위하게 확산되었다. 이런 경우도 흔치 않을 것이다. 데리다에 관한 책과 논문은 이미 열거하기 어려울 정도로 많다. 그리고 앞으로도 계속 쏟아져 나올 것이다. 데리다의 주 언어인 불어와 데리다가 활동했던 미국의 언어인 영이는 물론, 한국어를 포함해 세계의 다양한 언어로 데리다 읽기와 해석하기는 앞으로도 계속될 것이다.

모든 읽기, 해석하기 또한 쓰기는 자서전적(autobiographical)이다. 《데리다와의 데이트》는 '강남순'으로 불리는 내가 데리다를 만나고, 읽고, 경험한 데리다에 관한 글이다. 이 책은 데리다 '입문서'도 데리다 사상에 대한 '해설서'도 아니다. 또한 데리다 사상을 요약한 '개괄서'도 아니다. 나는 한 사상가에 대한 절대적 의미의 입문서, 해설서, 또는 개괄서가 가능하다고 생각하지 않는다. 가능한 것은 저자의 수만큼 다양한 입문서, 해설서, 개괄서라고 본다.

10명의 저자에게 동일한 참고도서를 주고서 '데리다 사상, 또는 데리다가 누구인가'에 대하여 책을 쓰라 한다고 하자. 똑같은 도서를 본다고 해도, 10명의 저자가 쓴 책은 각기 다른 열 권의 책일 것이다. 왜냐하면 아무리 같은 도서를 보아도 그것을 읽고, 해석하고, 중요한 부분을 찾아내는 방식은 각 저자의 고유한 관점이 작용되기 때문이다. 이러한 맥락에서 읽기, 해석하기, 쓰기, 말하기는 모두 '자서전적'이라고 할 수 있다. 저자들이 가진 시선, 읽기방식, 관점은 겹치는 지점도 있고 엇갈리는 지점도 있을 것이다. 이렇게 모두 똑같은 것은 불가능하다. 니체의 "사실이란 없다, 해석만이 있을 뿐"이라는 선언이 작동되는 의미다.

이러한 맥락에서 《데리다와의 데이트》는 '강남순'의 고유한 시선으로 경험한 데리다를 일상 세계와 연결하려는 하나의 시도이다. '데리다와의 데이트' 프로젝트를 구상하면서 우선적으로 생각한 방향성은 우리 삶에 중요한 통찰을 줄 수 있다고 생각하는 주제들에서 출발하자는 것이었다. 전통과 유산 상속의 문제, 데리다 삶의 여정과 그의 사상이 연결되는 의미, 읽기, 해체, 환대, 애도와 연민, 동물, 종교 등 누구의 삶에나 자리한 주제들로 이 책을 꾸렸다.

나는 데리다처럼 난해하다고 간주되는 사상가들이 학계의 담 안에만 갇혀 논의되는 것이 아니라, 담 너머에 사는 사람들의 삶과 연결되어야 한다고 본다. 그래서 일상과 연결된 주제들을 선택했고 또한 '데이트'라는 말을 책 제목에 의도적으로 넣었다.

2002년에 나온 다큐멘터리 필름 〈데리다(Derrida)〉를 보면, 데리다가 외출하기 위해 옷을 고르고, 이발소에서 머리카락을 자르고, 작은 식탁에서 토스트를 구워 잼을 발라 식사하는 장면이 나온다. '위대한' 철학자를 다루는 필름에서 왜 이렇게 평범한 모습을 담았을까. 물론 내가 이 필름의 감독에게 그 의도를 물은 적은 없다. 그런데 감독의 의도가 무엇이든 상관없이, 나의 '해석'은 이 장면들이 데리다 역시 우리와 같은 삶을 살면서 이 세계에 개입하는 사람임을 보여준다는 것이다. 이 필름에 보면 데리다의 부모는 그 누구도 데리다의 책을 읽지 않았다고 한다. 가장 가깝고 이해받을 수 있을 것이라 간주되곤 하는 '가족'은 정작 데리다가 무슨 생각을 하는지, 왜 평생 불면증에 시달리는지, 어떠한 세계를 꿈꾸는지 알 수 없었을 것이다.

이 책을 읽는 독자는 나의 시선과 겹치는 경험을 할 수 있다. 동시에 나의 읽기방식과 다르게 데리다를 만날 수도 있다. 나는 동질적인 읽기방식이 아니라 다른 경험을 하는 것 또한 유의미하다고 본다. 어떤 이는 데리다를 허무주의자이며 탈정치적인 철학자라고 한다. 그런데 또 어떤 이는 데리다야말로 생명의 철학자이며, 인종 차별이나 사형제도 같은 정치적 문제에 깊숙이 개입하면서, 어떻게 '함께 살아가는가'의 문제를 다양한 각도에서 쓰고, 강연하고, 행동한 사상가라 평한다. 이렇듯 동일한 사람에게 각기 다른 평가와 이해가 나오는 것은 놀라운 일이 아니다.

2. 애도는 이미 시작되었다

나는 이 책의 부제를 "나는 애도한다, 고로 존재한다"로 했다. 이 책을 집필하면서 내가 '데이트'하는 데리다를 가장 잘 드러내는 구절이 무엇일지 계속 생각해왔다. 세상에 알려진 데리다의 유명한 말들은 셀 수 없이 많다. 그런데 "나는 애도한다, 고로 존재한다"가 내가 만나고 끌리게 된 데리다를 가장 깊이 드러낸다는 생각에 이르게 되었다. 이 말은 "텍스트 바깥에는 아무것도 없다(there is nothing outside texts)" 같은 말들에 비하면 잘 알려지지 않았다.

데카르트의 "나는 생각한다, 고로 존재한다"는 '사유 주체(thinking subject)'의 등장을 선언하는 중요한 말로 소위 모더니즘의 문을 연 의미를 지닌다. 그러나 그 사유 주체에 인간의 살아감이란 '함께 살아감'이라는 차원을 드러내고 있지는 않다. 사유 주체로서 '나'의 선언은 중요하다. 그러나 더 나아가 그 사유 주체로서의 '나'는 '너'와 분리 불가의 관계에 있다는 것, 즉 사유하고 살아가는 존재로서의 '나'는, '너'와 함께 살아가는 존재임을 담아내지 못한다는 것이다.

데리다의 "나는 애도한다, 고로 존재한다"는 개별성을 지닌 존재로서의 '나'와 '너'의 관계가 형성되자마자, 이미 애도가 시작됨을 의미한다. 새로운 만남과 관계 이면에는 '언제나 이미(always already, 6장에서 자세히 설명하겠지만 이 표현은 데리다가 종종 사용하는 표현 중 하나다)' 애도의 씨앗이 싹튼다. 언젠가는 그 관계 속에 있는 나와 너는, 내가 또는 네가 삶의 종국을 맞이하는 것을 지켜보아야 한다. 너와 내가 동시에 죽음을 맞이하지 못한다는 것은 '죽음성'을 지닌 인간 존재를 구성하는 요소다. 그 '너'는 가까운 타자이기도 하고 먼 타자이기도 하다. 나와 직접적 관계를 가진 타자일 수도 있고, 직접적 관계 너머의 타자일 수도 있다. 이러한 다층적 의미에서 살아감이란 '애도'를 품고 살아감을 의미하기도 한다. 그런데 데리다의 애도란 단순히 슬퍼하는 것만이 아니다. 생존하여 있는 내가, 나보다 먼저 간 사람들이 이루려던 삶의 책임성을 어깨에 지고 살아가는, 과제를 실천하고자 하는 '탈낭만화'된 애도다. 이런 의미에서 데리다와 데이트를 시작한다는 것은 애도가 이미 시작되었음을 의미하기도 한다.

데리다의 사상은 매우 복잡하고, 그의 글쓰기는 전통적인 글쓰기 방식을 훌쩍 벗어나기에, 웬만한 시간과 에너지를 투자하지 않고는 접근하기 어렵다는 것을 나는 잘 알고 있다. 그러한 독자를 생각할 때, "나는 애도한다, 고로 존재한다"가 철학자로만이 아니라, 따스한 시선을 지닌 한 인간, '데리다'를 가장 잘 드러내는 말이라고 생각하게 되었다. 그것은 이 책의 부제를 정한 또 하나의 이유다.

우리가 만나게 되는 데리다의 글은, 우리가 당연하다고 생각하는 것에 물음표를 붙이게 한다. 질문에 다시 질문하게 한다. 이 장에서 '데리다의 글소리'에 소개한 "나의 죽음은 가능한가?"와 같은 데리다의 질문은 언제나 우리의 예상-너머에서 일어난다. 그러한 질문의 의미가 무엇인지 생각하기 시작하면서, 돌연히 당연하다고 여겼던 문제들에 대하여, 그러나 이전에 드러나지 않았던 것들이 드러나게 된다. 데리다의 글에는 인용부호나 이탤릭체가 종종 등장하는데, 데리다와 데이트하는 이들은 그가 인용부호나 이탤릭체로 보내는 비밀스러운 '시그널'에 언제나 주목해야 한다. 이러한 표기는 데리다가 '주어진 것'으로가 아니라, '과제'로서 상속받은 '전통'을 계승하는 중요한 방식 중의 하나이기 때문이다. 데리다가 남겨놓는 이와 같은 '자취 (traces)'들은 그 어느 것도 무심히 쓰이지 않는다. 매우 섬세한 의도가 개입된 신호이다. 나의 글에서도 종종 만나게 될 인용부호들은 이러한 맥락에서 보자면, 사실상 무심히 사용하는 것이 아니다.

이러한 데리다의 분위기에 들어가면, 여타 책의 제목이나 강연 제목 등 우리가 당연하게 받아들이는 '제목'의 딜레마를 생각하게 된다. '제목이란 무엇인가', '제목은 어떠한 기능을 하는가' 또는 '진정한 제목(authentic title)이란 가능한가'와 같은 근원적인 질문과 마주하게 된다. 그러한 질문과 마주하는 과정에서, 우리가 너무나 당연하게 생각하는 모든 종류의 '이름'과 도처에 있는 '제목'의 복합적 기능에 주목하게 되는 것이다. 그림이든 음악이든 또는 책이든 '제목'이란 저자의 의도와 상관없이 '언제나 이미', '총체화(totalization)'의 기능을 한다. 데리다와 데이트를 시작하는 이들은 이렇게 너무나 당연하다고 생각하던 문제들에 물음표를 붙이면서 '어느 것도 자명한 것은 없다'라는 걸 경험하게 되길 바란다.

책 제목을 생각하며, 그리고 챕터명과 소제목을 붙이는 과정에서 '제목이란 무엇인가' 또는 '제목이란 가능한가'라고 묻는 데리다의 음성이 내게 들리는 듯했다. 데리다는 어느 강연에서 아무런 제목도 붙이지 않은 '무제목'의 강연을 한 적도 있다. 데리다는 1969년 파리에서 열린 〈이론 연구 그룹(Theoretical Study Group)〉 모임에서 철학과 문학의 관계를 짚어볼 수 있는 "문학이란 무엇인가"라는 주제로 두 번의 발제를 해 달라는 초청을 받았다. 데리다는 이 두 번의 발제를 하면서 의도적으로 아무런 제목을 주지 않았다. 데리다가 밝힌 제목을 붙이지 않은 이유 중 하나는 "적절한 시작의 불가능성"이다.[4] 한 권의 책이든 강연이든 그것이 담아내는 담론은 특정한 정황 안에 있다. 그런데 '제목'은 어떠한 제목일지라도 그 복합적 정황을 온전히 담아내는 것이 불가능하다. '적절한 시작'과 '적절한 끝남'이 확연히 드러나지 않고 언제나 '비결정적'인 데리다 글의 독특성은 데리다의 이러한 입장을 반영한다.

'제목'이라는 것의 한계를 의식하면서, 그럼에도 불구하고 《데리다와의 데이트: 나는 애도한다, 고로 존재한다》라는 제목의 책을 시작한다. 본제인 "데리다와의 데이트"는 학문적 담을 넘어 우리의 일상 세계로 데리다를 초청해 만나자는 '초대의 의미'다. 부제로 정한 "나는 애도한다, 고로 존재한다"는 내게 여러 감동과 깨달음을 주는 데리다의 말이다. 어쩌면 독자들은 이 책을 읽어가면서, 다른 제목들을 상상해보아도 될 것이다. '나'라면 이 책의 제목을 어떻게 만들 것인가.

한 권의 책이나 글이 담아내고 있는 무수한 결을 한두 개의 '키워드'로 '요약'하여 제목을 붙이는 과정은 '제목의 더블 바인드(double bind)', 즉 '필요성'과 동시에 '불가능성'을 인지하게 한다. 제목이 필요함에도 불구하고, 한 편의 글이나 책이 담은 무수한 결을 모두 드러내는 제목이란 이미 불가능하기 때문이다. 이러한 '제목의 더블 바인드'를 의식하면서, 나는 이 책의 본제와 부제, 그리고 각 장의 제목들을 생각하고 결정하는 과정을 거쳤다.

4.   Hill, *Cambridge Introduction to Jacques Derrida*, 33.

이 책에 대한 생각을 구체화하고, 주제들을 결정하고, 각 챕터를 쓰는 과정에서 '데리다의 유령들(specters of Derrida)'이 나와 동반했다. 조명 과정에서 '존재(presence)'와 '부재(absence)'를 이분법적으로 접근할 때, 삶에서 이미 그 복합적인 의미는 상실되고 왜곡된다. 어떤 것의 존재·현존인가 또는 부재인가라는 이분법적 접근을 넘어 '부재 속의 현존(presence in absence)' 또는 '현존 속의 부재(absence in presence)'를 드러내기 위해, 데리다는 자신의 책《마르크스의 유령들(Specters of Marx)》에서, 전통적 학문 용어라고 간주하기 어려운 '유령'이라는 개념을 차용한다.《데리다와의 데이트》를 통해서 데리다와 조우하는 이들도 '데리다의 유령' 또는 '강남순의 유령'을 느끼면서 자신만의 자서전적 읽기와 사유하기 그리고 자취를 남기는 경험을 만들어가면 좋겠다.

나는 책에서 통상적으로 사용하는 '프롤로그'나 '에필로그'를 이 책에 넣지 않고, 대신 일련 번호를 붙였다. 아마 데리다라면 이렇게 질문할 것이다. '프롤로그·에필로그'는 책 '안(inside)'에 포함되어 있는가, 아니면 책 '밖(outside)'에 있는 것인가.

어떤 것의 시작과 끝, 안과 밖, 또는 완성과 미완성이란 고정되어 있지 않다. '시작'이란 도대체 무엇인가. '시작'은 무엇을, 어떻게 '시작'한다는 것인가. 이러한 질문을 통해서 우리가 자명하다고 생각하는 '안'과 '밖' 개념들의 경계에 돌연히 균열이 생기기 시작한다. 한 권의 책을 시작하는 의미의 '책을 시작하며', 또는 '프롤로그'나 '서론' 등은 책의 안과 밖의 경계선에 있다. 책의 '안'에 있기도 하고, 책의 '밖'에 있기도 하다. 좀 더 나가보자. 데리다의 글 속에 데리다는 현존하는가 부재하는가? 이 책을 쓴 나 '강남순'은 '데리다'에 관한 이 책 속에 현존하는가 부재하는가.

데리다는 "'나의' 책(출판하기로 한)을 내어놓는 그 순간, 나는 나타나며-사라지는 존재가 된다"라고 한다. 책이 편집되고 출판되어 이 세상에 내놓자마자, 저자는 마치 '유령(specter)'처럼 '나타나며-사라지는 존재', 그리고 '사라지며-나타나는 존재'가 된다. 데리다는 이 말을 통해서 '부재(absence)-현존(presence)'이라는 전통적인 이분법적 사유방식의 뿌리 깊은 문제를 드러내고 있다. 그가 '유령'을 중요한 메타포로 사용하는 이유다. 현존과 부재라는 것은 흑백으로 분리될 수 있는 것처럼 자명하지 않다.

《데리다와의 데이트》에서 다루는 주제들 외에 특별히 포함하고 싶었던 중요한 주제들이 있다. 용서와 코즈모폴리터니즘이다. 이 주제들을 이번 책에 포함하지 않은 이유는 심도 있는 논의가 필요한 이 두 주제를 내가 이미 다른 책에서 다루었기 때문이다.[5] 데리다가 용서와 코즈모폴리터니즘이란 주제를 다루는 것을 살펴보면, 그가 추상적인 언어 세계만을 다루는 '탈정치적 사상가'라는 평가는 전적으로 오해임을 알게 된다. 데리다는 "용서란 오직 용서할 수 없는 것을 용서하는 것이다"라며 '용서의 정치'와 '용서의 윤리' 사이의 긴장 관계를 세밀하고 복합적으로 드러낸다. 홀로코스트 문제와 남아프리카공화국에서 만델라가 대통령이 된 후에 구성된 〈진실과 화해위원회〉

---

5. 강남순, 《용서에 대하여: 용서의 가능성과 불가능성》(동녘, 2016). 데리다의 용서 개념은 특히 제5장에서 집중적으로 다루었다. 그리고 코즈모폴리터니즘에 관하여는 다음의 두 책에서 다루었다. Kang, *Cosmopolitan Theology*, 2013; 《코즈모폴리터니즘이란 무엇인가: 함께 살아감의 철학, 세계 시민주의》(동녘, 2022).

가 지닌 다층적 딜레마들을 다루면서, "나는 당신을 용서한다(I forgive you)"라는 용서의 '공식'이 지닌 문제점들을 예리하게 분석하는 데리다의 용서 이해는 우리에게 매우 중요한 통찰을 주고 있다.

"'코즈모폴리터니즘'이라는 용어는 '제국'과 '세계화'와 함께 우리 시대의 핵심어 중 하나가 되었다." 세일라 벤하비브_{Seyla Benhabib}의 말이다. 이처럼 코즈모폴리터니즘은 21세기 다층적 위기 시대를 살아가고 있는 우리에게 가장 중요한 담론이며 실천이라고 나는 본다.[6] 디오게네스가 '당신은 어디에서 왔는가'라는 질문에, '나는 코스모스의 시민'이라고 답한 것이 코즈모폴리턴 담론의 기원으로 알려져 있다. 디오게네스는 자신이 출신 지역이 아닌 '코스모스'에 속한 사람이라는 정체성을 '코즈모폴리턴(cosmopolitan [kosmopolitès])'으로 표현했다. 이제 이 개념은 도처에서 회자되는 '세계 시민(cosmic citizen, global citizen, world citizen)'으로 대중화되었다.

이렇게 스토아 철학부터 시작된 코즈모폴리터니즘은 칸트에 이르러 정치적으로 중요한 개념으로 부상한다. 현재 논의되는 코즈모폴리터니즘은 칸트로부터 제기된 코즈모폴리터니즘의 사회정치적 차원과 연결되기도 한다. 칸트는 그의 〈영구적 평화〉라는 글에서 이 세계의 평화를 위해서 코즈모폴리턴 사상이 확산되고 제도화되어야 함을 역설했다.[7] 칸트의 '코즈모폴리턴 권리'와 '코즈모폴리턴 환대'는 정치적 코즈모폴리터니즘의 구체적 적용과 제도화의 문제에 주목하게 된 계기가 되었다.

6. Seyla Benhabib, *Another Cosmopolitanism* (Oxford: Oxford University Press, 2006), 17.
7. Immanuel Kant, "Perpetual Peace: A Philosophical Sketch (1795)," in *Perpetual Peace and Other Essays on Politics, History, and Morals*, trans. Ted Humphrey (Indianapolis and Cambridge: Hackett Publishing Company, 1983), 126.

2001년에 출판된 데리다의《코즈모폴리터니즘과 용서에 관하여》는 두 개의 강연을 담은 책이다.[8] 이 책이 나온 출판사는 '행동하며 사유하기(Thinking in Action)'라는 흥미로운 시리즈를 구성해 다양한 책을 출판한다. 데리다의 코즈모폴리터니즘과 용서에 관한 강연이 이 시리즈의 하나로 출판된 것은 의미가 깊다. 이 책은 우리의 사유와 행동이 분리 불가의 관계임을 드러낸다. 데리다의 코즈모폴리터니즘과 용서에 관한 분석은 구체적인 현실 세계에서 정치적이고 윤리적 실천의 문제를 담고 있다. '코즈모폴리터니즘' 강연은 1996년 〈작가 국제 의회(International Parliament of Writers)〉에서 행한 연설이며 특히 난민들의 문제를 중점적으로 다루었다. 그리고 '용서' 강연은 남아프리카에서 행한 것이다

데리다는 코즈모폴리턴 환대의 구체적 실천 방향으로 "한 개인이 불의의 위협에서 탈출하기 위해 은신할 수 있는" 피난처 역할의 "자유 도시(free city)"라는 개념을 제시한다.[9] 데리다의 "자유 도시" 개념은 현재 세계가 직면하고 있는 여러 위기 중 하나인 '난민' 문제의 사회 정치적 개입에 중요한 통찰을 준다. 민족국가의 경계를 넘어 일어나는 다양한 문제의 해결을 모색하는데, 매우 중요한 단서를 제공하는 것이다. 지금도 세계 곳곳에서 국가가 없는 이들, 또는 국가가 있어도 아무런 보호를 받지 못하는 이들이 증가하고 있다. 이러한 난민 위기 시대에 코즈모폴리턴 의식은 더욱 절실하게 필요하다. 데리다와 데이트하는 분들은 이 책에 포함되지 않은 많은 중요한 주제들이 있다는 것에

---

8. 용서와 코즈모폴리터니즘을 다룬 데리다의 책으로는 다음을 참고. Derrida, *On Cosmopolitanism and Forgiveness,* 2001 & "To Forgive: The Unforgivable and the Imprescriptible," in Caputo, et al, eds. *Questioning God,* 2001.

9. Derrida, *On Cosmopolitanism and Forgiveness,* Thinking in Action, trans. Dooley and Hughes (London and New York: Routledge, 2001), 9.

호기심을 작동시키고, 특히 데리다의 용서와 코즈모폴리터니즘을 주목하면 좋겠다.

데리다와 관련하여 나온 무수한 책을 보면 알 수 있듯이, 어느 관점을 가지고 '데리다'를 만나는가에 따라 데리다의 모습은 매우 다르게 다가온다.

이 책을 쓰는 기간에 '코로나19(COVID 19)'라는 이름의 전염병이 세계에 확산되어 이전에 경험하지 못했던 현상들을 우리는 경험하고 살아내야 했다. 평소에는 사람과 차로 가득했던 파리, 런던, 뉴욕과 같은 소위 메트로폴리탄 도시들이 '사회적 거리두기' 정책 때문에 텅 비어서 마치 영화 세트장과 같은 모습으로 등장하기도 했다. 학교의 수업도, 회의도 모두 화상으로 진행되었다. 코로나 바이러스는 사람을 구분하고 차별해서 침투하지 않았다. 그러나 그 바이러스를 경험하는 것은 누구에게나 '평등'하지 않았다. 세계적 정황에서 전염병에 노출되고 치료받지 못하는 사람 중에는 경제적 저변층에 있는 이가 많았고 인종적 소수자가 다수를 이루었다. 국가적으로 위생과 의료시설 등이 미약한 곳에 사는 사람들이 코로나 바이러스에 우선적으로 희생되는 적나라한 현실을 우리는 목도했다. 나는 세계적 전염병의 한 가운데에서 이 책을 쓰면서 내가 데리다에게 접근하려는 하나의 키워드가 있다면 무엇인가를 생각하지 않을 수 없었다. 그 키워드는 바로 '애도'다.

데리다의 배우자이며 정신분석학자인 마거리트 데리다Marguerite Derrida는 2020년 3월 21일에 87세의 나이로, 코로나19에 걸려서 사망했다. 2020년 코로나19의 세계적 위기 한가운데에 데리다가 살아있었다면, 그는 어떤 말을 했을까.

누군가와 관계를 맺는 순간, '애도'는 시작된다. 내가 관계하는 타자와 나는 언젠가 '이별'해야 하기 때문이다. 그 이별이 자의적 선택에 의해서든 또는 육체적 죽음에 의해서든 모든 만남은 '언제나 이미' 헤어짐을 품고 있다. 데리다와 데이트를 시작하는 순간, 우리의 애도역시 시작된다. 불가능성의 세계에 대한 열정 그리고 이 삶에 대한 고도의 인정(affirmation)을 중요한 가치라고 가르쳐주는 데리다와 데이트를 시작하는 순간, 우리의 애도는 이미 시작되었다.

"나·우리는 애도한다, 고로 존재한다."

제 2 장

왜 데리다와의 데이트인가

데리다의 글소리

나는 당신을 사랑합니다.
그리고 내가 어디에 있든지 당신에게 미소 지을 것입니다.
(I love you and am smiling at you from wherever I may be.)[1]

나는 웃음과 노래, 눈물과 같이 편지로 부칠 수 없는 것들을 당신이 들을 수
있길 바라며, 여행하는 세일즈맨의 편지들을 당신에게 쓰고 있습니다.
내가 오직 관심하는 것은 편지로 결코 부칠 수 없는 것들입니다.
(I write you the letters of a traveling salesman hoping that you hear the laughter
and the song—the only ones that cannot be sent, nor the tears. At bottom I am only
interested in what cannot be sent off, cannot be dispatched in any case.)[2]

1. Derrida, Cited in Leslie Hill, *The Cambridge Introduction to Jacques Derrida*. 11.
2. Derrida, *The Post Card*, 14-15, 387.

1. 메타포로서의 데이트

데리다와의 데이트를 시작한다. 매우 복잡한 철학자로 알려진 '데리다'라는 사상가에 관한 책에, "데이트"라는 표현을 붙이는 것이 뭔가 안 어울리는 것처럼 보이기도 할 것이다.

내가 메타포로서 '데이트'라는 개념을 생각하게 된 것은, 내가 가르치는 대학원에서 데리다 세미나를 하면서부터다. 데리다 세미나에는 석·박사과정 학생들이 온다. 그런데 여러 학생이 데리다의 글이나 데리다에 관한 글을 읽으면서, 이해하고 해석하는 것에 심한 어려움을 느낀다며 '지적 좌절감'을 경험한다는 '고백'을 들었다. 이 세미나를 택하는 학생의 대부분은 영어가 모국어이다. 학생들은 데리다가 쓴 글의 한 페이지를 여러 차례 반복해서 읽고, 그곳에 언급되는 개념들에 대한 2차 자료를 찾아보기도 한다. 하지만 여전히 이해가 안 되어서 자신의 지성 능력에 회의가 든다고 말하는 학생들이 종종 등장한다. 그런데 이러한 경험이 오직 데리다를 공부할 때뿐인가. 아니다.

복잡한 개념들과 사상 줄기들을 배우고자 할 때, 대부분의 사람이 우선 가지게 되는 감정은 '도대체 어디서부터 어떻게 시작해야 하는가'라는 암담함이다. 이것이 내가 '데이트'라는 메타포를 사용하게 된 배경이다.

데리다를 접하는 사람들이 자신의 구체적인 삶과는 상관없는 난해한 사상가로만 데리다를 만난다면, 이해하려는 시도조차 포기하고 싶은 생각이 더욱 앞서게 된다. 그렇게 되면 데리다 사상을 우리의 삶에 깊숙이 연관시킬 가능성조차 경험하지 못하게 된다. 그래서 '데이트' 메타포를 데리다 세미나에서 사용하기 시작했다. 흥미롭게도 내가 '데이트'라는 메타포를 쓰기 시작하면서, 학생들이 '지적 좌절감'을 '지적 호기심'으로 전환시키는 것을 보곤 한다. 그리고 '데이트'라는 메타포는 데리다 세미나만이 아니라, 다양한 정황에 적용할 수 있다는 것도 경험했다. 복잡한 이론이나 사상가를 이해하는 과정에서뿐만이 아니다. 나와 학생들의 관계에서, 강연장에 온 청중과 강연자의 관계에서, 또한 특정한 책의 저자와 독자의 관계에서도 '데이트' 메타포는 적용될 수 있다. 데리다 세미나에서의 경험 이후, 나는 '데이트' 메타포를 내가 가르치고 있는 포스트모더니즘, 코즈모폴리터니즘, 포스트콜로니얼리즘 또는 페미니즘과 같은 특정한 담론을 다루는 강의에서도 사용하기 시작했다.

한 사상가나 담론과 '데이트'한다는 것은 무엇인가. 물론 '데이트하기'란 무엇이며, 또는 '무엇이' 데이트를 하게 만드는가에 관한 생각은 사람마다 다를 것이다. 그런데 '데이트하기'에는 우선 몇 가지 구성요소가 있다.

첫째, 상대방에 대한 '호감'이 있어야 한다. 호감이 없는데 특정한 사람, 사상가 또는 담론 등을 알고 싶은 욕구가 생길 수는 없다. 둘째, 호감이 생겼다면 그 호감을 '호기심'으로 전이시켜야 한다. 셋째, 호기심을 충족시키기 위해 적극적으로 다양한 시도를 해야 한다. 즉 상대방을 알고자 하는 호기심을 충족시키기 위한 다양한 노력과 행동, 지속적인 열정과 끈기가 필요한 것이다.

어떠한 종류의 호기심을 갖는가는 사람마다 자신의 성격, 취향, 동경, 꿈, 갈망 등에 따라 천차만별이다. 물론 외부에서 어떤 사람이 또는 이론이 중요하다고 해서 읽게 되는 글들에서 우연히 호기심이 촉발될 수도 있고, 생각하지 않았던 통찰을 받을 때도 있다. 그런데 가장 중요한 데이트의 전제 요건은 그 사람에 대한 호감, 호기심, 그리고 지속적인 열정과 끈기를 가져야 데이트의 첫 발걸음이라도 뗄 수 있다. 누군가에게 호감이 가는 것은 어떤 객관적 기준들로만 생기지 않는다. 어떤 계기로 자기도 모르게 호감이 가고 호기심이 생기면, 상대를 알고 싶어서 여러 가지 시도를 하게 된다. 데이트하는 사람들은 다양한 장소나 특별한 행사에 간다. 서로를 알고자 하는 호기심을 작동시켜서 구체적 행동을 지속적으로 하는 것이다.

이런 면에서 보자면 '데이트'란 친밀성을 지닌 사람 간의 관계에만 적용되는 것이 아니다. 나와 특정한 사상가와의 관계에서도 마찬가지이다. 내가 상대에게 호감과 흥미가 생기지 않으면, 아무리 타인이 그에 대해 좋게 이야기해도 데이트하고 싶은 마음이 생기지 않는다. 호감을 가지게 되거나, 그 호감을 구체적인 행동으로 옮기는 것이 애초에 불가능한 것이다. 이런 의미에서 난해하기로 알려진 데리다의 글을 단지 그가 '유명한 철학자'라는 이유만으로 맹목적으로 읽는다면, 이해를 위해 들이는 노력만큼 자신에게 남겨지는 것은 별로 없을 것이다. 물론 데리다에 대한 '정보'는 축적될 수 있다. 그러나 그 정보가 자신의 관점을 형성하게 하면서 나에 대한 이해, 타자에 대한 이해, 세계에 대한 이해를 변화시키고 나의 읽기방식, 보기방식에 변화를 가져오는 지적 양분이 되기는 어렵다. 그러니까 음식을 먹기는 먹는데 영양분이 되어서 몸에 흡수되는 것이 아니라, 대부분 배출되어 버리고 마는 것과 같다.

내가 사용하는 메타포에 대하여 좀 더 자세히 살펴보자. 내가 중요하게 생각하며 강조하는 두 가지의 메타포가 있다. "데이트하기(dating)" 그리고 "춤추기(dancing)". 이 두 메타포는 학생들만이 아니라, 선생인 나에게도 적용한다. 강의실에서 어느 주제나 인물을 다루든 그 인물이나 주제와 '데이트한다'는 생각을 가지고 한 학기를 보내라고 강조한다. '데이트'한다는 것은 한두 번의 만남을 의미하지 않는다. 단발성 만남으로는 그 데이트 상대자를 모두 '안다'고 생각할 수 없다. 뿐만 아니라 그 데이트 상대자를 알아가고 나를 드러내 보여주려면 다양한 장소에 가고, 다양한 채널을 통해 이해하고 또 이해받기 위한 노력을 해야 한다.

특정한 주제, 이론 또는 사상가를 이해하려는 시도는 이렇게 데이트하는 자세로 해야 한다고 나는 본다. 쉽게 이해가 안 된다고 조급해할 필요도 없고, 또는 읽기 어렵다고 포기할 필요도 없다. 호기심을 유지하면서 그 사상가나 이론들에 대한 다양한 장르의 글들이나 매체를 접해야 한다. 그렇게 데이트 상대자를 이해하려는 노력을 호기심과 끈기를 가지고 하면 된다.

데이트할 때 우리는 영화관에 가고, 맛집도 찾아가고, 카페도 가고,

산책을 하고, 여행도 한다. 사상가와 만남도 마찬가지다. 그 사상가의 학문적인 글만이 아니라 인터뷰, 에세이, 편지 또는 강연 동영상 등 다양한 장르의 글이나 말과 접하면서 여러 모습을 보아야 한다. 그렇게 '데리다와의 데이트'가 시작되는 것이다.

데리다 세미나의 첫 시간에 나는 학생들에게 "자, 이제부터 한 학기 동안 '데리다와 데이트하기'"를 시작하자고 '데이트 초대'를 한다. 그리고 학생들에게 자신이 어느 상대와 데이트할 때 어떤 마음인지, 어떤 것들을 하는지, 어떤 것들을 기다려야 했는지, 자신의 마음을 전달하기 위해 무엇들을 했는지 등을 이야기해보라고 했다. 어떤 질문을 하든 대부분의 학생은 자신의 경험과 생각을 기탄없이 말한다. 학생들의 이야기를 듣고 나서, '데리다와 데이트하기'도 그렇게 하면 된다고 한다. 데리다의 사상을 통달하려고 할 필요도 없다. 데리다도 '통달(master)'이라는 개념 자체에 전적으로 반대할 것이다. 왜냐하면 '모든 것을 파악하고 안다'는 의미의 '통달'이란 애초에 불가능하다고 데리다는 보기 때문이다. 또한 난해하기로 유명한 데리다의 글을 '모두' 이해하기 어렵다고 포기할 필요도 없다. 다만 그를 이해하고, 사귀고, 알고 싶은 호기심과 열정을 가지고 그와 관련된 다양한 장르의 것들을 데이트하듯 살펴보는 것이 중요하다.

데이트 상대자가 있을 때 빼놓을 수 없는 것은 무엇인가. 그것은 '편지쓰기'다. 데리다 세미나에서 학생들은 총 두 번에 걸쳐 '데리다에게 보내는 편지(My Letter to Derrida)'를 과제로 제출해야 한다. 이 편지들을 보면, 나는 '데이트하기'라는 메타포가 여러 가지 면에서 도움이 되고 새로운 자극을 주었다는 것을 경험하곤 한다. 학기 초에 쓴 첫 번째 편지, 그리고 학기 말에 쓴 두 번째 편지는 매우 다르다. 첫 번째 편지에는 많은 학생이 "데리다 박사, 교수, 또는 데리다"라는 호칭으로 시작한다. 그런데 두 번째 편지에서의 호칭은 "친애하는 동반자(Dearest Companion)", 또는 "자크에게" 또는 데리다의 애칭을 써서 "재키(Dear Jackie)" 등 다양화된 것이 흥미로운 변화 중의 하나였다. 한 학기 동안 데리다의 글을 접하고 데리다에 관해 대화하는 과정을 거치면서, '데리다와의 데이트'가 깊어지고 있다는 것이 두 번째 편지에서 드러나곤 한다.

2004년에 이미 죽은 사람과 데이트한다는 것, 그리고 그에게 편지를 쓰게 하는 과제를 내주는 나의 목적이 있다. 데리다의 사상을 각자가 '나의 세계'로 연결시키면서 데리다가 다루는 다양한 주제들을 '나'의 삶과 연결하는 통로를 가지게 하려는 것이다. 누군가에게 편지를 쓴다는 것은, 사실상 자신에게 말을 건네는 하나의 방식이기도 하다고 나는 본다. 이러한 의미에서 이 책을 읽고 있는 분들도 '데리다'에게, 또는 데리다와 데이트를 권하는 '강남순'에게 편지 쓰는 시도를 해보면 어떨까. 익숙했던 모습과는 다른 색채의 자기 자신과 만나는 의미가 될 수도 있지 않을까.

내가 강의실에서 학생들과 만나는 것 또한 – 나의 학생들과 '데이트하기'라고 생각한다. 진정으로 데이트할 때는 자신의 온 존재를 그 상대방과의 시간과 공간 속에 쏟아붓는다. 그러니 나도 강의실 밖의 일들은 의도적으로 잊고 학생들과의 시간과 공간 속에 나를 쏟아붓고, 학생들도 그런 마음으로 이 시간을 보냈으면 좋겠다는 생각을 한다. 휴식 시간을 가져야 하는 것, 그리고 제시간에 끝내야 하는 것을 종종 잊곤 하는 나를 끝나는 시간이 언제나 정확한 문화 속에 사는 학생들이 적어도 내 앞에서는 '너그럽게' 대하는 것은 내가 자신들과 열심히 "데이트"를 하느라 그렇다고 생각해주기 때문인 것 같다.

　내가 사용하는 두 가지 메타포 중 하나인 '춤추기' 역시 데이트에서 매우 중요하다. '춤추기'의 특징은 한자리에 고정되지 않는다는 것이다. 즉 춤추기는 지속적인 움직임을 필요로 한다. 진정한 데이트의 중요한 구성요소는 데이트 상대를 알고자 하는 호기심이 지속적으로 살아있는 것, 또한 조금 알았다고 상대에 대한 나의 이해를 고정시키거나 그것에 머물지 않는 것이다. '춤추기'는 이러한 의미를 지닌 메타포다. 고정될 수 없는 것을 고정하는 것은 의도와 상관없이 '인식적 폭력(epistemic violence)'으로 이어진다. 데리다의 '해체'가 개입되는 이유이다. '춤추기'라는 메타포로 내가 담아내고자 하는 것은 바로 데리다적 의미의 '해체'의 강조이다.

　'춤추기'라는 메타포는 강의실에서만이 아니라 다양한 우리 삶의 정황에서도 적용된다. 예술로서의 '춤'이 지닌 가장 주요한 특성 중의 하나는, 음악처럼 '언어 너머의 언어' 역할을 하고 있다는 것이다. 춤추기란 끊임없는 '움직임' 속에서 그 의미를 전달한다. 우리의 현실 세계는 다음과 같이 여러 종류의 서로 얽히고설킨 '두 축' 사이에서 끊임없이 '나선형적 춤추기'를 하는 것이 요청된다. 전통적인 철학적 사유의 한계, 특히 소위 서구의 인식론에 영향을 받은 우리의 교육구조에서 교육받은 대부분의 사람은 이분법적 사유방식으로 사물을 보는 것에 익숙해 있다. 이러한 이분법적 사유방식은 데리다의 해체가 작동되어야 하는 지점이다.

　다음의 두 축을 완전히 반대로 생각하는 것이 아니라, 서로 얽히고

설킨 나선형적 축으로 보자. 끊임없는 '춤추기'를 통해 이 세계를 보다 통전적으로 바라볼 수 있을 것이다.

- 이론 ——— 실천
- 앎 ——— 행동
- 현실 세계 ——— 이상 세계
- 거시적 접근 ——— 미시적 접근
- 세계(global) ——— 지역(local)
- 나/우리 ——— 너/그들

이 두 축 사이에서 멈추지 않고 춤추기를 하다 보면 우리는 이전 세계와 다른 세계로의 전이를 경험하게 될 것이다. 내가 가르치는 대학원에서 나는 세 학기에 한 번씩 데리다 세미나를 열곤 한다. 동일한 주제와 이름의 세미나이지만, 내게는 매번 새롭다. 이전 세미나의 반복이나 대체도 불가능하다. 하나의 '사건(event)'이기 때문이다. '사건'의 주요 특성과 의미는 '반복 불가능성'과 '대체 불가능성'이다. '사건'이란 계획은 하지만, 정작 무엇이 벌어질지 모르며 동일한 것을 반복할 수도 없다. 내가 아무리 세미나를 여러 번 열었다고 해도, 또한 이전에 다루었던 주제를 다룬다 해도 학생들과 나누는 대화, 분위기 그리고 경험은 매번 다르다. '데이트'라는 사건은 '춤추기' 사건과 분리할 수 없는 경험이다.

데이트하는 사람들은 한 장소만 가지 않는다. 이처럼 데리다와의 데이트도 그의 다양한 모습을 들여다볼 수 있는 것들을 열심히 찾아야 한다. 그가 쓴 매우 두껍고 복잡한 책도 있고, 매우 얇아서 반복해 읽을 수도 있는 에세이 같은 글들도 많다. 유튜브에는 데리다 필름이 있고, 그의 얼굴을 보고 목소리를 들을 수 있는 다양한 영상들도 무수히 많다. 인터뷰도 어떤 한 사람을 이해하는 데 많은 도움이 된다. 그래서 데리다와 데이트하기 위하여, 다양한 인터뷰를 읽기도 하고 유튜브에 나오는 영상을 보기도 하면서 여러 모습의 데리다를 접해보기를 나는 권한다. 인터뷰어가 누구인가에 따라서 갖가지 흥미로운 질문이 나오며, 그 질문에 따라 데리다의 무수한 층이 드러나기 때문이다. '인터뷰'라는 장르는 매우 흥미로운 방식으로 한 사람의 다양한 결을 보여주는 통로다.

데리다는 '인터뷰'라는 장르에 그다지 긍정적이지 않았다. 데리다는 인터뷰를 문제를 쉽고 간단하게 만들고자 하는 목적을 지닌 "인터뷰의 예식(ritual of interview)"이라고 보았다.[3] 인터뷰어는 인터뷰이에게 '간략한 답'을 원한다. 대개 인터뷰어가 묻는 물음은 'X에 대하여 말씀해주실 수 있습니까?'라는 양태를 지닌다. 많은 인터뷰가 하나의 개념 또는 한 권의 책이 담고 있는 그 복합적인 결을 이해하려고 치열하게 씨름하는 과정을 생략하고 단순하고 간략한 '해답'을 얻고자 한다. 이것이 데리다가 인터뷰를 긍정적으로 생각하지 않은 이유다.

〈데리다〉 필름의 제작자가 "사랑에 대하여 말해주시겠습니까?"라고 질문하자, 데리다는 잠시 인터뷰어를 바라보고서, "내게 적어도 질문을 하십시오(At least ask me a question)"라고 응수한다. 물론 여기에서 '질문을 하라'고 하는 것은 복합적인 함의가 있다. 도대체 '사랑'에 대하여 어떻게 한두 문장으로 답할 수 있는가. 한편으로 데리다는 그

---

3.   Smith, *Jacques Derrida*, 104.

수수께끼 같은 '사랑'과 같은 개념을 단순하고 쉽게 요약하고 싶어 하는 인터뷰어의 감추어진 욕구, 즉 그 '단순화의 욕구'를 정면으로 거부한 것이다. 또 다른 한편으로는 '사랑'이라는 개념의 복잡성과 심오성을 상기시키는 몸짓이기도 할 것이다. 적어도 제한된 시간에 대답이 가능한 질문을 하라는 요구인 것이다. 물론 이것은 나의 해석이다. 데리다의 이 한 문장이 지닌 함의에 대한 해석은 (그저) 해석일 뿐, 그누구도 '절대적 의미'를 찾아낼 수는 없다.

인터뷰라는 장르가 지닌 한계를 늘 불편해하면서도, 데리다는 참으로 많은 인터뷰를 한 사람이기도 하다. 데리다는 신문, 학자들 그리고 영화 제작자들과 무수히 인터뷰를 했다. 그는 죽기 얼마 전까지 인터뷰를 했으며 마지막 인터뷰는 2004년 8월 19일, 프랑스 파리에서 발행되는 세계적으로 권위 있는 일간 신문 〈르 몽드(Le Monde)〉에 실렸다. 데리다 살아생전의 마지막 인터뷰가 된 기사 제목은 직역하자면, "나는 나 자신과 전쟁을 하고 있다(I am at war with myself)"이다. 이 인터뷰는 병상에 있던 데리다의 집에서 이루어졌다. 데리다는 이 인터뷰가 나온 지 두 달도 채 안 된 2004년 10월 9일에 숨을 거두었다. 〈르 몽드〉 지와의 마지막 인터뷰는 후에 《드디어 살아감을 배우기 (Learning to Live Finally)》라는 제목으로 2007년에 책으로 출판되었다. 인터뷰가 지닌 한계성에도 불구하고, 인터뷰들은 데리다의 다양한 면모를 엿볼 수 있는 좋은 데이트 공간이라고 나는 생각한다.

2. 데리다와 나의 데이트: 자서전적 노트

왜 데리다와의 데이트인가. 이 질문을 던지며 나는 내가 어떻게 데리다와 데이트를 시작하게 되었는지 나누고자 한다. 그렇다고 해서 나의 데리다 경험이 다른 사람의 경험보다 중요하다거나, 또는 모든 사람이 데리다를 반드시 알아야 한다고 생각하는 것은 아니다. 다만 내가 말할 수 있는 것은 내가 만난 데리다, 내가 생각하는 데리다, 내가 해석하는 데리다, 내가 발견한 데리다의 통찰이 내게 중요한 의미를 가지고 있다는 점일 뿐이다. 따라서 "왜 데리다와의 데이트인가"에 대한 나의 대답은 '언제나 이미' 자서전적 의미를 지닌다. 그렇다면 한 사람의 자서전적 읽기와 해석하기가, 다른 이에게 어떤 의미가 있는 것인가. 여기에서 인간이 지닌 존재의 두 가지 특성, 즉 인간의 개별성(singularity)과 일반성(generality)을 생각해보는 것이 필요하다.

무엇보다도 인간으로서의 '나'는 개별성을 지닌 존재이다. 그 누구와도 대체 불가능한, 유일성을 지닌 존재라는 것이다. 그러면서 동시에 '개별성을 지닌 존재'로서의 '나'는 무수한 '너'들과 겹치고, 만나고, 함께 살아가는 '일반성을 지닌 존재'이다. 나는 이 세상에 유일무이한 존재지만 동시에 내가 타자와 나누는 일반성의 영역이 있다는 것이다. 예를 들어서 나는 내가 선택해서가 아니라 동물이 아닌 인간, 남성이 아닌 여성, 미국인이 아닌 한국인 등 인간으로서 다양한 일반적 범주에 자연적으로 속해 있다. 민주주의 사회의 중요한 가치는 자유와 평등이다. '일반성'을 지닌 나는 '평등'의 가치가 중요하다. 또한 고유한 존재로서 '개별성'을 지닌 나는 '자유'의 가치를 보장받아야 한다.

이렇듯 한 사람이 세계 내에 존재한다는 것은 '개별성'과 '일반성'

이라는 두 차원을 지니고 있다. '자서전적'이라는 의미는 바로 이 '개별성'의 차원과 연결되어 있다. '자서전적 노트'라고 표현한 이유다. 우리 모두는 이렇게 '개별성'과 '일반성'의 두 축 사이를 오가며 살아가는 존재들이다. 이런 의미에서 데리다와 나의 자서전적 만남은 무수한 '너'들의 자서전적 세계와 겹치기도 하고, 어긋나기도 한다. 이렇게 나와 너들의 겹치는 지점에서, 내가 만난 데리다는 나만이 아니라 나를 넘어서서 무수한 '너들'에게도 의미를 가질 가능성이 열려있다. '데리다와의 데이트'라는 메타포를 사용하면서, 나의 데이트가 어떻게 시작되었는지 나누는 것은 이렇게 '데이트'란 언제나 자서전적임을 드러내기 위한 것이다.

나는 자크 데리다라는 이름의 철학자가 존재하는 것, 그리고 그의 '해체'나 '차연' 등과 같은 개념들에 대해 알고는 있었다. 그렇지만 처음부터 그에게 지순한 호감이나 호기심이 마음속 깊이에서 생겨난 것은 아니었다. 그의 책 몇 권이 오랫동안 나의 서가에 자리 잡고 있었지만, 데리다라는 철학자의 사상, 더구나 한 인간으로서 데리다를 정말 '알고 싶다'는 호기심이 작동되지는 않았다. 그런데 어느 날 우연히 데리다가 자신의 장례식을 위해 스스로 쓴 조사(funeral address)를 읽게 되었다. 그 조사를 읽어 내려가는데, 가슴속에 뭔가 뭉클함이 느껴졌다. 세계적으로 유명한 철학자로서의 데리다가 아니라 죽음을 앞둔 한 인간이, 자기 죽음의 침상에서 이러한 조사를 어렵사리 써 내려가는 모습의 인간 데리다가, 돌연히 내 앞에 등장하는 것 같았다. 이 조사를 되풀이해 읽으며 비로소 서서히 그에 대한 강렬한 연민, 호감 그리고 호기심의 싹이 트이기 시작했다. 되돌아보니 이 장례식 조사와의 만남이 데리다와 데이트의 문을 열게 된 사건이 되었다.

췌장암에 걸려 죽음이 얼마 남지 않았다는 사실을 알아차린 데리다는, 자신의 장례식에서 읽을 조사를 스스로 쓴다. 그 조사는 데리다가 직접 읽을 수 없었기에, 인용부호 속에 있었고 3인칭으로 쓰였다. 조사를 다른 사람이 읽을 것이기에, 그는 주어를 '나'라는 1인칭이 아닌 '그'라는 3인칭으로 쓰고 인용부호 속에 넣은 것이다. 결국 2004년 10월 9일 데리다는 죽음을 맞이했고, 10월 12일 장례식이 거행된다. 데리다가 스스로 쓴 장례 조사는 그의 두 아들 중 큰아들인 피에르Pierre가 읽었다.

자크는 어떤 장례 예식이나 추도사를 원하지 않습니다. 그는 장례 예식이나 추도사의 책임을 맡는다는 것이 친구들에게 얼마나 괴로운 것인지 자신의 경험으로 알고 있기 때문입니다. 그는 제게 이 자리에 오신 여러분께 감사와 축복을 전해달라고 부탁했습니다. 그는 또한 여러분이 결코 슬퍼하지 말고 함께 이 삶을 나누는 기회를, 여러분이 그에게 주었던 행복하고 즐거운 순간들만을 생각할 것을 간절히 부탁하였습니다.

그는 다음과 같이 말했습니다.

내가 여러분을 향하여 끝까지 미소 지을 것처럼, 나를 향하여 미소 지어 주십시오.

언제나 삶을 사랑하고 그리고 살아남음을 무조건적으로 긍정하기를 멈추지 마십시오.

나는 여러분을 사랑합니다, 그리고 내가 어디에 있든지 여러분에게 미소 지을 것입니다.

(Jacques wanted neither ritual nor oration. He knows from experience what an ordeal it is for the friend who takes on this responsibility. He asks me to than you for coming and to bless you, he begs you not to be mournful, to think only of the many happy moments which you gave him the chance of sharing with you.

Smile at me, he says, as I will have smiled at you till the end. Always prefer life and never cease affirming survival.

I love you and am smiling at you from wherever I may be.)[4]

데리다는 다른 사람의 장례식에서 무수한 조사를 썼다. 그의 조사들을 묶은《애도집(The Work of Mourning)》이라는 책에는 롤랑 바르트, 폴 드 만, 미셸 푸코, 루이 알튀세르, 사라 호프만, 질 들뢰즈, 에마뉘엘 레비나스, 장 프랑수아 리오타르 등 14명의 사람을 위한 조사가 들어있다. 데리다가 "장례 예식이나 추도사의 책임을 맡는다는 것이 친구들에게 얼마나 괴로운 것인지 자신의 경험으로 알고 있기 때문"이라고 한 것은 바로 이러한 배경을 지닌다. 수많은 조사를 쓰면서 데리다는 '애도'의 의미가 인간의 존재방식에 깊숙이 자리 잡고 있음을 상기한다.

나는 데리다가 자신의 장례식을 위해 쓴 조사를 반복하여 읽어갔다. 데리다는 스스로를 "자크" 그리고 "그"라는 3인칭으로 지칭하며

---

4. Hill, *The Cambridge Introduction to Jacques Derrida*, 11. 영어로 번역된 조사이다. 물론 이것 역시 불어에서 영어로 번역된 것이지만, 불어와 영어가 언어적 유사성이 있기에 한글로 번역된 것보다는 훨씬 그 분위기를 잘 담아낸다.

조사를 썼다. 이 글을 쓰면서 그는 무엇을 느꼈을까. 자신의 죽음, 그리고 그 죽음으로 인한 작별을 떠올리는 '애도의 예식'을 하면서 혹시 눈물이 시야를 가려 몇 번이고 훔쳐낸 것은 아니었을까. 나는 우연히 만난 이 조사를 되풀이해 읽으면서 내 마음 깊이 연민의 감정이 차오르기 시작했다. 난해한 '철학자 데리다'라기보다, 마음 따스한 '인간으로서의 데리다'가 돌연히 마음속으로 걸어오는 것 같은 느낌이 들기 시작했다. 이 조사가 내게 준 감동과 여운은 쉽게 사라지지 않았다. 죽음의 침상에서 장례 조사를 한 자 한 자 써 내려간 인간 데리다, 그 데리다가 삶의 마지막이 다가오는 것을 느끼며 삶에서 만난 무수한 얼굴들을 떠올리며 글을 쓰는 모습이 보이는 것 같았다. 데리다가 조사를 쓰며 느꼈을, 언어로는 도무지 표현할 수 없는 깊고 깊은 슬픔과 애도가 왠지 내게도 가슴 저리게 전이되는 것 같았다.

나를 감동하게 만들었던 것은 그가 남긴 언어다. 자신의 장례식장에 올 친구들의 얼굴들을 떠올리며 그가 남긴 말은 일생 그토록 치열하게 씨름했던, 그 해박한 지식을 담은 이론과 개념들이 아니었다. 바로 '사랑'과 '미소'였다. 그가 자신의 삶을 마감하면서 마치 '결론'처럼 선택한 가치는 사랑과 미소인 것이다. 사랑과 미소가 상징하는 것은 무엇인가. 나와 너의 연결성의 최고 정점인 사랑, 그리고 무조건적 환대의 근원적 메타포인 미소는 '삶에 대한 전적 긍정'이다. 그렇기에 데리다를 '생명의 철학자(philosopher of life)'라고 부르는 것에 나는 전적으로 동의한다. 내가 데리다와의 데이트에서 만나고 경험한 데리다에 대한 가장 적절한 표현을 찾으라면, 나는 주저 없이 '생명의 철학자'라고 할 것이다.

장례식에 올 친구들에게 '미리' 감사와 축복을 전하고, 그들에게 그 어떤 어려움도 견뎌내어 '살아남음(survival)'을 부탁하고, 그리고 '미소'를 지어달라고 부탁하는 데리다 – 아마 그의 눈에서는 소리 없이 눈물이 흘러내렸을지도 모른다. 삶을 마무리 짓는 하나의 예식으로서 스스로 장례식 조사를 쓰려 마음먹기까지 그는 얼마나 많은 생각들과 씨름했을까. 그리고 그 아픈 몸을 추스르면서 침상에서 조사를 쓸 때 어떤 문장을 썼다가 지우기를 반복했을까. 데리다의 조사를 반복하여 읽으면서, 이러한 생각들이 스쳤다.

데리다가 스스로 쓴 조사를 통해서, 데리다는 세계적 명성을 누리는 먼 곳의 철학자라기보다 죽음의 침상에서 여전히 따스한 미소와 새로운 세계에 절절한 희망을 전하는 한 아름다운 인간으로 내게 다가오기 시작했다. 이것이 내가 데리다와 '데이트'를 시작하게 된 계기이다. 나는 데리다 조사의 마지막 문장을 데리다를 주요한 대화 상대자로 삼은 나의 영어 책,《코즈모폴리턴 신학(Cosmopolitan Theology)》의 헌사 부분에 인용하기도 했다. "나는 여러분을 사랑합니다, 그리고 내가 어디에 있든지 여러분에게 미소 지을 것입니다(I love you and am smiling at you from wherever I may be)."[5]

사유 주체의 등장을 선언하는 "나는 생각한다, 고로 존재한다"보다 더 선행하는 존재방식은 바로 "나는 애도한다, 고로 존재한다"이다.[6] 관계가 형성되자마자 그 관계 속에 있는 사람들은 먼저 누군가의 죽음을 경험해야 한다. 고립된 존재가 아니라, 관계 속의 존재로 살아간다는 것은 바로 '애도'를 그 존재 한 켠에 품고서 살아감을 의미한다.

5.   Kang, *Cosmopolitan Theology*.
6.   Derrida, *Points ⋯ Interviews, 1974-1994*, 321.

'나는 생각한다, 고로 존재한다'라는 데카르트의 선언에서 등장하는 '사유하는 주체(thinking subject)'는 타자와의 근원적 관계성을 드러내지 못한다. 그런데 데리다의 '나는 애도한다, 고로 존재한다'는 이 사유하는 주체의 근원적 존재방식이란 바로 '타자와의 관계 속의 삶'이라는 것이다. '나의 존재함과 너의 존재함의 분리 불가성'을 드러내는 참으로 심오한 선언이다. 내가 데리다의 이 선언을 이 책의 부제로 정하게 된 배경이다.

　내가 데리다와 데이트를 시작하면서 경험하게 된 것이 있다. 우리가 흔하게 쓰고 있어서 그 의미를 오히려 보지 못했던 개념들이 지닌 심오한 의미들을 만나기 시작한 것이다. 예를 들어 살아남음, 미소, 선물, 우정, 환대, 용서, 애도, 연민 등 일상에 흔하게 자리 잡고 있는, 너무나 평범한 것 같은 이러한 개념들이 지닌 심오한 의미들을 데리다는 내게 보여준다. 데리다가 왜 친구들에게 미소를 지어달라고 했고, 조사의 마지막 문장에서도 왜 그들에게 미소를 짓겠다고 했는지, 그 미소가 지닌 심오한 의미를 비로소 느끼게 되었다.
　'살아남음', 즉 생존은 진정한 애도에서 중요한 의미를 지닌다. 우리가 이 세계에서 짊어지고 가야 하는 책임, 그리고 진정한 우정과 연계된다. 또한 '미소'는 의무로서의 환대를 넘어 진정한 환대에서 매우 중요한 개념이다. 그래서 데리다는 '진정한 환대는 미소 없이는 불가능하다'고 한다. 인간이 타자와의 관계에 있어서 마음에서 우러나오는 미소가 얼마나 중요한 환대의 표지인지를 강조하는 것이다.
　데리다는 애도, 우정, 선물, 환대, 미소, 용서, 연민, 생존, 동물, 읽기, 종교, 대학, 민주주의, 정의, 전통 또는 함께 살아감 등과 같이 우리 일상에서 언제나 사용되는 개념들에 주목한다. 그런데 이러한 개념들이 그의 손에 들려지면, 상투적이고 왜곡된 이해로 가려진 개념들의 심오한 의미와 결들이 드러난다. 마치 '보석'에 진흙이 잔뜩 묻어서 아름다움을 볼 수 없었는데, 그 진흙을 닦아내며 점점 더 아름다운 결들을 내어 보이는 것 같다. 물론 '보석'이라는 비유는 데리다적 사유방식을 적용하는 데는 분명한 한계가 있다. 왜냐하면 '보석'은 고정된 물체로서 존재하지만, 데리다가 개입하는 개념의 의미들은 결코 그 확실성으로 고정될 수 없는 '더(more)'의 차원을 언제나 지니고 있다고 강조하기 때문이다. 의미의 고정성과 확실성에 안주하지 않고, 언제나 '더' 있을 의미에 문을 열어놓는 사건으로서의 '해체'가 일어나야 하는 이유다.

데리다의 조사를 접하며 경험하게 된 데리다가, 바로 내가 데리다와의 '데이트'를 계속하고 싶다는 호감과 호기심이 생기기 시작한 결정적인 계기가 되었다. 누군가와 데이트하게 되는 계기는 사람마다 다르다. 내가 데리다의 조사를 우연히 읽으면서 깊은 감동을 받고 비로소 지순한 호감을 가지기 시작했다고 해서, 모든 사람이 동일한 감동을 받는 것은 결코 아니다. 하나의 글은 이러한 의미에서 고정된 의미로 독자에게 전달되지 않는다. 글에 이미 정해진 의미가 담겨 있고, 독자는 보물찾기에서 감춰진 물건을 찾는 것처럼 책 속에 숨겨진 고정된 의미를 찾아 소유하게 되는 것이 아니라는 것이다. 우리는 각기 자신의 취향, 성향 또는 바라고 있는 것에 따라서 다른 감정을 느낀다. 좋아하는 음악, 그림, 영화, 음식, 소설, 시 등도 사람마다 다르다. 베토벤의 교향곡 중 나는 7번 교향곡을 들을 때마다 가슴이 울리도록 가장 좋아하지만, 나의 친구는 5번 교향곡에 가장 깊은 감동을 받는다. 듣기 역시 '자서전적'이라는 것이다. 누구에게 어느 특정한 음악이 가슴을 울리는 것이라고 해서, 그 동일한 음악이 다른 사람에게도 반드시 유사한 감동을 전하는 것은 아니다. 그렇기에 데리다만이 아니라, 어떠한 사상가나 담론이 자신에게 호감을 불러일으키게 되는 계기는 각기 다르다. 그렇기에 '나'의 감동을 절대화할 수 없다.

서로에게 호감과 호기심을 가진 사람들이 데이트할 때, 어떤 일이 일어나는지 생각해보자. 데이트는 상대에게 갖가지 질문을 던지는 것으로 시작된다. 좋아하는 음식이 무엇인지, 즐겨 듣는 음악은 무엇인지, 또는 좋아하는 계절, 꽃, 영화는 무엇인지 등 그 사람 삶 전반에 호기심을 가지고 다양한 질문을 하는 것은 데이트를 구성하는 중요한 요소이다. 데이트 상대에게 호기심이 생기지 않는 것은 질문을 지니고 있지 않다는 것이다. 질문 없이 그저 그 사람이 말하는 것만 수동적으로 듣는다면, 사실상 그 데이트 관계는 더 이상 진전하기 어렵다. 질문이 없으면 '해답'도 없다. 데이트하는 사람들은 호감을 품은 상대방에 대해 더 알고 싶어서 영화를 보러 가기도 하고, 레스토랑에 가기도 하며, 카페에 가거나 여행을 하기도 한다. 즉 다양한 공간들을 방문하면서 상대방의 다양한 모습들을 관찰하기도 하고, 크고 작은 무수한 질문을 하면서 공유하는 언어나 경험들을 쌓아가는 것이다.

호기심은 다양한 질문을 만들어내고, 그 질문의 답을 데이트 상대로부터 찾고자 끈기 있게 집중하게 한다. 데이트가 지루한지, 단순한지 또는 참으로 역동적이고 심오한지는 데이트하는 사람들의 호기심과 질문의 성격, 그리고 그 호기심을 충족하기 위한 적극성과 끈기 등에 따라 규정될 것이다.

데리다와 같이 난해하다는 평가가 대중화되어 있는 이론가일수록, 나는 이 '데이트' 메타포를 적용하는 것이 매우 효과적이라고 생각하고 경험해 왔다. 데리다가 학문 세계의 울타리 안에서만 머무는 사상가가 아니라, 그 학문 세계 담 너머의 일상에서 만나는 사람이기를 나는 바란다. 그래서 이론을 생산하는 '학자'들만이 아니라, 시장에 가고 세끼 밥을 먹고 일터에 오가는 다양한 배경과 직업의 사람들과 만나서 그들의 보기방식, 관계맺기방식에 새로운 통찰과 '아하(a-ha!)'의 경험을 하게 하는 '생명 사랑의 대화자'로 많은 이가 데리다와 만나게 되기를 바란다. 사람마다 각기 다른 방식으로 사람을 만나고 데이트를 하는 것이기에 '데이트-매뉴얼'이란 사실 불가능하다. 이와 마찬가지로 '데리다-매뉴얼'은 불가능하다. 데이트란 개별성을 가진 사람에게 일어나는 사건이라서 언제나 '자서전적'이기 때문이다.

사상가든 담론이든 그것과 '데이트하기'라는 메타포를 쓰는 이유가 또 있다. 데이트하는 상대방을 진정 사랑한다면, 그 사람에 대하여 모든 것은 알고 '통달했다(master)'고 할 수 없다. 만약 이제 그 사람에 대하여 모든 것을 '알았다'라고 생각하는 그 순간, 사랑은 더 이상 사랑이라는 이름을 지닐 수 없다. 한 사람은 결코 '통달'될 수 있는 존재가 아니기 때문이다. 동시에 우리는 누군가를 '마스터'해야 한다는 강박감으로부터 자신을 해방시킬 수도 있다. 난해하기로 이름난 데리다에게 호기심과 호감이 느껴진다면, 그를 '통달'하려는 것이 아니라 데리다가 중요하게 생각하는 개념들이 보여주는 세계에 조금씩, 한 발자국씩 다가가야 한다. 우리는 사실상 특정한 '개념들'을 통해서 데리다의 사상과 철학을 조금씩 만날 수 있을 뿐이다. 한 사상가와의 만남, 그리고 그 사상가가 담고 있는 복합적인 사유 세계를 이해한다는 것은 그가 소중하게 그리고 중요하게 생각하는 개념들과 만나는 것이다. 그리고 이 만남은 지속적인 호기심과 호기심이 만들어내는 질문에 답을 찾고자 지치지 않고 끈기 있게 모색하는 치열함 속에서 가능하다.

3. 데리다와의 데이트, 그 '불편함'과 희열

새로운 앎, 깨달음, 배움이란 '불편함'의 경험 없이는 불가능하다고 나는 본다. 자신이 익숙하고 편안한 방식을 흔들고, 익숙하지 않은 세계로 이끌기 때문이다. '알을 깨는 불편함'을 회피하고, 거부하고, '불경하다'고까지 한다면, 알에서 나와 새가 되어 비상하며 이 세계의 광활함을 경험할 가능성은 없다. 나는 학기 초에 학생들에게 '배움이란 무엇인가'라는 주제로 강의를 하면서, 우리가 함께하는 시간이 늘 즐겁기만 한다면 나와 여러분은 '실패'한 것이라고 말한다. 고정된 기존의 인식을 깨는 불편함과 혼란스러움의 경험은 새로운 인식과 배움의 첫 번째 단계이기 때문이다.

데리다의 사유 세계와 만나는 것은 우선적으로 '불편함'을 준다. 데리다의 글을 처음으로 만나 읽고자 하는 사람들은, 마치 '치과의사에게 가는 것과 같다'고 비유하기도 한다.[7] 데리다를 읽는 것이 치과에

---

7. S. D. Kelly, "Blame Jacques Derrida for Donald Trump", March 31, 2016.
    https://mereorthodoxy.com/blame-jacques-derrida-for-donald-trump/

가서 치료받기 위해 의자에 앉아 있는 것처럼 불편하고 아프지만 결국에는 우리에게 이롭다는 것이다. 그런데 이 비유는 반은 맞지만, 나머지 반은 틀리다. 다음과 같은 이유에서다. 비유의 반이 맞는 이유는 데리다의 글을 읽는 것은 간혹 아픔과 고통을 주기도 한다. 왜냐하면 치열하게 상투성을 헤치고 불가능성에의 열정을 품으라고 하기 때문이다. 익숙하고 편안한 삶을 경계하고, 낯설게 하기를 통해 보다 풍성하고 새로운 의미로 갈 수 있다고 한다. 그러니까 현상 유지의 삶이 주는 편안함을 흔들어서 '불편함'을 경험하게 하는 것이다. 또한 이 비유의 나머지 반은 틀리다. 이유는 치과 치료는 처음과 끝이 명료하지만, 데리다를 읽고 이해하고 다시 다른 결의 데리다를 만나는 것은 치과 치료에서처럼 '종결점'이 불가능하기 때문이다. 특정한 이득을 취하려는 데이트가 아니라면 누군가와 만남을 풍성하게 만들고자 하는 데이트란, 종결점이 있지도 있어서도 안 된다.

데리다는 서론, 본론, 결론이 분명한 전통적 글쓰기를 하지 않는다. 또한 데리다는 우리가 '당연하다'고 생각되는 것을 끄집어내어, 그것이 지닌 복합적인 의미와 가능성을 드러낸다. 그렇기에 데리다 읽기는 종종 '불편함'을 준다. 데리다는 우리가 당연하게 잘 알고 있다고 생각했던 것들이 당연한 것이 아님을 일깨우고, 미처 생각하지 못했던 심연으로 우리를 이끌고 간다.

또한 데리다와 처음 만날 때의 '불편함'은, 데리다의 글쓰기 스타일 때문만은 아니다. 무엇보다도 데리다는 특정한 개념에 대한 우리의 인지 세계를 흔들고 뒤집는다. 그러나 그 불편함을 통하지 않고서 새로운 통찰이나 인식은 불가능하다. 이 점에서 '치과의사에게 가는 것' 같은 불편함을 경험하는 것은 데리다와의 데이트에서 자연스러운 일이기도 하다. 이 책을 통해서 데리다와 데이트하시는 분들은 이 '불편함'의 경험과 그 세계를 오히려 반갑게 맞아들이면 좋겠다. 그 불편함이 우리에게 보여줄 세계란, 데이트를 포기하지 않는 끈기와 열정을 가진 분들에게 불편함을 훌쩍 넘어서게 하는 '희열'을 가져다줄 것이라고 나는 보기 때문이다.

'데이트'라는 메타포를 사용할 때 기억해야 할 점이 있다. 데이트를 '탈낭만화'해야 한다는 것이다. 흔히 누군가와 데이트한다고 할 때, 많은 이가 데이트를 낭만화한다. 분위기 좋은 카페나 장소에 가서 맛있는 음식을 먹고, 즐거운 일만 있을 것이라고 생각하곤 한다. '낭만화'의 위험성은 데이트하는 과정에서 경험하게 되는 밝고 즐거운 면만을 생각하려고 한다는 점이다. 상대방을 알아가는 과정에서 어둡고, 힘들고, 불편한 것을 외면하게 된다. 그런데 한 사람, 한 사상가, 하나의 담론을 알아가는 과정으로서의 데이트는 불편함을 줄 수도 있지만, 새로운 세계와 조우하는 희열을 주기도 하는 지속적인 여정이라는 것을 기억해야 한다.

데리다와 데이트를 하기 위해서 우리가 연습해야 할 '불편함'과 '낯설음'이 있다. 바로 그의 개념들이다. 그는 기존의 개념들을 사용됐던 방식이 아니라, 새로운 방식으로 만들어낸다. 예를 들어서 '비이름(non-name)', 적대와 환대를 합친 '적환대(hostipitality)', 또는 '유령성(spectrality)' 등과 같이 우리가 일상적으로 사용하지 않는 개념들이 매우 빈번히 등장할 것이다. 그런데 이런 매우 낯선 개념들이 등장한다고 해서, 데리다와의 데이트를 주저할 필요는 없다. 또한 바로 이해된다는 생각이 들어도, 그 이해를 고정시키지 말고 계속 그 이해의 지평을 확장하고 심화하는 것이 필요하다. 당장 이해가 안 된다고 해서 데리다와의 데이트를 포기할 필요도 전혀 없다. 우리가 누군가와 데이트할 때, 그 사람과 대화하고 소통하면서 서로가 사용하는 '모든' 개념이나 아이디어를 이해하는 것은 아니다. 이해하기 어려울 때는 지나가고, 후에 다시 그 개념을 재방문해서 조금씩 다가가는 것도 좋다.

나는 데리다와의 데이트를 통해서 내가 나 자신을 보는 방식, 타자와 세계를 보고 읽어내는 방식에 근원적인 변화를 경험해 왔다. 그리고 내 삶의 여정에서 데리다와의 데이트는 끝나지 않을 것이다. 이 책을 통해서 데리다와 데이트를 시작하는 이들도 데이트의 '불편함'만이 아니라, 새로운 세계를 만나는 심오한 희열을 경험하길 바란다. 데리다와의 데이트에서 경험할 '불편함'은 보다 깊은 세계, 생명 긍정의 세계로 나아가는 데 조우하는 새로운 깨달음의 '불편함'이다. 이 책을 여는 순간, 당신의 데리다와의 데이트는 이미 시작되고 있다.

제3장

왜 데리다인가:
데리다 유산의 상속자들

데리다의 글소리

상속이란 결코 "주어지는 것"이 아니다, 그것은 언제나 "과제"다. …우리는 상속자들이다. …존재한다는 것은 …상속받는다는 것이다.
(Inheritance is never "a given", it is always "a task" … We are inheritors …To be …means …to inherit.)[1]

누가 상속할 것인가, 그리고 어떻게 상속할 것인가? 상속자가 도대체 있기나 한 것인가? …
(Who is going to inherit, and how? Will there ever be any heirs?)[2]

우리 모두는 중재자이며, 번역자이다.
(We are all mediators, translators.)[3]

보이지 않는 인용부호들에 주의를 기울이십시오, 하다못해 하나의 단어 안에 있는 것에도…
(Be alert to these invisible quotation marks, even within a word…)[4]

1. Derrida, *Specters of Marx*, 467.
2. Derrida, *Learning to Live Finally*, 33.
3. Derrida, *Points … Interviews, 1974-1994*, 116.
4. Derrida, "Living On," trans. James Hulbert, in Harold Bloom et al., *Deconstruction and Criticism* (New York: Seabury Press, 1979), 76.

1. 왜 데리다인가: 데리다는 '나'에게 왜 중요한가

왜 데리다인가. 왜 데리다가 중요한가. 이 질문에 우선 간결하게 답하자면 모든 사람이 동의할 수 있는 '고정되고 객관적 이유'란 없다. 데리다를 알아야 하는 자명한 이유가 있다고 누군가가 주장한다면, 데리다 이름으로 데리다의 사상을 배반하게 되는 것이다. 그래서 '왜 데리다인가'라는 질문은 재구성되어야 한다. 즉 '왜 데리다인가'라는 보편성의 질문에서 "데리다가 '나에게' 왜 중요한가"라는 '개별성의 질문'으로 전이시키는 것이다. 이 책에서 내가 나누고자 하는 데리다는 '나'의 존재방식, 읽기방식, 보기방식 또는 해석방식에 따른 데리다 이야기이다. 따라서 데리다가 내게 중요한 통찰과 심오한 의미를 주었다고 해서, 다른 사람에게도 동일한 중요성을 지닐 필요는 없다. 내가 하고자 하는 것은 나에게 중요한 의미를 준 데리다의 소리를 여러분과 나누는 것이다. 하지만 내가 경험하고 느낀 중요성과 의미가 이 글을 읽는 모든 이에게도 동일하게 경험되는 것은 아니다.

간혹 회자되는 추천도서 목록들이 있다. 특정한 대학들이 제공하는 '필독서 100선'이라든지 소위 '유명 인사'가 추천하는 책들의 목록이다. 또한 연말이 되면 '올해의 책'이라는 제목으로 각종 매체에 특정한 저자나 책들이 소개된다. 출판사를 운영하는 사람들이 추천하는 '올해의 책' 목록도 있다. 이러한 추천도서 목록을 구성하는 과정은 너무나 자연스러운 것 같아서 이 행위 자체가 작동하는 '기능'에 대해 대부분의 사람은 근원적인 '왜'를 묻지 않는다. 데리다가 이런 '추천도서 목록'을 접했다면, 어떻게 반응할까. 데리다라면 아마 다음과 같은 질문을 우리에게 던질지 모른다.

- 추천도서를 작성하는 사람들은 누구인가;
- 추천자는 책을 선택하는 과정에서 '어떠한 관점'을 적용하는가;
- '유명한' 저자와 '유명하지 않은' 저자의 책이 지닌 의미에, '위계'를 형성하는 것이 가능한가;
- 노벨문학상과 같이 세계적으로 알려진 '상'을 받은 책이 상을 받지 못한 책보다 언제나, 누구에게나, 더 중요한 것인가;
- '누구에게나' 유익한 추천도서라는 것이 가능한 것인가;
- '추천도서' 목록이 확산될 때, 그 목록은 어떤 기능을 하는가.

이러한 질문들을 던지면서 데리다는 '추천도서'라는, 우리가 너무나 자연스럽게 생각하는 것을 '탈자연화'할 것이다. 그리고 '추천도서'와 같은 개념이 등장한 것에 대한 세밀한 '묘사(describe)'를 할 것이다. 그러한 과정에서 '추천도서'에 관한 우리의 생각과 이해를 근원적으로 '변하게(transform)' 할 것이다. 데리다가 차용하는 '화행론

(speech act theory)'이 제시하는 우리의 언설(utterance)이 지닌 두 가지 기능이다.

추천도서나 필독서 목록은 '유명한 대학'이나 '유명 인사' 등 사회적으로 권위를 부여받은 개인이나 집단에 의해 구성된다. 특정한 권위를 부여받은 사람들은 무수한 책 중에서 추천도서나 필독서 목록을 구성하고, 제시하고, 확산시킨다. 이는 어떠한 기능을 하는가. 특정한 사람들의 '특수한(particular)' 관점이 누구에게나 적용할 수 있는 '보편적(universal)' 관점인 것으로 자연화된다. 그리고 추천도서의 등장은 무수한 책들 간에, 목록에 포함된 책과 포함되지 않은 책들 사이에 '위계주의'를 형성한다. 즉 이 목록에 포함된 책들은 책의 세계에서 '중심부'에 자리 잡게 되며, 그 목록에 포함되지 않는 책들은 '주변부'에 자리 잡는다.

'추천하는 권력'을 부여받은 사람과 그렇지 못한 사람들, 교육기관 사이에도 위계가 생긴다. 소위 일류대학교의 필독서 목록은 그 정통성을 인정받는다. 그러나 '일류학교'라는 표지를 붙이지 못한 대학들의 필독서 목록은 아무도 관심을 가지지 않는다. 언론이 보도하지도 않는다. 세계적인 정황에서 보자면, 주로 영국과 미국의 소위 세계 일류대학들에서 나온 필독서 목록은 각 나라말로 번역되어 인터넷상에 회자된다. 그러나 세계적 명성을 지니지 못한 나라의 대학들, 영어권에서 멀리 있는 나라의 대학들이 아무리 필독서 목록을 내어도, 그것이 영어권 나라에서 영어로 번역되어 사람들이 주목하거나 관심을 가지지 않는다. 세계적인 정황에서는 한국의 소위 SKY 대학에서 '추천도서'의 리스트를 만든다 해도, 한국이 아닌 다른 나라에서 주목받을 리는 없다. 한국어는 언어적 주변부에 속하며, 한국은 세계적 정황에서 여전히 정치적·문화적·경제적 주변부에 있기 때문이다. 그러나 미국이나 영국의 '세계적으로 저명한' 대학들에서 추천도서 리스트가 나오면 그것은 세계적으로 확산되고 보존된다.

결국 '필독서'라든가 '추천도서' 같은 이름으로 구성되고, 정형화되고, 권위를 부여받는 과정에서 출판된 책들과 저자들만이 아니라, 그 저자들이 쓰는 언어 세계 사이에 '중심부'와 '주변부'가 형성되는 이분법적 사유방식이 '자연스러운 것'으로 자리 잡게 된다. 한글로 쓰인 한국 작가의 책이 세계 유명 대학이나 유명 인사의 추천도서에 들어가는 경우는 거의 없다. 영어로 쓰이거나 번역된 것 중에서 '아시아적 신비'를 가진 책이 어쩌다 이목을 끌지만, 그것이 '인류 보편'에게 의미를 줄 수 있다고 보는 경우는 참으로 없다. 또 사람들이 세계 일류대학이라고 간주하지 않는 대학에서 아무리 필독서 목록을 만든다 해도, 그 목록이 SNS를 통해 세계적으로 회자될 리도 없다.

유명 대학이나 유명 인사가 '죽기 전에 꼭 읽어야 하는 필독서'를 만들었다고 해서 '나'가 지닌 물음들, 정황들, 개별적 성향과 상관없이 이 세계 모든 사람이, '죽기 전에 반드시' 읽어야 하는 책이란 없다. 그러한 도서 목록이란 그저 참고할 수 있는 것일 뿐, 도서 목록의 중심에 들어가지 않은 무수한 책 중에서 '나'에게 의미와 통찰을 주는 책과 만나는 것은 오로지 '나'의 '과제'이다. 데리다가 전통적인 이분법적 사유방식이 작동하는 장치에 대하여 치밀하게 묘사하고 분석하는 방식이다. 데리다는 의도적으로 '읽기'에서 벌어지는 이러한 '중심화-주변화'의 이분법적 틀이 지닌 '인식적 폭력'을 흔들고, 저항하고, 새로운 읽기 세계를 창출한다.

데리다는 1969년 〈이론 연구 그룹〉이라는 모임에서 "더블 세션"이라고 알려진 두 번의 강연을 했다. 그 강연에서 데리다는 플라톤처럼 잘 알려진 중심부 철학자만이 아니라, 스테판 말라르메Stéphane Mallarmé 같이 그 당시 거의 알려지지 않은 주변부에 있는 시인도 다룬다. 그런데 말라르메가 추천도서 목록에 들어가 있지 않다고 해서, 추천도서 목록의 저자보다 덜 중요한 것인가. 데리다가 이렇게 주변부에 있는 저자들을 소환하는 것이 우연인가. 데리다가 이렇게 잘 알려지지 않는 작품이나 저자들을 소환하는 것은, 중심부-주변부 또는 중요한 책-덜 중요한 책 등 우리가 자연스럽게 생각하는 사유방식 자체에 물음표를 던지게 한다. 아마 그 어느 '유명 대학'도 데리다나 니체 같은 사상가들의 책을 '추천목록'에 넣지는 않을 것이다. 많은 이가 데리다나 니체 같은 이들의 사상이 이 세계에 대한 '전복적 읽기(subversive reading)'로 기능하고, 그것이 중심부와 주류를 불편하게 하고 '위험한 위협'이 될 수도 있다고 생각한다.

이 점에서 나는 소위 '반드시 읽어야 할 필독서' 목록이나 추천도서 등에 개인적으로 관심이 없으며, 매우 비판적이다. 이러한 이유에서 누군가가 내게 "○○○"에 대하여 책을 추천해 달라고 해도 거의 하지 않는다. 특정한 주제로 논문을 쓰고자 하는 학생들에게도 나는 스스로 먼저 참고도서 목록을 만드는 작업을 하라고 제안한다. 후에 그 학생이 만든 참고도서 목록을 보여주면 그다음에 나의 관점에서 추천할 만한 자료가 있으면 추천해주곤 한다.

자신의 관심, 정황 그리고 이 삶에 대한 갈망과 열정에 연결될 수 있는 책이나 사상가를 찾아내는 것은, 결국 개별인들의 과제다. 사상가나 책들과의 만남은 마치 자신이 좋아하는 음악이나 작곡가를 가지게 되는 과정과 같다. 나는 '개별성'을 지닌 존재이며, 그 누구도 '개별성의 존재'인 나를 대신해서 생각하고, 좋아하는 것의 목록을 작성해 줄 수 없다. 자기 삶의 정황 속에서 자신에게 끌리는, 필요한 것을 찾아내는 과정 자체가 중요하기 때문이다. 읽기, 듣기, 해석하기, 쓰기, 보기 등 이 모든 우리의 행위란 결국 '자서전적'임을 인식하는 것은 데리다와의 데이트에서 주목하고 기억해야 할 점이다.

왜 데리다를 알아야 하는가. 어떤 특정한 사상가를 '왜' 알아야 하는가에 대하여 '객관적'이고 '절대적'인 답은 없다. 그래서 이러한 질문에 대한 답은 어쩌면 질문에 답하는 사람의 수만큼 각기 다른 대답이 나올 것이다. 왜냐하면 우리의 '읽기'나 '해석하기'는 '언제나 이미(always already)', '자서전적'이기 때문이다. 이 '언제나 이미'는 데리다가 자주 사용하는 표현 중 하나이다. 이 표현을 통해서 데리다는 우리가 인식하든 또는 하지 못하든 상관없이 우리의 인식 세계에서 벌어지고 있는 것에 대하여 상기시킨다. 누군가가 '주장'해서가 아니라, 이미 벌어지고 있다는 것이다.

'나'에게 데리다와의 만남은 나 자신에 대하여, 타자에 관하여, 세계에 대하여 생각하는 방식 자체를 근원적으로 바꾸어 놓았다. 사물에 '대한' 생각을 바꾸는 것이 아니라, 그 사물을 보는 나의 '보기방식(mode of seeing)과 사유방식(mode of thinking)' 자체를 바꾸어 놓은 것이다. 데리다는 우리가 너무나 자명하다고 생각하는 '읽기'에 대하여 근원적인 물음을 묻는다. "'읽기란 무엇인가; 내가 'X를 읽었다'라고 할 때 그것은 무엇을 의미하는가"라고 묻는다. 데리다는 우리가 자명하게 알고 있다고 생각하는 환대, 용서, 친구, 선물에 대하여 접근하는 방식, 그것을 사유하는 방식 자체를 바꾸어 놓는다. 그는 환대에 관한 세미나를 '우리는 환대가 무엇인지 알지 못한다'라는 선언으로 시작한다. 이 단순한 듯한 한 문장이 심오하고 복잡한 '환대'의 세계로 초청하는 초대장임을 알아차리게 한다. 그래서 데리다는 이 세계에는 "인용부호가 없는 개념(without quotation marks)"과 "인용부호가 있는 개념(with quotation marks)" 두 종류의 개념이 있다고 한다.[5] '인용부호'의 기능은 무엇인가.

만약 우리가 상식적으로 자명하다고 여기는 개념의 문제점을 짚어내고 의미를 재구성하고자 한다면, 그 개념을 인용부호 속에 넣어야 한다. 그 개념을 근원적으로 조명하면서 우리가 놓쳤던 의미들이 새롭게 드러나도록 해야 한다. 데리다가 쓰는 거의 모든 개념은 어쩌면 인용부호 속에 넣어야 한다.

데리다는 "내가 칸트를 읽을 때마다, 그것은 언제나 처음이다(every time that I read Kant, it is always the first time)"라고 한다. 나는 데리다에 대하여 여전히 모른다. 데리다의 책을 펼치면 언제나 처음 읽는 것 같다. 그래서 나도 다음과 같은 말을 하곤 한다.

"내가 데리다를 읽을 때마다, 그것은 언제나 처음이다."

왜 데리다인가. 굳이 데리다일 필요는 없다. 데리다와의 조우가 나에게 커다란 변화를 준 것처럼, 데리다가 여러분의 삶에 작은 변화를 줄 것이란 느낌이 없다면, 굳이 데리다일 필요가 없다. 데리다의 말을 따르자면 우리는 '데리다'라는 한 세계를 하나의 '상속'으로 받았다.

5. Royle, *After Derrida*, 2.

그런데 그 상속은 수동적으로 '주어진 것(given)'이 아니라, 우리의 '과제(task)'이다. 이런 데리다 말의 정황에서 보자면, '왜 데리다인가'에 대한 답은 오로지 각자가 스스로 찾아야 하는 '과제'이다.

나는 이론이든 철학이든 '나쁜' 철학과 '좋은' 철학이 있다고 본다. 물론 '나쁜'과 '좋은'이라는 이분법적 표현은 잠정적인 것이다. 그러나 기존의 개념과 다른 의미로 사용하기에 인용부호 속에 넣는다. 내가 잠정적으로 규정하는 '나쁜' 철학은 나-타자-세계에 왜곡되고 협소한 이해를 주는 것이다. '좋은' 철학은 우리의 시각을 확장시키고 왜곡된 인식을 깨닫게 함으로써 보통 사람들이 '나-타자-세계'에 대한 포용적 이해와 통찰을 모색하게 하는 것이다. 물론 이러한 '나쁜'과 '좋은'이라는 개념은 잠정적으로 차용하는 것이지, 항구적으로 고정된 틀 속에서 이해될 수 있는 것은 아니다. 데리다는 그 어떤 것이라도 항구화되고 고정될 때 작동되는 폭력적 구조에 근원적인 비판적 문제 제기를 하는 사상가이다. 우리의 인식 세계가 타자와 사물에 대한 매우 고정된 구조 속에 머물게 될 때, 그 지점이 바로 '해체'가 작동되어야 하는 지점이며 끊임없는 생명 긍정의 원리들을 드러나게 해야 하는 지점이다. 데리다의 해체 개념은 이런 의미에서 허무주의나 파괴, 또는 단순히 긍정적인 것(positive)이 아닌 '고도의 인정(hyper-affirmation)'의 사건이다.[6]

이러한 의미에서 정치·경제·문화·생태 분야 등 다양한 중층의 위기를 경험하고 있는 이 현대 사회에서 데리다의 철학은 새로운 '지혜'를 제공할 것이다. '철학(philo-sophy)'의 영어 말의 희랍어 어원을 보면 '지혜의 사랑(love of wisdom)'이다. 즉 철학이란 '지혜'의 추구, '지

6.   McCance, *Derrida on Religion*, 23

혜에 대한 사랑'이다. 그런데 그 '지혜'란 무엇인가. 지혜는 자기중심적 이기성의 확장이 아니라, 나-타자-세계가 보다 평화롭고, 정의롭고, 소수자들과 연대와 연민을 나누는 세계를 만드는 것에 기여할 수 있어야 한다. 데리다의 철학은 바로 나와 타자가 살아가는 사회와 세계를 보다 나은 곳으로 만드는 데 필요한 '지혜'를 담고 있다.

2. 우리는 상속자: 존재한다는 것은 상속받는다는 것이다

"존재한다는 것은 상속받는다는 것이다." 데리다의 말이다. 이어 데리다는 상속이란 '주어진 것'이 아니라 '과제'라고 강조한다. 내가 처음 이 구절을 접했을 때, 여러 번 읽으며 그 의미를 생각해야 했다. 나는 나의 삶을 '상속'이라는 개념과 연결시켜본 적이 없다. 그런데 내가 그러한 상속의 의미를 인지하든 하지 못하든 나의 존재함이란, 이미 다양한 종류의 '상속'들 한가운데에서 시작되고 진행된다.

'나'는 개별성을 지닌 유일무이한 개별인이다. 동시에 개별성을 지닌 그 '나'는 언어·사회·정치·국가·종교·제도 등 다양한 보편적 구조 속에서 타자들과 연결되어 살아가는 존재로서의 '보편성'의 차원을 지닌 존재이다. 즉 우리 각자는 개별성과 보편성이라는 두 축을 품고서 살아가는 존재이다. 그 속에서 우리는 다양한 방식으로 '나'를 구성하는 전통들을 상속받는다. 이러한 의미에서 '존재한다는 것은 상속받는 것'이다. 그런데 그러한 '상속물'은 수동적으로 내게 '주어진 것'이 아니라, '과제'로서 다가온다. 그 전통이 지닌 중요한 것들을 찾아내고, 그 전통에서 소외되고 평가절하되었던 것들의 의미를 살려내고, 또한 그 전통이 지닌 문제점들을 찾아 문제 제기를 해야 하는 과제이다. 동시에 주어진 전통들에의 개입만이 아니라, 새로운 전통들을 창출하는 과제를 지니는 것이다.

이 '상속자'라는 개념이 나의 사유 속에 들어온 것은 어느 날 데리다의 책을 읽으면서다. "존재한다는 것은 상속받는다는 것이다" 따라서 "우리는 모두 유산 상속자다"라는 구절은 나에게 깨달음의 감동을 주었다. 나와는 아무런 상관이 없다고 생각했던 '상속'이라는 개념이, 전혀 다른 의미로 변화되어 내 앞에 나타난 것이다. 이러한 전통 상속의 과제를 수행하는 방법 중의 하나로서 데리다는 두 가지 방식으로 개념을 사용한다. '인용부호가 없는 개념'과 '인용부호가 있는 개념'이다. 인용부호가 없는 개념은 우리가 유산으로 상속받은 것이다. 그 상속받은 전통을 인용부호 속에 넣으면서, 전통의 유산 상속에 대한 '과제 수행'이 진행되기 시작한다. 전통의 상속으로 받은 인용부호가 없는 개념에서 우리가 보존해야 하는 것들, 문제 제기해야 하는 것들, 놓치고 있는 것들, 알아야 하는 것들, 또는 새롭게 구성할 것들을 담게 되는 개념이다. 데리다는 이런 방식으로 전통 상속의 과제를 수행하는 것이다. 이렇게 우리가 일상적으로 사용하는 모든 개념이 데리다의 눈을 거치고 나면, 새로운 의미로 다가온다. 데리다는 '유산(legacy)'을 선물이라고 본다. 유서 속에 남겨진, 앞서간 사람이 남겨준 선물인 것이다. 그렇기에 '데리다 읽기'란 결코 끝나지 않는다.[7]

인간으로서 우리가 이 세상에 존재한다는 것은 자신이 원하든 원하지 않든, 또는 인지하든 하지 못하든 다양하게 존재하고 있는 '전

---

7. McCance, *Derrida on Religion*, 105.

통'들 속에서 살아감을 의미한다. 언어·문화·철학·종교·정치·교육·가족·친척·사상·예술 등 우리는 개인적인 차원이나 집단적 차원에서 다양한 유산을 상속받는 '유산 상속자'로 살아간다. 또한 인간이 만든 다양한 '제도'들을 상속받는다. 그뿐이 아니다. 우리가 읽고, 사유하고, 알고자 하는 사상이나 이론, 즉 사상가나 이론가가 남겨놓은 유산을 상속받는다. 이렇게 앞서서 살아간 사람들이나 동시대 사람들의 수많은 '유산'을 상속받는다. 그런데 데리다는 여기서 우리가 유산 상속자란 누구인가 또는 유산 상속이란 무엇인가를 이미 '알고 있다'고 생각하는 그 인식 구조 자체를 뒤집는다. 흔히 생각하는 '유산 상속자'란 그에게 어떤 유산이 수동적으로 '주어진 것'이라고 이해한다. 부모에게서 '유산을 상속받았다'라고 할 때의 그 '유산 상속자'에게 '유산'이란 '주어진 것'이라는 것이다. 그런데 데리다는 유산이란 '주어진 것'이 아니라, 하나의 '과제'라고 상기시킨다.

이러한 맥락에서 보자면, 지금 이 책을 쓰고 있는 나, 그리고 이 책을 읽는 이들은 이미 '데리다의 유산'을 상속받으려는 의지와 갈망을 지녔다고 할 수 있다. 데리다의 유산을 가지고 내가 무엇을 어떻게 할 것인가는 지속적인 과제로 남는다. 데리다처럼 학계에서만이 아니라 다양한 곳에서 극도의 칭찬과 동시에 극도의 경멸을 받는 철학자는 없을 것이다. 그런데 데리다를 비하하고 폄하하는, 다양한 입장들을 표명하는 사람들의 특징은 첫째, 데리다의 저작들을 읽지 않았다는 것, 둘째, 읽었다 해도 그 '내용'이나 데리다의 쓰기방식의 의미를 이해하지 못했다는 것이다. 또한 데리다에 대한 무수한 비난은 많은 경우 스스로 구성한 것이 아니라, 이미 '다른 사람이 한 비난'에 근거해서 구성되곤 한다.

내가 자크 데리다에 대한 책을 쓰게 된 이유는 한 가지이다. 데리다 사상을 우리의 구체적 삶과 연결시켜서 일상 세계에서 만나도록 하려는 시도다. 데리다의 글은 난해하기로 유명하다. 그 글에 담긴 데리다의 사상이 쉽게 이해될 리가 없다. 데리다 글의 한 단락을 이해하기 위해 종종 몇 시간이 걸릴 수도 있다. 데리다 사상 세계의 작은 자락이라도 이해하고 싶다면, 그가 예사롭지 않게 쓰는 개념 단어 하나하나에 담긴 의미를 이해하기 위해, 그 개념과 연결된 것들을 따라가며 읽고 이해하려는 시도를 해야 한다. 그리고 다시 데리다의 텍스트로 돌아와서 그의 글을 마주해야 한다. '인내심 있는 읽기(patient reading)' 그리고 '정밀한 읽기(close reading)'이다. 이 두 가지 읽기방식은 데리다가 우선적으로 내게 가르쳐준 언어를 마주하는 방식이다.

철학의 과제는 명증적인 '해답'을 제시하는 것이라고 생각하는 이들이 있다. 그러나 그러한 통상적 기대는 잘못 설정된 것이다. 인간의 실존, 지식, 가치관, 언어 등 우리가 살아가는 데 개입하는 모든 차원에 철학은 '해답'보다는 '질문'을 던지는 것이어야 한다. 그 질문을 받은 사람들은 자기 삶의 정황에서 그 질문에 대해 생각하고, 그 사유를 통해 자기 삶을 성찰하며 자신의 인생관, 관계관, 정치관, 종교관, 교육관, 세계관 등 자신만의 '보기방식'을 구성하게 된다. 포괄적 의미에서 철학은 다양한 인문학 분야들은 물론 종교·자연과학·정치·의학·경제 등 우리의 일상생활에 존재하는 거의 모든 영역과 연관된다. 이러한 맥락에서 보자면 데리다의 사상은 인문학의 한 좁은 분야로서 '철학'이라는 제한된 영역이 아니라, 초학제적인 포괄적 의미의 '철학'이다. 그의 사상이 전통적인 철학 분야만이 아니라, 법학·문학·문학비평·정치과학·대중문화·예술·영화비평 등 학제 간의 구분을 뛰어넘어서 다양하게 논의되는 이유이다.

철학이 학문 세계의 학자들에게만 제한되는 것이어서는 안 된다고 나는 생각한다. 철학의 주요 과제는 인간의 구체적인 삶에 대한 비판적 성찰이다. 따라서 인간이 자기 삶을 구성하고 살아가는 데 요청되는 나·타자·세계에 대한 이해를 확장하고 복합화하는 데 기여하는 것이어야 한다. 만약 인간과 세계에 대한 철학적 사유가 학문 세계에만 갇혀서, 그 학문 세계의 담 너머에서는 누구도 이해할 수 없거나 아무런 도움이 되지 않는다면, 인류의 문명사에서 무수한 사상가들이 고민하고 씨름하던 자취들을 공부하는 것이 무슨 의미가 있을까.

한 개별인의 일상적 삶에서 아무런 의미를 지니지 못하고, 오직 '특별한' 학문 세계에서만 통용되는 언어로 점철된 철학적 사상에 나는 별로 흥미를 느끼지 못한다. 우리의 시간과 에너지는 지극히 제한되어 있다. 그 제한된 시간과 에너지를 어디에 쏟을 것인가를 분별하고 결정하는 것은 살아감의 중요한 과제가 된다. 이러한 맥락에서 나는 이 책에서 단지 '철학자 데리다'만이 아니라, 인간과 세계에 대해 고민하고 씨름하는 '인간 데리다'를 만나고, 그 만남을 통해서 나의 시각들, 즉 나 자신을 보는 방식, 타자를 보는 방식, 그리고 이 사회와 세계를 보는 방식에 데리다 사상이 주는 중요한 통찰을 찾고 그것을 나누고자 한다.

3. 데리다 유산의 상속: 세 가지 과제

데리다에게는 매우 특별한 '재능(flair)'이 있다. 데리다가 여는 세미나에 참석했었고, 데리다에 관해 여러 권의 책을 쓴 마이클 나스

Michael Nass는 데리다의 마지막 세미나를 다룬 책에서 한 장의 제목을 "데리다의 플레어(Derrida's Flair)"라고 붙였다.[8] 여기에서 나스가 사용하는 '플레어(flair)'란 한국어로 '재능'이라고 번역되곤 한다. 그런데 이 번역어를 통해서는 '플레어'라는 개념이 주는 그 미묘한 뉘앙스를 알아차리기 힘들다. '플레어'란 단순한 '재능'이라기보다 보통 사람들보다 냄새를 매우 잘 맡는 것과 같은 의미이다. 다른 사람들이 맡지 못하는 아주 미미한 냄새라도 맡을 수 있는 능력이라는 것이다.

나스에 따르면, 데리다가 지닌 '플레어'는 특히 '언어'에 대한 '플레어'이다. 언어만이 아니다. 그는 다른 사람들이 미처 보거나 생각하지 못한 것들을 냄새 맡는 것처럼 언어에, 논쟁에, 특히 철학적 논쟁에서 매우 미세한 부분까지 '냄새' 맡고 보는 특별한 재능이 있다. 흔히 '데리다 스타일'이라고 칭하곤 하는 데리다의 특별한 재능 때문에 사람들은 데리다를 좋아하기도 하고, 비난하고 매도하기도 한다. 데리다가 언어에 지닌 매우 독특하고 특별한 재능을 폄하하는 사람 중에는 특히 철학자들이 많다. 놀라운 일이 아니다. 철학의 주요 기능을 언어를 통한 '명증성의 제시'라고 보는 전통적인 철학자들은 데리다가 지닌 '플레어'를 거쳐서 펼쳐지는 세계에 쉽사리 동의하지 못하기 때문이다. 그런데 데리다가 언어에 특별한 재능이 있다는 것은 구체적으로 무엇인가. 표피적인 '말재주'가 아니다. 사유 세계의 섬세한 결, 그리고 그 기능에 대한 놀라운 비판적 통찰을 제시한다. 우리가 일상적으로 생각하는 어떤 개념이 데리다의 손에 들려지면, 전혀 생각하지 못했던 결들이 드러난다.

---

8. Nass, "Derrida's Flair(For the Animals to Follow⋯)", in *The End of the World and Other Teachable Moments*, 17.

예를 들어 '적대'와 '환대'라는 개념을 보자. 이 두 개념을 마주할 때, 우리는 적대와 환대는 '반대말'이라고 생각한다. 그러나 현실 세계의 구체적인 정황을 미시적-거시적으로 보자면 이 문제는 그렇게 흑백으로 나눌 수 있는 단순한 것이 아니다. 한편으로 환대를 실천하기 위해 또 다른 한편으로는 적대를 행하는 상황이 비일비재하기 때문이다. 이렇게 적대와 환대를 이분법적으로 나누고 생각하는 우리의 '이분법적 사유방식'은, 환대가 지닌 매우 복합적인 정황을 드러내지 못하는 인식론적 한계를 지닌다. 자국민에게만 '환대'를 베푸는 이민 정치를 할 때, 난민이나 미등록이주민들에게는 '적대'를 행사하게 되는 정황들이 있다. 이렇게 적대와 환대가 얽히고설킨 정황을 어떻게 개념화할 수 있는가. 데리다는 '적대(호스틸리티, hostility)'와 '환대(호스피탈리티, hospitality)'를 합친 개념인 '적환대(호스티피탈리티, hostipitality)'라는 신조어를 만든다. 그 신조어를 통해서 데리다는 환대가 단지 추상적 개념이 아니라 구체적인 현실 세계에서 환대가 지닌 심오하고 복합적인 차원을 드러낸다.

또 하나의 예를 살펴보자. 우리가 무심히 쓰는 '동물'이라는 개념을 보자. '동물'이란 단어를 보면서 그 단어 자체에 의구심을 가지거나, 더 나아가 그 단어 자체가 '동물에 대한 범죄'라고 생각하는 사람들은 얼마나 될까. 데리다는 '동물'이라는 개념 자체가 '동물에 대한 범죄'라고 규정한다. 동물권 운동을 하는 사람들조차도 당연하게 생각하고 사용하는 '동물'이라는 개념 자체를 '동물에 대한 범죄'와 연결시키지 못하곤 한다. 그런데 데리다는 왜 '동물에 대한 범죄'라고 보는가. 우리는 대부분 동물이 단순한 몇 개의 범주로 나누어질 수 없는 이종성(heterogeneity)을 지닌 존재임을 별로 의식하지 않는다.

각양 각종의 동물이 지닌 무한한 다양성을 동질화(homogenization) 하는 것으로 기능하는 '동물'이라는 개념은 이미 그 다양성과 이종성을 억누른다. 데리다는 이것을 '동물에 대한 범죄(crime against animal)'라고 규정한다. 바다사자와 하늘을 나는 종달새, 토끼나 다람쥐, 기린 등 바다, 육지, 하늘 등 곳곳에 무수한 다양성 속에 존재하는 생명들을 '동물'이라는 범주 하나로 동질화할 때, 그것이 바로 '생명의 식민화'이며 결국 '동물에 대한 범죄'가 된다. '동물'이라는 범주 속에 모든 생명을 집어넣음으로써 '개별성'이 억눌려진다. '개별성의 박탈' 자체가 '동물에 대한 범죄'로 기능하게 된다. 이렇듯 우리가 너무나 자명하게 잘 알고 있다고 생각했던 '동물'과 같은 언어에 데리다의 손길이 닿으면, 그 언어는 전혀 생각하지 못했던 결들을 드러낸다. 데리다가 '플레어'를 지니고 있다는 것의 의미이다.

그런데 우리가 이러한 데리다의 '플레어'를 통해서 배우는 것은 무엇인가. 왜, 그리고 어떻게 데리다를 통해서 읽고, 배우고, 해석하고, 체현할 것인가. 데리다의 유산을 상속받는다는 것은 무엇을 의미하며, 그 상속물은 내게 어떠한 과제를 지니게 되는가. 데리다가 쓴 책 또는 데리다에 관한 책을 읽기 또는 쓰기를 하는 것은 무엇인가. 그 행위는 우리 모두 '자크 데리다의 상속자'임을 받아들인다는 것을 의미한다. 데리다에 관한 책을 읽는 사람이나 쓰는 사람 모두 각기 다른 방식으로 데리다의 상속자로서의 자리에 들어선다. 여기에서 데리다가 강조하는바, 상속이란 자동적으로 '주어지는 것'이 아니라, 하나의 '과제'다. 즉 상속이란 우리가 그것에 반응해야 하는 과제로서 '명령'이기도 하다는 것이다. 이러한 명령에 반응한다는 것 – 이 지점에서 데리다의 해체가 개입하게 된다.

전통을 유산으로 받는다는 것은 '무비판적 수용'의 의미가 아니다. 우선적 이중적 명령을 담고 있다. 긍정과 수용, 그다음은 그 전통에 대한 문제 제기이다. 전통이 지닌 중요한 것들을 찾아내어 그것들을 인정하고 긍정하는 것이 필요하다. 여기에서 '중요한 것'이란 사람마다 다른 기준으로 해석할 수 있을 것이다. 데리다에게서 중요한 것은 '생명의 긍정과 확장'의 의미를 지닌다. 이것은 다른 전통과의 불연속성과 연속성을 분별해야 하는 과제와 책임성을 의미한다.

데리다의 '존재한다는 것은 상속자가 된다는 것'이라는 선언에 의하면, 이 책과 만나는 이들은 '이미' 데리다의 유산을 상속받는 이들이다. 여기에서 우리는 데리다가 의미하는 '상속'에 인용부호를 넣어야 한다. '상속'이라는 개념을 우리는 유산으로 받았다. 그런데 데리다는 그 전통적 유산으로 받은 '상속'이라는 의미가 지닌 중요성을 '긍정'하면서, 동시에 그 전통적 의미의 '상속'이 지닌 한계에 문제 제기를 하면서, 우리가 새로운 의미의 '상속'과 만나도록 한다. 그래서 데리다는 이 세상에는 두 가지 담론, 즉 '인용부호가 없는 개념'과 '인용부호가 있는 개념'이 있다고 한다.

데리다가 말한 인용부호가 없는 개념과 인용부호가 있는 개념의 차이는 무엇인가. 우리가 잘 알고 있다고 생각하는 개념을 인용부호 속에 넣는 순간, 그 개념은 우리의 비판적 조명의 대상이 된다. '인용부호의 정치학'이다. 이 세계에 존재하는 개념들/언어들은 다층적인 과정을 거쳐서 '자명한 지식'으로 자연화된다. 그런데 인용부호를 붙이는 행위는 유통되고 있는 그 개념을 완전히 버리거나 포기하는 것이 아니라, 인정하면서(affirmation), 그 의미에 문제가 있는 점들에 문제 제기(contestation)하는 의미를 함축한다. 그뿐이 아니다. 상속받은 전통을 출발점으로 해서, 그 전통에 개입해 긍정할 것을 찾아내고 이전 전통이 담지 못하는 새로운 전통을 창출(innovation)해야 한다. 상속을 주어진 것이 아닌, '과제'로서 받아들이는 행위가 되는 것이다. 전통의 상속자로서의 세 가지 과제가 주어진 것이다. 이러한 과제를 수행하기 위해서는 첫째, 비판적 선택 둘째, 윤리적 결정을 하는 것이 필요하다.

지금도 많은 이가 철학이란 특정한 사람들만 이해할 뿐, 일반 사람들은 거의 이해할 수 없는 것이라고 생각한다. 나는 이것에 동의하지 않는다. 철학의 의미를 '살아감의 지혜에 대한 사랑'이라고 이해할 때 그 철학이 난해한 언어로 구성되어 지극히 소수의 사람만을 위한다면, 도대체 존재 이유가 무엇인가. 학문적 언어들을 일상적 언어로 '통역'하는 '통역자(interpreter)', 그리고 학문 세계를 일상 세계와 만나도록 '중재'하는 많은 '중재자(mediator)'들이 필요한 이유다. 나는 데리다의 언어를 내가 아는 일상 언어로 '통역'하고, '데리다의 세계'가 나의 일상 세계와 만나도록 '중재'하려 한다. 데리다의 '상속자'로서의 역할이다. 물론 이러한 통역, 중재, 상속의 과제를 수행하는 것은 나의 자서전적 작업이다.

데리다는 2004년 〈르 몽드〉 지와의 마지막 인터뷰에서 다음과 같이 말한다.

> 누가 상속할 것인가, 그리고 어떻게 상속할 것인가? 상속자가 도대체 있기나 할 것인가? …
> 이 질문이 끊임없이 나를 사로잡고 있습니다.[9]

9. Derrida, *Learning to Live Finally*, 33.

〈 전통 상속자로서의 세 가지 과제 〉

전통의 긍정
(Affirmation)

새로운
전통의 창출
(Innovation)

전통에 대한
문제 제기
(Contestation)

〈 유산 상속 과제의 두 가지 의미 〉

비판적 선택
(Critical Choices)

윤리적 결정
(Ethical Decision-
Making)

　　상속이란 결코 총체화되어 모여있는 그 어떤 것을 받는 것이 아니다. 데리다 사상의 상속이란 끊임없는 진행형의 프로젝트다. 또한 데리다를 접하는 각자는 각기 다른 데리다의 유산을 상속하는 것이다.

　　'데리다'가 '나'에게 가져다준 것은 심오하고 풍요한 세계이다. 그렇다고 해서 모든 사람에게 데리다가 동일한 방식으로 그 심오한 세계를 자동적으로 가져다주는 것은 결코 아니다. 읽기와 해석하기, 그리고 그 읽기와 해석을 자기 삶과 연결하는 것은 모두 '자서전적'이기 때문이다. 이 책으로 나는 '데리다'라는 사상가의 세계로 가는 무수한 '다리들' 중의 하나인 작은 다리를 내어놓는 것일 뿐이다. 내가 세계를 읽는 방식, 그 세계를 해석하고 타자와 관계를 맺는 보기방식 등 나의 삶에 중요한 근원적 변화를 준 '내가 만난 데리다, 지금도 만나고 있는 데리다'를 여러분과 나눈다.

데리다와의 데이트는 내 삶의 여정에서 계속 이어질 것이다. 데리다에 관한 이 책이, 다른 책을 읽고자 하는 열정으로 이어지게 하는 '다리'가 되기를 나는 바란다. 한 권의 책이 그 의미성을 지니는 것은, 읽는 이가 다른 책들도 읽고 싶다는 생각과 열정을 생기게 할 때라고 나는 보기 때문이다.

데리다는 망각하곤 하는 우리에게 중요한 것을 끊임없이 상기시킨다. "존재한다는 것, 그것은 상속받는 것이다"라는 존재방식의 의미이다. 데리다 사상을 유산으로 받은 상속자로서 우리는 그 데리다 사상을 구성하고 만들어온 인류의 사상들 또한 계승하고 상속하는 것이다. 상속받은 전통들과의 연속성과 불연속성 사이를 오가면서, 그 전통이 지닌 생명 긍정의 가치를 유지하고 담아내고 확장하는, 새로운 전통 창출의 과제를 지닌다. 이러한 전통 창출의 의미를 데리다가 우리에게 새로운 방식으로 보여주고 있다고 나는 본다. '왜 데리다인가.' 데리다와의 데이트를 통해서 우리 각자가 지속적으로 대면하고 응답해야 할 과제다.

제 4 장

데리다는 누구인가:
데리다 언더 이레이저

데리다의 글소리

나는 태어났다. …나는(아직 안) 태어난다. …

인간이 단지 한 번만 태어났다고 도대체 누가 그러는가?

(I was born. …I am(not yet) born …Who ever said that one was born just once?)[1]

---

1. Derrida, *Points … Interviews, 1974-1994*, 339.

사실이란 없다, 오직 해석만이 있을 뿐

(*There are no facts, only interpretations*)

—프리드리히 니체[2]

1. 데리다는 누구인가:
오토바이오타나토그라피(autobiothanatography)

'데리다는 누구인가.' 단순한 듯한 이 질문은 가장 어려운 질문이기
도 하다. '데리다는 ○○○이다'라고 표현하자마자, 우리는 그 '데리
다-너머의 데리다'와 만나기 때문이다. 이러한 한계를 분명하게 인
식하면서 나는 데리다가 누구인가를 다음의 개념과 함께 시작하고자
한다. '오토바이오타나토그라피'. 이 개념은 나에게는 물론 이 책을
읽는 이들에게도 매우 생소한 개념일 것이다.

줄리안 울프레이스J. Wolfreys는 데리다에 관한 그의 책에서 이 개
념을 사용한다.[3] 한 사람의 자서전은 '오토바이오그라피(auto-bio-
graphy)라고 한다. 희랍어로 '오토(auto)'는 '자기(self)'라는 의미이고,
'바이오(bio)'는 '생명', 그리고 '그라피(graphy)'는 '쓰기'라는 의미를

---

2. Nietzsche, *The Portable Nietzsche*, 458.

3. Wolfreys, *Derrida: A Guide for the Perplexed*, 4.

담는다. '죽음(타나토, thanato)'을 담고 있는 '타나토-그라피(thanato-graphy)'는 한 사람의 죽음에 관한 쓰기이다. 따라서 데리다의 '오토-바이오-타나토-그라피'는 데리다의 태어남, 살아감, 죽음에 관한 쓰기를 의미한다. 동시에 울프레이스는 데리다 '스스로(auto)' 자신에 대해 말하는 것, 그리고 다른 사람이 데리다에 대해 말하는 것을 모두 모아 얽히고설킨 데리다를 그려보려는 의미에서 '오토바이오타나토그라피'라는 다소 생소한 개념을 등장시킨다.

나는 '낯설게 하기(defamiliarization)'를 통해서 '데리다는 누구인가'라는 물음 자체도 낯선, 그래서 새로운 질문으로 데리다를 만나면 좋겠다. 인터넷에서 손쉽게 찾아볼 수 있는 정보 속의 데리다를 넘어, 전혀 모르는 '낯선' 사람으로 전적 호기심을 가지고 생각해보면 좋겠다. '낯설게 하기'는 우리가 '안다'고 생각하는 상투적 이해를 넘어 새로움을 발견하게 하는 보기방식의 첫걸음이다.

데리다 스스로 자신에 대하여 말하는 것이든, 타자가 데리다에 관하여 말하는 것이든 '데리다는 누구인가'는 언제나 '수수께끼(aporia)'로 남아 있을 것이다. 그리고 니체가 상기시키는 바와 같이 '데리다가 누구인가'에 관한 여러 묘사는 결국 고정된 '사실'이 아닌 각자의 '해석들'일 뿐이다. 이 책에서 '데리다가 누구인가'에 대한 이야기는 나의 해석일 뿐이라는 것이다.

데리다는 누구인가. 이 질문은 단순한 것 같으면서도 매우 복잡하다. 또한 누구에게 이 질문을 묻는가에 따라서 그 대답은 천차만별일 것이다. 데리다는 갖가지 찬사를 받기도 했고, 무수한 오해에 평생 시달리기도 했다. 2002년 미국의 한 주간지 〈엘에이 위클리(LA

Weekly)〉와의 인터뷰에서 인터뷰어는 데리다에게 "당신과 당신의 저작에 관한 가장 일반적인 잘못된 이해는 무엇인가?"라고 물었다. 이 물음에 데리다는 다음과 같이 답한다.

> 아무것도 믿지 않고, 아무것도 의미가 없고, 텍스트는 아무런 의미가 없다고 믿는 '회의적 허무주의자(skeptical nihilist)'라고 나를 생각하는 것이다. 그것은 완전히 틀렸고 어처구니없는 것이며, 35년 전에 시작한 나의 작업을 오독하는 것이다. …나의 글을 주의 깊게 읽은 사람이라면 내가 읽는 텍스트들에 대하여 나는 전적인 존중, 그리고 그 텍스트에 긍정과 믿음을 지니고 있다는 것을 이해하게 된다.[4]

데리다에게 "회의적 허무주의자"라는 표지를 붙이는 사람들이 있다. 반면 데리다를 "생명의 사상가"라고 평가하는 사람들도 있다. 이 인터뷰에서처럼 데리다에 대한 오독과 오해는 그가 살아있을 때나 죽음 후에도 여전히 계속되고 있다. 데리다에게 붙여진 다양한 표지들을 보자. 데리다가 누구인가에 대한 평가는 이렇듯 다양하고 상충적이다. 우선 데리다에 대한 부정적인 표지이다.

【데리다에 대한 부정적 표지들】

- 회의적 허무주의자
- 난해한 이론가

---

4. "The Three Ages of Jacques Derrida: An Interview", With Kristine McKenna, *LA Weekly*, November 6, 2002 (https://www.laweekly.com/the-three-ages-of-jacques-derrida/).

- 사적인 풍자가
- 진리, 정의, 대학, 그리고 중요한 제도들과 가치들의 적
- 반계몽주의자
- 상대주의자
- 반이성주의자
- 컴퓨터 바이러스
- 젊은 사람들을 타락시키는 위험한 자
- 지적 테러주의자
- 난해주의

위의 부정적 평가와는 전혀 다른 데리다에 대한 긍정적인 표지를 보자. 마치 동명이인의 두 사람이 있는 것처럼, 전혀 다른 데리다의 결을 보게 한다.

【데리다에 대한 긍정적 표지들】

- 환대의 예술가이며 시인
- 생명의 사상가
- 기도와 눈물의 사람
- 세계에서 가장 위대한 살아있는 철학자
- 20세기 가장 중요한 철학자 중 한 사람
- 세계 시민
- 경계 없는 사상가
- 아포리아의 사상가

- 차연의 사상가
- 철학자-해체자
- 어떤 질문도 두려워하지 않는 사상가
- 남아공의 아파르트헤이트(인종분리정책)와 인종 차별에 대한 치열한 비평가

이렇게 상충하는 해석과 평가들이 보여주는 것은 무엇인가. '데리다는 누구인가'라는 질문을, 누구에게 하는가에 따라서 천차만별의 답이 가능하다는 것이다. 그렇다고 해서 천차만별의 무수한 '답'을 모두 모아서 리스트를 만든다고 '데리다는 누구인가'가 확연히 드러나는 것도 아니다. 데리다에 따르면, 한 존재가 누구인가에 대하여 '진실-전체'를 보는 것은 불가능하다. 오직 단순한 사실적 요소(raw facts)들을 모은 부분적 '정보'만이 가능할 뿐이다. 즉 소위 '있는 그대로의 데리다', 또는 '있는 그대로의 ○○○'이란 불가능하다. 아니, 가능하다고 생각하는 것 자체가 '인식적 폭력'이다. '안다'는 전제 때문에 그 사람이 지닌 다양한 결을 보고 경험하는 가능성이 차단되고, 그 사람의 다양성을 단일한 것으로 만들어버릴 수 있다. 한 사람이 지닌 무수한 다양성을 보지 않고, 억누르고, 또는 몇 가지로 고정시켜 단순화하는 것은 폭력으로 작동하게 된다. 데리다의 '차연' 개념은 '데리다는 누구인가'라는 질문과 연결시킬 수 있는 중요한 개념이다.

니체는 "사실이란 없다, 오직 해석만이 있을 뿐"이라고 선언한다. 니체의 이 선언은 사물에 대한 명증적 인식이 가능하다고 보고 인식론에 집착했던 모더니즘적 사유방식으로부터의 결별을 선언하는 의미를 지닌다. 그리고 그 명증성이 아니라 무수한 해석만이 있을 뿐이

라며 해석학(hermeneutics)의 의미를 그 중심에 놓은 포스트모더니즘적 관점의 문을 연다. 이 니체의 선언을, '데리다는 누구인가'라는 물음과 연결시켜보자. 니체의 선언은 '오직 사실만이 있다(there are only facts)'라고 하는 실증주의적 사유방식에 근원적인 문제 제기를 한다. 근원적인 인식론적 전환을 하게 하는 것이다.

이러한 맥락에서 '데리다는 누구인가'라는 갖가지 상충하는 평가들이란, 결국 '사실'이라기보다 데리다에 대한 다양한 '해석들'이다. 니체의 '사실이란 없다'라는 선언은, 사물에 대한 이해의 명증성을 제시하는 것이 가능하며 그러한 명증성의 제시가 바로 철학이나 종교의 주요 과제라고 보았던 근대의 인식론적 사유방식에 근원적인 문제 제기를 한다는 것이다. 물론 여기에서 '사실이란 없다'가 '단순한 사실' 자체도 없다고 하는 것은 아니다. 사물을 '있는 그대로' 또는 '사실적'으로 구성하는 것이 불가능하다는 것이다. 우리가 동일한 시간과 장소에 있었다고 해도 그 '사실'에 대한 우리의 기억과 해석이 각기 다른 이유다. 니체의 말은 단지 추상적인 철학 세계에서만 적용되는 것이 아니다. 우리의 구체적인 일상 세계에서 '고정된 사실'이라고 절대화하는 것이, 실제로는 각각의 '해석'이라는 것이다. '사실'과 '해석'을 이분법적으로 대치시키는 것은 위험하다. 이 의미를 나의 강의실에서 일어난 사건을 통해서 조명해보자.

어느 날 나의 수업을 듣고 있는 한 학생이 이메일을 보내왔다. 자기가 사정이 있어 예정된 세미나에 빠져야 한다는 것이다. 그렇지만 염려하지 말라고 했다. 그날 우리가 다루어야 할 주제에 관해 읽어야 하는 자료도 모두 읽고, 또한 수업을 함께 듣고 있는 친구의 노트를 빌

려서 그날 토론과 강의를 반드시 '따라잡겠다'고 했다. 다음 주에 나는 하나의 실험을 하기로 했다. '지적 실험'이라고 이름을 붙였다.

그 세미나에는 열두 어명의 석·박사 과정 학생들이 있었는데, 나는 그 학생들에게 세미나를 시작하면서 스마트폰을 모두 꺼내라고 했다. 그리고 지난주 우리가 다룬 것 중에서 '가장 중요한 세 가지 주제'가 무엇인지 생각해보고, 지난주에 결석한 학생의 스마트폰에 텍스트를 보내라고 했다. 학생들은 자신의 노트를 들여다보면서 지난주의 '기억'을 정리해, 세 가지 가장 중요한 주제에 번호를 붙여서 보냈다. 열 개가 넘는 텍스트를 받은 그 학생에게 메시지를 읽어보라고 했다. 놀랍게도 '가장 중요한 세 가지 주제'에 대한 학생들의 기억과 해석들은 모두 달랐다. 유사한 주제를 적어 보낸 학생들에게 그 주제를 어떻게 이해하고 있는가를 말해보라고 하니, 동일한 것 같은 개념에 대한 '해석' 역시 각기 달랐다. 여기서 '누구의 기억'이 '정통 기억' 또는 '진실한 사실'이며, 누구의 해석이 '정통 해석'인가.

내가 '교수'라는 제도적 권력이 있다고 해서, 우리가 나눈 토론에 대한 나의 기억을 절대화하거나, 또는 나의 해석이나 성향에 맞는 학생들의 기억만을 '올바른 기억과 해석'이라고 해서는 안 된다. 어떠한 특정한 사건과 경험에 대한 우리의 '기억과 해석'은, 언제나 이미 '자서전'적이기 때문이다. 특정한 시간에 특정한 사건이 일어난 '그 자리에 있었다'는 단순한 사실이 있다고 해서, 자신의 기억만이 올바르며 '정통의 기억'이라고 할 수는 없다. 또한 기억은 객관적 물체처럼 저쪽에 고정되어 존재하지 않는다. 끊임없이 구성되고, 재구성되며, 또한 새롭게 구성되기도 한다. 하나의 역사적 사건을 경험한 개인의 기억, 또한 그 역사적 현장에 함께 있었던 사람들의 집단적 기억이 동질적이지 않은 이유이다.

개인의 기억, 집단적 기억 그리고 사회적·역사적 기억은 끊임없이 구성되고, 재구성된다. 어떤 기억들은 '정통 기억'으로 평가되어 공적으로 기록되고 반대로 '비정통 기억'의 범주로 던져져 망각되고 사소한 것으로 간주되기도 한다. 이러한 '정통'과 '비정통'을 구분하는 과정에 개입되는 것은 '권력'이다. 그 '권력'은 제도권 안에서의 위치, 젠더, 인종, 나이, 학력 등 다양한 모습으로 자연스럽게 주어지기도 하고, 쟁취되기도 한다. 이러한 맥락에서 니체의 "사실이란 없다, 오직 해석만이 있을 뿐"이라는 선언을 '데리다가 누구인가'라는 물음과 연결시켜 보자.

데리다를 매우 부정적으로 해석하는 사람들이 설사 모두 데리다의 저서를 읽고 강연도 들었다 해도, 그들이 전하는 데리다에 대한 이해가 '사실'을 명증적으로 전하는 것이라고는 할 수 없다. 니체의 선언은 우리가 흔히 생각하는 것처럼 '순수 보기'나 '순수 읽기'란 실제로는 불가능하다는 것을 의미한다. 사물에 대한 우리의 인식은 언제나 자신의 또는 누군가의 '해석'이라는 것이다. 그래서 근대의 '인식론'에 대한 집착은 포스트모더니즘의 '해석학'에 대한 관심으로 전이된다.

'인식론'에서 '해석학'으로의 전이는 '내가 아는 것을 어떻게 아는가'라는 근대의 물음을, '어떠한 해석학적 관점이 나의 '앎'을 구성하고 있는가'라는 보다 복합적인 물음으로 확장된다. 물론 객관적 '사실'과 나의 주관적 '해석'은 데리다가 자주 쓰는 표현대로 '언제나 이미(always already)' 얽히고설켜 있다. 객관성의 세계와 주관성의 세계 사이에 누구나 모두 동의할 수 있는 '자명한' 고정된 경계를 긋는 것은 무의미하다. 많은 이가 정작 데리다의 글을 직접 읽고 이해하려는 시도를 하지도 않거나, 읽는다 해도 이미 '안다'는 전제를 가지고 결론을 내리며 읽게 된다. 사람마다 각기 다른 이해를 지닌 데리다, 그 '데리다는 누구인가'라는 물음은 이렇게 복잡한 것임을 인지하면서, 데리다가 누구인가라는 물음과 대면해보자.

2. 재키 데리다, 아웃사이더

1) 생물학적 탄생

'데리다는 누구인가'라는 물음에 대하여 대부분의 사람은 다음과 같은 문장으로 데리다에 대한 소개를 시작할 것이다.

'자크 데리다는 1930년 7월 15일, 알제리의 엘 비아르(El Biar)에서 태어났다.'

그런데 여기서 '태어났다(was born)'라는 과거형의 사실이 공식적인 서류 기록으로 있다고 해서 '진정한 탄생(true birth)'인가. 데리다는 한 인터뷰에서, 이렇게 과거형으로 하는 "태어났다"라는 표현에 불안감이나 염려를 느끼지 않은 적이 없었다고 한다. 그러면서 "도대체 누가 인간은 오직 한 번만 태어난다고 했는가?"라고 묻는다. 그리고 "나는 태어났다(I was born)"라는 과거형의 표현이 아닌, "나는(아직 안) 태어난다("I am (not yet) born")"라는 현재와 미래 시제가 얽힌 표현을 소개한다.[5] 누구나 자명하다고 생각하는 '태어났다'라는 표현에 대한 데리다의 코멘트는, 우리에게 너무나 자연스럽다고 생각하고 받아들였

5.　Derrida, "A 'Madness' Must Watch Over Thinking", in *Points ⋯ Interviews, 1974-1994*, 339.

던 개념에 대하여 돌연히 '탈자연화(denaturalization)'하도록 초대한다. 그 탈자연화를 통해서 한 사람의 '태어남'이 지닌 복합성과 심오성을 생각하게 한다. 이러한 맥락에서 이 '태어났다'라는 표현은 인용부호 속에 넣어야 한다.

데리다는 우리가 전통적으로 사용하는 모든 개념이나 담론은 두 가지, 즉 "인용부호가 없는 것"과 "인용부호가 있는 것" 사이의 '대항성(opposition)'을 '탈고정화'하고 '탈안정화'하는 것을 의미하는 것이라고 강조한다.6 기존의 개념에 인용부호가 붙여질 때, 그 인용부호는 어떤 기능을 하는지를 생각해보면 데리다의 '전통의 상속'이 '주어진 것'이 아닌 '과제'라고 한 의미를 이해할 수 있다. 생물학적으로 언제, 어디에서 태어났는가로부터 시작하는 '공적 기록'만이 '진정한 출생'으로 보는 '전통'을 상속받는다는 것은 무슨 의미인가. 그러한 '전통'이 놓치고 있는 것들을 찾아내고, 새로운 전통으로 이어가야 하는 '과제'가 있음을 뜻한다. 인용부호는 이러한 과제를 수행하기 위한 중요한 장치이다.

데리다에 관한 '단순한 사실들'을 먼저 살펴보자. 데리다는 독일 지배하에 반反유대적 프랑스 식민지 정부가 지배 중이던 시기, 그리고 그 지배가 끝난 후였던 1940년대 알제리에서 살았던 유대인이다. 데리다는 1930년 7월 15일 프랑스 통치하의 알제리의 엘 비아르(El Biar)에서 유대인 부모 밑에서 태어났다. 태어났을 때 데리다의 이름은 '재키 데리다Jackie Derrida'였다. 그리고 법적으로 등록은 안 했지

---

6. Derrida, "Some Statements and Truisms About Neo-Logisms, Newisms, Postisms, Parasitisms, and Other Small Seismisms", in *The States of 'Theory': History, Art and Critical Discourse*, ed. Carroll, 74-75.

만 '엘리Elie'라는 이름도 있었다. 그런데 데리다는 1962년 첫 출판을 하기 시작하면서 이름을 '자크Jacques'로 바꾸었다. '재키'라는 이름이 '저자'의 이름으로 적절하지 않다는 생각이 들었기 때문이다.

한 인터뷰에서 데리다는 자신의 성인 '데리다'는 아름답다고 생각하며, 성을 바꿀 생각은 없다고 말한다.[7] 그런데 흥미롭게도 그의 첫째 아들 피에르는 '데리다'라는 성을 '알페리Alféri'로 바꾼다. 데리다는 입학시험에 두 번 떨어지고 세 번째 합격하여 22세에 파리고등사범학교(Ecole Normale Superieure)에 입학했고, 아들 피에르는 19세에 입학했다. 그런데 피에르가 철학을 전공하겠다고 하자 교수 중 한 사람이 "데리다"라는 이름을 가지고 철학자가 되려는 것은 '마치 자살하려는 것과 같다'고 했다고 한다.[8] 아버지 데리다의 후광에서 벗어나 독자적인 길을 걷기 위해서, 아들 피에르는 '데리다'라는 성을 '알페리'로 바꾸었다.

2) 반유대주의적 차별 경험

데리다는 알제리에서 유년기와 사춘기를 보냈다. 1940년부터 프랑스는 반유대주의 정책을 본격적으로 도입하기 시작했고 유대인들의 공적인 일상을 점점 강하게 통제한다. 알제리에 있던 유대인들에게서 프랑스 시민권을 박탈하기 시작하고, 알제리 학교에 있는 유대인 학생 수를 전체 14%에서 7%로 감축한다. 어린 시절 데리다는 반유대주의적 차별을 두 차례 직접 경험한다. 하나는 프랑스 국기를 들지 못하게 한 사건이다. 데리다가 다니던 학교에서는 매일 아침 반에

---

7. Derrida, *Points ⋯ Interviews, 1974-1994*, 343-44.
8. Peeters, *Derrida*, 344.

서 성적이 가장 좋은 학생이 프랑스 국기를 들고서 "마샬, 여기 우리가 있습니다(Marshal, here we are)!"라고 선창하면서 수업을 시작하는 전통이 있었다. 1940년 데리다가 프랑스 국기를 드는 차례가 되었는데, 선생은 다른 학생이 국기를 들도록 지시했다. 데리다가 유대인이었기 때문이다. 이렇게 데리다는 반유대주의 차별과 배제의 경험을 어린 나이부터 구체적인 정황에서 겪게 된다.[9]

두 번째 차별 경험은 1942년 6월, 데리다가 유대인 학생 감축대상 목록에 포함되면서이다. 알제리의 학교에서 11세의 데리다는 강제추방을 당한다. 1942년 6월 어느 날, 학교에 갔던 데리다는 교장실로 오라는 통보를 받는다. 영문도 모르고 교장실에 간 데리다는 교장으로부터, '애야, 너는 이제 집으로 가거라, 부모님께서 통지서를 받게 될 거다'라는 말을 듣고 집으로 온다. 공식적인 추방인 것이다. 데리다는 자신은 그 순간에 아무것도 이해할 수 없었으며, 나중에도 아무도 제대로 설명해주지 않았다고 한다. 반유대주의 정서가 가득한 알제리에서 다른 아이들, 반 친구들, 또는 거리에서 만나는 아이들이 적대적인 시선으로 '더러운 유대인'이라 말하며 위협하기도 했다. 그때 그는 결코 치유되지 않는 상처를 받았다.

어떤 책은 데리다가 학교에서 추방된 때가 11세가 아니라 12세라고 서술하고 있지만, 데리다는 자신이 11세였다고 밝힌다.[10] 데리다가 11세였는가, 12세였는가에 대해 이렇게 다른 이야기가 나오는 이유는 데리다가 학교에서 추방된 시기가 1942년 6월인지 10월인지에

9. 보다 상세한 내용은 다음을 참조. Wolfreys, *Derrida for the Perplexed*, 6 그리고 Peeters, *Derrida*, 17.

10. Derrida, *The Post Card*, 87. 또한 케임브리지 대학교 출판사에서 나온 다음의 책도 11세라고 기록하고 있다. Hill, *The Cambridge Introduction to Jacques Derrida*, 2.

대한 혼돈 때문이다. 브노아 페터스Benoît Peeters가 2010년에 불어로 먼저 출판하고, 이후 2013년 영어로 번역된 《데리다(Derrida)》 전기가 있다. 이 책은 총 750쪽으로 이제까지 나온 데리다 전기 중에서 가장 두꺼운 책이다. 페터스의 전기에는 1942년 10월이라고 되어 있다. 데리다의 생일이 1930년 7월 15일이므로 데리다는 12세가 된다.[11] 그런데 이 나이 문제에 관해서는 데리다 본인의 기억대로 11세였다고 보아야 할 것 같다.

1942년 6월 학교에서 추방된 이 사건은, 데리다에게 평생 가슴에 멍이 드는 사건이 되었다. 1943년 가을이 되어서야 데리다는 다시 학교로 돌아갈 수 있었다. 그 사이에 데리다는 유대인 아이들만을 모아서 가르치던 유대인 학교에 갔어야 했다. 그런데 데리다는 유대인으로 차별과 배제를 받는 것을 싫어했지만, 그렇다고 해서 유대교라는 종교적 도그마와 종족적 동질성으로 점철된 '동질성의 공동체'를 대안으로 하는 것 역시 좋아하지 않았다. 데리다가 유대인 학교 출석을 열심히 하지 않은 이유이다. 데리다는 이 추방의 경험을 '혼란스럽고 무자비한 것(puzzling and brutal)'이었고 그의 인생에 있었던 '지진들의 하나'라고 회고한다.[12] 표면적으로 드러난 차별 경험이 이렇게 '두 가지'라고 하지만, 예민하고 섬세한 성격의 데리다가 사람들의 시선에서 느꼈을 차별과 소외의 경험은 다양한 얼굴을 하고서 그의 어린 시절을 뿌리 깊게 채웠을 것이다.

이렇게 어릴 때부터 '아웃사이더'를 경험했던 데리다는 공적인 학

---

11. Peeters, *Derrida*, 19. 한국어 번역은 브누아 페터스 《데리다, 해체의 철학자》., 변광배, 김중현 옮김, (그린비, 2019).

12. Hill, *The Cambridge Introduction to Jacques Derrida*, 2

교생활에 잘 적응하지 못했다. 한 인터뷰에서 데리다는 어릴 때 학교에 가기 싫어서 '학교 멀미(school sickness)'에 걸리곤 했다고 밝혔다. 실제로 그는 학교에 가려고 하면 마치 '뱃멀미'를 하듯 몸이 아프고 힘들곤 했다. 또 성인이 되어 교수로 학교에 갈 때도 여전히 어려움을 경험했다고 한다. 예를 들어 20년 동안 가르쳤던 파리고등사범학교에 갈 때마다 불편함이나 불안감 때문에 매번 가슴이나 위에 육체적 증상을 겪었다고 그는 회고한다. 동시에 '학교 멀미'만이 아니라, '고향에 대한 그리움(homesickness)'과 같은 종류의 '학교에 대한 그리움(school sickness)'을 경험하기도 했다고 회고한다.[13]

그러니까 '아픔(sickness)' 같은 하나의 개념은 고향에 대한 '그리움'의 경우처럼, '이중적 의미'가 함께 얽혀 있다는 것을 데리다는 학교에 관한 경험으로 말해준다. 예민하고 섬세한 성격의 데리다가 평생 불면증에 시달려야 했다는 것은 놀랍지 않다. 그렇다고 해서 데리다가 내면 세계로만 빠진 아이는 아니었다. 어릴 때 데리다는 커서 축구 선수 또는 배우가 되고 싶어 했다. 그가 15세 때 여자친구에게 보낸 사진을 보면 '타잔'의 모습으로 변장한 데리다를 만날 수 있다.[14]

데리다가 어릴 때 경험했던 유대인으로서의 차별과 추방, 그리고 전위(dislocation)의 경험은 데리다의 내면 세계와 사상에 막대한 영향을 미쳤다고 나는 본다. 사회의 중심부가 아닌 '주변부적 존재'로서 그는 언제나 '아웃사이더'의 삶을 살았다. 이러한 주변부적 삶은 다층적으로 그의 사상에 영향을 미친다. 사춘기 학생 데리다는 고전과 프랑스 작가들과 철학자들을 열정적으로 읽었다. 특히 루소, 지드, 카

---

13. Derrida, *Points … Interviews, 1974-1994*, 343.
14. Hill, *The Cambridge Introduction to Jacques Derrida*, 2.

뒤, 키르케고르, 니체, 하이데거, 사르트르 등을 섭렵했으며, 그는 작가가 되기를 희망했고 파리에서 철학자로서 교육을 받았다.[15]

데리다는 알제리에서 '주변부적 존재'인 유대인으로서의 삶을 살았다. 그렇다고 해서, 그 대안으로 인종적 또는 종교적 일치성을 토대로 하는 유대인 공동체를 택하지도 않는다. 데리다는 '공동체주의적 정치학(communitarian politics)'에 대하여, 그리고 '공동체'로부터 파생되는 '우리(we)'라는 개념에 매우 회의적이다.[16] '균질화된 공동체' 또는 '우리'라는 개념이 형성되자마자, 그것은 공동체의 원 안에 들어갈 수 있는 '내부자'와 원 밖에 있는 '외부자'의 경계를 긋고 고정화시키는 '배제의 행위'가 시작된다. '배제의 정치학'이 '공동체'라는 이름으로 자연화되고 낭만화되는 것이다. 따라서 데리다는 '유대인'이라는 종족적 연결성 때문에 지독한 배제를 경험했다고 해서, '유대인 공동체'에 소속성을 갈망하거나 추구하지 않았다. 반유대주의적 정서로 학교에서 추방되었지만, 그렇다고 해서 유대인만의 학교에 자신이 소속된다고 생각하지도 못했다. 차별만큼이나 고정된 정체성 속에 갇히는 것을 그는 거부한 것이다.

미국과 같은 이민자 사회에서 비백인들은 너무나 당연하게 종족적 공동체의 소속성에 자신을 고정시킨다. 히스패닉 공동체, 한인 공동체, 흑인 공동체 등 인종적·종족적 소외 경험을 자신의 종족적 공동체에 들어가는 것으로 대체하는 것이다. 하지만 데리다는 자신의 아들들에게 유대인 남자라면 반드시 하는 '할례'를 시키지 않는다.

15.   Deutscher, *How to Read Derrida*, ix.
16.   Derrida, *Points ··· Interviews, 1974-1994*, 355.

3) 뿌리 뽑힌 존재, 아웃사이더

데리다는 19세 때인 1949년에 처음으로 알제리를 떠나 파리로 향한다. 데리다는 4세 때부터 어머니와 떨어져 학교에 가는 것을 무척 싫어해서 매일 울었다고 한다. 그런데 19세 때 배와 기차를 타고 이틀을 걸쳐서 파리에 갔을 때, 이 어릴 때의 트라우마가 다시 떠올랐다고 한다. 파리에 간 데리다는 파리고등사범학교 문과 수험 준비반 (Khânge)에서 3년여를 지낸다. 파리고등사범학교 입학시험을 1950년과 1951년에 두 번 떨어지고 세 번째 시도인 1952년 말 합격해, 22세의 나이로 입학하게 된다.[17] 이 3년여의 생활은 데리다에게 육체적으로나 정신적으로 매우 힘든 시기였다. 불면증과 신경 불안에 시달렸던 신경안정제를 먹었어야 했다.[18]

데리다가 1950년 문과 수험 준비반에서 썼던 영어 페이퍼가 있다. 〈왕권에 대한 셰익스피어의 생각(Shakespeare's Idea of Kingship)〉이라는 영어 과목의 교사는 데리다가 제출한 영어 에세이에 20점 만점에 10점을 주면서, 페이퍼 여러 부분에 매우 회의적이고 부정적인 코멘트를 썼다. 데리다의 글이 도무지 이해할 수 없다고 비판하면서, "너의 에세이는 뭔가 흥미로운 것이 있지만, 그것을 명쾌하게 설명하는 것에 너는 언제나 실패한다. …영어도 제대로 쓰지 못하고 있다. 손에 늘 펜을 들고 영어를 많이 읽으라"는 코멘트를 남겼다.[19]

〈데리다 기록 보관소(archive)〉는 미국과 프랑스 두 곳에 있다. 나는 미국 캘리포니아 대학교-어바인(University of California-Irvine)에 있는

---

17. Hill, *The Cambridge Introduction to Jacques Derrida*, 3.
18. Deutscher, *How to Read Derrida*, x.
19. 데리다의 노트 사진은 다음의 블로그에서 볼 수 있다.
     http://www.critical-theory.com/quite-unintelligible-derridas-scathing-criticism-from-a-teacher/

데리다 아카이브를 두 번 방문했었다. 그때 데리다의 페이퍼를 직접 보았다.

미국 캘리포니아 대학교 어바인 캠퍼스에는 데리다가 16세 때인 1946년부터 죽기 2년 전인 2002년까지 데리다가 쓴 글들, 사진과 녹음들이 있다. 데리다 아카이브를 방문할 때 미리 온라인으로 방문 신청을 해야 하는데, 내가 보고 싶었던 것은 출판되지 않은 자료들이었다. 나는 주로 데리다가 16세 때부터 쓴 노트들을 살펴보았다. 왜냐하면 이런 것들은 출판되지 않은 것이고, 또한 나는 그가 손으로 직접 쓴 글과 글씨를 보면서, 데리다의 자취를 느끼고 싶었기 때문이다. 데리다의 손글씨의 크기는 놀라울 정도로 작았다. 그가 10대 후반에 손으로 쓴 노트들은 다양한 철학자들을 섭렵한 기록들로 빽빽하게 채워져 있었다.

헨리 베르그송Henri Bergson이나 장 폴 사르트르Jean-Paul Sartre 같은 철학자들이 거쳐 간 파리고등사범학교에서 데리다는 동료 학생이나 교수 중에서 중요한 인물들을 만나게 된다. 미셸 푸코, 루이 알튀세르Louis Althusser, 피에르 브르디외Pierre Bourdieu 등이다. 데리다는 롤랑 바르트(1980), 미셸 푸코(1984), 루이 알튀세르(1990), 질 들뢰즈(1995) 에마뉘엘 레비나스(1995), 장-프랑수와 리오타르Jean-François Lyotard(1998) 등 많은 인물의 장례식 조사를 썼는데, 이들 중 많은 이를 파리고등사범학교에 다니면서 알게 되었다.[20] 데리다가 쓴 14명의 장례식 조사는《애도집(The Work of Mourning)》이라는 제목의 책으로 출판되어 나

---

20.   Hill, *The Cambridge Introduction to Jacques Derrida*, 5.

왔다.[21] 데리다가 자신의 장례식 조사를 스스로 쓰면서 언급하였듯이, 한 사람의 죽음을 마주하고서 조사를 쓴다는 것은 얼마나 어려운 일인가. 데리다가 쓴 조사들을 읽어보면, 그가 '매 죽음마다 세계의 종국'이라고 보면서 자신의 온 존재를 기울여 죽은 사람에 대한 애도를 담은 것을 느낄 수 있다.

데리다는 1956년부터 1957년까지 미국 하버드 대학교에 교환학생으로 갈 기회를 가졌다. 그 당시 파리고등사범학교와 하버드 대학교 간에 교환학생 프로그램이 있었고 데리다는 후설 연구 과제로 장학금을 받아 하버드에 가게 된다.

그는 사귀고 있던 마거리트 오쿠튀리에Marguerite Aucouturier와 함께 1956년 9월 15일 미국으로 향해 대서양을 건너는 항해를 시작했다. 당시 두 사람은 공식적으로 약혼이나 결혼을 하지 않았기에 함께 미국으로 가는 것을 각기 가족들로부터 지지받지는 못했다. 데리다는 장학금을 받고, 오쿠튀리에는 번역 일을 소개받아 비자를 해결한 후 떠났다. 그리고 1957년 6월 9일 하버드 대학이 있는 케임브리지에서 두 사람은 친구 한 사람을 증인으로 한 매우 간단한 결혼식을 올린다. 두 사람은 전통적인 결혼식에 거부감을 가지고 있었다. 8개월 2주 정도의 첫 번 미국 생활 후, 두 사람은 6월 18일 파리로 돌아온다.[22] 미국에서 돌아온 데리다는 알제리로 가서 2년 동안 병역의무를 해야 했다. 병역의무로 그는 학생들을 가르치는 교사 일을 자원했고, 2년 동안 병역의무를 마치고 1959년 파리로 돌아왔다.

21.   Derrida, *The Work of Mourning*.
22.   Peeters, *Derrida*, 91.

데리다는 자신을 어떠한 존재로 생각하고 있을까. 데리다는 자신을 "뿌리 뽑힌 아프리카인(uprooted African)"이라고 표현한다.[23] 자신을 이렇게 '뿌리 뽑힌 존재'로 표현하는 데리다의 자기 이해는 나의 데리다 이해에 강한 자국을 남겨왔다. 데리다는 소위 세계적인 명성을 얻었다 해도, 어쩌면 언제나 자신을 "뿌리 뽑힌" 주변부적 존재로, 고향을 상실한 '망명자'로 생각했을지 모른다. 데리다의 시선이 중심부만이 아니라, 언제나 주변부를 향해 있다는 것은 데리다의 주변부인으로서의 삶이 그에게 준 것이리라고 나는 본다. 알제리에서 태어났지만 알제리에 소속되었다는 고향성을 경험하지도 못했고, 프랑스에서 공부하고 활동했지만, 그는 프랑스에 소속되어 있다는 경험도 하지 못했다. 프랑스 학계 또한 데리다를 전적으로 환영하지 않았다. 미국의 대학들은 데리다 저서와 사상을 소개하고, 데리다를 초청해 강의를 하도록 했다. 그러나 자신에게 익숙한 언어인 불어가 중심어가 아닌 미국에서 활동하면서, 그는 자신이 "뿌리 뽑힌" 존재라는 의식을 늘 품고 있었을 것 같다. 한편으로 이러한 소외와 주변화의 경험은 아픔을 주는 것이기도 하지만, 또 다른 한편으로는 이러한 주변부적 삶이 데리다가 사물과 사람에 섬세한 시선을 키우고 심화시키게 만든 자양분이 되기도 했다고 나는 본다.

3. 데리다의 죽음, 그리고 죽음 이후

데리다가 죽던 해인 2004년, 데리다는 생애 마지막 대중 강연을 한

---

23.   Derrida, *Who's Afraid of Philosophy?* 103.

다. 그는 2004년 8월 16일 브라질 리오(Rio) 콘퍼런스에서 3시간 동안 기조강연을 했다. 이 콘퍼런스에는 브라질은 물론 미국 등 여러 곳에서 데리다의 강연을 듣기 위해 많은 사람이 왔다. 데리다는 "사면, 화해, 진실(Pardon, Reconciliation, Truth: What Genre)"이라는 제목으로 3시간 동안 강연을 했다. 데리다가 2003년 5월에 췌장암 판정을 받았으므로, 브라질에서 강연하던 2004년 8월이면 죽기 두 달 전이었으니, 그는 매우 어려운 투병생활을 하고 있었을 것이다.

암 투병 중의 데리다가 브라질 콘퍼런스 초청에 응한 것 자체가 바로 '생명의 긍정'이라고 할 수 있다.[24] 그가 자신의 장례식 조사에서 '살아남음'을 당부하는 것은 이 '살아남음'의 의미가 단지 육체적 의미만이 아니라, 최후의 순간까지 자신의 온 존재를 쏟아부어 이 삶과 생명을 긍정하고자 하는 몸짓인 것을 스스로 보여준다. 내가 데리다로부터 늘 배우고 싶은 것이 바로 이 생명의 긍정을 체현하는 '살아남음의 철학' 그리고 그 놀라운 삶에의 투지력과 열정이다.

브라질 강연에서 돌아온 후, 데리다는 〈르 몽드〉 지와 했던 인터뷰가 실린 8월 19자 신문을 받았다. 인터뷰는 "나는 나 자신과 전쟁을 하고 있다(I am at war with myself)"라는 제목으로 나왔다. 이 인터뷰 기사가 담긴 신문을 보고서 데리다는 좋아했다. 그렇지만 신문에 실린 자신의 사진을 보고는 자기가 투병하고 있는 아픈 사람이라는 것이 드러나서 마치 '부고' 같다며 불편한 감정을 드러내기도 했다. 데리다가 죽기 전 마지막 인터뷰가 된 〈르 몽드〉 지와의 인터뷰는 후에,《드디어 살아감을 배우기(Leaning to Live Finally)》라는 제목의 책으로 출판되었다. 2004년 9월 초에 데리다는 앰뷸런스에 실려 병원으로 갔

---

24. Peeters, *Derrida*, 538.

다. 앰뷸런스에 타기 전, 데리다는 마치 자신의 집에서 마지막 시간인 것을 예견한 듯 살던 집을 가만히 둘러보았다고 한다.[25]

2004년 데리다가 죽던 해 10월 초, 데리다가 노벨문학상을 받을지도 모른다는 이야기가 회자되었다. 이런 말은 2003년에도 나왔었다. 그런데 2004년에 프랑스 신문사들은 이번에는 데리다가 노벨문학상을 정말로 받을 것이라고 생각해서 특별 기사까지 준비했다고 한다. 데리다가 노벨문학상의 후보로 등장하고 있다는 이야기를 병실에서 배우자로부터 전해 들었을 때, 데리다는 자신이 죽어가고 있다는 것을 알기에 노벨상을 주려고 하는가 보다라고 했다. 그러나 10월 6일 노벨상 수상자가 발표되었는데, 데리다가 아닌 오스트리아의 소설가 엘프리데 옐리네크Elfriede Jelinek였다. 1927년에 헨리 베르그송, 1950년에 버트런드 러셀, 그리고 1964년에 장 폴 사르트르가 노벨문학상을 탄 이후, 철학자가 노벨상을 타지 못했기에 2004년 데리다가 노벨상을 탈 가능성을 기대했던 것이 큰 실망이 되기도 했다.[26]

데리다는 2004년 10월 9일 토요일, 74세의 나이로 파리의 큐리 병원에서 죽음을 맞이했다. 데리다의 죽음 후, 가족들은 데리다가 병원에 가기 전 집에 남긴 봉투를 발견했다. 그 봉투에는 부인과 두 아들에게 남긴 편지, 그리고 장례식 절차에 관한 지시사항을 적은 메모가 있었다. 장례식은 10월 12일에 치러졌다. 데리다 장례식에는 광고를 하지 않았는데도 불구하고 많은 사람이 왔다. 데리다는 화장을 하지 말고 묻을 것을 원했고, 유대인이 아닌 자신의 배우자를 생각해서 자

---

25. Peeters, *Derrida*, 538-539.
26. Peeters, *Derrida*, 539.

신을 유대인 묘지에 묻지 말라고 당부했다. 데리다는 자신의 장례식에 그 어떠한 "종교적 장례 예식"도 하지 말 것을 부탁했다. 그리고 장례식 조사를 미리 써 놓고, 아들에게 읽을 것을 부탁했다. 데리다 스스로 쓴 그 조사가 나를 데리다로 이끈 글이 되었다. 그가 쓴 조사의 마지막 문장은 "나는 여러분을 사랑합니다. 그리고 내가 어디에 있든지 여러분에게 미소 지을 것입니다"이다. 나는 '사랑'과 '미소'라는 개념을 담은 이 마지막 문장이 시사하는 바가 매우 심오하다고 본다.

그 사람이 누구든, 한 사람에 대한 평가는 참으로 다양할 수 있다. 다양할 뿐만 아니라, 매우 상충적이기까지 하다. 특히 데리다와 같이 전통적인 사유방식에 근원적인 문제 제기를 하고 있는 사람이라면, 그가 누구인가에 대한 평가는 극과 극이다. 매우 긍정적인 평가가 있는 반면, 정반대로 매우 부정적인 평가도 있다.

'데리다는 누구인가'에 대한 견해는 그의 죽음 후 다양한 매체에 등장했다. 2004년 10월 9일, 프랑스 자크 시라크Jacques Chirac 대통령실은 74세 철학자 자크 데리다의 죽음을 알렸다. 시라크 대통령실은 데리다를 "우리 시대의 지성 세계에서 주요인물 중의 한 명"이라고 표현하였다. 이처럼 데리다는 국제적으로 20세기 후반부의 가장 중요한 프랑스 철학자 중의 한 사람으로 간주되고 있다. 데리다가 죽기 전까지, 그는 "세계에서 가장 위대한 살아있는 철학자"라고 일컬어지기도 했다.

2004년 10월 9일 데리다의 죽음이 알려지고 다양한 언론 매체에서 부고가 나왔다. 그 부고들을 살펴보면, 데리다에 대한 평가는 상당히 엇갈린다. 긍정적이고 포괄적인 부고기사는 영국 신문 〈가디언

〈Guardian〉〉, 프랑스 신문 〈르 몽드(Le Monde)〉, 그리고 〈고등 교육지(The Chronicle of Higher Education)〉 등에 난 부고이다. 반면 데리다 사상에 매우 부정적인 평가를 한 여러 신문이 있었는데, 대표적인 부정적 부고의 예는 미국 〈뉴욕타임스(New York Times)〉이다.

〈가디언〉은 2004년 10월 11일 자에, 영문학 교수인 데릭 아트리지Derek Attridge와 철학 교수인 토머스 볼드윈Thomas Baldwin이 쓴 "자크 데리다, 우리에게 언어의 의미와 미학적 가치들에 새로운 통찰을 주는 해체 사상의 논쟁적 프랑스 철학자"라는 제목의 매우 긴 부고를 냈다. 이 부고는 데리다의 중요한 사상만이 아니라 외적으로 알려지지 않은 한 인간으로, 선생으로, 학자로서의 다양한 모습들을 섬세하게 드러낸다.[27]

2004년 10월 10일, 〈뉴욕타임스〉는 작가인 조나단 캔델Jonathan Kandell이 쓴 "자크 데리다, 난해한 이론가, 74세에 파리에서 죽다"라는 제목의 부고를 냈다.[28] 캔델은 이 부고에서 데리다에 대한 매우 부정적인 태도를 노골적으로 드러내고 있다. 이 부고는 '해체' 개념을 근원적으로 왜곡시키는 이해를 담고 있다. 데리다의 '해체'를 '진리와 의미에 대한 공격'이라고 규정하면서, 해체는 '파악하기도 힘들고 유행이 지나면 사라질 것'이라고 데리다의 주요 사상 자체를 폄하했다.

10월 10일 뉴욕타임스에 부고가 나오자, 이 부고에 문제를 제기하는 학자들이 뉴욕타임스 편집자에게 편지를 보냈다. 새뮤얼 웨버, 케네스 라인하르트, 가야트리 스피박, 에릭 산트너의 이름으로 된 그 편

27.   Derek Attridge and Thomas Baldwin, "Jacques Derrida: Controversial French philosopher whose theory of deconstruction gave us new insights into the meaning of language and aesthetic values", *The Guardian*, Oct. 11, 2004.

28.   Jonathan Kandell, "Jacques Derrida, Abstruse Theorist, Dies in Paris at 74", *New York Times*, Oct. 10, 2004.

지는 뉴욕타임스에 10월 13일 자로 실렸다.[29] 이 편지는 300여 명의 학자, 건축가, 예술가, 음악가 그리고 작가들이 서명했다. 이 학자들은 데리다가 "20세기의 가장 중요한 철학자 중의 한 명"이며, "아파르트헤이트와 인종 차별에 대한 한결같은 비판자"라고 평가한다. 이어서 데리다를 폄하하는 것은 "아인슈타인, 비트겐슈타인, 그리고 하이젠베르크"와 같이 "중요한 인물들을 부적격하다고"하는 것과 같다라고 했다. 신문은 데리다 같이 심오하고 복잡한 사상을 지닌 학자에 대한 해석을 논하기에 적절한 자리는 아니다. 그러나 뉴욕타임스같이 영향력 있는 신문에서 데리다를 그렇게 폄하하고 왜곡하는 부고를 싣도록 방치하는 것은 많은 이에게 곡해를 일으킬 수 있기에 학자들이 문제 제기를 한 것이다.

29. Samuel Weber Kenneth Reinhard, "Jacques Derrida: Homage to a Giant", To the Editor, *New York Times*, Oct. 13, 2004.

데리다의 오토바이오타나토그라피(autobiothanatography)

1930 7월 15일, 알제리의 엘 비아르(El Biar)에서 5남매의 셋째로 태어남

1949 알제리를 떠나 파리로 가서, 파리고등사범학교 준비반에서 공부 시작

1952 두 번의 입학시험 실패 후, 파리고등사범학교(ENS)에 입학

1954 논문 주제로 "후설 철학에서 기원의 문제" 제출

1956 9월 30일 미국 하버드 대학교의 교환학생으로 여자친구인 마거리트 오쿠튀 리에와 함께 감

1957 6월 9일 미국 매사추세츠 케임브리지에서 결혼, 6월 16일 파리로 귀국

1960-64 소르본 대학교에서 가르침

1962 첫 출판,《에드문트 후설의 기하학의 기원: 개론》. 이름을 '재키Jackie'에서 '자 크Jacques'로 바꿈

1964-84 파리고등사범학교에서 가르침

1966 미국 대학교에서의 첫 발제(존스 홉킨스 대학교, "Structure, Sign, and Play")

1968-74 미국 존스 홉킨스 대학교에서 가르침

1967 세 권의 책 출판《그라마톨로지》,《글쓰기와 차이》,《목소리와 현상》

1972 세 권의 책 출판《입장들》,《철학의 여백》,《확산》

1975 미국 예일 대학교에서 가르치기 시작

1980 6월 2일, 소르본 대학교에서 구두시험을 통과하여 50세가 되던 해에 박사학 위 받음

1981 〈낭테르 어페어〉 (폴 리쾨르의 후임 교수로 낭테르 대학교에 지원했으나 탈 락됨)

1981 〈프라하 어페어〉

1987 〈폴 드 만 어페어〉

1987-2003 미국 캘리포니아 대학교-어바인에서 가르침

1992 〈케임브리지 어페어〉

2004 10월, 노벨문학상 후보로 거론됨

2004 10월 9일 토요일, 췌장암으로 74세로 별세, 10월 12일 장례식

제 5 장

데리다, 뿌리 뽑힌 이방인:
저작과 공적 활동

데리다의 글소리

"나"는 저항의 바로 그 형태를 구성한다. 정체성이 선언될 때마다 소속성이 나를 제한한다. ⋯어떤 사람 또는 어떤 것에 갇힌다. 당신을 가두는 덫을 찾아라. 그 덫을 벗어 던지고, 자유롭게 하고, 당신 자신을 해방하라.

([T]he "I" constitutes the very form of resistance. Each time this identity announces itself, each time a belonging circumscribes me, ⋯someone or something sties. Look out for the trap, you're caught. Take off, get free, disengage yourself.)[1]

1.   *Points ⋯ Interviews, 1974-1994*, 340.

1. 저작과 언어를 통한 혁명

데리다의 학문적 경력은 1950년대 초반부터 시작되었다고 할 수 있다. 그의 관심은 철학과 문학의 경계 너머에서 사르트르, 후설, 칸트, 헤겔, 하이데거와 같은 사상가들의 세계에 개입하면서 구체화되기 시작했다.

데리다는 1954년 처음으로 "후설 철학에서 기원의 문제(The Problem of Genesis in Husserl's Philosophy)"라는 제목의 긴 논문을 완성한다. 이 논문은 1990년이 되어서야 비로소 출판된다. 그리고 논문을 완성한 2년 후인 1956년에 국가고시인 교원고등고시, 아그레가시옹(agrégation)에 합격한다.[2] 이 시험에 합격하고서 미국 하버드 대학의 교환학생으로 갔다가 파리로 돌아온 후 데리다는 박사학위 논문을 위한 제목을 제출했다. 그런데 개인적·정치적 그리고 제도적 이유들 때문에 박사학위 프로젝트는 완성되지 못했다. 후에 소개하겠지만

2.   Hill, *The Cambridge Introduction to Jacques Derrida*, 3.

데리다가 공식적으로 박사학위를 취득한 것은 그가 50세가 되던 해인 1980년이다.[3]

알제리에서 2년의 병역의무를 마친 1960년부터, 데리다의 학자로서의 공적 활동이 본격적으로 시작되었다. 소르본 대학에서 5년 동안 가르쳤고, 파리고등사범학교에서 20여 년을 가르치게 된다. 그러나 데리다의 국제적 명성과 학문적 성취에 걸맞지 않게, 그가 프랑스의 대학들에서 교수로 가르치는 위치는 소위 전임교원이 아닌 강사급이었다.[4]

데리다가 일생 몇 권의 책을 출판했는가를 계산하는 것은 쉽지가 않다. 그래서 데리다에 관한 책들에서 데리다의 책이 몇 권인지 조금씩 다르게 서술되곤 한다. 40여 권이 넘는 책을 출판했다고도 하고, 다른 곳에서는 70권이 넘는 책을, 또는 100권이 넘는 출판물이 있다고도 한다. 이렇게 각기 다른 주장이 나오는 이유는 그의 책이 불어만이 아니라 영어나 다른 언어로 출판되기도 했고, 인터뷰나 강연을 모은 단행본들, 또 사후에 출판된 책들 등 다양한 형태가 있기 때문이다.

데리다는 '해체'나 '차연' 등과 같이 잘 알려진 것뿐만 아니라, 대중적으로 잘 알려져 있지 않지만 그의 사상에서 매우 중요한 '호스티피탈리티(hostipitality)'나 '리미트로피(limitrophy)' 등 한국어로 번역하기 어려운 자신만의 신조어들을 만들었으며, 다양한 해석들과 논쟁을 불러일으켰다. 동시에 우리가 익숙하게 잘 알고 있다고 생각하는 애도, 우정, 연민, 용서, 환대 등과 같은 개념들은, 데리다를 통해 새로운 의미와 해석이 부여되었다. 평범한 일상적 개념이라도, 데리다의 손

---

3. Hill, *The Cambridge Introduction to Jacques Derrida*, 3.
4. Hill, *The Cambridge Introduction to Jacques Derrida*, 4.

에 들려지면 보이지 않았던 의미가 보이면서 그 개념이 새롭게 태어난다. 그래서 일상적으로 통용되는 개념, 즉 인용부호가 없는 개념과 인용부호가 붙여지는 개념 사이에는 연속성과 불연속성이 존재한다.

데리다의 여러 글을 접하다 보면 그의 글쓰기가 전통적인 철학적 저작 양식을 뛰어넘어 문학적 상상력과 새로움이 담긴 창의적인 글쓰기라는 것을 알게 된다. 분명한 서론, 본론 그리고 결론이라는 틀을 가지는 소위 '학문적 글' 양식에 익숙한 사람들은 데리다의 글이 '비학문적'이라고 생각할 수 있다. 또한 철학의 주요 기능은 사물에 대한 '명증성'을 제공하는 것이라 생각하는 이들에게 데리다의 글은 '반反철학적'이라는 생각을 하게 된다.[5]

데리다가 생애 처음으로 출판한 책은 데리다가 32세가 되던 해인 1962년에 불어로 나왔고, 영어로는 1978년에 번역되었다. 독일의 현상학자인 에드문트 후설에 관한 연구로서 제목은《에드문트 후설의 기하학의 기원: 개론(Edmond Husserl's Origin of Geometry)》이다.[6] 그런데 데리다의 사상이 프랑스를 넘어서 큰 영향력을 만들어내기 시작한 것은 1967년 프랑스에서 세 권의 책을 출판한 이후다. 그 세 권이 각기 다른 해에 불어에서 영어로 번역되었다.《목소리와 현상(Speech and Phenomena)》은 1973년,《그라마톨로지(Of Grammatology)》는 1976년, 그리고《글쓰기와 차이(Writing and Difference)》는 1978년에 영어로 번역되었다. 데리다 저서의 영어 번역 이후, 데리다의 사상은 프랑스만이 아니라 영미에도 알려지기 시작했다. 1967년에 출판한 데리다의 책이 1962년에 출판된 책보다 더 먼저 영어로 번역되었다. 예

5.   Rapaport, *Later Derrida*, 25.
6.   Derrida, *Edmund Husserl's Origin of Geometry*, 2.

일 대학교 교수였던 폴 드 만Paul deMan의 학생이었던 가야트리 스피박 Gayatri Chakravorty Spivak이 번역해 1976년에 출판된 《그라마톨로지》는 10만 부 이상이 팔렸다.[7] 스피박이 쓴 "번역자 서문"은 거의 100쪽이 되며, 《그라마톨로지》의 중요한 입문서의 역할을 했다. 그 당시 학계에 거의 알려지지 않았던 스피박은 이 책의 번역으로 학계의 주목을 받기 시작했다. 이 영어 번역서는 1976년에 출판된 이후, 번역이 수정되어 1997년과 2016년에 개정판이 나오기도 했다. 개정판은 영문판 40년을 축하하는 것으로 미국의 철학자이자 젠더 이론가 주디스 버틀러Judith Butler가 서문을 썼다.

1967년에 세 권을 출판한 이후, 1972년에도 데리다는 세 권의 책을 출판했다. 물론 불어로 출판된 책이며, 영어로는 한참 후 《확산 (Dissemination, 1981)》, 《입장들(Positions, 1981)》, 《철학의 주변부(Margins of Philosophy, 1982)》로 각기 다른 해에 번역되었다. 이렇게 1967년에 세 권, 그리고 5년 뒤인 1972년에 세 권의 책을 출판하고 그 책들이 모두 영어로 번역되면서 데리다의 영향력은 철학이나 문학비평의 영역을 넘어서 영화, 문화학, 법이론, 건축학, 사회과학 등 광범위하게 확산되었다. 물론 그의 저작들이 환영만 받은 것은 아니다. 다양한 논쟁, 반대 그리고 비난에도 부딪혀야 했다.

데리다가 불어로 책을 낸 해와 그 책이 영어로 번역된 해를 비교해 보면 매우 흥미로운 사실을 볼 수 있다. 데리다가 소위 '세계적인 학자'로 등장하기 시작한 것은 그가 영어권 나라, 특히 미국에서의 강연과 이어 그의 책이 영어로 번역되면서부터이다. 1967년에 불어로 나온 세 권의 책이 각기 1973년(《목소리와 현상》), 1976년(《그라마톨로지》),

7. Peeters, *Derrida*, 282

그리고 1978년《글쓰기와 차이》에 영어로 번역되었다.

1972년에 불어로 나온 책들이 영어로 번역된 해는 각기 1981년 《확산》과 《입장들》 그리고 1982년《철학의 여백》이다. 예를 들어서 1967년에 불어로 출판된《그라마톨로지》가 영어로 번역되기까지 거의 10여 년이 걸렸다. 반면, 1993년에 불어로 출판된《마르크스의 유령들》은 그다음해인 1994년에 영어로 번역되었다. 그리고 1996년에 불어로 출판된《타자의 단일언어주의(Monoliguialism of the Other)》와 《정신분석의 저항(Resistances of Psychoanalysis)》은 불어 출판 2년 후에 모두 영어로 번역되어 출판되었다. 데리다가 세계적으로 유명해지는 것과 불어로 출간된 책이 영어로 번역되는 속도가 비례한다. 영어로 번역되어야 비로소 '세계적'으로 알려지는 학자로 등장하게 된다.

이러한 언어 문제는 참으로 큰 딜레마이다. 소위 세계적인 학자로 인정받는 것은 세계의 중심 언어인 영어 세계에 알려져야 한다. 비행기를 탔을 때 일등석, 비지니스석, 그리고 일반석이 있는 것처럼 현대 세계는 이렇게 언어 위계주의에 의해서 작동되고 있다. 특히 인터넷이 발달한 이 21세기에 영어가 차지하고 있는 의미는 더욱 막강하다. 국제회의에서 제1의 언어로 사용되는 공용어는 영어다. 비행기에서 일등석을 차지하는 언어라고 할 수 있다. 그리고 규모가 큰 국제회의에서 동시통역이 제공되는 언어는 비지니스석의 자리를 차지하는 2등석 언어가 된다. 그 나머지 언어는 일반석으로 국제회의에서 통역도 안 되고 문서도 번역되지 않는다. 학계에서는 불어, 독일어, 이탈리아어 등으로 쓰여진 책들은 영어로 번역되곤 하지만, 다른 언어로 된 책이 세계적인 학계의 주목을 받아서 영어로 번역되는 경우는 참으로 드물다. 유엔 회의와 같이 세계 최대의 국제회의에서는 현재 여섯 개 언어, 즉 아랍어, 중국어, 영어, 불어, 러시아어, 스페인어가 공식 언어로 채택되어 있다. 이 언어는 동시통역 부스가 있고 문서도 번역된다. 그러나 그 외의 다른 국제회의에서 한국어는 물론이고, 아랍어, 중국어, 러시아어 등이 동시통역되는 경우는 거의 없다.

학문 세계에서의 언어 위계주의는 더욱 심각하다. 한국은 물론 세계 곳곳의 학문 세계에서 소위 주요 '연구 언어(research language)'라고 간주되는 것은 여전히 영어, 독일어, 불어이다. 예를 들어서 많은 미국의 대학교들이 박사과정에서 요구하는 제2언어 시험에 다수의 학교가 독일어와 불어를 '연구 언어'로 자연스럽게 규정한다. 그 밖의 다른 언어가 허용되지 않는 학교도 있고, 특정한 허가를 받아야 허용되는 학교가 있다.

데리다가 불어로 출판한 책들이 영어로 번역되기까지 걸리는 시간을 관찰해보면 이러한 언어 위계주의가 강력하게 작동하고 있음을 알 수 있다. 영어 세계에서 강연을 하고, 영어로 책이 번역되는 과정과 그 속도가 바로 데리다의 '국제적 명성'과 관계가 있다. 즉 영어 세계에서 강연하고, 영어로 책이 번역되어 출판하는 것이 데리다 사상이 세계적 주목을 받는 데 중요한 기여를 했다는 것이다. 로버트 필립슨이 만든 개념인 '언어 차별주의(linguicism)', '언어 제국주의' 또는 영어가 모든 것들의 '표준 언어'가 되는 '영어 제국주의'라는 개념 등이 등장하기 시작한 이유이다.[8]

데리다가 영어 세계에서 본격적으로 주목을 받기 시작한 것은, 1966년 미국 존스 홉킨스 대학교에 열린 구조주의(structuralism)에 관

---

8.   Philipson, *Linguistic Imperialism*.

한 학회에 강연자로 초청받은 이후였다. 그 당시 존스 홉킨스 대학교의 교수로 있던 르네 지라르Réne Girard는 이 콘퍼런스를 구상하고 〈포드 재단〉에서 기금을 받았다. 그리고 데리다를 강연자로 초청했다. 데리다는 "인문학 담론에서의 구조, 기호, 그리고 유희"라는 제목의 강연을 했다. 이 강연은 전통적 학문 연구에 근원적으로 도전했다는 점에서 가히 혁명적이었다. 이 강연 이후로 데리다는 곳곳에서 강연자로 초청을 받았으며 국제적으로 이름을 드러내기 시작했다.[9]

1966년의 이 학회에는 롤랑 바르트, 자크 라캉, 폴 드 만 등과 같이 잘 알려진 학자들을 포함하여, 미국과 여덟 개의 다른 나라에서 100여 명의 학자가 참석했다. 이 콘퍼런스는 다양한 발제 강연이 있었다. 그러나 후에 이 콘퍼런스는 주로 데리다가 구조주의에 제기한 근원적인 문제 제기와 연결되어 사람들에게 회자되었다.[10] 데리다가 1956년 미국 하버드 대학교에 교환학생으로 와서 머문 후, 1966년 존스 홉킨스 대학교의 콘퍼런스에 온 것은 두 번째 미국 방문이었다. 이후 데리다는 세계 곳곳의 강연자로 초청받아서 유럽의 대학들은 물론 북미, 뉴질랜드와 호주, 그리고 예루살렘, 일본, 그리스, 남아공, 남미, 러시아 등 다양한 나라들을 방문하며 강연을 했다. 특이한 것은 데리다가 비행기 타는 것에 대한 공포증이 심해서 1968년에서 1973년 사이에는 가능하면 비행기를 피하고 먼 거리라도 자동차, 기차 또는 배로 여행을 했다는 것이다.[11]

데리다는 한 인터뷰에서 1969년까지 자신의 사진이 찍히거나 유

---

9. McCance, *Derrida on Religion*, 12-13.
10. 1966년 존스 홉킨스 대학교에서의 콘퍼런스에 관한 세부적인 사항은 다음을 참고하라. Richard Jones, "Sing Doo Wah Diddy with Derrida", *The Virginia Quarterly Review*, volume, 70, no. 1(Winter 1994): 1-37.
11. Derrida, *Counterpath*, 292.

통되는 것을 강력하게 거부하였다고 밝힌다. 그러나 1969년 〈철학의 현 상태(The Current State of Philosophy)〉라는 모임의 공식 기자회견을 하면서 사진이 찍힌 이후, 사진 문제를 더 이상 통제할 수 없다는 것을 알고 사진 유통을 거부하는 입장을 포기했다. 저자의 사진은 어떤 기능을 하는가. 사진을 통해서 그 저자가 누구인가를 알게 되는 것인가. 사진 유통 거부는 사소한 행위 같지만, 깊은 의미가 있다. 데리다가 자신의 사진 유통을 반대한 것은 사소한 개인적 성향 때문만은 아니다. 저자의 사진이 고정되어 유통될 때, 저자가 누구인가는 고정화된다. 그 '고정화'는 '탈고정화'를 추구하는 데리다 자신의 사상을 정면으로 배반한다. 주로 책이나 서가가 배경으로 나오는 저자의 상반신 사진이 사회적으로 기능하는 것은 '저자의 페티시즘(fetishism)'이다. 저자는 자신의 글을 통해서 '등장'한다. 그러나 "나는 나의 외모가 특정한 틀에 고정되기를 원하지 않는다"는 것이 데리다가 사진 유통을 거부한 철학적 이유다.[12]

2. '낭테르 어페어':
박사학위 구두시험과 교수직 지원

데리다는 파리고등사범학교 입학시험에 두 번을 떨어지고, 세 번째로 합격해서 1952년에 입학했다. 또한 50세가 되는 1980년이 되어서야 비로소 공식적으로 박사학위를 취득했다. 1957년에 박사논문 제목을 후설에 관한 연구로 제출했지만 개인적, 정치적, 또한 대학의

---

12.   Glendinning, *Derrida*, 5.

제도적 이유들 때문에 박사논문은 완결되지 않았다.[13]

데리다는 거의 50세가 되기 직전인 1980년 6월 2일 소르본 대학교에서 박사학위를 위한 구두시험을 보았다. 주임교수를 포함해서 6명의 논문심사위원들 앞에서 그는 자신의 학문적 작업에 대한 발제를 했다. 박사학위 논문 대신 〈철학의 비문: 쓰기의 해석연구(The Inscription of Philosophy: Research into the Interpretation of Writing)〉라는 제목하에 그가 이미 출판한 열 권의 책을 제출했고 이것이 구두시험을 보는 근거가 되었다. 6명의 심사위원 중에는 에마뉘엘 레비나스가 포함되어 있다. 심사위원 중에는 시험장에 많은 사람이 몰리며 데리다에게 사회적 관심이 쏠리는 것을 보면서, 데리다가 박사학위를 받기도 전에 이미 '유명인사'가 되어 있다는 사실에 매우 불편한 마음을 표현한 사람도 있었다. 심사위원 중에서 데리다에게 매우 우호적인 사람은 레비나스였다.

레비나스는 구두시험장에서 이미 철학자로서 파리에서만이 아니라 국제적 영향력과 입지가 확고한 데리다가 여기 앉아 있다는 사실을 언급한다. '구두시험'이라는 이름으로 모였지만, 이 자리는 "매우 예외적인 예식(ceremony)"이라면서 "구두시험을 심포지엄과 같은 것"이라고 하였다.[14] 구두시험은 성공적으로 잘 진행되었고, 데리다는 공식적으로 박사학위를 취득하게 되었다. 물론 데리다가 박사학위를 취득한 것은 이미 무수한 책을 출판하여 학계에서 입지를 확고히 한 이후였기에 구두시험 자체보다는 공적 세계에서 필요한 '라이센스'를 따는 의미로만 자리 잡은 것이었다. 마치 운전면허증을 공식적

---

13. Hill, *The Cambridge Introduction to Jacques Derrida*, 2.
14. Peeters, *Derrida*, 316-317.

으로 따지 않았지만, 그 누구보다도 운전을 오랫동안 잘 해온 사람이, '면허증' 자체가 필요해서 운전면허 시험을 보는 것과 같다.

데리다가 오랫동안 박사학위 과정을 매듭짓지 않다가, 이렇게 1980년이 되어서야 뒤늦게 박사학위 취득을 위한 구두시험을 진행하게 된 이유가 있다. 폴 리쾨르Paul Ricoeur의 후임 교수직으로 지원하기 위해서였다. 리쾨르는 은퇴를 앞두고서 후임 교수로 가장 적합한 사람은 바로 소르본 대학교에서 자신의 조교였던 데리다라고 생각했다. 데리다는 후설과 현상학에 대한 연구를 했고,《목소리와 현상: 후설 현상학에서 기호 문제에 대한 입문》이라는 책의 저자이기도 했다. 그래서 리쾨르는 데리다에게 이 교수 지원과정은 그저 '공식적인 과정'일 뿐 데리다의 임용은 아무 문제가 없을 것이라며, 데리다가 지원할 것을 강력하게 권유했다. 그러나 데리다는 1979년 7월 1일 긴 편지로 '자신의 일을 하기 위한 자유'가 제한되는 것을 원하지 않는다며, 리쾨르의 고마운 제안을 받아들이지 않겠다고 한다. 그러자 리쾨르는 몇몇 친구와 함께 데리다를 설득하기 위해서 찾아갔다. 결국 데리다는 리쾨르의 끈질긴 설득에 의해 낭테르 대학교(Nanterre University, 파리 제10대학)의 교수 임용에 지원하기로 결정한다.[15] 교수 임용에 지원하려면 박사학위가 필요하기에, 뒤늦게 구두시험을 치르게 된 것이다.

1981년 3월, 데리다는 낭테르 대학교 교수지원을 위한 인터뷰를 한다. 그런데 그 대학교에는 데리다의 세계적 명성을 질투하는 교수들이 많았다. 인터뷰를 하던 몇몇 교수는 데리다의 책에서 몇 줄을 크게 읽으며 매우 냉소적으로 데리다를 비판하기도 했고, 데리다의 학문적 우수성을 못내 불만스러워하는 교수도 있었다. 전반적으로 10

15. Peeters, *Derrida*, 315.

여 명의 인사위원 교수들은 데리다의 학문적 입장에 불만을 드러냈다. 결국 인사위원 교수 10여 명 중에서 데리다를 지지한 교수는 놀랍게도 오직 1명뿐이었다. 리쾨르의 후임 자리는 학자로서 거의 무명이라 할 수 있는 학자에게로 돌아갔다. 데리다를 간신히 설득했던 리쾨르는 물론 데리다 역시 예상하지 못했던 일이었다. 낭테르 대학에서의 교수지원이 끝나고 얼마 후인 1981년 5월 8일, 데리다는 예일 대학교 교수이며 친구였던 폴 드 만에게 "낭테르 어페어(Nanterre affair)"라고 하면서 이 과정이 여러 가지 의미에서 최악의 경험이었다고 회고한다.[16]

교수 임용과정은 제도적 권력, 그리고 개인의 욕구 등 다양한 권력이 개입되는 과정이다. 그 과정에서 기득권을 이미 가진 교수들은 많은 경우 자신보다 실력이 좋거나 유명한 사람을 채용하려고 하지 않는다. 이러한 예가 1981년 리쾨르 교수의 후임으로 리쾨르가 강력하게 추천한 데리다가, 결국 그 교수직이 주어지지 않은 소위 '낭테르 어페어'에서 여실히 드러났다. 21세기가 된 지금도 이러한 일은 한국 사회의 교수 채용에서 여전히 빈번하게 볼 수 있는 장면이다.

3. 프랑스와 미국에서의
학문적 활동과 사회변혁운동

데리다는 프랑스보다 미국의 대학교에서 더 환영받았다. 미국의 존스 홉킨스 대학교에서는 1968년부터 1974년까지 3~4주 동안 진

16.　Peeters, *Derrida*, 325.

행되는 세미나에서 매년 가르쳤고, 캘리포니아 대학교-어바인에서는 1987년에서 2003년까지 가르쳤다. 그 밖에 예일 대학교, 뉴욕 대학교, 코넬 대학교, 또한 카도조 법학전문대학원(Cardozo Law School) 등에서도 데리다는 무수한 강연과 세미나를 열어서 가르쳤다. 그런데 데리다가 강의를 영어로 하기 시작한 것은 1987년부터였다. 그러니까 미국의 대학들에서 강의를 해도 1987년까지는 불어로 했기에 불어로 공부할 수 있는 학생들만 데리다의 강의를 택할 수 있었다. 그러나 데리다가 영어로 강의를 시작한 1987년 이후, 데리다 강의를 듣고 연구하는 사람들이 불어권을 넘어서 확장되기 시작했다.[17]

예일 대학교의 폴 드 만 교수는 데리다를 미국에 소개하는 것에 중요한 공헌을 세운 학자이다. 그는 힐리스 밀러J. Hillis Miller 교수와 함께 예일 대학교에서 데리다의 강력한 지지자 역할을 했다. 예일 대학교 내 다른 교수들의 반대에도 불구하고, 데리다가 예일 대학교에서 가르칠 수 있도록 여러 가지 배려를 했다. 폴 드 만 교수가 죽고, 밀러 교수가 예일에서 캘리포니아 대학교의 교수로 가자, 데리다는 밀러 교수와 함께 어바인에 있는 캘리포니아 대학교로 옮긴다. 데리다의 아카이브가 어바인에 있는 캘리포니아 대학교에 있게 된 배경이다.

프랑스와 미국에서 왕성한 학문적 활동을 하면서 데리다는 사회변혁운동에도 적극 개입했다. 1981년에는 다른 나라의 학자들과 함께 체코에서 반정부활동을 하는 지식인들을 돕고 연대하기 위한 〈얀 후스 연합(Jan Huss Association)〉을 창설하는 데 지지했고, 이후에 프라

---

17.   Vincent B. Leicht, "Excess: Second Lives of Jacques Derrida", *SubStance*, vol. 41, no.2(2012): 149.

하에서 체포되기까지 했다. 또한 남아공의 인종분리정책(아파르트헤이트, apartheid), 다양한 형태의 인종차별주의, 미등록 이주민 문제, 사형선고 문제, 국가적 테러주의의 문제 등 세계에서 벌어지는 사회적 문제에 대하여 여러 방식으로 변혁을 위한 연대활동을 했다.[18]

데리다는 1996년 11월 15일, 미국의 빌 클린턴 대통령과 힐러리 클린턴에게 공개 편지를 보낸다. 피에르 프랑스Pierre Mendès France와 함께 보낸 서한은 1970년대 미국에서 흑인 민권운동을 주도했던 블랙팬더당의 활동가이자 라디오 저널리스트였던 무미아 아부자말Mumia Abu-Jamal에 관한 것이다. 아부자말은 1981년 경찰을 살인했다고 기소받고 사형선고까지 받았다. 아부자말이 무죄라는 증거들이 드러났고, 사형은 종신형으로 바뀌었다. 그러나 그는 여전히 감옥에 있다. 세계적으로 아부자말 석방운동이 전개되었으며, 데리다는 이러한 석방운동에 연대해 미국 클린턴 대통령 부부에게 편지를 보낸 것이다. 이 편지는 백악관의 〈연방 우선 주제 사무국(Federal Priority Issues Office)〉이 접수했다. 그러나 회신이 오지는 않았다. 이 편지가 클린턴 대통령 부부에게 전달되어 직접 읽었는지 아닌지는 알 수 없다. [19]

4. '어페어'들 속의 데리다: 사회정치적 함의들

데리다의 이름과 연계된 다양한 '사건(affair)'들이 있다. 프라하 어페어(1981), 폴 드 만 어페어(1987), 케임브리지 어페어(1992), 또 뉴욕

18. Hill, *The Cambridge Introduction to Jacques Derrida*, 6.
19. Jacques Derrida and Pierre Mendès France, "Open Letter to Bill Clinton", in *Deconstruction: A Reader*, ed. McQuillan, 493-495.

타임스 북리뷰 어페어(1993) 등이 있다. 이 중에서 프라하 어페어와 케임브리지 어페어를 살펴보자. '프라하 어페어'는 데리다의 정치적 연대활동, 그리고 '케임브리지 어페어'는 데리다 사상이 전통적인 학자들에게 어떻게 왜곡되어 해석되고 오해되었는가를 보여주는 대표적인 사건이라는 점에서 중요하다.

1) 프라하 어페어(1981)

1980년 영국 옥스퍼드 대학교의 철학자 그룹은 〈얀 후스 교육재단(Jan Hus Educational Foundation)〉을 구성했다. '얀 후스'는 체코의 종교 개혁자며, 이단으로 몰려서 1415년에 화형을 당한 인물이다. 이 재단의 목적은 비밀스러운 강의나 세미나를 조직해서 금서들을 소개하거나 출판에 재정적 지원을 하는 것이다. 그 재단은 1981년 8월 4일 프랑스에 지부를 창설했다. 회장은 역사학자, 사회학자, 인류학자, 철학자이며 콜레주 드 프랑스의 교수로 있었던 장 피에르 베르낭Jean-Pierre Vernant이 맡았고, 부회장은 데리다가 맡았다.[20] 1981년 12월 데리다는 〈얀 후스 교육재단〉의 후원을 받아, 체코 정부의 반인권적 정치에 저항하는 철학자들의 비공식적 세미나에 초청을 받고 프라하에 갔다. 프라하에서의 세미나는 파토카Patocka의 집에서 몇 명의 학생과 철학자들이 모인 것이었다.[21]

데리다는 세미나를 마치고 프라하를 떠나기 전까지 빈 시간에 카프카의 생가와 무덤을 방문했다. 그런데 프라하 공항에서 수속을 하던 중, 별안간 데리다에게 경찰과 마약견이 다가왔고, 데리다의 가방

---

20. Peeters, *Derrida*, 332.
21. Peeters, *Derrida*, 333.

안에서 의심스러운 갈색 뭉치 네 개를 꺼냈다. 이 갈색 뭉치 속에는 마약이 들어 있었고, 데리다는 도대체 이 마약 뭉치가 왜 자기 가방 속에 있는지 알 수 없었다. 데리다는 '마약 생산, 밀매, 운반'이라는 죄목으로 공항에서 현장 체포되었다. 데리다는 거세게 항의했지만, 아무도 그의 말에 귀 기울이지 않았다.

후에 "프라하 어페어"라고 불린 이 사건으로 데리다는 1981년 12월 30일 결국 프라하 공항에서 체포되었다. 데리다는 하루를 감옥에 있다가 12월 31일 밤을 보내고, 1982년 1월 1일 프랑스 대사관으로 이송되었다. 데리다는 1982년 1월 2일에 파리에 도착한다. 데리다는 이미 오래전부터 프랑스 학계에 많이 알려진 철학자였지만, 프랑스 일반 대중에게는 이 "프라하 어페어"라는 정치적 사건을 계기로 처음으로 알려지게 되었다. 프랑스의 미테랑 대통령 정부는 체코 정부에 강력한 항의를 했고, 데리다가 감옥에서 풀려나는 데 중요한 역할을 했다. 미국 신문 뉴욕타임스도 1982년 1월 1일 자 신문에 "프랑스 철학자가 프라하에서 체포되다"라는 제목의 기사를 냈다.[22] 그리고 데리다가 1982년 1월 2일 기차로 파리에 도착하였을 때 많은 사람이 기다리고 있었다

데리다는 1982년 1월 8일, 체코 대통령에게 편지를 보냈다. 체코의 공식적 사과와 모든 기소 사항을 없앨 것을 요구하였다. 그러나 데리다가 편지를 보낸 지 거의 18개월 만에 체코 외무부 장관으로부터 아무런 범죄기록을 남기지 않았다는 형식적인 답변만을 받았다. 사과

---

22. *New York Times*, "French Philosopher Is Seized in Prague", Jan. 1, 1982.
     https://www.nytimes.com/1982/01/01/world/around-the-world-french-philosopher-is-seized-
     in-prague.html

는 없었다. 그리고 데리다의 개인 소지품을 돌려받았지만, 마약을 '숨겼다'는 그 문제의 가방은 돌려받지 못했다.[23] 데리다는 자신이 일생 찍은 사진보다, 프라하 경찰에 체포되어 공항에서 감옥으로 이송되는 과정에서 더 많은 사진을 찍혔다고 한다. 더구나 죄수복을 입거나 나체로 찍혔다고 회고한다.[24] 비록 짧은 시간 동안 감옥에 갇힌 사건이었지만, 언제 석방될지 또는 무슨 일이 자신에게 일어날지 전혀 알 수 없었기에 데리다에게 깊은 자국을 남긴 사건이 되었다.

'프라하 어페어'는 데리다를 이해하는 데 중요하다. 왜냐하면 많은 이가 데리다가 추상적이고 탈정치적이라고 오해하기 때문이다. 이 프라하 사건은 데리다 사상을 난해하기만 하고 '탈정치적'이라고 폄하하는 사람들이 보지 못한 점을 보여준다. 데리다가 다양한 사회정치적 연대활동에 개입해 왔다는 것이다. 그리고 데리다의 사회정치적 연대활동은 그의 사상과 유리된 것이 아님을 삶으로 보여주었다.

2) 케임브리지 어페어(1992)

'케임브리지 어페어'는 1992년에 일어났다. 이 사건은 영국 케임브리지 대학교에서 데리다에게 명예 박사학위를 주는 과정에서 일어났던 것을 말한다. 케임브리지 대학교가 데리다에게 명예 박사학위를 줄 것이라는 이야기가 나오자, 1992년 5월 9일 토요일 영국 신문 〈타임(The Times)〉에 이를 반대하는 공개 편지가 18명 학자들의 서명과 함께 실렸다. 베리 스미스까지 하면 총 19명의 학자 이름으로 된 이 공개 편지의 제목은 "베리 스미스 교수 일동으로부터의 편지(A Letter

---

23. Peeters, *Derrida*, 338-339.
24. Derrida, *Points ⋯ Interviews, 1974-1994*, 128-129.

from Professor Barry Smith and Others)"이다.

이 편지에 서명한 학자들은 미국, 호주, 스위스 등 세계 곳곳의 출신이며 리히텐슈타인에 있는 〈국제 철학 아카데미(Internatio-nal Academy for Philosophy)〉의 이름으로 발표했다. 이 사건은 "케임브리지 어페어" 또는 "데리다 어페어"라고 불리는데, "케임브리지 어페어"라고 하는 것이 더 분명하게 사건의 핵심을 드러낸다고 나는 본다. 이 공개 편지는 세계적인 케임브리지 대학교가 데리다에게 명예 박사학위를 주는 것은 막기 위하여 쓴 것이다. 그러나 이 편지는 결국 케임브리지 대학교에서 데리다에게 명예박사학위를 주는 것을 막지는 못했다.

내용을 들여다보면 학자들이 신문에까지 보낸 편지로는 참으로 예의가 없다. 데리다의 글쓰기 스타일과 사상을 "논리적 음경들(logical phalluses)"이라고 야유한다. 그러면서 프랑스 철학자들도 데리다를 창피하게 생각한다고 한다. 또한 "철학자들의 시각으로 볼 때" 그리고 "세계 곳곳 대학교의 철학부를 이끌어가고 있는 학자들의 시각으로 볼 때" 스스로를 '철학자'라고 칭하는 데리다의 저작들은 "명증성과 엄밀성"이라는 학문적 기준에 미치지 못하며, 그의 글쓰기 방식은 "종합적인 이해를 무시"한다고 비난한다. 결과적으로 데리다는 "이성, 진리 그리고 학문의 가치를 공격한다"고 데리다에게 심한 비난을 하면서 공개문서는 매듭짓고 있다.

그런데 이 공개 편지의 내용을 자세히 보면, 데리다가 1992년 이전까지 출판한 무수한 저작을 한 권이라도 제대로 읽었거나, 읽었다 해도 그 복합적인 논의들을 제대로 파악했다고는 볼 수가 없을 정도로 피상적이고 단순하다. 존 카푸토John Caputo는 이 공개 편지에 서명한 학자들은 데리다의 글을 읽었다고 보기 어렵다고 평가한다. 더 나아가서 이성적이고 세심하게 연구에 의한 판단을 하지도 않으면서 '데리다에 대한 심한 비난'을 하고 있는 그 행위 자체가 스스로 "이성, 진리, 학문의 가치"를 위배하고 있다고 비판한다.[25]

이 공개 편지의 서명자 중에는 미국 분석철학계에서 중요한 역할을 하는 분석철학자 윌라드 퀸Willard Quine 하버드 대학교의 교수, 그리고 데리다를 평생 공격하는 루스 마르커스Ruth Marcus 예일 대학교 교수가 포함되어 있다. 흥미롭게도 이 서명자 중에는 수학자인 르네 톰René Thom도 들어가 있다. 데리다를 공격하고 야유하는 공개 편지가 나온 이후, 영국은 물론 다른 나라에서도 데리다에 대한 비난과 왜곡된 비판이 나왔다. 사라 리치먼드Sarah Richmond는 독일의 대표적인 시사 주간잡지인 〈슈피겔(Der Spiegel)〉에 기고한 글에서 데리다를 소크라테스에 비유하며 "데리다의 사상은 젊은이들에게 독이 된다"고 했다. 영국 신문 〈옵저버(The Observer)〉는 데리다의 저작이 "컴퓨터 바이러스" 같다고 묘사하기도 했다.[26]

이러한 일련의 사건 이후, 1992년 5월 16일 케임브리지 대학교는 데리다의 명예 박사학위 수여 여부를 두고 교수 투표를 했다. 케임브리지 대학교에서 한 개인에게 명예 박사학위를 주는데 교수들이 모여 투표한 것은 30년 전 이후 처음이라고 한다. 결과는 찬성 336, 반대 204로 데리다에게 명예 박사학위를 주는 것으로 결정되었다. 명예 박사학위를 받는데 204명이나 반대표가 있었다는 것은, 통상적인 대학 분위기에서 볼 때 매우 특이한 경우라고 한다.

1992년 6월 12일, 데리다는 케임브리지 대학교 킹스 칼리지(King's

25. Caputo, ed., *Deconstruction in a Nutshell*, 40.
26. Peeters, *Derrida*, 446-447.

College)에서 명예 박사학위를 받았다. 학위는 케임브리지 대학교의 총장인 엘리자베스 여왕의 부군인 필립 에든버러 공작이 수여했다. 학위 수여식에서 필립 경은 데리다에게 "'해체'가 왕실에도 영향을 미치고 있다"는 말을 했다.[27]

데리다는 이 '케임브리지 어페어'에 대하여, "케임브리지는 내게 언제나 본보기적(exemplary)"이라면서 "나는 케임브리지 대학교의 박사학위를 받게 된 것이 자랑스럽고 감사하다"고 회고한다.[28] 케임브리지 대학교 출판부에서 나오는 저널인 〈케임브리지 리뷰〉는 1992년 10월호에 이 '케임브리지 어페어'에 대한 특별 심포지엄과 또한 열 가지 질문으로 한 데리다와의 서면 인터뷰를 특집 구성했다.[29]

'케임브리지 어페어'를 살펴보는 것은 데리다에 관한 부정적 평가 자체를 보는 의미만 있지 않다. 그 부정적 평가를 통해 데리다 사상의 혁명성을 이해하는 매우 중요한 사건이기도 하다. '케임브리지 어페어'는 표면적으로 1992년에 끝났다. 그러나 어떤 의미에서 이런 '어페어'는 여전히 현재진행형이라고 할 수 있다. 지금도 데리다에 대한 매우 부정적 평가는 케임브리지 교수들의 공개 편지처럼, 근거 없는 혐오와 비난에 기초하고 있기 때문이다. 특히 분석 철학자들을 중심으로 전통적인 철학자들의 데리다 평가는 지극히 부정적이다. 그 이유들을 살펴보는 것은 데리다 사상을 이해하는 데 중요하다.

1992년 공개 편지에서 드러난 대로, 데리다를 비판하고 폄하하는 사람들은 데리다가 '허무주의자'이며, 데리다 사상은 철학의 중요한

---

27. Peeters, *Derrida*, 447.
28. Derrida, *Points ⋯ Interviews, 1974-1994*, 418.
29. "An 'Interview' with Jacques Derrida", *The Cambridge Review: A Journal of University Life and Thought*, vol. 113, no. 2318(October 1992): 131-138.

역할인 '명증성과 엄밀성'이 결여되어 있다고 본다. 결과적으로 데리다는 '이성, 진리, 학문의 가치를 공격'한다고 하면서, 데리다를 학문적 '괴물'로 만든다.

'케임브리지 어페어'는 데리다가 서구 철학 전통의 '상속자'로서 어떠한 과제를 수행하고 있는가를 이해하는 데 도움이 된다. 데리다는 자신이 상속받은 전통을 소중하게 받아들인다. 데리다는 그 전통이 담은 소중한 것들을 존중하고 긍정(affirmation)한다. 동시에 그 전통이 지닌 '죽은 원리'에 대하여 문제 제기(contestation)한다. 이러한 문제 제기는 문제 제기 자체를 위해 하는 것이 아니다. 그 전통이 놓치기 쉬운 의미를 찾아내면서, 동시에 생명 사랑을 확장하는 새로운 전통 창출(innovation)을 가능하게 한다.

데리다는 미국 컬럼비아 대학교, 그리스 아테네 대학교 등 이십여 개가 넘는 대학으로부터 명예 박사학위를 받았다. 그런데 영국 케임브리지 대학교의 명예 박사학위를 제지하려고 했던 소위 '케임브리지 어페어'는, 철학의 과제에 대한 전통적이고 고정된 이해에 근거해 데리다 사상을 거부, 폄하, 오역과 오독하는 전형을 보여준다. 데리다 사상과 만나고자 하는 사람들은, 이러한 극도의 부정적 평가까지도 지속적으로 접해야 할 것이다. 여타의 데이트와 마찬가지로 데리다와 데이트를 이어가고자 한다면 이러한 외적 비난과 폄하에 맞서는 용기와 열정을 품어야 할 것이다.

5. 데리다 사후의 출판

데리다는 40여 년 이상 프랑스의 소르본 대학교(1960~64), 파리고등사범학교(1964~84), 그리고 프랑스 사회과학고등연구소(The École des Hautes Études en Sciences Sociales, 1984~2003) 등에서 일주일에 한 번씩 2시간짜리 세미나를 열어 지속적으로 학생들을 가르쳤다.[30] 데리다는 자신의 강의나 세미나를 거의 모두 써서 준비했다. 세미나를 열 때마다 데리다는 30~40여 페이지의 강의록을 썼다. 1960~70년 세미나는 손으로, 1970~88년은 타자기로, 그리고 1988~2003년 세미나는 워드 프로세서로 강의록을 작성했다.[31] 데리다의 세미나 원고를 프린트한 것은 총 14,000여 페이지가 넘는다. 이러한 강의 원고를 보면 데리다가 얼마나 '열정적인 선생'이었는가를 알 수 있다.[32]

2004년 10월 9일 데리다가 죽은 후, 데리다의 강연 자료들을 출판하기 위해 배우자인 마거리트를 중심으로 2006년에 〈데리다 세미나 번역 프로젝트(DSTP: The Derrida Seminar Translation Project)〉가 처음으로 구성되었다. 그 번역 프로젝트 팀에는 미국 에모리 대학교의 제프리 베닝톤Jeoffrey Bennington, 남캘리포니아 대학교의 페기 카머프Peggy Kamuf 등과 같이 데리다에 대한 폭넓은 연구와 저술을 한 학자들을 비롯해 파리고등사범학교, 벨기에 르벵 대학교, 캐나다 몬트리올 대학교의 교수와 학자 등 총 7명이 모였다.[33]

〈프랑스 사회과학고등연구소(EHESS)〉에서 열었던 세미나는 번역

---

30. Nass, *The End of the World and Other Teachable Moments*, 1-2.
31. Derrida, *The Beast & the Sovereign*, volume I: 2001-2002, ix-x.
32. Derrida, *Theory and Practice*.
33. 〈데리다 세미나 번역 프로젝트(DSTP: The Derrida Seminar Translation Project)〉에 관하여는 다음을 참고하라. http://derridaseminars.org/project.html

되어 《야수와 주권(The Beast and the Sovereign)》이라는 제목으로 I권과 II권, 총 두 권이 나왔다. I권은 2001년 12월 12일의 세미나 강의부터 2002년 3월 27일까지 이어진 열세 개의 세미나 강의를 모은 책이며, 2008년에 불어로 2009년에 영어로 번역되어 출판되었다. 또한 II권은 2002년 12월 11일부터 2003년 3월 26일까지 이어진 열 개의 세미나 강의를 모은 책이다. 2010년에 불어로 출판되고, 2011년에 영어로 번역되어 출판되었다.

데리다의 본격적인 활동은 1968년부터 시작되었으며 죽기 한 해 전인 2003년까지 이어졌다. 이 기간에 데리다는 미국 대학교들에서 정기적으로 가르쳤다. 데리다는 보통 프랑스에서 가르친 것을 같은 해 미국의 대학에서 가르치곤 했다. 미국에서 데리다가 처음으로 가르친 대학은 존스 홉킨스 대학교이며, 그다음이 예일 대학교다. 그때 데리다는 프랑스에서 썼던 불어로 된 강의 노트를 그대로 사용했다. 그런데 1987년 이후 캘리포니아 대학교-어바인에서 가르치기 시작할 때부터 영어로 강의하기 시작했다. 불어로 쓴 자신의 강의 노트를 즉석에서 번역해서 영어로 강의를 했다.

2001~2002년의 세미나를 모은 I권은 2009년(불어로는 2008년)에, 2002~2003년의 세미나인 II권은 2011년(불어로는 2010년)에 영어로 번역되어 시카고 대학교 출판사에서 출판되었다. 책의 "서론"은 이 프로젝트에 참여한 7명의 학자와 자크 데리다의 배우자인 마거리트 데리다의 이름이 포함된 총 8명의 이름으로 나와 있다.[34] 데리다

---

34. Derrida, *The Beast & the Sovereign*, volume I: 2001-2002, & *The Beast & the Sovereign*. volume II: 2002-2003.

의 세미나 강의 노트인 《야수와 주권》 I권과 II권 출판 후, 마이클 나스를 비롯해 몇 명의 새로운 멤버가 보강되어서 새 번역팀이 구성되었다. 그리고 파리고등사범학교에서 1976~1977년에 열었던 세미나 강의 노트는 영어로 번역되어서 2019년에 《이론과 실천(Theory and Practice)》이라는 제목으로 출판되었다.

데리다의 저서를 포함해 그가 평생 쓴 글, 강연, 인터뷰가 담고 있는 깊이와 넓이, 또한 그 복합성과 의미를 요약해서 정리한다는 것은 불가능하다. 데리다의 무수하고 다양한 사상적 결을 각자가 '데이트' 하면서 마주할 수 있을 뿐이다.

6. 다시, 데리다는 누구인가: 데리다 언더 이레이저

1) 데리다, 뿌리 뽑힌 아웃사이더

북아프리카의 알제리에서 태어났지만 유대인 데리다는 알제리에 '소속된 사람'이 아닌 '이방인'이었다. 그는 어릴 때부터 동네와 학교에서 유대인이라는 이유로 지독한 차별을 받았고, 아버지 역시 유대인이라서 차별받는 것을 목격해야 했다. 그러한 차별은 상징적이거나 정신적인 것만이 아니라 구체적으로 '몸'으로 경험하는 차별이었다. 이렇게 자신이 속한 종족 때문에 차별을 경험할 때, 대부분은 그 종족에 속한 사람들끼리 공동체를 이루는 것으로 보호받으려 한다. 하지만 데리다는 유대인으로 차별받았다고 해서, '유대인'이라는 하나의 균질적인 집단 정체성 속에 자신의 소속성을 고정시키고 안주하지 않았다. 한 개별인이 지닌 무수한 결을 누르고, 하나의 배타적인 공동체에 소속해 문제를 '해결'하는 것 역시, 자신에 대한 '폭력'일 수 있기 때문이다.

19세에 알제리를 떠나 계속 프랑스에서 교육받고 살았지만 '주류 프랑스인'이 아니기에 데리다는 프랑스에서도 '이방인'이었다. 또한 전통적인 철학 전통에서도 데리다는 '이방인'이었다. 서구의 형이상학을 '현존의 형이상학(metaphysics of presence)'이라고 명명하면서, 형이상학적 구조 자체에 근원적인 문제 제기를 하는 데리다를 '회의적 허무주의자', '상대주의자', '젊은 사람들을 타락시키는 위험한 자', 또는 '컴퓨터 바이러스 같은 사람'이라는 표지로 왜곡시키고 폄하하는 경험을 해 왔다.

여기에서 두 종류의 '주변부성'이 있다는 것을 알게 된다. 알제리와 프랑스에 가서 데리다가 경험한 '비주류'로서의 소외는 데리다 스스로 택한 것이 아닌 '강요된 주변부성'이다. 그런데 유대인 공동체에서 집단적 일체성 거부로 인한 주변부성, 그리고 전통적 학문 또는 철학적 전통에서 비소속성과 소외의 경험은 '자발적 주변부성'이다. 그는 남성으로서 '젠더 주변부성'을 경험하지는 않았다. 그러나 이러한 다층적 주변부성 경험과 삶은 철학적 사유방식의 구조에서만이 아니라, '남근중심주의(phallocentrism)'의 폭력성은 물론 이주민, 난민, 남아공의 인종차별정책, 사형제도 등 구체적인 삶의 정황들 속에서 일어나고 있는 크고 작은 폭력성과 파괴성에 예민성을 품게 했고 이는 데리다 사상의 기저를 이루고 있다.

데리다는 프랑스나 미국 등 여러 대학에서 가르치고 강연을 했다. 그러나 그 어느 한 대학이나 기관에 소위 '굳건한 뿌리'를 내린 적이 없다. 데리다의 글을 읽거나 사진을 볼 때, 우선적으로 내게 떠오르는 이미지는 '아웃사이더'이다. 2004년 죽음 직전까지 데리다는 무수히 글을 쓰고 강연을 한다. 또 데리다에 대한 연구가 세계 곳곳에서 쏟아져 나왔다. 이를 보면 한편으로 그는 세계적인 명성을 누린 것 같다. 그러나 또 다른 한편으로 그는 평생 '아웃사이더'의 삶을 살았다.

나는 나의 한 영어책을 이렇게 '뿌리 뽑힌 삶"을 살았던 4명의 디아스포라 사상가들에게 헌정했다.[35] 한나 아렌트, 에드워드 사이드, 가야트리 스피박 그리고 자크 데리다이다. 물론 나의 책에 특정한 사람의 이름을 거론하여 헌정한다는 것은 오직 '상징적인 의미'이다. 이런 헌정 행위는 나와 나의 책을 읽는 이들이 호명된 사람들의 삶과 사상에 연계되었음을 상기하는 의미를 지닌다. 4명의 디아스포라 사상가들은 태어난 나라를 떠나 "뿌리 뽑힌 삶"을 살았지만 절망과 좌절 속에 있지 않았다. 그들은 실천과 이론을 통해 주변부에 있는 사람들에게 예민성을 체현했다. 뿌리 뽑힌 삶을 경험한 데리다 같은 사상가들은 다층적 권력의 중심부와 비판적 거리두기를 하면서 역사 속에 묻혀 있던 소리들, 관점들이 드러나게 하는 역할을 했다.

그 어느 곳에도 뿌리를 내리지 못한 '아웃사이더'로서의 삶을 살아갈 때, 우리는 두 가지로 반응할 수 있다. 한편으로는 좌절과 절망의 삶 속에 매몰될 수 있다. 그러나 또 다른 한편으로는 중심부와 비판적 거리를 유지하면서 그 중심부적 사유가 지닌 폭력성을 드러내고, 그것을 넘어서는 새로운 사유를 가능하게 한다고 본다. 그런데 여기에서 주목할 것이 있다. 데리다의 '아웃사이더'의 의미는 '인사이더'와 대립적으로 존재하는 것이 아니라는 점이다. 이중적 패러독스가 있

---

35. Kang, *Diasporic Feminist Theology.*

다. 중심부와의 일치, 또는 주변부와의 단순한 '일치'를 확장하는 것이 아니다. 그 '일치(consensus)' 안에 있는 '불일치(dissensus)'를 드러낸다. 아웃사이드를 인사이드에 집어넣어 대체하는 것이 아니라, 그 중심부성 안에 주변부성을 드러내는 것이다. '뿌리 뽑힌 존재'로서의 삶은 '중심부'에 개입해 그 고정성과 절대화를 흔들면서, 중심부가 지닌 한계를 짚어내게 하면서, 억눌려졌던 '주변부'들을 드러나게 한다. 데리다의 '해체'는 바로 이러한 의미를 지닌다.

이렇게 '뿌리 뽑힌 존재'로 살았던 데리다는 '이중적 거부(double rejection)'를 한다. 이 이중적 거부는 데리다 사상을 이해하는 데 매우 중요한 단서를 담고 있다. 첫째, '외국인 혐오'에 대한 거부, 둘째, 동질화(homogenized)된 집단적 정체성과 일치성에 대한 거부이다.[36]

첫째, '외국인 혐오'에서 '외국인'이라는 것은 단지 인종적·종족적·국가적 의미만을 지니지 않는다. 외국인 혐오는 '낯선 것'에 대한 혐오, '익숙하지 않은 것'에 대한 혐오와 배제'와 이어진다. '정통'에서 조금이라도 벗어나는 사유방식, 보기방식, 읽기방식은 '위험한 것'으로 혐오하고 배제한다. 그런데 '해체'나 '차연'과 같은 개념들은 '익숙한 것', '정통'으로 고정된 것들의 틀을 열고, 중심부에서 배제되고 간과되고 '낯선 것'으로 간주되는 것들을 끊임없이 관심하게 한다. 우리의 사유방식 속에 뿌리 깊게 자리 잡고 있는 이분법적 대치성이 가져온 폭력성을 넘어 '낯선 것'에 눈을 돌리고 인정하게 한다.

정상-비정상, 선-악, 현존-부재, 정통-이단, 일치성-상이성, 정신-육체, 남성-여성, 문화-자연, 말-글 등의 이분법적 사유방식이 억

---

36. McCance, *Derrida on Religion*, 9-10.

누르고, 소외시키고, 배제하는 그 보기방식, 사유방식, 읽기방식을 흔들어서 '탈안정화(destabilization)' 시키도록 하는 '사건'이다. 데리다가 어릴 때부터 경험한 외국인 혐오·유대인 혐오는 혐오방식의 토대인 사유방식의 폭력성과 한계를 넘어서고자 하는 사건, 즉 해체적 사유방식, 읽기방식, 보기방식을 가능하게 한다. 결과적으로 데리다는 거대한 형이상학적 전통을 비판하고 변혁하는 것만이 아니라 우리의 구체적인 일상생활, 매일의 언어와 사유구조 자체를 바꾸도록 한다.

둘째, 동질화된 집단적 정체성과 일치성에 대한 거부이다. 데리다는 유대인으로 차별받았다고 해서, '유대인'이라는 '집단 정체성'에 자신을 일치시키는 삶을 대안으로 생각하지 않았다. 그러한 '균질화된 집단적 정체성'은 '낯선 것'을 배제하고 혐오하는 '외국인 혐오'만큼이나 위험하고 폭력적이다. 인종적 유사성의 이름으로 개별인들의 '이종성(heterogeneity)'을 억누르고, 동질적으로 만드는 '집단적 정체성'에 함몰되는 것은 '외국인 혐오'와 같이 개별인들의 '다름(alterity)'을 허용하지 않기 때문이다. 데리다적 해체와 차연은 철학, 정치, 종교, 법 등에서 사유방식·읽기방식·언어구조·생활습관·상식 등 억눌려 있던 이러한 '다름'을 드러내고 끌어내는 기능을 한다. 데리다가 평생 거부하는 그 두 가지, 즉 '외국인 혐오'와 '동질화된 정체성'은 서구의 철학 전통만이 아니라, 보통 사람들의 삶 구석구석에서 다양한 문제와 연결되어 있다.

이제 다시 생각해보자. 데리다는 누구인가. 가장 상식적이고 자명하다고 생각하는 이 물음은 이제 '탈상식적'인 '비결정성의 물음'이 된다. '데리다'의 자리에 '나'를 집어넣어서 물어도 된다. 생물학적으로 나의 태어남은 공식적 기록으로 남아있지만, 그 육체와 정신을 지닌 '나'는 끊임없이 바뀐다. 새롭게 형성되고 재형성되며, 그 '나'는 고정된 박스 속에 집어넣어질 수 없다. 그래서 데리다는 다음과 같이 말한다.

> 나는 태어났다. …
>
> 나는(아직 안) 태어난다. …
>
> 인간이 단지 한 번만 태어났다고 도대체 누가 그러는가?[37]

또한 "나"가 고정되자마자 그 '나'는 고정성을 흔들면서, '고정된 나'는 바로 삭제되어야 하는, '언더 이레이저(under-erasure)'의 사건이 벌어진다. 규정되는 '나'는 나의 전체모습과 '다르며(differ)', 나의 온전한 의미는 언제나 '미루어진다(defer)'. '치연'의 의미이다. 이러한 맥락에서 데리다는 다음과 같은 초대장을 우리에게 보낸다.

> "나"는 저항의 바로 그 형태를 구성한다. 정체성이 선언될 때마다 소속성이 나를 제한한다. …어떤 사람 또는 어떤 것에 갇힌다. 당신을 가두는 덫을 찾아라. 그 덫을 벗어 던지고, 자유롭게 하고, 당신 자신을 해방하라.[38]

이러한 데리다의 '초대'를 기억하면서, 다시 '데리다는 누구인가'라는 물음을 생각해보자. 여러 권의 데리다 전기를 모두 읽었다고 해서, 또는 데리다에 관한 강연을 모두 들었다고 해서 '데리다가 누구인가'를 모두 알 수 있는 것은 아니다. 왜냐하면 데리다가 누구인가에 대하

---

37. "I was born … I am(not yet) born… Who ever said that one was born just once?" Derrida, *Points … Interviews, 1974-1994*, 339.

38. Derrida, *Points … Interviews, 1974-1994*, 340.

여 '절대적 앎'을 가지는 것은 불가능하기 때문이다. 물론 공식적 기록에 나오는 그 사람에 대한 '정보'를 알 수는 있다. 데리다 자신도 자신이 누구인가를 모두 아는 것은 불가능하다. 여기에서 데리다가 종종 사용하는 개념인 '더블 바인드(double-bind)'가 적용된다. '필요성'과 '불가능성'이다. 데리다와의 데이트를 시작하는 사람들은 '데리다가 누구인가'라는 물음을 묻고, 알고자 하는 다양한 노력을 해야 하는 '필요성'이 있다. 동시에 늘 기억해야 하는 것은 그 '전체'를 아는 것은 '불가능'하다는 것이다.

2) 더블 바인드: 필요성과 불가능성

데리다가 자주 사용하는 표현 중의 하나인 '더블 제스처(double gesture)'는 '한편으로는(on the one hand)'으로 시작해서, '또 다른 한편으로는(on the other hand)'으로 이어진다. 이 표현은 '데리다는 누구인가'라는 주제에 접근하는 데 매우 중요하다. '한편으로는' 데리다를 알아야 하는 필요성이 있으며, '또 다른 한편으로는', '데리다 전체'를 온전하게 아는 것은 '불가능'한 것임을 이해하는 것이다.

'데리다는 누구인가'라는 물음 속에는 '필요성'과 '불가능성'이라는 '더블 바인드'가 자리 잡고 있다. 두 축, 즉 '필요성'과 '불가능성'의 두 축을 이해하는 것은 '데리다가 누구인가'라는 물음만이 아니라, 데리다 사상의 다양한 주제를 조명하는 데 매우 중요하다. 왜냐하면 데리다를 알고자 하는 그 '필요성'을 지니고, 데리다를 알기 위한 다양한 '데이트'를 해야 하기 때문이다. 그러면서 동시에 한 사람, 한 사상가를 완전하게 '파악'하고 통달하는 것은 불가능한 것임을 인식해야 한다. 그런 '총체적인 이해'로 다가가야 한다.

데리다는 생전에 무수한 인터뷰를 했다. 아마 학자, 언론사 또는 영화 제작자 등 다양한 사람들에 의해서 데리다처럼 많은 인터뷰를 '당한' 철학자를 찾기는 힘들 것이다. 그의 인터뷰만을 모은 책만도 여러 권 있으며, 다른 책 속에 포함된 인터뷰는 물론 책으로 출판되지 않은 인터뷰도 무수히 있다. 물론 하나의 인터뷰로 한 사람을 아는 것은 불가능하다. 그러나 다양한 질문들로 이루어진 인터뷰들은 데리다의 각기 다른 결을 보여준다는 점에서 도움이 된다.

'○○○는 누구인가'라는 질문에 답하기 위한 시도들은 '전기(biography)'라는 양태로 시도되어 왔다. 수많은 전기 작가들은 소위 '유명한 사람'이 누구인가를 구성하기 위해 고정된 접근방식을 지닌다. '추상화' 같은 한 사람의 삶이 '정물화'처럼 정리되고, 구성되고, 분류화되어서 이 세상에 소개되는 것이 소위 '전기'이다. 그런데 '전기'란 무엇인가. 이 질문에 근원적인 물음표를 다시 던지는 것이 중요하다. 이 점에서 우리는 두 가지 개념에 대하여 생각해보자. 인용부호가 없는 〈전기〉와 인용부호 속의 〈"전기"〉이다. 데리다의 작업은 어쩌면 이 세계에 존재하는 모든 개념, 즉 당연하고 자명하다고 생각되는 개념들에 인용부호를 첨부하는 행위라고 할 수 있다. 우리가 〈○○○의 전기〉라고 할 때, 우리는 아무런 의심 없이 그 전기에 등장하는 모든 내용을 '사실'로 고정하고, 그것을 절대화하게 된다.

데리다에 의하면 한 사람에 대하여 "온전히 안다"는 것은 불가능한 일이다. 뉴욕대학교에서 열린 〈국제 전기 콘퍼런스〉에서 데리다는 하이데거가 아리스토텔레스에 대해 한 이야기를 소개한다. 한 철학자가 누구인가에 대하여 쓰는 '전기(biography)'란 무엇인가. 우리는 아리스토텔레스에 대하여 무엇을 말할 수 있는가. 하이데거에 따르면,

아리스토텔레스에 대한 가능한 '전기'라는 것은 오직 세 줄의 문장밖에는 없다. "아리스토텔레스는 태어났다; 그는 사유했다: 그리고 그는 죽었다." 이러한 맥락에서 보자면, '데리다가 누구인가'에 대하여 누구나가 동의할 수 있는 설명은, 어쩌면 바로 다음의 한 문장밖에 없을지 모른다.

> "데리다는 유대인-알제리안-프랑스인이며, 1930년 7월 15일 알제리에서 태어나서 2004년 10월 9일 74세의 나이로 프랑스 파리에서 죽었다."[39]

그런데 과연 데리다에 대한 이러한 설명조차 단순한가. 데리다는 동의하지 않을 것이다. 데리다는 이 단순한 듯한 한 문장도 사실상 몇 년 동안 이야기할 수 있는 내용이라고 한다.

이러한 데리다의 입장에서 보자면, '데리다는 누구인가'라는 물음은 이미 대답의 '불가능성'을 내포하고 있다. 이 불가능성을 인지하면서도 우리는 이 불가능한 물음을 물어야 하는 '필요성'을 느끼고 있는 것이다. 그런데 이 '필요성'과 '불가능성'이라는 어찌 보면 상충적인 이중적 연결성·이중적 딜레마·더블 바인드는 데리다의 사상에서 매우 중요한 개념이다. 이 이중적 딜레마는 진정한 정의의 불가능성과 필요성, 용서의 불가능성과 필요성, 애도의 불가능성과 필요성, 우정의 불가능성과 필요성, 또는 환대의 불가능성과 필요성 등 데리다 사상에서 주요한 개념들이 모두 지닌 근원적 특성이다.

한 사람의 삶에 대하여 '안다'는 것은 어찌 보면 불가능한 일이다.

---

39. Royle, *Jacques Derrida*, 1

우선 인간은 완벽하게 파악하는 것이 불가능하며, 끊임없이 형성되는 과정에 있으며, 자기 자신조차도 자신을 온전한 의미로 '모두' 아는 것은 사실상 가능하지 않다. 한 사람이 지닌 수천의 층들을 언어에 담아내는 것은 불가능하며, 인간의 제한된 인식능력으로 모두 파악하는 것은 불가능한 일이다. 이렇게 불가능한 것임에도 불구하고, 이 불가능성을 인식하면서 알기 위해 노력하는 것은 한 사람이 지닌 규정될 수 없는, 무한한 세계의 여지를 끊임없이 열어놓는 '앎'이라는 점에서 매우 중요하다.

20세기 중반기를 지나면서 데리다만큼 심오하고 급진적으로 쓰기, 읽기, 텍스트 등에 대한 우리의 이해를 변혁시킨 사상가는 찾기 힘들다. 데리다가 관심하는 영역들 그리고 영향을 미친 영역과 범주는 몇 가지로 규정하기가 불가능하다. 철학·정치·윤리·문학 이론과 비평·정신분석·법이론·종교·예술 등 열거하기 힘들 정도로 다양하고 복합적이다. 또한 데리다는 서구의 철학과 종교 전통에서 주변화되고 왜곡되어왔던 문제들, 또한 간과해왔던 의미들을 드러내면서 새로운 '읽기방식', 새로운 '쓰기방식'에 대한 변혁적 통찰을 준다.

데리다가 도대체 누구인가라는 질문의 답은 답하는 사람마다 다를 것이며, 개별인마다 느끼는 고유한 데리다의 모습이 있을 것이다. 이 책에서 내가 묘사하고 설명하는 데리다는 내가 보는 데리다일 뿐, 누구나 모두 동의할 수 있는 데리다가 될 수 없다. 그래서 아주 기본적인 '사실(raw fact)'만을 취해서 데리다가 과연 누구인가를 설명하고자 하는 나의 시도는 무수한 '사실들(facts)' 속에서 나의 눈으로 선별하고 선택하면서 생략의 과정을 거치게 된다. 따라서 데리다는 누구인가라고 다양한 소개를 해도, 그것은 여전히 '강남순이 보는 데리다'이다. 이 글을 읽고 데리다의 글을 이해하고자 하는 사람들은 각기 다른 방식의 '○○○이 보는 데리다'가 형성된다. 이 점에서 데리다가 강조하듯 읽기, 쓰기, 말하기의 행위는 언제나 '자서전적'일 수밖에 없다.

우리가 아무리 다양한 언어로 한 사람이 누구인가를 표현한다 해도, 그 언어 속에 담을 수 없는 복합적인 색채들이 있다는 것을 우리는 늘 인식해야 한다. 한 사람을 알기 위한 시도가 지닌 근원적 '불가능성'을 끌어안고서, 데리다와 데이트를 해야 하는 것이다. 우리와 같은 '보통 사람'처럼 먹고, 숨 쉬고, 아파하고, 미소 짓는 '사람'으로 데리다를 보며, 그와 함께 이야기를 나누듯 데리다가 어떤 생각들을 했는가를 알아보는 것이다.

한 사람이 죽은 후에 그 사람에 대한 전기를 쓰는 사람들은 주로 학계에서 권위를 가진 사람들이고, 결과적으로 그 권위를 책 안에 부여하게 된다. 그렇게 저자의 권위가 부여된 전기는 한 철학자에 대한 '진리'로 고정되어버린다. 예를 들어서 어떤 사람이 '하이데거의 삶과 작품들'이라는 제목하에 전기를 쓴다고 가정해보자. 그 전기가 여러 가지 정보들을 잘 모으고 일관성을 가지고 분석도 하고, 또한 평판 좋은 출판사에서 출판된다고 가정하자. 그렇게 될 때 하이데거의 이미지, 하이데거의 삶에 대한 이미지는 수백 년 동안 고정되어 '진리화'되어버리게 된다. 이렇게 될 때 고정할 수 없는 것이 고정되며, 하이데거는 하나의 책 속으로 화석화된다. 한 철학자의 삶과 작품이 담고 있는 불고정성을 고정시켜버리는 왜곡을 이미 하게 되는 것이다.

이런 의미에서 데리다는 어느 철학자에 대해 알고자 한다면 그 사람이 쓴 글 중에서 아주 짧은 한 구절이라도 치열하게 읽고, 해석해

보고, 마치 암호를 해독하려는 것처럼 그 구절에 매달리며 철학자와 만나는 것이, 전기를 통해 전체 이야기를 아는 것보다도 더욱 진정한 '전기작가'일 수 있다고 말한다. 데리다에게 호기심을 가졌다면 이미 출판된 여러 전기를 모두 읽는 것도 물론 도움이 될 수 있다. 그러나 무엇보다도 데리다가 쓴 글들에서 단 한 문장이라도, 한 페이지라도 반복하여 읽고, 그것과 '조우'하고, 그것을 해석하고 자기 삶과 연계시켜보는 치열한 시도를 하는 것이 더 중요하다. 바로 데리다의 말이다. 이러한 시도를 통해 데리다를 깊게 만나기 시작하고 느끼게 되는 것이라고 나는 본다.

데리다는 어느 표지 하나로 고정되거나 범주화되는 것을 끊임없이 거부했다. 그 범주화와 고정성이 지닌 근원적인 왜곡과 폭력성을 샅샅이 분석하고 파헤친 사상가이다. 따라서 '데리다는 누구인가'라는 제목으로 다루는 나의 글은 지극히 단편적인 '일화들'일 뿐이다. 데리다에 대하여 관심하고 이 책을 읽는 사람 각자가, "데리다는 '나에게' 누구인가"라는 물음을 품게 되기를 바란다. 데리다가 누구인가에 대하여 자신만의 고유한 이해를 구성해나가길 바란다. 이것이 데리다가 권하는, 또한 데리다를 알아가는 최선의 방식이다. '데리다는 누구인가'라는 일반적 질문을 다음과 같이 다시 물어야 한다. 데리다는 '나에게' 누구인가.

그렇다면 이 책을 쓰는 '나에게' 데리다는 누구인가. 내가 그에게 하나의 표지를 붙이라고 한다면, '따스한 시선을 지닌 연민의 사람'이라고 하고 싶다. 그는 "연민은 함께 살아감의 가장 근원적인 방식"이라고 한다.[40] 내게 데리다는 타자를 향한 따스한 시선을 지닌 인간이

---

40.   Derrida, "Avowing", in *Living Together*, ed. Weber, 30.

며, 철학자이며 사상가다. 또한 지극히 작은 것이나 작은 사람이라도 소외되거나, 배제되거나, 왜곡되는 것을 결코 넘어가지 못하는 연민의 사람이다. 그의 글쓰기와 글 읽기는 난해하기로 이름나 있으나, 사실상 그의 쓰기와 읽기는 한 것에 고정되거나 멈추지 않는 해체의 과정 속에서, 연속성과 불연속성이 나선형을 이루며 새로운 세계로 인도하는 예술적 행위와 같은 '사건'이다. 프랑스 대통령 자크 시라크의 표현대로 데리다가 이 시대 가장 위대한 사상가 중의 한 사람이라고 한다면, 그 데리다는 '보통 사람'들에게도 이해되어야 한다. 우리의 일상적 삶에 아무런 의미를 제시해주지 못하고 단지 학문의 장에서만 논의된다면, 데리다의 '위대성'은 어떤 의미가 있을 것인가.

제 6 장

데리다와의 데이트를 위한 읽기: 일곱 가지 제안

데리다의 글소리

읽기란 시간, 훈련 그리고 인내심을 요구하는 것이다.
또한 여러 가지 읽기, 새로운 방식의 읽기, 상이한 분야의 다양한 것들을 읽는 것이 요구되는 작업이다.
([R]eading ⋯requires time, discipline, and patience, work that requires several readings, new types of reading, too, in a variety of different fields.)[1]

정밀한 읽기는 바로 정치적 책임성의 조건이다. 정치적 책임성은 사건들을 읽고, 상황들을 분석하고, 선동가들과 미디어의 레토릭에 관심해야 하는 것을 의미한다.
(Close reading is nothing other than the condition of political responsibility. Political responsibility requires that one read events, that one analyzes situations, that one pay attention to the rhetoric of the demagogues and the media.)[2]

칸트를 읽을 때마다, 그것은 언제나 처음이다.
(Every time I read Kant, it is always for the first time.)[3]

1. Derrida, *Points ⋯ Interviews, 1974-1994*, 401.
2. Derrida, *Negotiations*, 2.
3. Derrida, *Who's Afraid of Philosophy?* 49.

1. 데리다 글에 등장하는 중요한 표현: 다섯 가지

한 권의 책이란 무엇인가. 책은 활자화되어 우리 앞에 나타난다. 한 권의 책이 우리에게 보여주는 것은 하나의 세계이다. 그런데 그 책을 읽는 이들이 만나는 것은 그 책이 보여주는 세계만은 아니다. 한 권의 책은 다른 세계로 연결하는 '다리'가 되기도 한다. 책이 지닌 중요한 기능 중의 하나이다. 그 어떤 책이라도 한 권의 책 자체가 완결되거나 모든 것을 담아내는 총체성을 지니지 않는다. 한 권의 책을 쓰는 이는, 다른 세계들과 연결하기도 하고 새로운 세계를 창출하기도 한다. 그 책을 읽는 사람들은, 그 책 안에만 갇혀서는 안 된다. 이 책을 출발점으로 해서 다른 세계와 만나기도 해야 하고, 또 스스로 새로운 세계를 창출하기도 해야 한다. 이러한 맥락에서 내가 쓰고 있는 '데리다'라는 사상가에 '관한' 책은, '데리다 세계'로 가는 무수한 다리 중 하나의 작은 '다리'일 뿐이다. 그 사상가의 세계로, 그와 연결되는 다른 세계로 진입하는 무수한 다리 중 하나의 의미를 지닌다고 할 수 있다. 다양한 세계로 이어지는 '다리'와 만나는 데리다와의 데이트를 위해서, 데리다의 글에 종종 등장하는, 그리고 매우 중요한 의미를 담고 있는 표현들 다섯 가지를 살펴보자.

첫째, "언제나 이미(always already)"라는 표현이다. 우리의 의도 또는 인식과 상관없이 '언제나' 그리고 '이미' 벌어지고 있는 상황을 설명할 때, 그는 이 "언제나 이미"라는 표현을 쓰곤 한다. 그러니까 데리다가 전적으로 새로운 이야기를 하는 것이 아니라, 우리가 보지 못했던 것들을 드러내게 하는 표현방식이다. 언어든, 문화든, 제도나 법이든 우리가 상속받은 전통, 또한 우리의 상식적 의식이나 사유방식 속에 자리 잡고 있지만 인식하지 못하는 무수한 측면을 드러내고자 할 때 데리다는 '언제나 이미'라는 표현을 등장시킨다.

둘째, "더블 제스처(double gesture)"라는 표현이다. 더블 제스처는 '한편으로는(on the one hand)'으로 시작하는 문장과 '또 다른 한편으로는(on the other hand)'이라는 문장으로 이어진다. 이 더블 제스처는 다양한 정황에서 사용할 수 있다. 특히 '전통의 상속자'로서 그 전통을 '주어진 것'이 아니라 '과제'라고 하는 데리다가 이러한 과제를 어떻게 보는가를 이해하도록 한다. '한편으로는'에서는 전통에 대한 긍정과 적극적 개입을 표현한다. 그러면서 '또 다른 한편으로는'의 논지를 통해서 그 전통이 지닌 문제점들을 제시함으로써 정치적 판단과 윤리적 선택을 하는 유산 상속자의 책임적 과제를 실천하는 것이다.

더 나아가서 더블 제스처는 우리가 흔히 반대편에 있다고 생각하는 것들이 실제로 서로 얽혀있는 구조라는 매우 복합적인 상황을 드러낸다. 예를 들어서 데리다는 '당신은 자신을 용서할 수 있는가'라는 질문에 이 더블 제스처를 다음과 같이 사용한다. "한편으로는 나는 나 자신을 결코 용서하지 못한다, 그런데 또 다른 한편으로는 나는 나 자신을 언제나 용서한다. …이 두 경우에 나는 나와 하나가 아니라는 것을 의미한다."[4] 데리다의 이 말은 인간이란 어떤 존재인가라는 시선을 보여준다. 한 사람은 변하지 않는 동질적인 요소로 100% 구성되어 있지 않다. 한 사람 속에 상충적이기까지 한 요소들이 있다는 것은 근대적인 인간 이해의 한계를 넘어서는 복합적인 이해를 보여준다. 무엇에든지 고정된 단일한 이해들이 존재한다고 믿는 것을 탈고정화시키고, 복합성을 드러내는 장치라고 할 수 있다.

셋째, "더블 바인드(double bind)"라는 표현이다. 더블 바인드는 데리다 사상을 이해하는 데 매우 중요하다. 더블 바인드는 우리가 늘 고려해야 하는 두 가지 측면을 동시적으로 보여준다. 데리다가 다루는 모든 주제에 그는 이 '더블 바인드'를 등장시킨다. '필요성(necessity)'과 '불가능성(impossibility)'의 두 축, 조건성과 무조건성의 두 축, 정치와 윤리의 두 축, 또한 '이미(already)'와 '도래하는 것(to-come)'의 두 축 등으로 표현할 수 있다. '더블 바인드'는 데리다의 정의, 용서, 환대, 우정, 민주주의, 대학, 선물 등 일상의 모든 영역에 중요한 개념들을 이해하는 데 매우 중요한 개념이다. 더블 바인드는 이분법적 사유 방식에 익숙한 우리의 보기방식을 복합화하고 심화시킨다. 우리는 '이것인가, 저것인가'라는 흑백논리에 익숙해져 있다. 그래서 이야기를 들을 때, 그것이 도대체 가능한가, 불가능한가 중에서 하나만 선택하는 것이 필요하다고 생각하곤 한다. 그러나 현실 세계에는 이렇게

---

4. 영어 본문: "On the one hand, I never forgive myself, and on the other hand, I always forgive myself. In both case, it would imply that I am not alone with myself." "On Forgiveness: A Roundtable Discussion with Jacques Derrida", Moderated by Richard Kearney, in *Questioning God*, ed. John Caputo, Mark Dooley, and Michael J. Scanlon, 21-51. (Bloomington: Indiana University Press, 2001) 60.

단순도식으로 접근할 수 없는, 아니 그렇게 접근해서 안 되는 구조들이 있음을 데리다는 예리하고 섬세하게 보여준다. 예를 들어서 '번역의 더블 바인드'가 있다. '번역'이라는 것은 언제나 필요하다는 '필요성'의 축이 있다. 그러나 동시에 완전한 번역이란 언제나 불가능하다는 '불가능성'의 축이 있다.

넷째, "만약 그러한 것이 있다면(if such a thing exist, 또는 if there is such a thing)"이라는 표현이다. 예를 들어서 '정의'에 대하여 논의한다고 하자. 데리다는 '정의, 만약 그러한 것이 있다면(justice, if such a thing exist)'이라고 표현하곤 한다. 대부분의 사람은 정의를 논할 때, '정의는…'이라고 주어를 시작할 것이다. 이럴 경우 우리는 그 특정한 개념 자체가 마치 당연히 가능한 것으로 전제하게 되며, 정작 그 개념 자체에 근원적 물음을 생략하게 된다. 하지만 데리다는 근원적 물음을 끌어온다. 다음의 문장을 보자.

> 법 밖에든 또는 법 너머든 정의 자체는, 만약 그러한 것이 있다면(if such a thing exist), 해체할 수 없다. …해체는 정의다.[5]

데리다는 정의, 환대, 용서 등 다양한 개념에 대하여 논의할 때, '만약 그러한 것이 있다면'이라는 표현을 삽입하면서, 마치 그 개념이 당연히 가능하다고 생각하는 우리의 인지 세계에 '우선 멈춤' 신호를 보낸다. 그리고 용서든 정의든 당연하게 주어진 것이란 없다는 것, 그리고 온전한 의미로 그 개념의 실현가능성과 불가능성 사이에 언제나

---

5. 본문은 다음과 같다. "Justice in itself, if such a thing exist, outside or beyond law, is not deconstructable …*Deconstruction is justice*." Derrida, "Force of Law", in *Acts of Religion*, 243.

매우 정교한 경계가 있다는 것을 상기시킨다. 카푸토는 데리다의 이러한 표현은 어떤 이상 세계에만 존재하는 플라톤적 형태가 아니라, 오히려 우리의 구체적인 현실 세계에서 그 의미가 구현되도록 강력하게 갈망하는 "메시아적 희망과 요청(messianic hope and demand)"을 담고 있는 것이라고 해석한다.[6]

다섯째, "'X의 정치'와 'X의 윤리(politics of X, ethics of x)'"라는 표현이다. 이 표현은 거의 모든 개념을 다룰 때 등장하는 중요한 표현이다. 용서의 정치와 용서의 윤리, 정의의 정치와 정의의 윤리, 환대의 정치와 환대의 윤리 등 다양한 개념들에서 이 '정치'와 '윤리'가 등장한다. 이 표현의 다른 말은 '조건적(conditional) X'와 '무조건적(unconditional) X'라는 표현으로도 제시된다. 'X의 윤리,' 또는 '무조건적 X'는 'X의 불가능성' 차원, '도래할 X(X to-come)'를 의미한다.

데리다의 중요한 표현: 다섯 가지

① 언제나 이미(always already)
② 더블 제스처(double gesture)
③ 더블 바인드(double bind)
④ 만약 그러한 것이 있다면(if such a thing exist)
⑤ 'X의 정치'와 'X의 윤리'(politics of X, ethics of x)

---

6. Caputo, *What Would Jesus Deconstruct*, 64.

2. 데리다와의 데이트를 위한 읽기: 일곱 가지 제안

데리다와 데이트를 하기 위해서 이 책을, 그리고 데리다의 글을 어떻게 읽을 것인가. 나의 제안은 내가 생각하는 '의미 있는 읽기'다. 그렇다고 해서 내가 소개하는 제안이 '유일한' 읽기방식은 결코 아니다. 쓰기와 마찬가지로 의미 있는 읽기란 언제나 이미 '자서전적'이다. '의미 있는 읽기방식'은 결국 각자가 찾아내고, 실험하고, 구성해야 한다. 따라서 나의 제안은 '참고'의 의미를 지닐 뿐이다.

1) '알고 있다'는 생각을 잠정적으로 괄호 속에 넣기

데리다에 대하여 '알고 있다'는 생각을 '괄호 속에 넣는다'는 것은 무엇인가. 데리다 사상, '해체'와 같이 유행이 된 데리다의 개념들, 또는 "텍스트 바깥에는 아무것도 없다"처럼 대중적으로 회자되는 말 등에 전이해가 있다면, 그러한 전이해들을 잠정적으로 모두 괄호 속에 넣는 것을 의미한다. 고정된 전이해를 가지고 데리다와 데이트를 시작한다면, 이 책을 통해 데리다와 데이트하는 '사건'에서 만날 수 있는 '예측불가능한' 의미의 경험을 고정시켜서 미리 차단할 수 있다. 데리다에 대한 무수한 부정적 표지들은 물론 긍정적 표지들을 이미 인지 세계 속에 고정시켜 놓고 좀 더 '첨가'하는 것처럼 데이트를 시작한다면, 데리다와의 만남을 새롭게 가지는 것은 어렵다. 데리다가 "칸트를 읽을 때마다, 그것은 언제나 처음이다"라고 하는 의미다.[7]

사상가든 개별인이든 누군가와의 진정한 만남은 '사건'의 의미를 지닐 때 풍성한 경험이 가능하며, 여전히 '알지 못함'의 공간을 품고

7.   Derrida, *Who's Afraid of Philosophy?*, 49.

있어야 가능하다. 데리다의 사상과 만나고자 한다면, 이미 이런저런 통로를 통해서 형성한 고정된 이해에서 출발하는 것이 아니라, 마치 생전 처음 만나는 것처럼 스스로, 직접, 새롭게 경험하는 것이 필요하다. 그러기 위해서 나의 사유 세계 속에 지니고 있는 데리다에 대한 여러 표지를 의도적으로 괄호 속에 넣는 읽기를 해보자.

2) 데리다의 글과 직접 만나기

데리다는 누군가에 대해 알고 싶다면 그 사람의 전기 한 권을 읽는 것보다, 그 사람이 쓴 글을 몇 줄이라도 반복하여 읽으며 씨름하는 것이 낫다고 본다. 데리다의 제안을 따른다면 내가 쓴 이 책을 읽으면서 동시에, 데리다의 글 자체를 음미하고 생각하며 자기 삶과 연결시키는 시도가 필요하다. 데리다의 저서를 읽는다면 가능하면 한글 번역본과 더불어 불어나 영어본을 병행해 읽는 것이 가장 이상적이다. 만약 데리다의 저서를 읽기 어렵다면 데리다를 조명한 책이나 글이 아닌 데리다가 직접 쓴 글을 읽는 것이 필요하다고 나는 본다. 데리다의 읽기방식에 따르면, 무엇인가를 '완전히 통달'하는 것, 즉 모든 문장을 또는 책 전체를 100% 이해하는 것은 불가능하며, 그럴 필요도 없다. 자신에게 의미가 되는 부분과 만나고, 그것을 자신의 사유 세계와 연결시키는 것이 필요할 뿐이다.

데리다의 글에서 나오는 데리다의 '목소리'를 직접 듣는 경험을 위해, 나는 매 장 처음을 데리다의 글로 시작한다. 내가 "데리다의 글소리"라고 명명한 이유가 있다. 나는 사람의 목소리에 그 사람만의 고유한 소리가 담겨 있는 것처럼, 한 사람의 글에도 그의 독특한 '소리'가 있다고 생각한다. 말하기나 읽기는 물론 쓰기 역시 개별성의 존재로서 한 사람의 독특한 색채가 담겨 있다는 것이다. 그래서 중성적 용어인 '데리다의 글'이라는 표현보다 '데리다의 글소리'라고 하는 것이 나의 의도를 더 잘 반영하는 표현이라는 생각을 하게 되었다.

데리다가 직접 쓴 글은 읽지 않고 오직 데리다에 '관한' 글만을 읽는 것은, 데리다에 대한 자신만의 고유한 이해를 갖지 못하게 되는 것과 같다. '간접 경험'일 뿐 스스로 하는 '직접 경험'이 부재한 것이다. 마치 맛집을 다니며 블로거들이 쓴 다양한 음식 리뷰를 아무리 읽어도, 자신이 직접 그 음식을 먹어보는 경험을 대체할 수 없는 것과 같다. 어떤 음식에 '관한' 글만을 읽는 것과 자신이 '직접' 음식을 먹는 경험 사이에는 엄청난 차이가 있다. 블로거들이 쓴 음식 평가들은 그 블로거 개인의 평가일 뿐, '나의 경험'을 대체할 수는 없기 때문이다. 그래서 읽기란 언제나 이미 '자서전적'이다. 자신의 해석적 렌즈로 읽고, 사유하고, 해석하는 것이 바로 읽기이다. 또한 이미 그 사람의 가치관, 인간관, 세계관 등이 개입된다. 매 장마다 그 주제에 대한 데리다의 글로 문을 여는데, 짧은 문장이라도 이 책을 읽는 분들이 데리다의 글을 직접 만나는 경험을 하면 좋겠다.

데리다는 대부분 글을 불어로 썼으며, 내가 참고한 책들은 영어로 된 번역문이다. 영어로 번역된 것을 내가 다시 한글로 번역해 소개하는 것은 2중의 번역 과정을 거친다. 여기에서 데리다가 "번역이란 무엇인가"라고 던지는 물음을 생각해볼 필요가 있다. 데리다는 '번역의 더블 바인드'에 대해 말한 바가 있다. '더블 바인드(double-bind)'란 '필요성'과 '불가능성'을 동시에 내포하고 있다는 것을 드러내기 위한 표현방식이다. 번역은 반드시 필요하다. 그러나 원어가 지닌 의미를 완벽하게 다른 언어로 번역한다는 것은 불가능하다는 것이다. 두 번의 번역과정을 거치다 보면 더욱 그렇다. 불어와 영어는 언어적 유사성이 있다. 그래서 불어나 영어에서 한글로 번역했을 때보다 원문과 번역문 사이의 거리가 훨씬 좁다. 이 책에는 영어를 읽을 수 있는 독자를 위해 영어로 번역된 원문과 한글 번역문을 함께 실었다. 독자들이 영어 원문을 읽으면서 자신만의 고유한 번역이 가능하기 때문이다.

가능하다면 내가 소개하는 데리다의 한글로 된 글과, 덧붙인 영어 원문을 병행해 되풀이하여 눈으로 읽고, 소리 내어 읽기도 하고, 천천히 성찰하고, 또한 자신의 사유 세계 그리고 일상 세계와 연결시키는 연습과 실험을 하면 좋겠다. 눈으로 읽는 것만이 아니라, 소리 내어 읽기를 시도해 보는 것은 흥미로운 경험이라고 나는 본다. 간혹 자신이 '강남순'이 되기도 하고, '데리다'가 되기도 하면서, 제2의 저자, 제3의 저자가 되어 자기 목소리로 소리 내 읽을 때, 눈으로만 읽는 것과는 다른 '데이트'의 가능성이 열리리라 생각한다.

3) 질적 읽기

읽기에는 '양적 읽기'와 '질적 읽기'가 있다. 책을 몇 페이지 읽었는가, 또는 몇 권을 읽었는가처럼 수치로 나타낼 수 있는 '양적 읽기'가 도움이 되는 경우는 매우 드물다. 오히려 한 페이지라도 그것이 담고 있는 의미를 하나씩 짚어보면서 천천히 읽는 '질적 읽기'가 자신의 사유 세계에 에너지와 양식이 될 수 있다. 예를 들어서 데리다 글을 한 단락이라도 반복하여 읽고, 소리 내어 읽어보기도 하고, 그것을 자신의 일상과 연결하는 연습을 해보는 것이다. 특히 데리다의 글은 무엇보다도 '인내심 있는 읽기(patient reading)'와 '정밀한 읽기(close reading)'가 필요하다. 데리다에게 '읽기'란 우리가 유산으로 받은 다충적 전통에 개입하는 윤리적 결정 과정이다. 이를 기억하는 것은 질적 읽기의 중요성을 이해하게 한다.

4) 부가적 읽기

'부가적 읽기(side reading)'란 어찌 보면 '더블 트러블'이 되기도 한다. 데리다 개념이나 사상을 이해하기 위해서 그것과 연계된 다른 사상가나 개념을 읽는 것이다. 즉 이 책을 읽어 나가면서 언급되는 데리다나 다른 사상가들의 글들이나 개념을 함께 공부하고 읽으면 도움이 된다. 데리다를 읽는 것은 "더블 트러블(double trouble)", 즉 "이중의 부담"이 되기도 하는 의미다. 예를 들어서 데리다 개념에 종종 등장하는 플라톤의 '파마콘(pharmakon)'이나 '코라(khôra)'라는 개념이 나오면 데리다만이 아니라 플라톤의 글도 부가적으로 읽는 것이 도움이 된다. 물론 데리다가 이런 개념을 언급한다고 해서 의미를 그대로 사용하는 것이 아님을 기억하면서, 겹치는 의미와 데리다가 새롭게 부여하는 의미들이 무엇인지 주목하면서 부가적 읽기를 해야 한다. 이러한 부가적 읽기가 언제나 가능한 인터넷 시대에 우리는 살고 있다. '더블 트러블'이 아니라, '더블 러닝(double learning)'의 의미로 자리잡기에, 나는 적극 권하고 싶다.

5) 거시적 읽기와 미시적 읽기 사이의 춤추기

특정 주제에 관한 것이든 사상가에 관한 것이든 언제나 거시적 접근과 미시적 접근이 필요하다. 사상가가 위치한 사회역사적 배경이나 사상적 입장 등 거시적 정황을 보면서, 동시에 미시적 문제들을 이해하며 읽어 나가는 것이다. 그래서 한 권의 중요한 책을 만나면, 최소한 두세 번 이상을 읽는 것이 좋다고 나는 본다. 우선 책 전체를 천천히, 인내심을 가지고 읽어 나간 후 전체적인 책의 '글소리'를 느끼면서 그 글이 위치한 역사적 또는 시대적 자리를 생각해본다. '거시적 읽기'라고 할 수 있다. 이러한 거시적 읽기는 한 권의 책이 지닌 거시적 정황을 파악하면서 작고 세세한 의미와 연결하도록 이끈다. 그리고 다시 돌아가서 두 번째 읽을 때는 마음에 와닿는 특정한 장이나 구절들을 읽고, 써보기도 하고, 각각의 다른 것 같은 개념들도 연결시키며 천천히 읽고 생각한다. '미시적 읽기'라고 할 수 있다.

'포괄적 읽기'는 이렇게 거시적 읽기와 미시적 읽기 사이를 오가는 춤추기 같다고 나는 본다. 통찰을 주는 책은 읽을 때마다 매번 다른 것들을 발견하게 한다. 한 권의 책을 읽을 때마다 마치 처음 읽는 것처럼, 새로운 눈으로 읽는 것은 자동적으로 되는 것이 아니라, 연습해야 하는 것이기도 하다.

6) 개념목록 만들기

'읽기'란 결국 그 책이 담아내고 있는 '개념'들과 만나고, 그 개념들을 자신의 사유 세계에 자리 잡게 하는 것이다. 그래서 새로운 배움이나 깨달음이란, 새로운 '개념과의 만남'이 없으면 불가능하다고 나는 본다. 데리다 사상에 접근하고 나면 더욱더 우리가 '안다'고 생각하던 개념들이 얼마나 얕고 피상적이었던가를 깨닫게 된다. 나는 학생들에게 '나의 렉시콘(*My* Lexicon)'이라는 이름으로 개념목록 만드는 과제를 늘 내고 있다. 책을 읽으면서 새로운 의미로 다가온 개념, 처음 만나는 개념들의 목록을 정리해 자신만의 것으로 만들도록 하는 것이다.

'나의 렉시콘'은 거시적 읽기와 미시적 읽기를 연결하는 데 중요한 통로가 된다. 개념목록을 만들 때, 다음과 같은 점이 들어가면 도움이 된다. 첫째, 그 특정 개념이 왜 그리고 어떻게 자신에게 와 닿았는지 간략하게라도 메모를 남긴다. 둘째, 그 개념을 어디에서 만났는지 책 제목과 저자에 대한 정보를 적어놓는 것이다. 자신이 세부적 정보를 언제나 기억할 수 있을 거란 생각은 안 하는 것이 좋다. 이러한 세부적 정보를 기록으로 남기면 후에 다시 그 부분을 찾아볼 수도 있기에 많은 도움이 된다. 읽기에서 나는 이 개념목록 만드는 것이 매우 중요하다고 생각한다.

특히 데리다, 포스트모더니즘, 포스트콜로니얼리즘, 코즈모폴리터니즘, 또는 페미니즘과 같이 복합적인 개념과 만나야 하는 주제의 과목에서는 반드시 이 렉시콘을 만들어 제출하도록 한다. 그리고 개념의 구두시험을 보기도 한다. 렉시콘 과제에서 학생들은 매주 읽어야 하는 자료에서 만난 개념을 기록하는데, 그 개념을 어디에서 만났는지(책의 구체적인 페이지), 왜 그 개념이 내게 새롭게 다가오거나 중요한지를 간략하게라도 메모하면서, 읽기에 중요한 '자취'를 자신에게 남기게 한다. 또한 색인을 보면서 다양한 개념들이 어떻게 사용되고 표현되는가도 본다. 그리고 학기 말 한 달여 전에 내가 열다섯~스무 개의 개념 리스트를 학생들에게 나누어주고, 세 개를 뽑아서 구두로 설명하는 구두시험을 보기도 한다.

나는 작은 유리 상자에 그 개념들을 프린트해서 각각을 작은 크기로 접어 넣는다. 학생들은 유리 상자에서 개념 세 개를 무작위로 뽑은 다음, 그 개념에 대하여 구두로 설명하는 것이다. 쓰기(writing)와 말하기(speaking)는 다른 소통방식이다. 개념목록에 자신에게 의미 있는 특정 개념을 쓰고, 그것을 다른 사람에게 말로 설명하는 것은 그 개념을 복합적으로 이해하는 데 매우 도움이 된다. 또한 쓰기와 말하기는 인간에게 주어진 언어의 중요한 두 가지 통로다. 그렇기에 특정 개념을 이 두 가지 언어를 사용해 배우는 것이 중요하다고 나는 본다.

내가 이러한 과제를 만들기 시작한 것은 한 학기를 배워도 개념에 대한 이해를 의도적으로 하지 않으면 머리로는 뭔가 많이 배운 것 같은데, 다른 사람에게 그 개념을 설명하거나 연결지어 생각하는 게 어렵다는 학생들을 보면서부터다. 이렇게 개념목록 과제를 만들고, 또한 공부한 개념을 구두로 다른 사람에게 설명해야 하는 '개념시험'을 통해서 학생들의 이해의 폭이 훨씬 심화되고 구체화된다는 것을 경험하게 되었다. 즉 무심히 읽는 것이 아니라, 자신의 읽기 행위에서 '의도성'을 작동시켜서 개념들을 이해하고 구체적 정황과 연결시키는 연습을 하는 것이다. 그 과정에서 읽기의 폭과 넓이가 확장된다. 개념에 대한 관심 없이 단순한 읽기를 하는 경우와는 상상할 수 없을 만큼 커다란 차이가 있다. 이 책을 읽는 독자들도 이러한 자신만의 개념목록을 만들어보시기를 권하는 이유다.

7) 데리다 사상 읽기, 생명 긍정의 도구로: '예스의 제스처'

아무리 많은 책을 읽는다 해도 그 읽기가 자기 삶에 어떤 변화를 주지 않는다면, 읽는다는 의미는 무엇인가. 어떤 종류의 읽기라도 자신의 사유 세계에 변화가 일어나야 의미가 있다고 나는 본다. '양적 읽기'를 별로 신뢰하지 않는 이유다. 단순히 지적 허영을 높이기 위해서 읽기를 하기에는 우리의 시간과 에너지는 언제나 제한되어 있다. 우리가 씨름해야 할 질문은 다음과 같다. 데리다에 관한 책, 또는 데리다의 글을 읽는 것은 '나에게' 어떤 의미를 줄 것인가? 또한 나는 왜 데리다와 데이트하는 중요한 방식의 하나로 치열한 '읽기'를 하는가?

존 카푸토에 관한 책에 나오는 한 인터뷰에서, 데리다는 '당신은 존 카푸토의 읽기 방식을 좋아한다고 했는데, 왜 그런가'라는 질문을 받는다. 데리다는 자신이 카푸토의 데리다-읽기 방식을 좋아하는 이유는, 무엇보다 카푸토가 데리다 자신에 대해 쓴 글을 읽는 동안 그 글과 연결된 다른 사람들을 읽고 싶게 만들기 때문이라고 한다.

데리다에 따르면 카푸토는 데리다의 텍스트는 물론 그가 개입하는 다른 텍스트를 가능한 최대로 긍정하고 품는다. 그 텍스트에 저자와 함께 '사인'하는 의미의 "응답 신호(countersign)"를 하는 것과 같다. 이러한 확인은 교조적 또는 자기만족적인 도취에 의해서가 아니다. 그 텍스트에 대한 "예스"의 몸짓 속에서, 그 예스의 몸짓으로 텍스트를 긍정하고 인정하는 것이다. 데리다는 이어서, 카푸토가 자신의 고유한 사상 세계를 포기하지 않으면서도, 다른 텍스트의 저자에게 이러한 "예스"를 보내는 의지를 사랑한다고 말한다.[8]

데리다에 관한 많은 학문적 논문이나 책을 보면, 데리다가 표현하는 카푸토의 '예스(yes)의 제스처'가 부재한 경우가 참으로 많다. 데리다 사상을 긍정적으로 대하는 글들도 매우 건조하고 추상적인 소위 학문적 글들이거나 데리다 사상에 대한 적개심으로 다루는 글들이 많다. '학문적 읽기'가 그 글에 '있는 것'을 찾아내어 '예스의 제스처'를 보내는 것이 아니라, '없는 것'을 찾아내어 '노(no)의 제스처'를 우선 보내는 것이 마치 학문성의 수준을 드러내는 것처럼 하는 경우도 빈번하다. 이러한 일반적 분위기와는 달리, 카푸토는 '예스의 제스

---

8. "The Becoming Possible of the Impossible: An Interview with Jacques Derrida", in *A Passion for the Impossible: John Caputo in Focus*, ed. Dooley, 21.

처', '생명 긍정의 제스처'를 보낸다. 그 글이 드러내는 세계를 인정하고, 긍정하고, 동시에 다른 세계로 인도하는 '다리'를 제공하기도 하고, 카푸토 스스로 '다리'가 되기도 한다.

데리다와 연관된 다양한 책을 써온 카푸토의 데리다 읽기방식은, 데리다를 어떤 하나의 고정된 틀 속에 집어넣지 않으면서 그 깊이와 심오함을 섬세하고 예리하게, 동시에 매우 인간적인 방식으로 다룬다. 내가 생각하는 '이상적 학자이며 인간'으로서의 자세다. 나는 카푸토의 글을 읽을 때마다, 그가 '심장과 얼굴을 지닌 학자'라는 생각을 하게 된다. 카푸토가 다른 사상가들을 읽는 방식은, 내게 학문한다는 것은 무엇인가에 대하여 많은 것을 깨닫게 해준다.

데리다 사상만이 아니라 다른 여타의 사상들이 유의미한 것은, 그것이 지닌 한계를 보면서도 동시에 내게 줄 수 있는 '예스'를 찾아내고 그것을 내 삶과 연결시키는 것이라고 나는 생각한다. 성급한 결론이나 그 글이 개입하고자 특정한 정황을 벗어나는 탈정황적(de-contextual) 비판을 하기보다, 데리다의 사상이 나의 사유 세계를 확장하는 데 어떤 통찰을 주는가를 보는 것이다.

데리다 사상을 통해서 다층적 폭력을 넘어서서 타자와 이 세계에 대한 복합적인 시선을 구성하는 것은 중요하다. 데리다를 알고자 하는 것이 지적 허영에 의해서가 아니라, 데리다가 타자와 이 세계를 보는 시선과 통찰이 자신의 '삶과 생명을 긍정하는 도구'로 자리 잡도록 하기 위한 것이어야 한다고 나는 생각한다. 내가 데리다를 읽으면서 늘 생각하는 것은, 바로 존 카푸토가 데리다를 읽는 방식이다. 데리다 속에서 생명 사랑에 대한 '예스'의 사상을 배우고, 더 나아가 데리다와 연결된 다른 사상들과도 조우하고자 하는 것이 내게는 진정한 '데이트하기'다.

　나의 일곱 가지 읽기 제안은 단지 '참고'의 의미다. 절대적 기준은 아니라는 것이다. 궁극적으로 우리 각자는 자기만의 고유한 읽기방식을 만들어가고, 내게 의미로운 읽기가 무엇인지 계속 실험하면서 자기만의 읽기방식을 만들어가야 한다. 이것이 우리 각자에게 주어진 지속적인 과제다.

데리다와의 데이트를 위한 읽기: 일곱 가지 제안

① '알고 있다'는 생각을 잠정적으로 괄호 속에 넣기
② 데리다의 글과 직접 만나기
③ 질적 읽기
④ 부가적 읽기
⑤ 거시적 읽기와 미시적 읽기 사이의 춤추기
⑥ 개념목록(렉시콘, lexicon) 만들기
⑦ 데리다 사상 읽기, 생명 긍정의 도구로: '예스의 제스처'

제 7 장

해체적 읽기:
정치적·윤리적 책임성

데리다의 글소리

나는 정치적·윤리적 그리고 사법적 책임성은 무한한 정밀한 읽기의 과제가 요청된다
고 본다. 이것이 정치적 책임성의 조건이 되어야 한다고 본다: 정치가들은 읽어야만 한
다. …광의의 의미에서 읽기란 윤리적이고 정치적인 책임성이다.
(I would assume that political, ethical, and juridical responsibility requires a task of
infinite close reading. I believe this to be the condition of political responsibility:
politicians should read. …Reading, in the broad sense which I attribute to this word,
is an ethical and political responsibility.)[1]

콘텍스트 바깥에는 아무것도 없다. (there is nothing outside of context)[2]

콘텍스트 외에 아무것도 없다. (there is nothing but context)[3]

모든 것은 텍스트가 된다. …내가 말하는 텍스트란 종이에 쓰여진 텍스트를 말하는 것
이 아니라, 이 세계에 있는 모든 것이 텍스트다. 그것이 바로 내가 텍스트라고 부르는
것이다.
(everything becomes a text. …I mean not in the written text, not on paper, but in
the world as a text. That's what I called the text.)[4]

1. "Derrida, "Hospitality, Justice and Responsibility: A Dialogue with Jacques Derrida", in Richard Kearney and Mark Dooley, eds., *Questioning Ethics: Contemporary Debates in Philosophy*, 67-68.
2. Derrida, *Linc.*, 136.
3. Derrida, *Taste*, 19.
4. Derrida, "Confession and 'Circumfession': A Roundtable Discussion with Jacques Derrida", moderated by Richard Kearney, in *Augustine and Postmodernism*, 41.

1. 읽기란 무엇인가: 정치적·윤리적 책임성

나는 '책을 읽는다'라는 행위를 우선적 의미의 '독서'라고 하지 않고, '읽기'라는 표현을 의도적으로 사용한다. '독서'라는 표현은 문자화된 텍스트를 그 주요 대상으로 삼는다는 것, 또한 명사화되어 고정된 행위라는 인식을 주기 때문이다. 데리다에게 '읽기'는 고정된 명사가 아닌 움직이고 고정불가능한 동사라고 할 수 있다. 읽기란 벌어지는 '사건'이기 때문이다. 이러한 의미에서 '리딩(reading)'을 '독서'라는 명사화된 의미로 이해하는 것보다, 동사로서의 '읽기(read-ing)'를 사용하는 것이 적절하다고 나는 본다.

데리다의 글은 난해하기로 유명하다. 데리다에 대한 사람들의 흔한 비난 중의 하나가 그의 글이 도무지 이해하기 어렵다는 것이다. 데리다는 한 인터뷰에서 자신의 글이 너무 난해하다는 비난에 어떻게 생각하는가, 라는 질문을 받고 다음과 같이 답한다. "아무도 수학자나 과학자, 또는 외국어로 말하는 사람의 글을 이해하지 못한다고 해서,

그들에게 '이해할 수 없다'고 화내지는 않는다. 그런데 보통 사람들에게 '읽기 어렵다' 또는 '이해하기 어렵다'며 비난받는 사람은 '언어'를 쓰는 작가들이나 철학자들이다. 누구나 쉽게 이해할 수 있는 '모든 사람의 언어'란 존재하지 않는다."[5]

데리다의 글은 왜 이해하기 어려운가. 여러 가지 이유가 있을 것이며, 사람마다 각기 다른 이유를 생각할 수 있을 것이다. 나의 관점에서 보자면, 데리다의 글이 이해하기 어려운 첫 번째 이유는 무엇보다도 그의 글은 사람들이 편하게 느끼는 방식, 전통적인 서술 체계, 또는 전통적으로 규정된 전문 영역의 영토를 넘어서기 때문이다. 예를 들어서 그의 글은 서론·본론·결론과 같은 전형적인 학술적 글쓰기 방식의 틀을 완전히 벗어난다. 그래서 그러한 기대를 가지고 데리다의 글을 읽는 사람은, 미로에서 길을 잃은 것 같은 경험을 하게 된다. 데리다의 글은 서론인지 아니면 결론인지 분명한 그림을 그리기 어렵다. 시작과 끝을 구분하기도 어렵다. 왜 서론과 결론을 분명히 하지 않는가라고 물으면, 데리다는 아마 우리의 질문에 다시 질문을 할 것 같다. '시작'이란 도대체 무엇인가, '결론'이란 가능한 것인가.

데리다 글이 난해하다고 하는 두 번째 이유는, 데리다의 사유 세계와 그가 글을 통해서 개입하는 세계는 문학, 철학, 신학, 정치, 정신분석, 법, 역사, 언어학 또는 미술사 등 우리가 전통적으로 규정해 놓은 전문 영역들을 넘나들며 얽혀있기 때문이다. 데리다의 글은 '초학제적(transdisciplinary)'이다. 데리다의 글을 읽으면, 데리다의 '전공'이 무엇인지를 쉽게 판가름하기 어렵다. 데리다의 글은 전통적으로 고정

---

5.   Derrida, *Points … Interviews, 1974-1994*, 115.

된 전문 영역들을 '탈영토화(deterritorialization)'하고 있으며, 기존의 범주들을 넘어서서 '탈범주화(decategorization)'한다. 그렇기에 데리다의 글을 읽고 이해하는 것, 데리다 사상에 접근하는 것은 우리의 '모든' 촉감을 동원해야 한다. 데리다의 글을 읽고 단숨에 쉽게 이해한다는 것은 누구에게나 거의 힘든 일이다.

데리다가 참으로 해박하며 심오한 지식을 체현한 사상가라는 것을 나는 그의 아카이브를 방문하면서 더욱 분명히 생각하게 되었다. 데리다 아카이브는 미국과 프랑스 두 곳에 있다. 프랑스에는 데리다의 개인적인 편지들을 포함해 미국보다 훨씬 더 많은 자료가 있다. 미국 캘리포니아 대학교-어바인에 있는 아카이브에는 1946년, 즉 16세 이후부터 데리다가 죽기 2년 전인 2002년까지의 자료들이 보관되어 있다. 나는 그 아카이브에 두 번 방문했는데, 데리다가 공적 활동을 하기 이전의 기록들에 관심이 있어서 그 자료들을 우선적으로 살펴보았다.

데리다가 노트해 놓은 것을 보면 그가 어린 나이 때부터 이미 다양한 철학자들을 섭렵했다는 걸 알 수 있었다. 어릴 때부터 그렇게 폭넓게 철학 공부를 하고 있었다는 것이 참으로 놀랍고 신기했다. 예를 들어서, 16세~19세 때의 노트를 모아놓은 폴더들을 보면 틴에이저라고 하는 그 나이에 참으로 깊이 있는 철학 공부를 했음을 알 수 있었다. '도덕적 경험', '현상학', '형이상학', '실존주의' 또는 '문명' 등의 다양한 주제들을 공부한 노트들이 있었다. 또한 인물로는 플라톤, 베이컨, 칸트, 소크라테스, 헤라클레이토스, 사르트르 등과 같은 철학자들을 공부한 노트가 작은 글씨로 빽빽하게 기록되어 있었다. 이렇게 어린 시절부터 철저하게 철학의 세계를 접하고, 사유하고, 글을 써온 데리다의 글이 모든 이에게 쉽게 이해되기는 어렵다. 읽기에 익숙한 사람들도 데리다 글의 깊이와 넓이를 이해하기 위해서는 오랜 시간 되풀이해 읽으며 노력을 기울여야 한다.

'데리다'라는 이름은 늘 '해체'와 연결된다. 데리다가 강조하듯, 해체란 '일어나는 사건(what happens)'이며, 누구나 자명하게 알 수 있는 '방법론'이 아니다. 데리다에 대한 가장 커다란 오해는 바로 이 '해체'의 오해에서 시작된다고 해도 과언이 아니다. 해체는 우리 삶의 모든 것에 작동되는 사건이기에, 데리다의 글을 읽는다는 것은 많은 개념이 얽혀 있는 세계를 여행하는 것과 같다. 이런 맥락에서 보자면, '데리다 읽기'란 결코 완성될 수 없는 지속적 과제이기도 하다. 그렇기에 데리다가 어떤 사상가인가라고 단순하게 '종합 정리'하려는 것은 불가능한, 아니 위험한 시도가 된다. 단순하게 요약하고자 하는 시도 자체가 데리다 사상을 '배반'하는 것이기도 하다. 이러한 점들이 데리다를 더욱 난해한 사상가로 만든다.

그렇다면 어떠한 읽기를 할 것인가. 아니, 도대체 읽기란 무엇인가. 자명한 것 같은 '읽기 행위'는 사실상 전혀 자명하지 않다. '읽기란 도대체 무엇인가' 또한 '무엇이 읽기를 읽기로 만드는가'라는 뿌리 질문(root question)을 해야 하는 이유이다. 데리다는 "내가 X를 읽었다라고 할 때, 그것은 무엇인가"라고 묻는다. 데리다의 이 질문을 우리에게 되돌려 보자. '내가 데리다의 책을 읽었다'라고 할 때, 그것은 무슨 의미인가. 단순히 그 책의 첫 페이지부터 마지막까지 그저 읽었다는 걸 의미하는 것이 아니다. 데리다에게 '읽기'란 '전통 상속자'의 중요하고도 우선적인 책임이다. '전통의 상속'이란 그 전통에 정밀한 읽기를 필요로 한다.

　그렇다면 하나의 세계를 우리에게 보여주는 읽기란 무엇인가. 읽기는 쓰기와 분리 불가의 관계 속에 있다. 읽기에 대해 생각한다는 것은, 거꾸로 말하면 쓰기에 대해 생각한다는 것이다. 또한 읽기의 대상인 '텍스트'에 대해 생각해야 함을 의미한다. 모든 종류의 텍스트는 콘텍스트(정황, context)와 연결되어 있다. 이 점에서 보자면 읽기란 텍스트만이 아니라 콘텍스트에 개입하고 그 콘텍스트를 읽는 것을 의미한다. 또한 그 '읽기'는 다층적 방식의 쓰기와 연결되어 있다. 이 점에서 보자면 읽기·쓰기·콘/텍스트(con/text)는 분리 불가의 관계 속에 있다. 내가 콘텍스트와 텍스트 사이에 '슬래시(/)'를 사용한 이유는 콘텍스트와 텍스트를 분리해서는 안 된다는 것을 제시하기 위해서다. 미셸 푸코가 권력과 지식의 관계를 드러내기 위해서 '권력/지식 (Power/Knowledge)'이라고 쓴 이유와 같다.[6]

〈읽기·쓰기·콘/텍스트: 나선형의 매트릭스〉

6.　Foucault, *Power/Knowledge: Selected Interviews and Other Writings, 1972-1977*, 1980.

쓰기란 언제나 '자서전적(autobiographical)'이라고 데리다는 말한다. 만약 쓰기가 '자서전적'이라면, 읽기 역시 자서전적이다. '쓰기'란 결국 자신을 쓰는 것이며, 읽기 역시 자신을 통해서 읽는 것이기 때문이다. 여기에서 기억해야 할 것이 있다. '나는 단지 ○○○을 읽었다'라는 식의 해석이 개입되지 않은 소위 '순수한 읽기(pure reading)'란 불가능하다는 점이다. 우리가 특정한 텍스트를 읽는 행위란, 그 텍스트에 대한 '해석 행위'가 이미 자신의 인지와 상관없이 개입됨을 의미한다. 여기에서 '텍스트'란 쓰여진 문자로서의 텍스트이기도 하지만, 데리다에게 '텍스트'란 매우 복합적인 의미다. 데리다에게는 이 세계가 텍스트라는 것이다. 그래서 텍스트와 콘텍스트, 즉 정황을 함께 묶어서 '콘/텍스트'라고 표기하기도 하는 것이다. 이렇게 복합적인 의미의 읽기란, 해석과 해석에 따른 판단과 행동이 개입된다는 점에서, 다른 텍스트들의 '다시 쓰기(rewriting)'로서의 변혁적 운동(transformative movement)의 의미를 지녔다고 할 수 있다. 이러한 맥락에서 볼 때, 읽기란 단순히 개인적인 행위만이 아니다. 읽기는 해석적 렌즈를 개입하게 하고, 읽기를 통하여 이 세계에서 일어나고 있는 일들에 '판단'을 하게 한다. 그 판단에 근거해서 다층적 '행동'을 하게 한다는 점에서 읽기란 정치적·윤리적 책임성의 의미를 지닌다.

2. 해체적 읽기 : 생명 긍정의 도구

데리다의 말, '존재한다는 것은 상속받는다는 것이다'는 매우 중요한 의미를 지닌다. 데리다는 전통의 '상속자'로서 치열하게 그 과제를 수행하는 모범을 보인다고 나는 본다. 우리가 상속받는 '전통'이란 매우 복합적임을 데리다는 섬세하고 정교하게 보여주고 있다. 전통이란 언어, 종교, 사회, 예술, 정치, 제도, 문화 등 우리의 삶을 구성하는 모든 것을 의미한다. 이러한 전통을 물려받은 '상속자'들로서 우리가 수행해야만 하는 '당위적' 과제가 있다. 그 당위적 과제란, 우리가 물려받은 전통을 조명하고 비판하면서 그 전통이 담고 있는 다양하고 상이한 가능성들을 구분하고 찾아내는 것이다. 이 점에서 우리가 물려받은 전통을 '읽고 성찰하는 것'은 이 세계에서 살아가는 데 필수적인 과제라고 할 수 있다.

데리다는 치열하게 '정밀한 읽기'를 한다. 데리다가 텍스트에 개입하는 방식을 보면 그가 얼마나 성실한, 열정적인, 치열한 읽기를 하고 있는지 알게 된다. 데리다에게 있어 우리가 접하는 모든 텍스트는, 유산으로 상속받는 상속물이다. 데리다가 중요하게 강조하는 '존재한다는 것은 상속받는다는 것이다'의 의미는 그의 글을 정밀하게 읽어보면 깊은 뜻을 조금씩 이해하게 된다. 어떤 이들은 이렇게 전통 상속의 중요성을 강조하기에 데리다를 '전통주의자(traditionalist)'라고 하기까지 한다. 그런데 이렇게 데리다를 '전통주의자'라고 부르는 것은 반은 맞지만, 나머지 반은 어긋난다. 데리다가 전통에 개입하는 것은 그 전통의 테두리 안에 머물기 위해서가 아니라, 그 전통을 심화시키고 재구성하면서, '새로운 전통'을 창출해야 하기 때문이다. 데리다가 상속이란 수동적으로 '주어진 것(given)'이 아니라, '과제(task)'라고 강조하는 이유다. 데리다의 성실한 전통 읽기는 치밀하고, 또한 새로운 전통을 창출한다는 점에서 혁명적이다.

한 사상가나 이론 또는 특정한 주제나 시대의 사건에 개입한다는 것은, 그것들과 연결된 다양한 텍스트에 개입해야 함을 의미한다. 이 점에서 데리다에게서 '읽기'라는 행위는 개별적인 사적 행위만이 아니다. 전통의 상속이 수동적으로 우리에게 '주어진 것'이 아니라 '과제'라고 할 때, 그 과제 수행은 윤리적·사회적·정치적 함의를 지닌다. 여기에서 우리가 반드시 기억하고 강조해야 할 것은 데리다에게서 '읽기'란 문자로 쓰인 텍스트만이 아니라는 점이다. 현실 세계에서 벌어지는 사건들, 구체적인 정황들, 뉴스 등도 모두 '텍스트'다. 즉 우리의 삶과 연결된 모든 것, 이 세계가 '텍스트'로서 우리의 '읽기' 대상인 것이다.

데리다는 남아공의 인종차별문제, 사형제도, 미국에서 벌어졌던 911 사건 등 사건들에 대해서도 '읽기'를 한다. 그러니까 '어떻게' 읽는가는 결국 '무엇을' 읽는가의 문제와 연결시켜야 한다. 데리다가 "텍스트 바깥에는 아무것도 없다(there is nothing outside the text)"라고 했을 때 '텍스트'는 문자화된 문서만을 말하는 것이 아니다. 후에 데리다는 "콘텍스트 바깥에는 아무것도 없다(there is nothing outside of context)"라는 말을 한다.[7] 이 두 말을 합해 보자면, '텍스트/콘텍스트 바깥에는 아무것도 없다'는 것이다. 결국 이 세계가 우리의 '읽기' 대상이 되는 텍스트이기도 하고 콘텍스트이기도 하다. 데리다는 "모든 것이 텍스트가 된다"고 하면서 "텍스트로서의 세계(the world as a text)"를 강조했다. 이것은 데리다의 읽기를 이해하는 데 매우 중요한 점이다.[8] 이러한 이해들을 가지고, 데리다 함께 읽기란 무엇인가를 생각해보자.

7.   Derrida, *Limited INC*, 136.
8.   "Confession and 'Circumfession': A Roundtable Discussion with Jacques Derrida", Caputo and Scanlon, eds., *Augustine and Postmodernism*, 41.

1) 자서전적 읽기

첫째, 읽기 행위란 언제나 이미 자서전적이다. 우리의 읽기가 이렇게 '자서전적'이라고 하는 것은 동일한 텍스트를 읽어도, 동일한 사건을 경험해도 각자 '자기만큼' 읽고 해석한다는 의미다. 즉 한 사람의 가치관, 세계관, 인간관 또는 특정한 관점에 따라서 동일한 텍스트를 읽어도 각기 다른 의미를 찾아낸다. 여러 사람이 동시에 특정한 장소를 방문하거나 특정한 강연을 듣는다고 해도, 사람마다 다른 이해와 생각을 하곤 한다.

나는 학생들과 세미나를 하면서 종종 '지적 실험'이라고 부르는 것을 한다. 지난 주간의 강의에서 자신에게 가장 중요한 세 가지 개념이나 주제를 칠판에 쓰는 것이다. 세미나 학생들이 10명이라면 열 가지의 각기 다른 리스트가 나오곤 한다. 그리고 유사한 것이라도, 왜 그것이 자신에게 의미롭다고 생각했는가를 설명하라고 하면, 그 이유들이 참으로 다르다. 동일한 개념을 써도 그 개념이 자신에게 왜 중요하게 다가왔는지의 이유나 배경이 다르다는 것이다. 동일한 자료를 읽고, 동일한 선생과, 동일한 장소와 시간을 함께 보냈어도, 개인들에게 남아있는 자취는 얼굴이 다른 것처럼 모두 다르다. 니체가 "사실이란 없다, 오직 해석만이 있을 뿐"이라고 하는 것과 연결되는 정황이다.

여기에서 "사실이란 없다"라는 표현은 날짜, 시간, 장소 등과 같은 단순한 사실들조차 없다는 것이 아니다. 예를 들어서 2014년 4월 16일의 세월호 침몰이나 1980년 5월 18일의 광주 민주화 운동과 같은 아주 단순한 '사실들'은 있다. 그러나 이러한 단순 사실을 제외하고, 그 사건에 대한 개인들의 생각이나 미디어의 보도들은 각양각색이다. 즉 그 단순한 사실에 대한 이해에는 개인 또는 집단의 각기 다른 '해석들'만이 있다. 상충하는 해석들 사이에서 '나'는 어떠한 관점으로, 어떠한 기준에서, 어떠한 가치관에 의해, 어떠한 해석을 하며, 어떠한 해석을 수용하는가. 이러한 근원적인 물음과 대면하고 그 물음들을 묻는 것에 데리다는 많은 통찰을 준다.

2) 개별적 사건으로서의 읽기

둘째, 읽기란 언제나 '개별적 사건(singular event)'이다. 한 사람이 동일한 텍스트를 읽어도, 매번 읽을 때마다 그 읽기가 동일한 것이 아니다. 읽기란 하나의 개별적 사건이기 때문이다. 예를 들어서 데이트를 할 때, 지난번과 동일한 사람과 했다고 해서 이번 데이트가 똑같지는 않다. 동일한 사람과 동일한 카페에서 데이트한다고 해서, 매 데이트가 '똑같은 것'이 아니라는 것이다. 주변 분위기, 서로에게 기대하는 것, 또는 현재 자신의 마음 상태 등에 따라 동일한 사람과의 데이트라도 매번 다른 색채를 띠게 된다.

읽기도 마찬가지다. 동일한 사람이 동일한 텍스트를 읽어도 그 텍스트를 읽는 정황이나 읽기 의도, 목적에 따라서 텍스트 읽기가 기능하는 것은 달라진다. 예를 들어서 동일한 책을 두 번째로 읽을 때, 이전에 중요하지 않았다고 생각했던 부분이 중요한 것으로 부각되기도 하고, 중요하다고 생각되었던 부분의 의미가 다른 방식으로 그 중요성이 다가오기도 한다. 텍스트만이 아니라 특정한 사건들이나 삶의 정황에 대한 우리의 '읽기'와 '해석하기'도 마찬가지이다.

'사건으로서의 읽기'란 그 읽기 행위가 오직 '나에게만' 일어나는 것이라는 의미를 지닌다. 즉 '읽기의 개별성(singularity of reading)'이다.9 데이트의 예를 들어보자. 데이트할 때, 두 사람이 동일한 시간과 동일한 장소에서 데이트를 한다. 그렇다고 해서 그 두 사람의 '데이트 경험'이 동일한가. 아니다. 두 사람이 데이트가 끝나고 각자 그 데이트에 대해 자신의 경험을 묘사하고 기록한다고 가정하자. 경험의 묘사와 기록은 결코 동일할 수 없다. 왜냐하면 두 사람의 데이트 경험은 오직 개별인으로서의 각자, 즉 '나'에게만 일어나는 '사건'이기 때문이다. 상대방의 경험이나 해석과 겹치는 부분도 있겠지만, 두 사람의 경험과 해석이 똑같이 일치하는 동일한 것이 결코 될 수 없다. 이러한 맥락에서 보자면, '사건'은 두 가지 특성을 지닌다. 하나는 '대체 불가능성'. 그리고 다른 하나는 '반복 불가능성'이다. 매 읽기마다 그것은 독특한 유일무이한 경험이기에 반복할 수 없고, 또한 다른 것으로 대체될 수 없다.

3) 인내심 있는 읽기

셋째, '인내심 있는 읽기(patient reading)'를 해야 한다. 데리다가 텍스트를 읽어내는 방식은 고도의 인내심을 작동하면서 읽지 않으면 불가능한 읽기이다. 데리다의 텍스트를 이해하는 데 중요한 지침이 있다면, 그것은 인내심을 가지고 매우 천천히, 반복해서, 성급한 결론이나 판단을 유보하면서 읽어야 한다. 그것이 데리다의 읽기방식이다. 데리다가 강조하는 것이 있다. 누군가를 이해하고자 한다면, 그 사람에 대한 수백 페이지의 전기를 읽는 것보다, 그 사람이 쓴 글을 한두 줄이라도 읽으며 인내심을 가지고 그 글을 이해하는 것이 훨씬 낫다는 것이다. 그래서 데리다는 "읽기란 시간, 훈련 그리고 인내심이

---

9.   Royle, *Jacques Derrida*, 119.

요구되며, 여러 번을 읽고, 새로운 방식으로 읽고, 다양한 분야의 글들을 읽는 것이 요구되는 작업이다"라고 강조한다.[10]

데리다가 강조하는 '인내심 있는 읽기'는 데리다와 데이트를 시작하려는 사람들에게는 물론 모든 종류의 읽기에도 중요하다. 또한 사상가를 알아가는 과정뿐만 아니라, 실제로 사람과 만나는 '데이트'에서 지속적인 '인내심'을 작동시키는 것은 중요하다. 데이트 상대의 다양한 결을 알고자 하는 호기심과 끈기, 그리고 나 자신에 대한 인내심을 가지는 것이 필요하다. 또한 몇 가지 경험으로 성급한 결론을 내리지 않으면서 열정과 호기심을 품고 데이트를 해야 한다.

이러한 인내심 있는 읽기는 자신과 데이트 상대자에 대한 이해를 보다 심오하고 아름답게 만드는 장치가 된다. 한 사상가를 이해하는 과정에서만이 아니라, 진정한 관계 맺기에 없어서는 안 되는 요소가 '인내심 있는 읽기'이다. '인내심 있는 읽기'란, 키워드만 치면 모든 정보가 순식간에 화면에 나타나는 인터넷 세계 속에 살아가는 우리에게, 지속적인 도전이 될 것이다. 빨리 사실을 알아내는 것이 아니라 천천히 음미하는 '읽기'는 고도의 훈련이 요구되는 것이기도 하다.

4) 정밀한 읽기: 더블 트러블

넷째, 정밀한 읽기(close reading)다. 데리다에게 읽기란 그 텍스트에 깊숙하게 개입해야 함을 의미한다. 개념 하나하나가 지닌 의미를 살펴보고, 그 개념의 통상적 이해가 지닌 한계들을 들여다본다. 그다음 통상적 이해가 지닌 한계를 넘어서서 그 개념에 새로운 의미 부여를 하는 읽기이다. 데리다의 읽기방식은 무엇이 '정밀한 읽기'인가를 보

---

10. Derrida, *Points ⋯ Interviews, 1974-1994*, 401.

여준다. 데리다에게 "정밀한 읽기는 정치적 책임성의 조건"이다. 그리고 "정치적 책임성이란 사건들을 읽고, 상황들을 분석하고, 선동가들과 미디어의 레토릭에 관심하는 것을 의미한다"고 강조한다.[11] 이러한 맥락에서 데리다의 글소리를 직접 들어보자:

> 나는 정치적·윤리적 그리고 사법적 책임성은 무한한 정밀한 읽기의 과제가 요청된다고 본다. 이것이 정치적 책임성의 조건이 되어야 한다고 본다: 정치가들은 읽어야만 한다. …광의의 의미에서 읽기란 윤리적이고 정치적인 책임성이다.[12]

정밀한 읽기를 통해서 데리다는 보통 사람들이 스쳐 지나가기 쉬운 단어 하나하나에 세심한 주의를 기울인다. 또한 데리다가 인용부호를 쓰는가 이탤릭체로 쓰는가와 같은 행위 역시 여러 가지 깊은 의미와 의도가 있다. 데리다는 마치 '아무것도 사소한 것은 없다'라는 선언을 매 문장에서 하는 것 같다. 데리다가 텍스트를 읽는 방식처럼, 우리는 데리다의 글을 아주 세밀하게 읽어야 한다. 정밀한 읽기란 우선 한 문장이 담고 있는 매 개념마다 주의를 기울이면서 읽는 것에서 시작한다. 또한 데리다의 글 자체만이 아니라, 데리다가 언급하는 사상가들을 함께 읽어야 하는 '부가적 읽기(side reading)'를 포함함을 의미한다. 예를 들어서 데리다가 플라톤이나 루소, 칸트나 하이데거, 레비나스 등의 사상에 개입할 때, 데리다의 글을 이해하기 위해서는 데

---

11.   Derrida, *Negotiations*, 2.
12.   Derrida, "Hospitality, Justice and Responsibility: A Dialogue with Jacques Derrida", in Richard Kearney and Mark Dooley, eds., *Questioning Ethics: Contemporary Debates in Philosophy*, 67-68.

리다만이 아니라, 등장하는 사상가나 개념들을 함께 읽어야 한다. '정 밀한 읽기'는 '부가적 읽기'를 언제나 필요로 한다.

데리다는 전통에 개입한다. 그 전통이 사상적·철학적 전통이든 언어적 전통이든 지금의 존재를 구성하고 있는, 존재하게 하는 '모든' 전통에 개입한다. 그래서 데리다의 글을 읽는다는 것은 단지 그의 글을 읽는 것만이 아니라 그가 개입하는 텍스트들을 함께 읽고, 이해하고, 데리다와 연결시켜야 함을 의미한다. 데리다 읽기는 플라톤, 칸트, 아렌트, 얀켈레비치 등 무수한 사람의 글을 동시에 읽어야 함을 의미하기도 한다.《어떻게 데리다를 읽는가》라는 책에서 페넬로프 도이처P. Deutzscher는 데리다를 읽는 것을 "더블 트러블(double trouble)"을 감수해야 하는 것이라고 부른다.[13] 그런데 사실상 '더블 트러블'만 아니다. 어쩌면 트리플 트러블 아니, '멀티플 트러블(multiple trouble)' 읽기가 필요하기도 하다. 이런 읽기가 '정밀한 읽기'다.

따라서 정밀한 읽기란 '양적 읽기'가 아닌 '질적 읽기'다. 500페이지의 책을 처음부터 끝까지 읽는 것보다, 5페이지 아니 5문장을 세밀하게 음미하고, 재차 읽어보고, 또는 각 개념이나 구절이 지닌 의미를 곱씹어 보아야 한다. 또한 필요하면 하나의 개념을 이해하기 위해 그 개념과 연관된 사상가, 전통 등을 동시에 찾아보고 이해하고자 하는 과정을 거쳐야 한다. 양적 읽기가 아닌 질적 읽기, 또한 표피적 읽기가 아니라 심층 읽기를 의미한다. '100권을 읽었다'고 하면서 자신에게 새로운 관점을 형성하는 데 별로 영향을 주지 못했다면 그 양적 읽기는 별로 의미가 없다. 오히려 하나의 개념, 한 챕터, 또는 한 문장 속에서 나의 관점에 영향을 미친 '한 권'의 책을 되풀이해 읽는 것이 훨

---

13. Deutzscher, *How to Read Derrida*, 2.

씬 중요하다고 나는 본다. 데리다에게서 배운 정밀한 읽기를 내가 권하는 이유다. 양적 읽기와 질적 읽기, 즉 정밀한 읽기를 병행할 수 있다면 가장 이상적일 것이다. 그렇다고 해서 '양적 읽기'와 '질적 읽기'를 정반대적 의미로 이해할 필요는 없다.

5) 해체적 읽기: 더블 리딩

다섯째, 해체적 읽기 또는 더블 리딩이다. '해체적 읽기'란 무엇인가. 해체적 읽기를 이해하기 위해서는 '해체'와 연결된 개념인 '비결정성(undecidability)'과 '차연' 같은 개념을 먼저 이해하는 것이 필요하다. 해체적 읽기는 텍스트에 어떤 절대적 결론을 내어 그것을 '고정시키는 것에 저항'하는 행위라 할 수 있다. 즉 텍스트에 '총체적 의미'가 있다는 생각 자체의 인식적 폭력성에 저항하면서, 지속적인 '비결정성'을 받아들이는 읽기다.

우리가 하나의 텍스트를 읽을 때 무엇이 일어나는가. 그 텍스트를 읽으면서 경험하거나 발견하는 텍스트의 의미는 '해체'라는 사건을 통해서 심화된다. 해체적 읽기는 '차연'과 연결된다. 우리가 읽기를 통해서 발견하는 의미는 언제나 그 총체적 의미(만약 그런 것이 있다면)와 '다르다(differ).' 뿐만 아니라 그 총체적 의미는 언제나 '연기된다(defer).' 차연은 이렇게 '다르다'라는 '공간성(spatiality)', 그리고 '연기된다'라는 '시간성(temporality)'의 의미를 지닌다. 우리가 가지고 있는 하나의 텍스트, 한 사람, 한 사건 또는 한 정황에 대한 이해는 언제나 복합적인 총체적 의미로부터 '다르고', 그 총체적 의미는 언제나 뒤로 '연기된다.', '완결된 읽기'란 불가능하다.

해체적 읽기를 통해서 '더블 리딩(double reading)'이 가능해진다. 더블 리딩은 저자가 그 텍스트 안에서 '요구하는 것'과 '요구하지 않는 것' 사이의 '간격(gap)'에 위치해 있다. 1차 읽기는 전통적 읽기로서 그 텍스트에서 저자가 말하고자 하는 것을 읽어내려 시도하는 읽기다. 저자나 텍스트의 의도를 재생산하는 읽기라고 할 수 있다. '저자가 무엇을 말하고 싶어하는가'를 세밀하게 찾아내려고 하는 읽기다. 이러한 '전통적 읽기'에서 고정된 어떤 의미들이 있다면, 2차 읽기에서는 그 고정된 의미들이 탈고정화되고 해체된다. 1차 읽기에서의 의미들이 마치 홀씨가 날리듯이 분산되어 각기 다른 의미들을 모색하는 2차 읽기가 진행된다. 결국 1차 읽기에서 발견하게 되는 것은 소위 '저자/텍스트의 의도'란 고정되어 존재할 수 없는 '비결정적'이라는 것, 그리고 그 의미들을 고정시키고자 할 때는 그것을 탈고정화해야 한다는 것이다. 즉 해체적 읽기라는 사건이 개입하는 2차 읽기가 진행된다.

이런 맥락에서 더블 리딩은 '긍정(affirmation)의 읽기'와 '문제 제기(contestation)의 읽기', 이 두 단계의 읽기가 벌어지는 과정이기도 하다. '긍정의 읽기'는 텍스트를 읽으면서 그 텍스트가 지닌 생명 긍정의 가치를 찾아내는 읽기다. 텍스트가 지닌 중요한 의미를 찾아내 그 의미를 긍정하고자 하는 읽기인 것이다. 1차 읽기는 전통적인 읽기방식과 연결되어 있기도 하다. 1차 읽기를 통해서 우리는 저자의 의도를 재생산하기도 하고, 저자가 담아내고자 하는 가치를 찾아내어 인정하려 시도한다. 그런데 소위 '저자의 본래 의도'를 찾는 것이란 불가능한 것임을 인지하게 된다. 2차 읽기로 이어져야 하는 이유다.

2차 읽기는 1차 읽기에서 결정되고 규정된 것들을 해체하면서 '탈고정화'시키는 작업부터 시작된다. 그리고 그 텍스트가 결여하고 있는 것, 텍스트의 한계 또는 지니고 있을 수도 있는 문제점, 더불어 그 텍스트의 전통적 이해에서 가려졌던 다른 의미 등을 찾아내는 읽기이다. 즉 2차 읽기는 '문제 제기의 읽기'라고 할 수 있다. '문제 제기'에는 부정적인 의미만 있지 않다. 문제 제기를 통해 텍스트의 전통적 해석이 왜곡할 수 있는 것, 드러내지 못했던 것을 새롭게 도출하기도 하고, 텍스트의 한계나 문제점들을 찾아내기도 한다. 데리다가 자주 쓰는 표현 중의 하나인 '더블 제스처'가 등장하는 이유다.

'더블 제스처'는 '한편으로는(on the one hand)'으로 시작하고, 그다음에 '또 다른 한편으로는(on the other hand)'으로 이어진다. '한편으로는'은 1차 읽기에서 만나는 텍스트의 긍정적인 것들을 찾아내어 인정하는 시도이다. 그리고 '또 다른 한편으로는'에서는 2차 읽기에서 나오는 텍스트의 한계, 전통적 해석의 문제점 등을 짚어내는 것이다. 데리다의 글을 자세히 보면 이 '더블 제스처'가 자주 나오며 해체적 읽기를 통한 '더블 리딩' 방식을 볼 수 있다.

해체적 읽기는 전통적 읽기에서의 '재생산 읽기(reproductive reading)'를 우선 하는 1차 읽기부터 시작된다. 즉 저자가 드러내고자 하는 것들을 찾아내고자 하는 시도를 하고, 동시에 전통적으로 알려진 의미를 찾아내 그것에 개입한다. 그리고 그 고정된 것들을 탈고정화하고 흩트리는 '비판적 읽기(critical reading)'가 한 사건으로 일어난다. 2차 읽기이다. 이렇게 1차 읽기와 2차 읽기 사이에는 '언제나 이미' 긴장 관계가 있다. 이러한 1차 읽기와 2차 읽기라는 더블 리딩의 긴장 속에서, 해체적 읽기는 그 텍스트에 대한 새로운 이해와 새로운 '전통' 창출의 가능성을 등장하게 한다고 할 수 있다. 우리가 늘 기억해야 할 점이 있다. 데리다에게서 '텍스트'란 글의 언어로 쓰여진 문자화된 것만이 아니라, 이 세계에서 벌어지는 사건들, 역사적 기억들, 법, 제도 등 우리 삶과 연관된 "모든 것이 텍스트가 된다"는 점이다.[14]

해체적 읽기: 생명 긍정의 도구

① 자서전적 읽기(autobiographical reading)
② 개별적 사건으로서의 읽기(reading as a singular event)
③ 인내심 있는 읽기(patient reading)
④ 정밀한 읽기: 더블 트러블(close reading)
⑤ 해체적 읽기: 더블 리딩(deconstructive reading: double reading)

---

14. Derrida, "Confession and 'Circumfession': A Roundtable Discussion with Jacques Derrida", moderated by Richard Kearney, in *Augustine and Postmodernism*, 41.

제8장

해체:
사랑의 작업, 인식 세계의 지진

데리다의 글소리

해체는 하나의 '분석'이나 '비판'이 아니다. …해체는 '방법'이 아니며 '방법'으로 변모될 수도 없다.

(Deconstruction neither an *analysis* nor a *critique* …Deconstruction is not a method and cannot be transformed into one.)[1]

정의 자체는, 만약 그러한 것이 존재한다면, 법 밖에든 또는 법 너머든, 해체할 수 없다. …해체는 정의다.

(Justice in itself, if such a thing exist, outside or beyond law, is not *deconstructable* …Deconstruction is justice.)[2]

정의는 …기다리지 않는다. 정의란 기다려서는 안 되는 것이다.

(Justice …does not wait. It is that which must not wait.)[3]

해체는 하나의 방법이나 분석으로 귀결할 수 있는 것이 아니다. …해체란 사랑 없이는 결코 진행하지 않는다고 나는 본다.

(Deconstruction as such is reducible to neither a method nor an analysis. …I would even say that is never proceeds without love.)[4]

해체는 이론도 아니고, 철학도 아니다. 해체는 학파도 아니며 방법도 아니다. 해체는 하다못해 담론도 아니며, 행위나 또는 실천도 아니다. 해체란 일어나는 것이다, 바로 오늘 일어나고 있는 것이다.

(Deconstruction is neither a theory nor a philosophy. It is neither a school nor a method. It is not even a discourse, nor an act, nor a practice. It is what happens, it

1. Derrida, "A Letter to a Japanese Friend", in Peggy Kamuf, ed., *A Derrida Reader: Between Blinds*, 273.
2. Derrida, "Force of Law", in *Acts of Religion*, 243.
3. Derrida, "Force of Law", in *Acts of Religion*, 255.
4. Derrida, *Points … Interviews, 1974-1994*, 83.

is what is happening today.)[5]

해체는 언제나 '예스'의 편에, 생명 긍정의 편에 있다.
(Deconstruction is always on the side of 'yes', on the side of the affirmation of life.)[6]

환대는 편안함의 해체다; 해체는 타자에 대한, 자신이 아닌 타자에 대한 …환대다.
(Hospitality is the deconstruction of the at-home; deconstruction is hospitality to the other, to the other than oneself…)[7]

5. Derrida, "Some Statements and Truisms about Neo-Logisms, Newisms, Positions, Parasitsms, and other Small Seismisms", in *The States of 'Theory'*, ed. Carroll, 85.
6. "Derrida, *Learning to Live Finally*, 51.
7. Derrida, "Hostipitality", in *Acts of Religion*, 364.

1. 해체란 무엇인가: 오해와 이해

'해체'란 도대체 무엇인가. 많은 이가 '해체'라는 말을 도처에서 사용하고 있다. 그렇지만 정작 그것이 무엇을 의미하는지 이해하는 것은 머리만이 아니라, 가슴에 와닿아야 가능하다. '해체'라는 '사건'을 느끼기 위해서는 데리다 자신이 말하는 것을 직접 들어보는 것이 도움이 된다. 눈으로도 읽고, 소리 내어 읽어보기도 하고, 되풀이해서 그 글소리를 음미해 보는 것이다.

해체에 대한 데리다의 글들은 각기 다른 표현들 같다. 그런데 표현은 다르지만, 각각의 해체 이해는 서로 연결되어 있다. 동시에 다양한 정황에서 해체가 어떻게 일어나는가라는 해체의 복합적 결을 잘 드러낸다. 해체란 뭔가를 부수고 파괴하는 것이라는 일반적 선입견 또는 편견과는 정반대로, 데리다가 '해체'라는 개념을 통해 전하려는 중요한 가치와 메시지는 타자에 대한 환대이며 사랑의 작업이다. 그래서 해체가 무엇인지를 제3자를 통해서가 아니라, 데리다가 글로 직접

전하는 것으로 먼저 만나보길 제안한다.

1) 대중화된 해체 개념의 '해체'

'데리다'라는 이름을 들어본 사람이라면, 그 이름을 즉각적으로 '해체'와 연결시키곤 한다. 영국 엘리자베스 여왕의 부군이며 2021년에 작고한 필립 에든버러 공작은, 1992년 데리다가 케임브리지 대학교에서 명예 박사학위를 받는 수여식에서 "'해체'가 왕실에도 영향을 미치고 있다"라는 말을 했다.[8] '데리다'라는 이름은 이제 '해체'라는 것과 분리시키기 어렵다. 데리다의 사상이 어느 분야에 영향을 미쳤는가를 한 마디로 규정하기도 어렵다. 왜냐하면 데리다 사상은 철학·교육·젠더·법·문학·정치·심리학·건축·영화·예술·신학·종교 등 다양한 분야에 영향을 미쳤기 때문이다. 데리다가 차용하여 새로운 의미 부여를 한 '해체(déconstruction/deconstruction)'는 불어와 영어권의 사전들에 포함되었다.

뿐만 아니다. 해체 개념은 우디 앨런이 만든 영화 〈해리를 해체하기(Deconstructing Harry, 1997)〉와 같이 영화에도 등장하고, 건축과 패션 스타일 등에도 등장하였다. 하다 못해 요리 분야에도 '해체'라는 용어가 쓰였다. 〈식품 디자인(*Food Product Design*)〉이라는 잡지는 2001년 10월 호의 커버 스토리를 "파이와 턴오버를 해체하기(Deconstructing Pies and Turnovers)"라고 했다.[9] 인터넷에 영어로 '해체하다(deconstruct)'와 요리 이름을 넣으면 참으로 다양한 항목이 나온다. 또한 영국 밴드 〈스크리티 폴리티(Scritti Politti)〉의 1982년에 나온

---

8. Peeters, *Derrida*, 447
9. Smith, *Jacques Derrida*, 130.

'기억할 노래들(Songs to Remember)'이라는 데뷔 앨범에는 "자크 데리다"라는 제목의 노래가 수록되어 있다. 이 그룹의 리드 싱어이며 기타 주자인 그린 가트사이드Green Gartside가 "자크 데리다"라는 곡과 가사를 썼는데, 이 노래에는 "나는 자크 데리다와 사랑에 빠졌다"라는 구절이 있다.[10] 이처럼 다양한 분야에서 데리다 사상이나 그의 해체 개념의 대중적 인기 현상을 볼 수 있다. 그런데 이렇게 긍정적인 개념으로 사용하는 이들이 있는 반면, '해체'란 모든 것을 파괴하는 것이라는 고도의 부정적 개념으로 전제하면서, '해체'가 곳곳에서 비난받는 개념으로 소비되기도 한다. '해체'라는 개념이 학계만이 아니라 이렇게 많은 이의 입에 오르내릴 정도로 대중화되었다는 것을 보여주는 예다.

'해체'의 이러한 대중적 인기는 한편으로 보면, 데리다와 연결되어 사용되는 '해체'와 데리다 사상이 얼마나 왜곡되고 곡해되어 회자되는 가를 보여준다. 실존주의 이후, 철학이 이렇게 다양한 분야에서 영향력을 미치며 대중화된 적은 없다. '해체'라는 개념이 곳곳에서 대중적 인기를 얻으며 데리다는 소위 '유명인사'가 되었다. 그러나 동시에 해체 개념의 '인기'는 오히려 사람들에게 해체를 오해하게 만들고 그 심오한 깊이를 이해하고자 하는 생각 자체를 차단하는 기능을 했다. 해체는 데리다 사상에서 매우 중요한 개념임에도 불구하고, 다양한 방식으로 가장 심각한 오해와 왜곡을 하는 개념이기도 하다.

'해체'를 마치 손쉽게 이해할 수 있는 것처럼 생각하면서, 사람들이

---

10. 스크리티 폴리티의 "자크 데리다"라는 제목의 곡과 가사 일부는 다음과 같다.
I'm in love with a Jacques Derrida / Read a page and know what I need to / Take apart my baby's heart / I'm in love / I'm in love with a Jacques Derrida / Read a page and know what I need to / Take apart my baby's heart / I'm in love

무조건 '해체'라는 말을 도처에서 사용하고 있다. 그리고 그 해체라는 개념에 대한 잘못된 이해 때문에 데리다는 비정치적, 비역사적 또는 모든 것을 파괴하는 '허무주의자'라는 오해를 받곤 한다. 해체는 구체적 현실과 상관없는 추상적인 미학적 개념이며, '파괴' 개념과 연결된다는 극도의 왜곡된 해석 때문이다. 하지만 데리다 자신은 이 해체란 단어를 결코 좋아한 적이 없으며, 이 단어가 그렇게 놀랍도록 유명해진 이유에 동의하기 힘들다고 했다.[11] 또 해체 개념의 대중적 '인기'도 별로 달가워하지 않았다. 해체 개념이 유명해진 이유가, 제대로 된 이해가 아닌 왜곡된 이해에 기반하면서 오독과 오해가 빈번하게 등장하기 때문이다. 해체 개념이 이렇게 대중적으로 확산되고, 자신의 대표적 사상 또는 개념으로 자리 잡게 될 것임을 데리다가 예상하거나 의도한 것이 아니었다는 것이다.

그렇다면 데리다는 언제부터 이 해체 개념을 사용했을까. 데리다는 1962년에 첫 책《에드문트 후설의 기하학의 기원: 개론》을 출판한다. 그런데 이 책에 해체 개념은 등장하지 않았다. 해체라는 말이 처음 등장한 것은 1967년에 출판된 책들에서이다. 데리다는《글쓰기와 차이》,《목소리와 현상》,《그라마톨로지》등 세 권의 책을 1967년에 동시 출판하면서 학계의 주목을 받기 시작했다. 이 세 권의 책에서 데리다는 자신의 프로젝트를 묘사하면서 '해체'라는 말을 지나가는 것처럼 사용했다. 그런데 1967년 출판 이후, '해체'는 데리다의 글쓰기와 사유하기 스타일과 연관시켜서 특히 미국과 같은 영어권에서 퍼

11. Derrida, "The Time of a Thesis: Punctuations", *in Philosophy in France Today*, ed. Alan Montefiore, 44.

지기 시작했다.

'해체'라는 개념은 데리다가 만든 것이 아니다. 즉 '해체'가 데리다의 소유가 되는 개념은 아니라는 것이다. 데리다는 1983년 7월 10일, 일본인 학자인 도시히코 이즈츠Toshihiko Izutsu에게 보낸 한 편지에서 이 점을 설명한다. 해체는 하이데거의 개념인 독일어 '디스트럭치온(*Destruktion*)' 또는 '압바우(*Abbau*)'를 불어로 번역하는 과정에서 데리다가 변용한 것이다. 하이데거의 '디스트럭치온'을 불어로 하면 단지 파괴(annihilation, demolition)의 의미만 부각될 뿐, 하이데거가 그 개념으로 나타내고자 하는 중요한 의미가 담기지 않는다. 그런데 하이데거의 '디스트럭치온'은 흔히 생각하듯 '파괴'라는 부정적인 의미가 아니다. 그래서 데리다는 하이데거 개념을 직역하지 않고, 변용하여 '디컨스트럭치온(*déconstruction*)'으로 썼다. 데리다의 편지는 이즈츠와 데리다가 만났을 때 이즈츠가 '해체'를 일본어로 번역하는 어려움에 관하여 나누었던 대화로 시작한다. 그리고 편지의 마지막은 '번역'의 딜레마에 대해 언급하면서, 시를 번역할 때와 같이 동일한 위험이 있다는 것으로 매듭짓는다.[12]

데리다의 해체를 어느 나라 언어로 번역하든, 데리다의 말대로 '번역의 더블 바인드(double bind)'를 생각해야 한다. 즉 번역에는 '필요성'과 '불가능성'의 차원이 있다는 것이다. 그 어떤 번역도 완전한 번역은 없다. 번역으로 본래 개념을 잘 담아낼 수 없을 때는 오히려 음역을 하는 것이 더 명징하다. '컴퓨터'가 좋은 예다. 내가 페미니즘을 '여성주의'로 번역하지 않고 음역하여 쓰는 이유이기도 하다. 그러니

12. Derrida, "A Letter to a Japanese Friend", in *A Derrida Reader*, ed. Peggy Kamuf, 270과 276 참조.

까 우리가 만나는 '해체'라는 번역은 하이데거의 독일어에서 데리다의 불어로, 그리고 불어에서 다시 영어나 한국어로 번역된 그 해체 개념을 만나는 것이다. 이렇게 한 번의 번역이 일어날 때마다 그 개념은 조금씩 오해 가능성의 결을 더해 간다.

해체는 문학비평에서는 문학작품을 해석하는 새로운 전략으로 이해되기도 하고, 구조주의에 대한 반응으로서 포스트구조주의적 접근방식으로 이해되기도 한다. 해체는 의미구조가 고정되는 것, 보편적인 것으로 되는 것, 또한 그 의미구조가 탈역사적(ahistorical)이라는 전제를 근원적으로 비판한다. 우리가 늘 기억해야 하는 것이 있다. 해체적 읽기는 모든 텍스트가 의미 없다고 하는 것도, 또는 의미를 파괴하고자 하는 것도 아니라는 점이다. 오히려 해체적 읽기란 텍스트에는 고정된 의미가 아니라 다중적 의미가 있고, 그 의미는 간혹 상충적이기도 하다는 것을 보게 해준다. 해체에 대한 이상화를 하든, 또는 냉소를 하든, 그러한 접근은 모두 해체의 왜곡에 기여하고 있다. 매우 자명한 개념처럼 도처에서 사용되고 소비되는 해체의 전이해를 우선 '해체'하면서, 데리다의 해체를 이해하는 여정을 시작해야 할 것이다.

2) '사전'의 해체

해체라는 단어를 영어 사전에서 찾아보면 매우 흥미롭다. 한편으로는 그 사전에서 보여주는 해체가 도움이 된다. 그러나 또 다른 한편으로는 그러한 사전적 정의가 오히려 해체를 이해하는 데 걸림돌이 될 수도 있다. 《옥스퍼드 영어사전》(이하 옥스퍼드 사전)에 '해체'라는 단어가 등장하기 시작한 것은 1989년 판이다. 또한 《체임버스 영어사전》(이하 체임버스 사전)에는 1993년 판에 해체가 등장한다. 영어 사전들에서 해체 단어의 정의를 찾아보면 해체가 일반 사람들에게 얼마나 왜곡된 의미로 전달되는가를 볼 수 있다. 두 사전에서 규정되는 해체 개념을 보면, 해체에 대한 일반적인 오해 또는 왜곡된 이해의 측면을 살펴볼 수 있다.[13]

이 두 사전을 비교해 보자. 첫째,《옥스퍼드 사전》은 해체가 자크 데리다의 글과 연관되어 있음을 밝히고 있다. 반면《체임버스 사전》은 특정한 인물과 연관시키지 않는다. 해체에 대하여 다양한 사람들이 글을 썼다. 그러나 해체라는 개념을 논의할 때 데리다가 그 중심에 있다는 점에서 '해체' 개념은 데리다와 연관지어야 할 것이다. 둘째,《체임버스 사전》은 해체를 '방법(method)'으로 묘사했고,《옥스퍼드 사전》은 '전략(strategy)'으로 규정한다. 셋째,《체임버스 사전》은 해체가 특히 문학적 텍스트에 관심하는 것이라고 한 반면,《옥스퍼드 사전》은 해체가 철학과 문학이론에 광범위하게 연관되어 있다고 한다.

---

13. 1988년에 나온 웹스터 사전의 '해체' 정의는 다음과 같다:

> "A method of literary analysis originated in France in the mid-20th century and based on a theory that, by the very nature of language and usage, no text can have a fixed, coherent meaning." *Webster's New World Dictionary of American English*, Third College Edition (New York: Webster's New World, 1988)

1989년에 나온 옥스퍼드 사전의 '해체' 정의는 다음과 같다:

> A. The action of undoing the construction of a thing; b. Philos. And Lit. Theory, A strategy of critical analysis associated with the French philosopher Jacques Derrida (b. 1930), directed towards exposing unquestioned metaphysical assumptions and internal contradictions in philosophical and literary language. 참조. *The Oxford English Dictionary*, 2nd edition (Oxford: Clarendon Press, 1989).

또한 1993년에 나온 체임버스 사전은 '해체'를 다음과 같이 규정한다:

> A method of critical analysis applied *esp* to literary texts, which, questioning the ability of language to represent reality adequately, asserts that no text can have a fixed and stable meaning, and that readers must eradicate all philosophical or other assumptions when approaching a text. 참조. *Chambers English Dictionary* (Edinburgh: Chambers, 1993).

이 두 사전에서의 '해체' 규정은 일반 사람들이 흔히 하는 해체에 대한 왜곡된 이해를 대표적으로 보여준다. 사전에 소개되는 이러한 해체 개념은 "해체란 방법이 아니다"라고 역설한 데리다의 해체 이해를 외면하거나, 또는 데리다의 글을 직접 접하지 않은 채 다른 사람의 왜곡된 해석에 근거하여 작성한 규정이라고 할 수 있다.

〈국립국어원 표준국어대사전〉을 보면 해체를 여섯 가지 항목으로 열거해 놓았다. 또한 해체라는 단어의 맨 마지막 6번 항목에 해체를 "철학"으로 분류해 놓는다. 그리고 "단순한 부정이나 파괴가 아니라 토대를 흔들어 새로운 가능성을 탐색하고 숨겨져 있는 의미와 성질을 발견함. 서양 형이상학의 종말을 지향하려는 후기 구조주의의 목적을 위하여 제창된 것으로, 데리다의 용어이다"라고 규정한다.

해체가 '디컨스트럭션(deconstruction)'이라는 한 단어로 영어 사전들에 등장하는 것과는 달리, 한글 사전에서의 '해체'는 영어 단어에서 'dissemination, disassemble, dismantle, destruction, destroy, deconstruction' 등 여러 가지 의미가 담겨있는 내용이 '해체'라는 단어 하나에 포함되어 있다. 〈네이버〉 영한사전에서는 'deconstruction'을 "해체 이론[비평]"이라고 정의한다. 데리다가 해체란 '이론'이나 '방법'이 아니라고 분명히 명시했는데, 이러한 사전적 정의는 "이론"이라고 함으로써 데리다의 해체 이해를 정면으로 왜곡한다. 이렇듯 사전에서 보여주는 해체의 의미는 오히려 해체를 왜곡하거나 오해하게 만들곤 한다. 이런 맥락에서, 무엇이 해체인가보다 무엇이 '해체가 아닌가'를 먼저 살펴보는 것이 중요하다.

3) 해체: 사랑의 작업

해체에 대한 가장 일반적 오해 중 하나는 바로 해체가 어떤 특정한 '방법'이라는 이해이다. 데리다는 해체를 '방법'으로 이해하는 것은 해체에 대한 오해라는 것을 분명히 밝힌다. 데리다는 1983년 7월 10일 일본학자 도시히코 이즈츠에게 쓴 편지인 "일본 친구에게 보내는 편지"에서, "해체는 어떤 방법이 아니며, 방법으로 구성되어서도 안된다"고 강조한다.[14] 즉 해체가 흔히들 이해하듯 '방법'이나 '분석' 또는 단순히 '비판'을 의미하는 것이 아니라는 것이다. 예를 들어서 '방법'을 구성하는 요소는 '고정성'이다. 방법이 설정되면 그 방법은 고정되고, 고정된 도식을 무엇인가에 적용한다. 그래서 그 방법을 배운 사람은 동일하게 적용만 하면 된다. 이런 맥락에서 방법을 구성하는 것은 규칙들, 실천들, 미리 규정된 양식들 등이다. 우리가 어떤 새로운 도구를 가지게 된다고 하자. 우리는 그 도구를 사용하는 '방법'을 매뉴얼에서 찾아본다. '방법'은 언제나 '고정'되며, '확실성'을 제공하며, 언제나 예상 가능하다. 데리다가 해체란 '일어나는 사건'이라고 강조하는 것을 생각해볼 때, 해체를 이러한 '방법'이라고 이해하는 것은 해체에 대한 분명한 왜곡인 것이다.

해체 또는 '해체적 읽기'는 어떠한 개념들, 이해들에 있는 이러한 '고정성'이 지닌 한계를 넘어서 '탈고정화'가 일어나게 하는 것이다. 데리다가 강조하듯, 해체란 '일어나는 것(what happens)'이다. 결코 고정된 방법, 분석 또는 비판이 아니라는 것이다. '일어나는 것'이란 개념은 해체가 어떤 형태로 고정될 수 없음을 드러낸다. 그렇기에 고정성을 전제로 하는 '해체론(theory of deconstruction)' 또는 '해체주의

---

14. Derrida, "Letter to a Japanese Friend", in *A Derrida Reader*, ed. Peggy Kamuf, 273.

(deconstructionism)'라고 표현하는 것은, 데리다의 해체 개념을 왜곡시키는 표현이다. 한국어로 된 데리다에 관한 글이나 강연을 보면 종종 한국어로 '해체론' 또는 '해체주의'라는 표현이 등장하곤 한다. 영어로 나온 글에서도 '해체주의'라는 표현이 곳곳에서 사용되곤 한다. 그러나 데리다는 이렇게 해체를 하나의 이론으로 표시하는 해체론이나 고정된 사상체계를 의미하는 '주의(ism)'를 넣어 '해체주의'라고 하는 표현 자체가 해체의 의미를 왜곡시키는 것이라고 강조한다.

마틴 맥퀼란Martin McQuillan은 "서론: 해체의 다섯 가지 전략"에서 "해체는 학파나 또는 어떤 '주의(ism)'가 아니다. 따라서 '해체주의'와 같은 것이란 없다: 이러한 말은 오직 바보들(idiots)에 의해서 사용된다"라고 분명하게 경고한다.[15] 해체가 마치 고정시킬 수 있는 어떤 것이라고 생각하는 통상적인 '오해'에 '바보'라는 말을 동원하면서 일침을 가하는 것이다. 데리다가 여러 곳에서 강조하는 바와 같이, 우리가 분명히 기억해야 할 것은 해체란 고정된 방법이나 분석이론이 아니라는 것이다. 왜냐하면 해체란 고정 불가능한 '일어나는 것'으로서 '사건(event)'이기 때문이다. 해체의 이러한 중요한 특성을 주목하지 않는다면 데리다를 이해하고자 해도 가장 극심한 오해와 왜곡이 벌어지게 된다.

'일어나는 사건'으로서 해체를 이해하기 위해, '키스'를 메타포로 차용해 해체를 상상해보자. 두 사람 간의 키스 행위는 서로를 향한 진정한 사랑이 없으면 불가능하다. 키스는 매번 '일어나는 것'이라는 점에서 하나의 '사건'이다. 형식적인 것이 아닌 '사건'으로서의 진정한

---

15. McQuillan, "Introduction: Five Strategies for Deconstruction", in *Deconstruction: A Reader*, ed. McQuillan, 41.

키스는 그 반복성에도 불구하고, '키스론(theory of kiss)' 또는 '키스주의(kissism)' 등으로 이론화하고 고정시켜서 체계화할 수 없다. 데리다의 글에 등장하는 '사건'이라는 개념은 두 가지 독특한 특성을 담고 있는 중요한 개념이다. 하나는 '대체 불가능성(irreplaceability)'이며, 또 다른 하나는 '반복 불가능성(unrepeatability)'이다.

일어나는 사건으로서의 해체는 그 대상이 전통이든, 사람이든, 텍스트이든 '매번 새롭게' 벌어진다. '해체주의' 또는 '해체론'이라고 하는 것의 문제는, 고정될 수 없는 또한 고정되어서는 안 되는 것들을 하나의 개념적 틀 속에 넣어서 구조를 만들고 조직적으로 체계화하는 과정을 거쳐서 고정된다는 것이다. 즉 지속적으로 움직이기에 고정될 수 없는 어떤 것을 고정시켜야 가능한 것이다. 따라서 사건으로서 해체는 그렇게 고정될 수 있는 이론으로의 '해체론'이나 '해체주의'가 될 수 없다. 이런 의미에서 해체는 마치 '사건으로서의 키스'와 같다고 하는 것이다. 진정한 키스란 서로의 존재를 함께 나누고자 하는 사랑, 갈망이 없으면 불가능하다. 언제나 '더(more)'가 있음을 생각하고, 그 '언제나 더 있음(ever more-ness)'을 갈구하고 추구하는 사건, 결코 끝나지 않는 사건이 바로 해체인 것이다.

그 대상이 사랑, 정의, 환대와 같은 개념이든 친구, 연인 등과 같은 사람이든, 다양한 텍스트, 민주주의, 대학 또는 문화 등과 같이 그 무엇이든, 사랑이 없으면 불가능한 사건이다. 특정한 텍스트, 특정한 전통, 특정한 사건, 또는 특정한 존재를 이해하기 위해 '읽기'에서 일어나는 해체는, 그것에 대한 사랑이나 열정이 없으면 불가능하다. 사랑이 없다면, 편하게 '고정'시키면 되고 따라서 '더'를 추구하고 갈망할 필요가 없다. 즉 '해체'가 일어날 필요도 없는 것이다. 확실성과 예측

가능성의 영역 속에 고정시키고, '더'가 있다는 생각을 접으면 된다. 사랑이 작동하기에 '이제 다 안다' 또는 '이제 됐다'라고 쉽게 '결론' 내리지 않고, 끊임없이 '더'를 찾아내고 창출하는 힘든 사건을 마주하는 것이다. 데리다가 해체를 사랑이 없으면 불가능한 '사랑의 작업 (work of love)'이라고 하는 이유이다.

대부분의 사람은 확실성과 고정성 속에 안주하는 것을 더 선호한다. 불확실성, 탈고정성 또는 비결정성과 씨름해야 하는 쉼 없는 삶을 사는 것보다 확실성과 고정성 속에 살아가는 것이 훨씬 편하기 때문이다. 확실성에 기대어서 살 수 있는 편한 삶을 뒤로하고 불편하고 힘든 여정을 택하는 것이 바로 '사건으로서의 해체'다. 그러나 그 '불편함의 삶'은 '사랑'이 있기에 택하게 된다. 유산으로 상속받은 전통에 대한 사랑, 특정한 사람에 대한 사랑, 생명에 대한 사랑, 자신이 개입하고 읽는 텍스트에 대한 사랑, 대학에 대한 사랑, 민주주의에 대한 사랑, 정의에 대한 사랑, 또는 환대에 대한 사랑 등 해체는 사랑이 없다면 불가능한 사건이다. 기존의 전통이 지닌 의미를 새롭게 읽고, 해석하고, 새로운 전통을 창출하는 적극적 의미의 사건이 바로 해체다. 해체적 읽기를 하기에 '도래하는 전통', '도래하는 민주주의', '도래하는 대학', '도래하는 종교', '도래하는 환대' 등 '도래하는(to-come) 세계'에 대한 사랑, 기다림, 갈망, 배고픔 또는 희망을 품을 수 있다.

이러한 맥락에서 보자면 해체를 '파괴'라고 생각하는 것이야말로, 해체에 대한 가장 심각한 오해다. 그래서 해체를 마치 지어 놓은 집을 부수어 버리는 것으로서, '건축·구축·건설(construction)'의 반대말인 '탈건설·탈구축(de-construction)'으로 생각한다. 디컨스트럭션을

'해체'라든가 또는 '탈구축' 등으로 번역할 때 주는 우선적인 뉘앙스는 무엇인가를 파괴하고 부수는 '파괴적 행위'라는 것이다. 디컨스트럭션은 '파괴적 도구'가 아니라, 오히려 우리가 물려받은 것들에 대한 '긍정적 반응(response of affirmation)'이라고 이해하는 것이 중요하다.

무엇이 해체가 아닌가

- 해체는 단지 부정적인 '파괴'가 아니다.[16]
- 해체는 방법이 아니다.[17]
- 해체는 허무주의가 아니다.[18]
- 해체는 반(anti) 철학적이 아니다.[19]
- 해체는 학파 또는 어떤 '주의(ism)'가 아니다. 따라서 해체주의 같은 것은 없다.[20]

---

2. 전통 계승의 과제로서의 해체

데리다에게 해체란 어떤 의미로 자리 잡고 있는 것일까. 1994년 미국의 빌라노바(Villanova) 대학교에서 열린 모임에서 데리다는 "해체란 무엇을 의미하는가"란 질문을 받는다. 해체가 어떻게 다양한 학문

---

16. Smith, *Jacques Derrida*, 10.
17. Smith, *Jacques Derrida*, 9.
18. Smith, *Jacques Derrida*, 11.
19. Smith, *Jacques Derrida*, 11.
20. McQuillan, "Introduction: Five Strategies for Deconstruction", in *Deconstruction: A Reader*, 41.

적 프로그램, 또한 대학과 같은 학문 기관들과 관련되는가, 또한 해체
는 반反제도적인(anti-institutional)가 하는 질문이다. 이 질문에 데리다
는 해체란 전통을 파괴하는 것이 아니라, 오히려 '전통을 상속받는 태
도'라고 응답한다. 데리다는 해체란 사람들이 흔히 생각하듯 대학과
같은 제도 또는 철학과 같은 학술 분야들 자체를 반대하는 것이 아니
라고 설명한다. 오히려 해체는 철학이나 대학 같은 제도들의 의미를
더욱 심오한 것으로 긍정하고자 하는 시도다. 그런데 철학이나 대학
의 전승에는 '이중적 과제'가 있다는 것을 기억해야 한다.

1) 해체의 이중적 과제: 더블 제스처

이중적 과제로서 해체에는 더블 제스처가 필요하다. '한편으로는
(on the one hand)' 그리고 '또 다른 한편으로는(on the other hand)'이라는
더블 제스처는, 전통을 '주어진 것'으로만이 아니라 하나의 '과제'로
수행하기 위해 요청된다. 데리다는 이 '더블 제스처'를 빈번하게 사용
한다. 더블 제스처가 등장할 때, 우리는 데리다가 전통에 대하여 얼마
나 섬세하고 복합적으로 응답하는지 감지할 수 있다. 데리다의 해체
에서 전통 상속이란 과거에 존재하는 것을 단순히 반복해서 지금 계
승하는 것을 의미하지 않는다. 즉 과거의 보존과 반복만을 지속하는
것은 전통 계승이 아니라는 의미다. 데리다는 진정한 전통 계승이란
그 전통을 "비판하고, 변혁하고, 자신의 미래로 그것을 열어놓는 것"
이라고 강조한다.[21] 이러한 의미의 데리다적 전통 계승은 일어나는
사건으로서의 해체적 읽기가 아니면 불가능하다.

21.　Derrida, "Deconstruction in America: An Interview with Jacques Derrida", with James Creech, Peggy Kamuf, and Jane Todd, *Critical Exchange*, 17 (1985):5-6

더블 제스처는 마치 '춤추기'처럼 진행된다. '한편으로는' 전통이 지닌 소중한 것을 인정하고 긍정한다. 그런데 거기서 끝나지 않는다. 전통에 대한 해체적 읽기는 또 다른 과제로 이어간다. '또 다른 한편으로는'의 공간은 그 전통 속에 있는 '죽은' 의미, 한계, 위험성, 폭력성의 측면에 문제 제기를 한다. 이러한 문제 제기는 전통의 '파괴'가 아니라, 새로운 전통 창출 가능성의 문을 여는 '고도의 긍정(hyper-affirmation)'의 제스처이다. 이러한 더블 제스처는 끝나지 않는다. '도래하는 전통'을 향해 더블 제스처는 지속되어야 하기 때문이다. 이 도래하는 미래란 '불가능성의 미래'다. 여기에서 데리다가 말하는 두 가지의 미래를 이해하는 것이 중요하다.

2) '절대적 미래'로서의 해체

데리다는 두 종류의 미래, 즉 '상대적 미래(relative future)'와 '절대적 미래(absolute future)'를 제시한다. 상대적 미래는 예측 가능한 미래다. 상대적 미래를 위해 우리는 적금을 들고, 구체적인 계획도 한다. 그리고 그 상대적 미래는 달력 속에서 이어진다. 시간이 지나면 다가오는 미래인 것이다. 반면, '절대적 미래'는 결코 오지 않는다. 달력 속의 시간이 흘렀다고 다가오는 미래가 아니다. 다만 그 '도래할 미래'를 생각하며 그 불가능성의 미래를 향한 열정을 지켜내는 것이다.

절대적 미래로서 '도래하는(to come)'의 개념은 데리다 사상에서 매우 중요하다. 데리다는 정의, 환대, 민주주의, 대학 등 다양한 '전통'에 이 '도래하는'의 개념을 쓴다. 예를 들어서 도래하는 정의(justice *to come*), 도래하는 환대(hospitality *to come*), 도래하는 민주주의(democracy *to come*), 도래하는 대학(university *to come*) 등이다. 이 '도래하는'은 종교·애도·사랑·용서·선물 등 여러 영역에 적용되는, 적용되어야만 하는 개념이기도 하다. 데리다에게 '불가능한 것(the impossible)'이라는 개념은 매우 중요하다. '종교란 불가능성에의 열정(passion for the impossible)'이라고 한다. 해체는 이러한 '불가능성에의 열정'이 없으면 불가능하다.

보수주의자 또는 전통주의자는 전통의 기억, 역사, 사유, 철학 등을 단순히 '보존'하는 것이 가장 중요하다고 생각한다. 그런데 전통을 유산으로 받는 이들이 단순히 '보존'만 한다면 정말 그 전통이 생명력을 지닐 수 있을까. 아니다. 언어·문화·철학·정치·종교·예술 등 우리를 구성하고 존재하도록 하는 전통이란 역사적 산물이다. 따라서 그 전통 자체에 역사적·문화적 정황의 한계와 인간 인식의 한계가 있다. 이러한 의미에서 전통을 유산으로 상속받는 것, 그리고 그 전통에 대한 우리의 과제란 새로운 변혁을 통해서 전통이 시대적·정황적 적절성을 가지고 살아있게 만드는 것이다. 우리가 기억해야 할 것이 있다. 전통이란 고착되고 고정된 것이 아니며, 끊임없이 변화되어 왔고 변화될 것이라는 점이다. 따라서 주어진 제도나 기구의 존립 의미는 그것을 비판하고, 변혁하고 미래를 향해 개방하도록 하는 것이다.

3) 전통 계승으로서의 해체: 세 가지 과제

전통 계승의 과제로서 해체는 첫째, 주어진 전통에서 의미로운 것들을 긍정한다. 둘째, 무의미한 것들, 파괴적인 것들, 차별적이고 폭력적인 것들 같은 부정적인 부분을 비판하고 문제 제기한다. 셋째, 동시에 그 전통이 지닌 긍정적인 면들을 더욱 심화시키고 새롭게 변혁하는 시도다. 이런 의미에서 보자면 '해체'야말로 다양한 전통(그것이 언어·문화·기관·제도 또는 학술영역이든)을 복합적이고 심오한 차원으로 긍정하고자 하는 기능을 지닌다. 즉 해체란 파괴와 부정의 몸짓이 아니라, 고도의 긍정의 몸짓이다. 하나의 전통이 지니고 있는 복합적이고 심오한 차원을 드러내고자 하는 시도이기도 하고, 그 전통 속에 담겨있을 한계와 왜곡을 찾아내 문제 제기하고, 새로운 전통으로 나아가고자 하는 적극적 긍정의 읽기방식이기도 하다. 문제 제기란 부정적이거나 파괴적 행위가 아니다. 그 전통의 가능성을 보다 적극적으로 인정하고, 수용하고, 확장하고, 만들어가기 위한 '긍정의 제스처'인 것이다.

정리하자면 전통 계승의 해체에는 세 가지 과제가 있다. 첫째, 긍정의 과제(affirmation)다. 우리의 전통에서 지속하고 보존해야 할 측면을 찾아내는 것이다. 둘째, 문제 제기(contestation)의 과제다. 상속받은 전통에서 비판하고 문제 제기하면서 단절해야 하는 측면을 찾고 드러내는 것이다. 그리고 셋째, 새롭게 만들어가야 하는 전통 창출(innovation)의 과제를 수행한다. 세 가지 과제를 수행하는 과정에서 우리가 생각해야 할 중요한 측면이 있다. 이러한 판단을 하는 우리의 기준과 가치관은 무엇인가라는 점이다. 한 개인이나 집단의 권력 확장이 아니라 모든 생명의 자유, 평등, 연대 그리고 연민 등과 같은 인류의 보편 가치에 근거해 그 포괄의 원을 확장하는 것이 판단 기준이 되어야 한다.

3. 차연: 다름과 지연

1) 차연, '사전'에 대한 저항
해체를 이해하는 데 데리다의 신조어인 '차연'을 이해하는 것은 중요하다. 차연이란 '차이의 억제' 자체에 대한 비판이라고 할 수 있다. 차연이란 무수한 차이의 결들을 억제하고 고정시키는 것의 비판이라는 점에서, 다른 말로 하면 '사전에 대한 저항'이라고도 할 수 있다. '사전'이란 무엇인가. 사전은 한 개념에 고정된 정의를 제시한다. 마치 한 사람의 스냅 사진을 몇 장 찍은 후, 그 스냅 사진이 그 사람 전부를 담은 것처럼 만드는 것과 같다. '해체적 읽기'는 '사전에 대한 저항'과 같은 '차연'이 작동하게 한다. 데리다는 다양한 신조어들을 만들었는데, '차연'은 데리다가 만든 널리 알려진 신조어 중의 하나이다.

데리다의 '차연(différance)'은 불어의 '차이(différence)'에서 'e'를 'a'로 바꾼 것이다. 그런데 이 두 단어를 불어로 발음할 때는 동일하게 들린다. 즉 '차연'은 쓰여진 것을 볼 때만 비로소 '차이'와 구분이 가능하게 된다. 이렇게 말하기에서는 구분이 불가능하고, 오로지 쓰기를 통해서만 그 구분을 하게 되는 '차연'을 만들어 낸 것은 우연이 아닌 의도적인 것이다. 이렇게 말로는 구분이 안 되는 개념을 만들면서 데리다는 서구 철학 전통에서 '말(speech)'과 '글(writing)'을 대립적으로 놓고 '말'에 특권을 부여한 것에 문제 제기를 한다.

플라톤으로부터 '말'은 언제나 우선성이 부여되었다. 지금처럼 녹음기나 다양한 영상매체가 가능한 시대가 아니니, 누군가의 '말'을 듣는 것은 언제나 그 말하는 사람의 직접적 현존이 있어야 가능하다. 말은 진리에 직접적으로 다가갈 수 있는 명증성의 통로가 된다. 반면 '글'은 언제나 부차적이고 간접적인 것으로 '진리'에 다가가기보다 오역과 오해의 가능성에 노출된다고 이해되어왔다. 소크라테스가 '쓰기'에 부정적인 입장을 가지고 있는 이유다.

2) 해체, 도래할 의미

데리다는 1968년 "차연"이라는 제목의 글을 썼다. 1968년 1월 27일 데리다는 소르본 대학교에서 열린 한 모임에서 강연을 한다. 데리다의 이 강연은 1968년에 나온 한 철학 잡지에 출판되었다.[22] '차연'은 두 가지 차원에서 이해할 수 있다. 첫째, '공간성(spatiality)'이며 둘째, '시간성(temporality)'이다. '공간성' 또는 '시간성'이라는 개념은 우리가 일상적으로 사용하는 것은 아니다. 그런데 이렇게 처음에는 낯설지만 그러한 개념들을 일상 세계와 연결시키는 것은 우리의 보기방식이나 읽기방식을 복합화하고 심오하게 만든다. 철학적 개념들이란 철학자 일부의 전유물이 되어서는 안 된다. 철학적 사유 세계란 결국 학문 세계만이 아니라 일상 세계의 '보통' 사람들의 구체적인 삶과 연결되어야 하기 때문이다.

첫째, 차연에서의 공간성이란 '다르다(differ)'라는 의미이며 둘째, 시간성은 '연기한다(defer)', '뒤로 미룬다'는 의미이다. 그런데 '무엇'과 '다른 것'이며, '무엇'을 뒤로 미루는 것인가. 여기에서 그 '무엇'이란 고정되어 있지 않다. 그 무엇을 "X"라고 할 때, 그 X에 대하여 우리가 이해한다고 하면서 고정하는 순간, 그 X에는 언제나 '더(more)'가 있다는 생각을 멈추지 말아야 한다. 그래서 내가 가지는 그 X에 대한 이해는 '온전한X(그런 온전한 X가 있다면)'와 '다르며(공간성)', 동시에 그 '온전한X'에 대한 이해는 끝없이 '뒤로 미루어진다(시간성).' 차연을 우리의 일상과 연결시켜 보자.

---

22. Derrida, "Différance", *Bulletin de la Société française de philosophie*, LXII, no.3 (July-September, 1968): 73-101. 이 글은 다음 책에 영어로 번역되어 실렸다. Derrida, "Différance", in *Margins of Philosophy*.

그랜드 캐니언에 가 본 사람이라면, 그랜드 캐니언에 관해 다른 이에게 표현하는 것이 얼마나 불가능한 일인지 경험하게 된다. 또 그랜드 캐니언에 대한 다양한 설명과 사진과 영상을 접한 사람이라도, 정작 직접 가 보았을 때는 그랜드 캐니언에 대한 그 모든 규정, 설명, 표현들이 그곳의 광활함을 담아내지 못하고 있다는 것을 분명히 느끼게 된다. 그런데 직접 가 본 사람이라고 해서, 그랜드 캐니언을 '모두' 알고 있다고 할 수 있는가. 그랜드 캐니언이 어떠한 곳인가에 대하여 그 '전체'를 다 파악하는 것은 불가능하다. 또한 그랜드 캐니언을 아무리 여러 번 간다고 해도 수천, 수만의 층들과 공간들이 무한하게 펼쳐져 있는 그랜드 캐니언의 '전체'가 무엇인지를 모두 드러내는 것은 불가능하다. 말과 글로 아무리 설명하려 해도 그랜드 캐니언은 그 온전한 모습과 '다르다'는 것을 느끼게 되며, 동시에 그 그랜드 캐니언의 '온전한 의미', 그랜드 캐니언에 대한 '온전한 이해'는 끊임없이 뒤로 미루어진다. '지연'되는 것이다. 이러한 문제는 그랜드 캐니언, 설악산, 한라산 또는 금강산과 같은 자연 세계에만 적용되지 않는다.

신, 진리, 사랑, 정의, 자유, 민주주의와 같은 개념에도 이 차연이 적용된다. 또한 나 자신, 내가 잘 안다고 생각하는 사람이나 다양한 관계 등 우리의 삶에 연관된 모든 것에 이 차연의 의미를 작동시켜야 한다. 차연과 해체의 의미와 중요성을 사람에게도 적용시켜 보자. '나'는 누구인가. 누가 만약 자신에 대해 소개하라 한다면, 대부분의 사람은 우선 자신을 구성하는 다양한 외적 목록을 만드는 시도를 할 것이다. 흔히 '나'를 구성하는 요소들인 생년월일, 성별, 태어난 나라, 학력, 직업이나 직장, 종교, 취미 등 '나'를 구성하는 모든 요소를 생각해서 긴 목록을 만들 수 있다. 또한 자신이 읽은 책들, 좋아하는 사상가들, 관심하는 주제들 등 내면적 요소와 관계된 항목들을 모두 열거할 수 있다. 그런데 이렇게 '나'를 드러내기 위해 수십 개, 수백 개의 항목을 열거한다고 해서, '나'의 온전한 의미가 전부 드러나는가. 아무리 길고 복잡한 목록을 만들어도, 언제나 한 사람을 온전히 드러내는 것은 불가능하다. 언제나 '더(more)'가 있으며, 그 '더 있음'은 종결되지 않는다. 해체의 과정에 '언제나 이미' 차연이 작동되는 이유다.

또 다른 예를 들어보자. 사랑이란 무엇인가. 자신이 사랑의 의미에 대해 생각하거나 경험한 것을 바탕으로 다양한 내용과 의미를 열거할 수 있다. 또는 사랑을 알기 위해 다양한 책을 읽을 수도 있다. 그런데 아무리 사랑에 대하여 규정하고, 경험하고, 글을 읽었다고 해서 그 사랑의 '총체적 의미(그런 것이 있다면)'를 모두 드러낼 수는 없다. 특정하게 규정된 범주 속에 고정시켜서 사랑을 집어넣는다고 해도, 그 사랑의 '온전한 의미(그런 것이 있다면)'는 여전히 잡히지 않는다. 사랑이나 나 자신에 대하여 아무리 여러 가지를 설명하고 규정해도 사실상 그 총체적 의미나 모습과는 언제나 이미 '다르고', 따라서 끊임없이 의미는 뒤로 '연기'된다. 우리의 인식 세계 속에서 규정되는 나 자신의 모습 또는 사랑의 의미는 그 온전한 의미와는 다르다는 것이다. 나자신이라고 해서 '나'를 모두 알 수 있는 것도 아니다.

첫째 의미로서의 '다름'은 '비정체성(non-identity)', 즉 표현되고 서술되는 X는(그 X가 사람이든 개념이든 또는 장소이든), 언제나 이미 X가 아닌 'non-X'라는 것이다. 여기에서 X의 '온전한 의미'는 영원히 '지연'된다. 차연의 둘째 의미를 구성한다. '다르다'와 '지연되다'라는 두 의미를 담고 있는 '차연'을 통해서 데리다가 말하고자 하는 것은 그 어떤 절대적 '확실성'이란 불가능하다는 것이며, X란 사실상 고정될 수 없는 무한한 의미를 지닌 것이라는 고도의 인정이라고 볼 수 있다. 아무리 표현을 잘한다고 해도, '나'란 존재의 온전한 모습은 끊임없이 형성되며 영원히 뒤로 미루어짐으로써 사실상 '나'가 지닌 의미를 무한히 인정하는 것이다. 온전한 의미란, 만약 그것이 존재한다면, 언제나 '도래하는 것'이다. 차연은 이러한 '사건으로서의 해체'를 잘 드러낸다.

4. 해체: 생명 긍정의 초대장, 불가능성에의 열정

1) 정의, 중심과 주변의 해체

1989년 미국의 카도조 법학전문대학원에서 "해체와 정의의 가능성(Deconstruction and the Possibility of Justice)"이라는 주제의 콜로키움이 열렸다. 이 콜로키움의 기조강연에서 데리다는 유명한 "해체는 정의다"라는 말을 한다.[23] 데리다는 "정의는 그 온전한 의미를 드러낼 수 없는 것이지만, 정의는 기다리지 않는다. 정의는 기다려서는 안 되는 것이다"라고 단언한다.[24] 데리다를 '비정치적'이라고 보는 일반적인 오해와 달리, 데리다는 매우 적극적인 정치적 개입을 한 행동하는 사상가였다. 데리다는 사형 제도, 남아공의 인종차별정책, 이스라엘/팔레스타인 갈등, 알제리 내전에서의 인권유린 문제, 또한 프랑스의 이민법 등 정의 실현을 위한 다양한 정치적 행동을 적극적으로 해 왔

---

23. Derrida, "Force of Law", in *Acts of Religion*, 243.

24. Derrida, "Force of Law", in *Acts of Religion*, 255.

다. 데리다의 해체 개념은 데리다가 가진 '정의' 개념 그리고 그 정의의 구체적이고 복합적 차원을 우리가 들여다볼 수 있도록 돕는다. 치밀한 묘사를 통해서 우리가 놓치는 것들을 드러내면서, 그것들을 변혁시키게 하는 것이다.

해체에 대하여 좀 더 구체적으로 생각해보자. 책방에 가서 〈우편 엽서〉라는 제목의 책을 발견한다면, 당신은 그 책에 대하여 무슨 생각을 하게 될까. '편지'도 아니고 〈우편 엽서〉다. 아마 대부분의 사람은 이 책이 필경 매우 단순하게 일상적 이야기를 담은, 가볍게 읽을 수 있는 책이라고 생각하게 될 것이다. '우편 엽서'라는 단어가 그 어떤 진지한 또는 학문적인 주제가 될 수 있다고 생각하는 것은 거의 불가능해 보이기 때문이다. 그런데 우리의 이러한 상식적 통념을 깨고 데리다는 《우편 엽서: 소크라테스부터 프로이트, 그리고 너머(The Post Card: From Socrates to Freud and Beyond)》라는 제목의 책을 프랑스에서 출간한다. 1980년에 불어로 먼저 출간된 이 책은 1987년 영어로 번역되어 출판되었다.[25] 그런데 이 책의 본 제목과 부제를 살펴보자. 소설이나 시도 아니고, 평론도 아니고, 또는 서간문도 아닌 '우편 엽서'라는 단어가 들어간 책의 제목은, 진지한 철학적 주제나 이슈들, 즉 철학적 '중심'에서 한참 벗어난 '주변부 중의 주변부'에 있다.

그러면 이제 부제에 눈을 돌려보자. '우편 엽서'라는 가벼운 본 제목과는 달리, 부제는 '소크라테스'와 '프로이트'라는 전형적인 철학적 주제의 중심부가 되는 이름을 담고 있다. 도대체 왜 데리다는 이렇게 철학적 주제라고 생각할 수 없는 '우편 엽서'와, 그리고 전형적으로

---

25.   Derrida, *The Post Card*.

철학적이고 심리학적 주제의 '중심부 중의 중심부'에 있는 '소크라테스'와 '프로이트'를 나란히 병행시켰을까. 좀 더 면밀히 들여다보면, 단순한 병행이 아니라 오히려 '중심부'가 아닌 '주변부'가 먼저 부각된다. 이렇게 '탈관습적'인 주변부와 중심부의 결합은 데리다의 해체적 전략의 전형이라고 할 수 있다. 자신의 책 제목에 '우편 엽서'라고 본제를 붙인 것은 우리가 '철학적 주제'라고 고정시켜 놓은 경계와 범주의 토대들을 근원적으로 흔드는 해체가 일어나게 한다. 우리의 의도와 상관없이 "우편 엽서"란 책의 제목을 보면서, 우리의 인지 세계 속에 '해체라는 사건'이 일어나는 것이다.

'해체'는 '데리다'라는 이름과 분리시킬 수 없을 정도로 데리다를 대표하는 개념이다. 하이데거, 니체의 사상과 그 맥을 잇고 있는 해체는, 우리가 진리와 지식을 추구하는 방식의 중심적 질문 자체를 변경하고 도치시킨다. 즉 규정된 질문에 '새로운 답'을 모색하는 것이 아니라, 아예 그 질문 자체에 근원적으로 '다시 질문'하는 것이다.

'X는 무엇인가'라는 질문이 있다고 하자. 이 질문은 무슨 의미인가. 이 질문은 사실상, '무엇이 진리인가' 또는 '이 텍스트의 의미는 무엇인가'라는 질문이다. 그런데 데리다에 따르면 이러한 방식의 질문은 이미 답을 결정한다. 질문하는 방식에 이미 답이 규정되고 결정된다는 것이다. 데리다에 의하면, 이러한 질문은 '진리'와 '의미'가 마치 고정된 대상물처럼 존재한다고 전제하고 있다. 이렇게 'X는 무엇인가'라는 질문은, 'X'라는 것에 이미 변하지 않는 답이 존재한다고 전제하고 구성된다. 그런데 이 질문은 '진리'와 '의미'를 추구하는 주관적인 과정의 생략을 전제한다. 그러한 질문은 마치 '진리'와 '의미'가 변하지 않는 실체로 어딘가 깊숙이 자리 잡고 있음을 가정한다. 그래서 그 진리와 의미의 실체가 드러날 때까지 그것들을 감싸고 있는 '허구(fiction)'의 결들을 하나씩 벗겨내면 결국 본질에 접근할 수 있음을 가리킨다는 것이다.

2) 해체, 생명 긍정의 초대장

'진리-허구'라는 이분법적 사유방식은 서구 사상을 지배해 왔다. 중심-주변, 현존-부재, 사유-언어, 자연-관습, 현실-이미지, 객관-주관, 남성적-여성적, 정신-육체, 일치-차이(identity-difference) 등과 같이 다양한 양태의 이분법적 사유방식 속에 들어간다. 이렇게 양극적으로 이해된 개념들은 단지 '다른 것'이 아니다. 그 둘 사이에 위계주의를 형성한다. 즉 첫 번째 항목은 우월한 것으로 특권이 주어지고, 두 번째 항목은 무가치하고 열등한 것이라는 '가치의 위계주의'를 자연스럽게 만든다. 이렇게 각각의 항목에 다른 가치를 부여하는 결정적 근거들은 그것이 소위 이상적인 근원(origin)과 어떤 관계인가 하는 기준에 의해서다.

그런데 '이분법적 사유방식'이란 단지 철학적인 문제만은 아니다. 일상생활에서 우리는 굳이 '이분법적 사유방식'이라고 명명하지 않는다. 그렇지만 이러한 이분법적 사유방식, 이분법적 보기방식은 배제와 차별을 당연한 것으로 '자연화(naturalization)'한다. '자연화'의 문제는 차별과 배제 구조가 마치 태초부터 주어진 당연한 것이라고 생각하고, '왜 그런가'라는 질문을 삭제해버린다는 점이다. 이러한 이분법적 사유방식에 의해서 인종 차별, 성 차별, 성소수자 차별, 종교 차별, 계층 차별, 장애인 차별, 난민 차별, 또는 학력 차별 등 다층적 차별을 정당화하고 지속하게 하는 '지배의 논리'를 양산하게 된다. 생명 긍정이 아닌, 생명 차별을 자연적인 것으로 만드는 것이다. 구체적으로 살펴보자.

가치의 위계주의와 지배의 논리-1

〈우월〉	〈열등〉
남성	여성
능동성	수동성
태양	달
문화	자연
낮	밤
중심	주변
이성애자	동성애자/성소수자
비장애인	장애인
백인	비백인
아버지	어머니
머리	가슴
이성	감성
로고스	파토스
정신	육체

우리의 일상생활에 자리 잡고 있는 이분법적 구조는 세계적 구조에서도 문제가 된다. 예를 들어서 이 세계는 둘로 나뉜다. 소위 '서양'과 '동양'이라고 칭하던 이전의 세계 구도가 이분법적으로 나뉘고 서구는 '남성'들에게 붙여지던 특성들로, 동양·아시아·비서구는 '여성'들에게 붙여지던 특성들로 구성된다. 그리고 첫 번째 항목은 우월한

쪽으로, 두 번째 항목은 열등한 쪽으로 사람들은 생각하게 된다.

가치의 위계주의와 지배의 논리-2

〈서구〉	〈비서구〉
합리적	비합리적
진보적	퇴보적
미래지향적	과거지향적
과학적	신비적
남성적	여성적
도덕적	비도덕적
문명	자연/야만

　첫 번째 항목에는 언제나 특권이 주어진다. 이유는 첫 번째 항목은 이상적인 근원과 일치, 정체 또는 직접성 등에 보다 가깝다고 간주되며, 두 번째 항목은 첫 번째와 분리되고, 상이하고, 멀고, 또는 변형적이라고 생각되기 때문이다. 데리다는 이러한 '가치의 위계주의'에 근원적으로 문제 제기를 한다. 그러한 문제 제기를 통해서, 고정된 틀을 흩뜨리고 도치시킨다. 이러한 도치는 서구의 형이상학적 토대, 그리고 우리가 절대화하는 고정된 사유방식 자체를 뒤집는 기능을 한다. 모든 것을 이분법적으로 보는 방식의 우선적 문제는 두 축의 관계 속에서만 서로를 규정한다는 것이다.

　예를 들어서 '남성성(A) -여성성(Not-A)'이라는 축을 생각해보자. 이 두 축에서 남성성은 여성성과 대립적으로 구분된다. '여성성'이란 그 자체로서가 아니라, '남성성이 아닌 것'으로 규정된다. 상대축으로부터 '차이'에 의해 이미 주어진 의미구조 안에서 각각이 규정되는 것이다. 그런데 이렇게 이분법적으로 고정하는 것의 문제가 있다. 생물학적으로 여자라고 해서, 소위 '여성성'만을 지니는 존재가 될 수 없고, 생물학적으로 남자라고 해서 소위 '남성성'만을 지니는 존재가 될 수 없다. 생물학적으로 동일한 범주에 들어가는 '일반성'의 차원은 물론 있다. 그런데 그 일반성의 차원이란 여성이라고 해서 또는 남성이라고 해서 언제나 '동질성'만을 나눈다는 의미는 아니다. 동시에 인간으로서 개인은 고유한 '개별성'을 지닌 존재다. 이분법적 사유방식은 이러한 복합적 차원을 보지 못하게 한다.

이러한 이분법적 사유방식의 가장 심각한 문제는 '존재의 위계주의'를 고정시키고 자연스러운 것으로 만든다는 것이다. 즉 가치의 위계, 관계의 위계를 자연스러운 것으로 만들면서 전자에 속하는 것은 우월하고 가치 있는 쪽이라고 간주한다. 동시에 전자에 속한 가치들은 이 현실 세계에서 '중심부'가 되어서 모든 것의 기준과 규범으로 고정된다. 결과적으로 후자에 속한 것은 권력의 주변부로서, 열등하며 전자의 지배를 받는 것이 '자연적 질서'로 간주된다. '지배의 논리'가 구성되고 '자연스럽게' 작동하게 된다. 불의, 차별, 배제, 억압은 바로 이 지배의 논리에 의해서 정당화되고 자연화된다. 정의에 대한 인식은 무엇이 잘못되었는가에 대한 인식에서 출발한다. 데리다의 해체는 이러한 이분법적 사유방식의 뿌리 깊은 문제를 드러내면서, 우리가 사물을 보고 판단하는 방식 자체를 변하게 만든다. 데리다가 '해체는 정의'라고 하는 것이 지닌 심오한 의미다.

데리다는 한국어로 '화행론'이라고 번역되기도 하는 '언어행위론

(Speech Act Theory)'에 오랫동안 관심을 가져왔다.[26] 영국 철학자 존 오스틴John Austin의 작업과 밀접한 관계가 있는 언어행위론은 사건으로서 해체를 이해하는 데 도움이 된다. 언어행위론은 '말'만이 아니라 '글'도 포함하며 언어를 통해 이루어지는 행위가 어떤 기능을 하는가를 들여다본다. 말과 글을 모두 포함한 '언설(utterance)'은 두 가지 기능을 한다. 첫째, 묘사적(descriptive) 기능, 둘째, 수행적(performative) 기능이다.

첫째, 언설은 특정한 것들을 묘사(how things are)하는 기능을 한다. 예를 들어서 "나는 자크 데리다에 관한 책을 쓴다" 또는 "그는 책을 읽고 있다"라는 말이나 글이 있다고 하자. 이러한 언설은 묘사적 언설의 예다.

둘째, "나는 이제 당신을 사랑한다"와 같은 언설은 보다 특정한 수행적 기능을 한다. 언설이 어떤 약속, 고백, 축복, 도전과 비판, 사랑의 맹세 또는 전쟁의 선포 등을 담고 있을 때, 그것은 단순히 묘사하는 것만은 아니다. 어떤 것에 대하여 '묘사하는 것뿐만 아니라, 그렇게 말함(saying)으로써 무엇인가를 하도록(doing)'한다는 것이다. '사랑한다'고 고백하는 것은 묘사만 하는 것이 아니라, 특정한 행위를 하게 되는 것을 드러낸다. 즉 우리의 생각을 '바꾸고(transform)', 구체적인 '행동과 반응(call for action and response)'을 끌어낸다.

언어행위론을 데리다의 작업에 적용하자면, 해체는 바로 이 두 가지 기능을 하고 있음을 알게 된다. 데리다는 우리에게 주어진 텍스트들을 그의 손에 들고서 그것을 매우 주의 깊게, 세심하게 '묘사'한다. 그다음에 '변혁'시킨다. 이 묘사와 변혁이라는 두 기능은 데리다가 텍

26.   Derrida, "Signature Event Context", in *Limited Inc.*, 1-23.

스트에 개입할 때 언제나 이미 벌어지는 '사건'이다.

해체가 무엇인가를 단순하게 규정하는 것은 불가능하다. 이해하고자 하는 다양한 시도들을 할 뿐이다. 다시 강조하고 싶은 것은 해체란 어떤 방법이나 이론이 아니라 특정한 개념, 사건, 사상, 체제, 제도 또는 인간을 포함한 모든 것에 대한 우리의 '읽기방식'이다. 물론 데리다는 이러한 특정한 '읽기방식'이 굳이 '해체'라는 개념만으로 표현될 필요는 없다고 본다. 질문 자체를 질문하는 것, 그래서 새로운 읽기방식을 가능하게 하는 것이 '해체'가 '일어나는(taking place)' 지점이다. 따라서 데리다의 해체라는 사건은 문자화된 텍스트만이 아니라, 우리가 유산으로 물려받은 언어, 문화, 제도, 체제들은 물론 벌어지고 있는 사건들을 읽어내고, 해석하는 데 중요한 기능을 한다.

'데리다'와 '해체'는 분리할 수 없다. 해체 개념은 많은 개별인에게, 또한 여러 분야에 새로운 통찰과 변혁을 가져왔다. 동시에 소위 '데리다 비난(Derrida blame)'도 도처에서 등장했다. 모든 것에 '데리다 때문'이라며 데리다를 비난하고 탓하는 것이다. '케임브리지 어페어'에서는 케임브리지 대학교가 데리다에게 명예 박사학위를 수여하는 것을 막기 위해 미국, 호주, 스위스 등 여러 나라의 학자들이 서명하고 '탄원서'를 보냈다. 이처럼 데리다가 대학의 철학, 문학은 물론 대학이라는 제도 자체를 망치고 있다고 비난하는 학자들도 많다. 계몽주의 정신을 흐리게 만들고 읽기와 쓰기, 그리고 이성과 합리성의 전통마저 데리다가 모두 파멸시키고 있다고 몰아간다. 하다못해 중앙 유럽의 내전, '홀로코스트 수정주의(Holocaust Revisionism)'까지 데리다 탓을 한다. 모르몬교의 일부다처제까지 데리다의 해체 때문이라고 하기도 한다. 그런데 이러한 일련의 데리다 '비난'은 데리다의 해체 개념에

대한 전적인 오해와 오역에 의한 것이다.[27]

데리다가 강조했듯, 해체란 '아무거나 해도 된다(anything goes)'는 것이 결코 아니다.[28] 더구나 모든 의미를 부정하는 허무주의적인 것도 아니다. 오히려 해체는 '심오하게 긍정적(profoundly affirmative)'이다. 데리다의 해체는 아직 오지 않은 그 무엇, '도래하는 것'을 기다리고 긍정하는 '사건'이다. 이러한 의미에서 해체는 '긍정의 초대장'이다. 텍스트, 콘텍스트, 사건, 전통, 존재, 사랑, 정의, 관계 등 모든 절대화하고 고정시킴으로써 왜곡되고 파괴되는 의미를 끄집어내어 부각시키고, 보다 새롭고 확장된 의미를 창출하고자 한다. 또한 관습, 고정화, 편견과 전이해들에 가려져 드러나지 않은 의미의 결을 우리가 보도록 새로운 읽기방식, 새로운 보기방식, 새로운 질문방식, 그리고 새로운 해석방식으로 초대한다. 이 점에서 사건으로서의 해체는 생명의 긍정, 다가올 정의의 긍정, 그 모든 긍정의 세계로의 초대장인 것이다. 사건으로서의 해체는 우리에게 언제나 다가올 세계, 또한 보다 더(more)를 추구하고 갈망하는 '불가능성에의 열정'의 촛불을 켜는 소중한 '생명 긍정의 초대장'이다.

---

27. Caputo, ed. *Deconstruction in a Nutshell*, 41.

28. Derrida, *Points … Interviews, 1974-1994*, 401.

제 9 장

환대:
환대 너머의 환대, 편안함의 해체

데리다의 글소리

우리는 환대가 무엇인지 알지 못한다. …환대는 오직 환대 너머에서 일어날 수 있을 뿐이다.
(We do not know what hospitality is …Hospitality can only take place beyond hospitality.)[1]

환대란 편안함(at home)의 해체이다; 해체는 타자들, 자신이 아닌 타자들, 그 타자들의 타자들, 그 타자들의 타자들이라는 경계 너머에 있는 이들에 대한 환대다.
(Hospitality is the deconstruction of the at-home; deconstruction is hospitality to the other, to the other than oneself, the other than "its other", to an other who is beyond any "its other.")[2]

언어는 환대다. (language *is* hospitality)[3]

미소가 없다면, 그것은 환대가 아니다. (Without smiling, it is not hospitality.)[4]

1. Derrida, "Hostipitality", *Angelaki*, vol. 5. no. 3 (December 2000): 6 & 14.
2. Derrida, "Hostipitality", in *Acts of Religion*, 364.
3. Derrida, *Of Hospitality*, 135.
4. Derrida, "Hostipitality", in *Acts of Religion*, 358.

1. 적대·환대의 질문: '당신은 누구인가'

1) 초대에 의한 손님과 방문에 의한 손님

데리다는 1996년 프랑스 스트라스부르에서 열린 〈국제작가의회
(The International Parliament of Writers)〉에서 강연을 했다. 그 강연 주제
는 현대 세계에서 일어나고 있는 사회정치적 문제들인 국제법, 이민,
난민, 이주민들, 망명자 문제들 등 외국인 혐오(xenophobia) 등을 코즈
모폴리터니즘과 코즈모폴리턴 권리에 연결시킨 것이었다. 데리다는
세계 곳곳에서 일어나는 정치적 정황들에 다각도로 개입해왔다. 각
기 다른 것 같은 그의 모든 개념은 서로 얽히고설켜 있으며, 우리의
구체적인 일상 세계와 보이게 또는 보이지 않게 연결될 수 있다. 아니
연결시키는 것이 데리다 사상을 '유산'으로 상속받은 우리의 '과제'이
기도 하다. 데리다가 상속은 '주어진 것(given)'이 아니라, '과제(task)'
라고 한 의미다. 이러한 맥락에서 해체를 보자면, 해체란 궁극적으로
정의를 향한 관심이며 동시에 진정한 환대와도 연결된다. 데리다는

코즈모폴리터니즘과 코즈모폴리턴 권리를 현대 세계의 문제들과 연관시키는데, 궁극적으로는 모두 환대의 문제와 이어진다.

환대의 문제는 국제관계에서도 점점 심각한 주제가 되고 있다. 2019년 말부터 경험하기 시작한 코로나19는 환대의 문제가 지닌 복합적인 사회정치적 측면을 드러내고 있다. 그뿐만이 아니다. 2022년 2월 24일에 러시아가 우크라이나를 침공한 사건 역시 개인적 차원을 넘어 국가 간의 환대 문제가 긴급한 과제가 되었음을 보여준다. 러시아의 우크라이나 공격으로 인해 2022년 5월 유니세프 통계에 따르면 우크라이나를 떠난 난민의 수는 644만 명 이상이며 우크라이나 안에서 거주지를 잃은 사람들은 800만 명 이상이라고 한다. 우크라이나의 주변 유럽 국가들만이 아니라 지리적으로 멀리 있는 미국 같은 나라도 우크라이나 난민들을 '환영'하는 환대 문제를 고민하고 있다.

세계 곳곳에서 일어나는 다양한 모습의 전쟁, 분쟁 그리고 폭력의 문제는 언제나 난민, 이주민, 망명자들의 문제와 연결되어 있다는 것을 우리에게 상기시켜주고 있다. 그런데 이런 문제들은 새롭게 생긴 것이 아니며, 인터넷 시대에 우리는 매우 '선택적으로' 이런 문제들을 더욱 빈번하게 접하게 되었다. 내가 '선택적으로'라고 표현하는 것은, 미디어에서 세계 대륙 곳곳의 문제를 동등하게 보여주는 것이 아니기 때문이다. 유럽에서 일어나는 일과 아프리카에서 일어나는 사건을 미디어는 동질의 무게로 보여주지 않는다. 그런데 복잡한 문제들이 얽혀 있는 현대의 다층적 위기 한가운데서, 우리가 최후까지 부여잡아야 할 가장 중요한 가치가 있다면, 결국 포괄적 의미의 정의, 연민, 환대 등의 문제이다.

당신은 '환대'라는 말을 들으면 어떤 말 또는 이미지가 떠오르는가. 대부분은 우리가 '환대'가 무엇인지 알고 있다고 생각한다. 그렇게 어려운 것 같지도 않고, 일상에서 많이 사용하는 개념이기 때문이다. 우리 대부분은 환대란 '주인'이 '손님'을 환영하는 것, 내가 누군가에게 또는 누군가가 나에게 친절하게 잘 대해 주는 것이라고 생각한다. 물론 환대를 간결하게 규정하자면, 주인이 초대받은 손님이나 또는 초대받지 않고 방문하는 낯선 사람을 자신의 집으로 받아들이고, 환영하는 행위다. 즉 주인은 손님에게 자기 집의 '문지방'을 넘을 수 있는 권리를 허용하는 것이다. 그런데 여기에서 '손님'과 마찬가지로 '주인'은 매우 복합적인 의미를 지닌다. '주인'이란 한 집안의 주인, 국가의 수장, 법을 제정하는 이들, 또는 문화와 언어 중심부에 속한 이를 상징한다. 예를 들어서 한국을 방문하는 외국인이 있다고 하자. 그가 한국어를 하지 못한다면 한국인은 언어의 중심부에 속한 '주인'이다. 그런데 그 동일한 한국인이 영어가 주 언어인 곳에 가면, 언어의 주변부에 속하는 '손님·낯선 사람'이 된다.

우리가 흔히 말하고 듣기도 하는 '당신은 누구인가(who are you)'는 환대의 영역에서 중요한 질문이다. '문지방 질문(threshold question)'이라고도 한다. 즉 이쪽과 저쪽의 경계에 있는 문지방처럼 이 질문은 환대의 질문이 될 수도 있고, 적대의 질문이 될 수도 있다. 어떤 사건에 연루되어 경찰서에 가게 되었거나, 공항의 보안 검색에서 이 질문을 받는다면, 그것은 의심과 탐색의 의도를 내포한 '적대의 질문'이다. 반면 상대방을 만나는 것에 기대를 안고 호기심 가득한 표정으로 '당신은 누구인가'라고 묻는다면, 이 질문은 '환대의 질문'이다. 이 환대의 질문은 '미소'와 함께 던져지는 질문이다. 이 점에서 데리다는 '진정한 환대는 미소 없이는 불가능하다'고 한다.

누군가가 나의 집 문을 두드린다고 하자. 나는 문을 열고서 '당신은 누구신가요'라고 묻는다. 이 지점에서 '누구인가'를 묻는 질문은 '적대의 질문'일 수도 있고, '환대의 질문'일 수도 있다. 즉 환대의 가능성과 적대의 가능성이 모두 포함된 질문이 될 수 있다는 것이다.

데리다에게 있어서 환대란 단순히 적대의 반대말이 아니다. 데리다의 신조어인 '호스티피탈리티(hostipitality)'는 '적대(hostility)'와 '환대(hospitality)'를 합친 용어로서 굳이 번역하자면 '적환대'라고 할 수 있다. 이 개념을 통해서 데리다는 우리가 정반대로 생각하는 환대와 적대가 현실 세계에서 매우 복합적으로 연결되어 있음을 드러낸다. 또한 우리가 흔히 생각하듯 환대란 단지 개인적 차원에서만 벌어지는 것이 아니다. 환대는 역사적·윤리적·법적·정치적·언어적·문화적 또는 경제적 환대 등과 같은 복합적인 차원과 연계되어 있다. 이러한 문제들을 좀 더 깊숙하게 조명해보자.

환대의 핵심은 '환영(welcome)'이다. 그런데 환영이란 무엇인가. 개인이나 공동체든, 또는 국가와 같은 거대한 집단이든 진정한 '환영'이 무엇인지를 아는 것은 매우 복잡하다. 특정한 조건을 설정하고서 그 조건에 맞지 않는 사람은 배제하거나 적대하고, 조건에 맞는 사람만 환영한다면 그것은 '조건적 환대'다. 반면 그 어떤 조건을 설정하지도 않고 아무런 손익계산조차 하지 않고 환영한다면, 그것은 '무조건적 환대'라고 할 수 있다. 그리고 환대는 개인적 차원에서 또는 국가적 차원에서 다양한 문제들과 연결되어 있다.

더 나아가 초대에 의한 '손님(guest)'과 방문에 의한 '낯선 사람

(stranger)'의 범주에, 누구를 포함시키는가에 따라 환대의 범주는 참으로 복잡하고 광범위하게 확장될 수 있다. 손님으로 간주될 수 있는 범주는 무엇인가. '초대받은 손님'과 '초대받지 못한 손님'의 차이는 무엇일까. 주인은 초대받지 않은 손님, 즉 '방문에 의한 손님'을 환영할 수 있는가. '개인적 환대'가 '국가적 환대'와 상충할 때, 한 개인은 어떠한 선택을 해야 하는 것인가.

난민 문제, 이주민 문제 등 현대사회가 직면하고 있는 다양한 위기와 문제들은 포괄적인 의미의 '환대' 문제라고 할 수 있다. 이 점에서 볼 때, 환대란 아름답기만 한 낭만적 개념이 아니다. 다층적 권력 문제가 개입되는 치열한 정치적 행위이다. 환대에 대한 '탈낭만화'가 요청되는 이유이다. '환대의 낭만화'가 지닌 문제는, 환대라는 것을 단순하게만 이해하고 그 복잡성이나 어두운 면을 보지 않는다는 점이다. 환대란 그렇게 단순하게 '나는 당신을 환영합니다'라는 선언만은 아니기 때문이다. 환대는 나의 집에 내가 초대한 손님을 환영하고, 잘 대해준다라는 식의 간단한 문제가 아닌 참으로 복잡한 문제다.

환대의 문제는 난민, 이민자, 성소수자, 인종적 소수자, 외국인, 외국어, 종교, 장애 여부 등 우리의 일상 세계 속에 존재하는 다양한 사람과 여러 관계로 연결되어 있다. 이뿐만이 아니다. 궁극적으로는 환대의 범주에 인간 생명만이 아니라, 동물 생명과 식물 생명 등 이 세계에 존재하는 다양한 생명들까지 포함해야 한다. 이런 맥락에서 보자면, 우리가 이 21세기에 씨름하고 있는 모든 문제는 환대 문제를 배제하고 생각할 수 없다. 개인 간의 삶은 물론 국가 간의 문제, 동시에 정치·종교·문화·교육 등 모든 것이 환대의 문제와 연결되어 있다고 해도 과장이 아니다. 구체적인 현실 세계에서 환대는 상당히 복잡한 주제다. 다양한 정황들에서 누가 주인이며 손님인가, 주인의 범주는 무엇이며 손님의 범주는 무엇인가. 또한 '환영'한다는 것은 과연 무엇을 의미하는가. 이러한 물음들에 답하고자 할 때, 우리 삶의 거의 모든 부분에 환대 또는 적대가 맞닿아 있다고 할 수 있다.

2) 언어는 환대다

데리다는 "언어는 환대다(language *is* hospitality)"라고 한다.[5] 아마 많은 이가 '언어'를 '환대'와 연결시켜 생각해본 적이 별로 없을 것이다. 데리다는 환대 개념 폭이 얼마나 복합적으로 확장되고 심화되는지 보여준다. 그는 우리가 흔히 생각하듯 환대가 자명한 개념이거나 개인적이고 사적인 것만이 아니라, 정치·경제·종교 등 인간 삶의 중요한 공적·사적 세계와 깊숙이 관련된 것임을 끊임없이 상기시킨다.

이러한 맥락에서 볼 때 환대의 폭과 넓이, 그 환대가 구체적 정황 속에서 행사되는 다양한 모습, 그리고 이미 경험했던 환대만이 아니라 온전한 의미로서 환대가 행사되는 세계를 우리가 완벽히 '파악'하는 것은 불가능하다는 사실을 전제하면서 환대 논의를 전개해야 한다. 또한 데리다는 "우리는 환대가 무엇인지 알지 못한다"라는 구절을 영어가 아닌 불어로 말한다. 환대의 문제가 언어와 매우 긴밀하게 연계되어 있음을 암시하는 것이다. 모국어로 자신을 표현하는 정황에 있다면 그 사회에서 모국어를 쓰는 사람이 '주인' 역할을 한다. 그리고 그 언어가 낯선 이들은 '손님'의 위치에 놓여지게 된다.

예를 들어서 우리가 한국에 있을 때는 자연스럽게 한국어를 사용한다. 한국인이 '주인'의 자리에 있게 되며, 한국어가 모국어가 아닌

---

5.   Derrida, *Of Hospitality*, 135.

외국인들은 '손님'의 자리에 위치하게 된다. 그러다 한국어가 모국어인 사람이 미국에 오면, 영어가 모국어인 사람이 '주인'이 되고, 한국인은 '손님'이 된다. 그런데 그 '손님'의 범주에도 위계가 있다. 유럽이나 다른 곳에서 온 백인이라면, 미국에서 영어가 서툴러도 친절한 배려와 환대의 대상이 되곤 한다. 그러나 비백인 외국인은 영어가 서툴면 뭔가 '열등한' 사람으로 간주되어 쉽게 적대와 의심 그리고 차별과 배제의 대상이 되곤 한다. 인종 차별이 심한 한국 사회에서도, 유럽이나 미국 등 소위 제1세계에서 온 것 같은 '백인 손님'과 아프리카 또는 제3세계에서 온 것 같은 '비백인 손님'을 대하는 태도가 참으로 다르다. 언어도 환대의 문제이지만, 동시에 피부색도 환대의 문제와 연결된다는 것을 볼 수 있다.

주류 언어에서 소외된 사람은 손님의 위치에서 '주인'의 환대 또는 적대의 대상이 된다. 자신의 모국어를 공적인 의사소통 도구로 사용할 수 없는 이들은, 그 사회에서 '영원한 외부자'로 살아갈 수밖에 없다. 이러한 정황에서 '모국어'란 한 사람의 존재론적이고 사회정치적인 문제들과 연계되어 있다. 또한 '모국어'란 인간의 소속성을 드러내면서, 분명한 정체성의 표지가 된다. 데리다는 이러한 언어 문제가 '자기됨(ipseity, I-ness)'의 문제, 더 나아가 '모국어'를 쓰는 이들(주인)이 '외국어'를 쓰는 이들(손님)에 대한 '지배와 통제'라는 권력 문제와 직결되어 있다는 것을 예리하게 분석한다.[6]

언어 문제는 세계정치적인 권력 문제와도 연결된다. 왜냐하면 모든 언어가 동일한 권력을 지니고 있지 않기 때문이다. 예를 들어서 국

---

6. Derrida, *Monolingualism of the Other*, 14.

제회의를 할 때는 통상적으로 영어가 보편적으로 통용되는 국제언어로 사용되고 있다. 또한 규모가 큰 국제회의에서 공적 문서들이 번역되거나 회의 발언들이 통역되는 언어는 주로 독일어, 불어, 스페인어 등으로 지극히 제한된 것이 현실이다. 즉 영어, 독일어, 불어, 스페인어 등과 같은 언어권에 속한 사람들과, 이런 언어권이 아닌 한국어 같은 언어를 '모국어'로 쓰는 사람들이 가지게 되는 '담론적 권력(discursive power)'은 동일하지 않다는 것이다.

자신의 모국어가 공용언어도 아니고 더구나 동시통역도 되지 않는다면, 국제회의에서 의사전달을 공적으로 할 수 있는 통로는 지극히 제한된다. 공용언어에서 배제된 언어 사용자는 자신의 의사전달을 분명하게 구성하는 담론을 통해 존재감을 드러내는 것은 불가능하다. 그렇기 때문에 '언어 일반'의 측면만이 아니라, 특정한 언어들이 지닌 국제정치적 정황에서의 권력 문제도 예민하게 들여다보아야 한다. 특히 환대의 문제가 개인적이기만 한 것이 아니라, 제도적이고 정치적인 문제이기도 하다는 점에서 볼 때, 언어 역시 이러한 권력의 복합적인 문제에서 분리해 생각할 수 없다.

세계의 각기 다른 언어권을 여행하거나 국제회의에 참석해 보면, '언어'라는 것이 어떻게 '주인'과 '손님'의 관계를 규정하는가를 경험하게 된다. 소위 국제회의에서 주된 공용어로 사용하는 언어는 영어다. 그리고 독일어나 불어는 언제나 예외 없이 동시통역이 이루어진다. 그러니까 영어가 모국어인 사람들은 '자연스럽게' 발언 권력을 부여받는다. 독일어나 불어가 모국어인 사람들은 영어보다는 덜 우세하지만, 발언 권력을 여전히 행사한다. 그런데 영어가 서툴고 동시통역도 안 되는 언어 사용자는 어떻게 되는가. 그러한 언어권에서 온 사람들은 회의의 방향 설정이나 발언 권력으로부터 '자연스럽게' 배제되며, '2등 인간' 또는 '3등 인간'으로서 중심부에서 밀려나 주변부적 존재로 위치하게 된다.

세계적 정황에서 보자면, 지식생산의 세계에서도 이러한 언어가 환대 또는 적대의 상황과 연결된다. 영어가 모국어인 사람은 자신의 책이 '국내적/지역적'인가 아니면 '국제적'인가를 고민할 필요가 없다. 그들의 책은 출판되자마자 이미 '국제적'인 장에 등장한다. 문학 영역도 마찬가지다. 아무리 훌륭한 작품이라고 해도 영어로 번역되지 않으면 그 어떤 '국제적' 관심을 받을 수 없으며, 따라서 노벨상 등 다양한 '국제적 상'을 받을 수 있는 고려 대상조차 되지 못한다.

현대에 이르러서 '언어제국주의(linguistic imperialism)', '영어제국주의(English imperialism)', 또는 '언어차별주의(linguicism)'와 같은 개념이 등장하게 된 것은 우연이 아니다.[7] 언어는 단순히 의사소통의 도구가 아니라, 현실 세계에서 적대와 환대, 또는 타자에 대한 지배와 종속의 문제, 포용과 배제, 평등과 차별 등 복합적인 정치적 권력 문제가 행사되는 자리이다. 자신의 모국어로, 자신의 '가슴의 언어(heart language)'로 거리낌 없이 의사소통이 가능한 공간에서 살아가는 사람은 '고향성'을 느낀다. 동시에 그 언어를 알지 못하는 사람, 즉 '언어적 손님'을 맞아들이는 주인의 위치에 있게 된다. 그 '손님'들에게 어떠한 '환대' 또는 '적대'를 베풀 것인가를 결정하는 '주체'가 되는 것이다. 자신의 모국어가 개인 간의 소통은 물론 사회제도적 차원에서 배제되는 이들은 '언어적 고향 상실(linguistic homelessness)'이 존재방식

---

7.   Phillipson, *Linguistic Imperialism*.

이 된다. 그들은 중심어를 사용하는 이들의 '환대' 또는 '적대'의 경험 속에서 일상을 살아가게 되는 것이다.

한국에 경제적으로 어려운 나라에서 난민들이 왔으며 그들과 그들의 자녀들이 한국어를 못 한다는 이유로 도처에서 '2등 인간' 취급받는 상황을 상상해보자. 언어가 다른 난민들에 대한 이해나 제도적 보호장치를 마련하지 못했다면, 그들은 극도의 적대를 경험하게 된다. 그러한 적대의 경험은 그들을 '언어적 테러주의(linguistic terrorism)'의 상황으로 몰아간다.8 데리다가 "언어는 환대다"라고 한 이유다.9 언어는 의사소통의 문제만이 아니다. 언어는 그 언어의 배경이 되는 문화·정치·사회·경제·종교 등 다양한 문제들과 연결되어 있다. 이러한 언어 문제의 복합적인 함의를 어떻게 생각하는가는 개인적·사회적· 국가적 환대 또는 적대 문제들과 연결되어 있다.

2. "우리는 환대가 무엇인지 알지 못한다": 네 가지 의미

데리다는 환대에 관하여 여러 편의 글을 썼다. 데리다의 환대 개념은 코즈모폴리터니즘, 정의, 선물 등과 같은 다른 개념들과 깊숙이 얽혀 있어 환대 자체만 따로 떼어 생각할 수 없다. 데리다는 1997년 5월 9~10일, 이스탄불의 보스포러스(Bosphorus) 대학교에서 환대에 대한 워크숍을 연다. 이 워크숍의 제목은 "호스티피탈리티"였으며 데리다

---

8. Gloria Anzaldua, *Borderlands/La Frontera: The New Mestiza* (San Francisco: Aunt Lute, 1987), 58, 59.
9. Derrida, *Of Hospitality*, 135.

는 이때 적대와 환대를 합친 "호스티피탈리티"라는 신조어를 소개한다. 데리다는 이 워크숍에서 "우리는 환대가 무엇인지 알지 못한다"라는 구절을 수차례 언급한다.[10] 그렇다면 환대란 과연 무엇인가. 데리다는 왜 '우리는 환대가 무엇인지 알지 못한다'라는 구절을 반복하면서, 환대를 아는 것은 거의 불가능하다는 것을 상기시키면서 환대워크숍을 진행했을까. 이 구절로 데리다는 '환대'가 지니고 있는 매우 복합적인 의미를 우리에게 환기시킨다. 데리다는 우리가 모두 자명하게 안다고 생각하는 '환대'라는 개념이 사실상 참으로 복잡한 것임을 일깨운다.

데리다의 이 선언은 환대에 대한 논의에 있어서 '환대가 무엇인가'라는 일반적인 논의보다, 우선적으로 환대의 대상은 '누구'이며 환대의 내용이란 도대체 '무엇'인가라는, 보다 근원적인 문제를 생각하게 한다. 데리다의 "우리는 환대가 무엇인지 알지 못한다"라는 이 구절은 다음의 네 가지 측면에서 그 포괄적 의미를 담고 있다고 할 수 있다.

1) 환대의 탈낭만화: 필요성과 불가능성

첫째, 이 말은 '환대'가 지닌 딜레마, 즉 환대의 '필요성'과 '불가능성'이라는 매우 역설적인 측면을 보여주고 있다. 주인이 자기 집에 찾아온 손님에게 환대를 베풀면서 영어권에서 흔히 하는 말은 '집처럼 편안하게 지내라(make yourself at home)'는 것이다. 그런데 주인이 이 말을 하자마자 사실상 주인의 의도와는 상관없이 '환대의 경계'를 긋는 행위가 된다. 즉 손님이 자기 집에서처럼 마음대로 해도 된다는 것

---

10. Derrida, "We do not know what hospitality is [*Nous ne savons pas ce que c'est que l'hospitalité*]", in "Hostipitality", *Angelaki*: 6.

은 결코 아니다. 손님은 누가 주인인지를 분명하게 기억하고 있어야 한다. 말은 안 하지만, 주인도 손님도 이 점을 안다. '적절한 손님' 또는 '환영받는 손님'이 되려면 주인이 말하지 않았지만, 암묵적으로 절대적인 '환대의 규율'을 알고 지켜야 한다.

즉 '당신의 집처럼 편안하게 지내십시오'라고 하지만, 암묵적으로 이어지는 문장은 '다만 당신이 이 집의 주인이 아닌 것은 기억해야 합니다'와 같은 것이다. 따라서 '집처럼 편안하게 지내라'는 말은 이 표현에서 드러나지 않는 그다음 '규율'을 내포하고 있는 것이다. '그러나 이 집은 주인인 나의 집'이라는 것, 그래서 이 집에 있는 한 주인인 '내가 정한 규율을 잘 존중하는 한에서 편안하게 지내라'는 의미가 함께 전달되는 것이다. 따라서 '집처럼 편안하게 지내라'고 주인이 말한다고 해서 손님이 주인의 침실에 가서 눕는다든지, 아무 방이나 들어가서 옷장 문을 열어본다든지, 또는 주인의 허락도 받지 않고 아무 때나 냉장고를 열어서 먹고 싶은 것을 꺼내어 먹는 등의 행위를 하면 안 된다.

이러한 맥락에서 보자면, 개인 간이든 국가 간이든 환대를 베푸는 행위는 바로 '주인'과 '손님'의 경계를 긋는 행위로 이어질 수밖에 없다. 주인과 손님 사이에는 언제나 분명한 '경계의 문'이 존재하기에, 그 집에 들어가려는 손님은 주인이 문을 열어주는 행위로서의 환대가 필요한 사람이다. 따라서 주인과 손님 사이에는 '경계 공간(liminal space)'이 존재하게 된다. '문'의 존재는, 그 집의 소유자이자 문을 여닫을 열쇠를 소유한 주인, 그리고 입장을 허락받아야 하는 손님의 존재를 상징화한다.

우리가 국제 여행을 할 때, 특정한 나라에 입국하기 위해서는 '문'을 지나가야 한다. 우리는 여권과 비자를 보이며 문제를 일으킬 '손님'이 아니라는 것을 '증명'해야 한다.

　개인적·제도적·공동체적 또는 국가적 차원 등 다양한 종류의 '문'이 상징하고 있는 매우 복합적인 의미를 생각해보자. '문'이 존재하고 있다는 사실은 무엇보다도 진정한, 순수한, 무조건적 환대는 사실상 '불가능'하다는 것을 보여준다. 그러면서 동시에 그 '무조건적 환대'가 '필요'하다는 매우 역설적인 딜레마를 함축하고 있다. 이러한 의미에서 데리다는 "처음부터 환대 자체는 영원히 문지방 위에 남아 있으며, 그 문지방을 통치하고 …그 문지방 자체가 된다"고 할 수 있으며, 진정한 무조건적 "환대는 오직 환대 너머에서만 일어날 수 있다"고 강조한다.11

2) 수수께끼로서의 환대

　둘째, '우리는 환대가 무엇인지 알지 못한다'에서 '알지 못함(not-knowing)'이란 환대가 지닌 심오한 차원을 가리킨다. '무조건적 환대'와 '조건적 환대' 사이에는 언제나 커다란 거리가 있다. 이 거리가 존재하는 한, 인간이 진정한 환대의 의미를 '모두' 알고 경험하는 것은 불가능하다. 그렇기에 아무리 '환대'를 두고 다양한 논의를 한다고 해도, 여전히 '알지 못함'의 차원은 남아 있게 된다. 이 '알지 못함'이란 '사랑'에 대해 아무리 분석하고 논의하고 실천하고자 해도, 여전히 인간이 사랑의 의미를 온전히 '아는 것'은 불가능한 것과 마찬가지이다. 사랑이나 환대는 궁극적으로 우리의 인지 세계 안에 존재하는 것이 아니라, '인지 세계-너머'에서 일어나는 사건이기 때문이다.

　이러한 맥락에서 볼 때, 사랑과 마찬가지로 환대란 어떻게 객관화

11.　Derrida, "Hostipitality", *Angelaki*: 14.

되어 사람들이 단순히 습득하게 되는 '지식'체계가 아니다. 그것은 구체적인 정황에서 독특하게 경험되는 것으로서, 반복될 수 없고 또한 대체될 수 없는 '사건'이다. 따라서 환대를 '알지 못함'의 차원을 끊임없이 상기하고 인식하는 것은 환대를 "객관화하고, 고정시키고, 대상화하는 개념적 결정" 시도에 저항하는 것이다. 왜냐하면 환대란 "가장 수수께끼같이 불가사의한 경험일 뿐만 아니라, …전혀 알지 못하는 절대적 이방인을 향해 그 이방인에 대한 지식 너머에서 먼저 일어나는 경험"이기 때문이다.[12] 환대를 베푼다고 해도 우리가 베푸는 환대는 지극히 제한된 것이며, 특정한 조건의 범주 안에서 행해진다는 점에서 '환대를 안다'가 아니라, 여전히 '우리는 환대가 무엇인지 알지 못한다'를 고백하지 않을 수 없다. 이러한 '알지 못함'의 차원을 늘 열어두는 것은 환대의 심오한 의미를 몇 가지 형태로 제한하거나 왜곡시키는 것을 극소화할 수 있는 중요한 방식이기도 하다. 환대의 의미가 지닌 깊이와 넓이를 우리가 모두 알아차리는 것은 불가능하기에, '알지 못함'의 차원을 언제나 열어 놓아야 한다. 데리다가 지속적으로 '우리는 환대가 무엇인지 알지 못한다'를 상기시키는 이유다.

3) 환대의 무한한 포괄의 원

셋째, '우리는 환대가 무엇인지 알지 못한다'에서 '알지 못함'이 지닌 또 다른 의미가 있다. 환대의 심오한 차원을 모두 파악하거나 경험하는 것은 불가능함을 인식하면서 더 나아가 '주인'이 '손님'들에 대하여 '알지 못함'이라는 차원을 늘 남겨두어야 한다는 의미를 지닌다. '주인'이 자신의 '손님'을 '안다'고 생각하는 순간, 환대의 '포괄의 원

---

12.   Derrida, "Hostipitality", *Angelaki*: 8.

(circle of inclusion)'을 구성하게 된다. 이렇게 '포괄의 원'을 구성하는 행위는 동시에 '배제'의 범주를 결정하는 행위와도 연계되어 있다.

누군가를 '환영'한다는 것은, 다층적인 사회정치적 공간에서 다른 누군가는 '환영하지 않는다'는 배제를 품고 있다. 그 포괄의 원을 끝 없이 넓혀서 '코스모스'까지 확장한다면, 그때 우리는 이미 '포괄의 원'이라는 개념 자체가 존재할 필요가 없게 된다. 우리가 환영하는 '손님'은 우리와 피부색, 정치적 성향, 종교, 출신 배경, 성적 지향, 장 애 여부 등에서 '동질성'을 나누는 이들인가, 아니면 다름(alterity)을 그대로 받아들이는 환대가 필요한 이들인가. 더 나아가서 우리의 포 괄의 원에 들어가는 손님 범주에 인간 생명만 들어가는가, 아니면 동 물 생명까지 확장되는 것인가.

이러한 의미에서 '무조건적 환대'에 요청되는 것은 '손님'에 대하여 '알지 못함'의 영역을 끊임없이 남겨두는 것이다. '손님'을 '안다'고 생 각하는 순간, '주인'은 환대의 '조건'들을 만들게 되며, 이러한 환대의 전제조건들은 결국 지극히 계산되고 제한된 '조건적 환대'로 이어지 기 때문이다. 자신이 사랑하는 대상을 다 파악하고 '안다'고 생각하는 순간, 그 대상을 객체화함으로써 자신의 '앎' 너머에 있는, 파악 불가 능한 측면을 보지 못하고 고정시키는 것과 마찬가지이다. 그래서 '사 랑함'이란 그 사랑하는 대상에 대하여 '안다'는 결론이 아니라, 여전 히 '알지 못함'의 차원을 끊임없이 열어두는 것을 의미한다.

4) 도래할 환대

넷째, '우리는 환대가 무엇인지 알지 못한다'에서 데리다의 강조는 환대에는 언제나 '아직 아님(not-yet-ness)'의 차원이 담겨있음을 의미한다. 진정한 환대란 언제나 아직 아닌, 우리의 이해력 너머에 있는 '도래할 환대(hospitality to-come)'의 사건이다. 칸트가 제시한 코즈모폴리턴 보편 권리, 즉 '이방인의 권리' 역사는 아직도 온전히 드러나지 않았다. 한 개인 또는 집단이나 국가들이 외국인, 이방인, 주변부 인들의 권리를 환대 차원에서 얼마만큼 확장하고 보장할 수 있는지, 그 가능성과 현실이 인류 역사에서 모두 드러나지 않은 것이다. 그렇기에 '우리는 환대가 무엇인지 알지 못한다'를 다른 말로 하면 우리는 '누가' 그리고 '무엇이' 찾아올지 알지 못하며, 또한 우리가 부르는 '환대'의 그 온전한 의미를 '알지 못한다'라 할 수 있다.[13]

타자에게 무언가를 '베푼다'는 뜻으로만 이해되는 '환대'가 이렇게 복합적인 의미를 지녔음을 드러내는 것은, 바로 환대의 폭과 깊이를 구체적인 사회정치적 현실에 뿌리내리게 하는 데 요청되는 중요한 시도라고 할 수 있다. 데리다가 구분하는 두 축, 즉 'X의 정치'와 'X의 윤리'는 'X의 조건성'과 'X의 무조건성'이라는 두 차원을 드러낸다. 'X'에는 정의, 용서, 민주주의는 물론 환대도 적용할 수 있다. 데리다가 '진정한 환대', '무조건적 환대' 또는 '환대의 윤리'로 명명하는 환대는 언제나 '도래할 환대'다. 우리는 그 환대를 결코 경험한 적이 없으며, 경험할 수도 없다. 결코 도래하지 않기 때문이며, 언제나 '불가능성'의 영역에 속한 것이기 때문이다. 그렇기에 우리는 '언제나 이미' "환대가 무엇인지 모른다." 왜냐하면 그 환대는 언제나 '도래할 환대'이기 때문이다.

일상 세계에서 이러한 '도래하는(to-come)'의 개념은 많은 이에게

13. Derrida, "Hostipitality", in *Angelaki*: 11.

매우 추상적으로 들릴 수도 있다. 그러나 인간은 어떤 존재인가. '지금 이미(already)'만이 아니라, 언제나 '아직 아닌(not yet)'를 꿈꾸고 그 '아직 아닌 세계'를 생각하고, 그 세계에 조금씩 가까이 가려는 갈망을 가지고 '이미의 세계'를 변혁해온 존재다. 사랑, 용서, 정의, 민주주의, 또한 환대라는 중요한 가치는 언제나 '더(more)'의 차원을 지니고 있다. 불완전한 존재인 인간은 그러한 가치들을 완전한 차원에서 실현해낼 수 없다. 이러한 인간의 한계성, 그리고 그 인간이 만들어내는 사회의 한계성을 상기해볼 때, '도래할 환대' 개념은 중요하다. 지금 '이미의 세계'만이 아니라, '아직 오지 않은 세계'의 가능성을 상기하고 그 세계를 이루어 내기 위해, 언제나 '도래할 환대'를 기억하자.

3. 적대와 환대의 얽힘: 호스티피탈리티

1) 환대의 왜곡: 교환경제로서의 환대

'환대란 무엇인가'라는 근원적인 물음으로 돌아가 보자. 환대를 간결하게 표현하자면 타자를 환영하는 것이다. 환대는 언제나 '주인'과 '손님'을 설정하고 있다. 즉 주인이 자신을 찾아온 손님에게 친절을 베풀고 환영하는 것이다. 이 단순한 듯한 환대는 우리의 다양한 현실적 문제들이 지닌 복합성을 모두 담고 있는 주제다. 데리다는 환대를 난민 문제, 언어 문제, 국경의 문제만이 아니라, 종교의 영역으로까지 확장시킨다. 종교란 결국 나와 타자와의 관계에서 책임성과 환대의 문제이기 때문이다. 우리 현실의 복잡한 여러 정황에서 '주인'은 누구이며, '손님'은 누구인가. 또한 주인이 손님을 '환영한다'는 것은 구체적인 현실에서 무엇을 의미하는가. 진정으로 손님을 환영할 때, 주인은 그 환영을 아무런 전제조건 없이 할 수 있는가. 손님으로 간주될 수 있는 범주는 무엇인가. 초대받은 손님과 초대받지 못한, 또는 초대받지 않은 손님의 차이는 무엇일까. 주인은 초대받지 않은 손님을 환영할 수 있는가.

환대를 영어로 하면 '호스피탈리티(hospitality)'이다. 이 영어 단어를 인터넷에 치면 가장 많이 등장하는 것은 흥미롭게도 호텔과 레스토랑 사업이다. 환대가 호텔이나 레스토랑에 등장하는 현상은 아이러니하게도 '환대'가 얼마나 왜곡되어서 우리 삶 속에 자리 잡고 있는지를 여실히 보여준다. 그런데 왜 호텔과 레스토랑 사업이 '환대'와 연계되는 것이 문제인가. 호텔이나 레스토랑에 손님으로 가면 친절하고 상냥한 주인이 손님을 맞이한다. 주인이 손님을 미소로 맞이하는 이 환대의 정황에서 분명한 전제조건이 있다. 손님은 주인에게 금전을 지불해야 한다는 것이다. 주인의 친절한 환대는 손님이 금전을 지불할 것이라는 분명한 기대와 조건에 맞아야 한다. 만약 손님이 지불할 금전이 없거나 또는 지불하지 않으려고 할 때, 그 환대의 현장은 적대의 상황으로 돌변한다. 호텔이나 레스토랑 주인은 자신들이 웃고 상냥하게 맞이했던 손님을 돌연히 적대적인 손님처럼 몰아낼 것이다. 이러한 의미에서 보면 '친구'는 '가까운 손님'이며, '적'은 '적대적 손님'이다.

흔히 사람들이 생각하는 환대는 이러한 '교환경제(economy of exchange)' 속에서 이루어진다. 환대를 베푸는 사람은 환대를 받는 사람으로부터 환대의 '대가(return)'를 바란다. 그 대가가 금전적인 것일 수도 있고, 감정적인 것일 수도 있다. 호텔과 레스토랑 주인의 환대는 분명하게 대가를 기대하고 베푸는 환대이다. 또는 개인적으로 환대를 베푸는 경우에도 최소한 상대방이 고마워하거나 다음 기회에 그 환대를 갚는 감정적 대가를 기대한다. 데리다는 이처럼 조건이 붙은 환대는 진정한 환대가 될 수 없다고 강조한다. 이렇게 교환경제로서의 환대는 환대를 받는 사람에게 '빚'을 안겨주는 것과 같다. 진정한 환대는 '주고받음'이라는 '교환경제' 방식으로는 이루어질 수 없다.

교환경제로서의 환대는 개인 간의 사적 영역뿐만 아니라, 국가 간의 정치 영역에서도 정확하게 적용된다. 호스피탈리티 산업에서 전형적으로 보이는 교환경제로서의 환대의 의미를 드러내는 '친구'와 '적'의 적용은, 국가 간의 정치에서 일상적으로 벌어진다. 국가적 이익이 걸린 문제라면 오늘의 '친구'가 내일의 '적'이 되기도 하고, 그 반대가 되기도 한다. '교환경제'의 틀, 즉 나에게 이득을 주는가 아닌가에 따라서 국가 간의 '환대'나 '적대' 문제가 작동되는 것이다. 이러한 현실 세계에서 진정한 환대의 의미를 어떻게 찾아낼 수 있겠는가.

한 학생이 인터넷에서 찾았다며, 어느 주차장에 있다는 표지판 사진을 이메일로 보내왔다. 세미나에서 다룬 '환대'의 왜곡된 의미를 드러내는 좋은 예가 되는 것 같다고 한다. 직역하자면 "존재하기 전에 주차료를 지불하십시오(Please Pay Your Parking Fee Before Existing)"이다. 이 말은 "나가다(exit)"에 's'가 들어가서 '존재하다(exist)'로 잘못 표기된 것이다. 그리고 사진 위에는 "나는 지불한다, 고로 존재한다(I pay, therefore I am)"라고 누군가가 덧붙여 쓴 글귀가 붙어있다. 물론 'exit'에 실수로 's'를 넣어서 'exist'가 되어버렸고, 누군가가 그 위에 '나는 지불한다, 고로 존재한다'라고 쓴 것이다.

웃고 지나갈 수도 있을 누군가의 '실수'지만 '환대'가 얼마나 이 시대에 불가능한 것인지를 보여준다. 우리가 살아가는 자본주의 사회에서 존재하기 위해서는 지불해야 한다. 지불 능력이 없는 사람들은 환대의 주체인 '주인'이 될 수 없고, 환대의 대상인 적절한 '손님'으로 취급받지 못한다는 근원적인 모순을 드러낸다. 이 주차장의 표지판은 사랑, 우정, 환대 등 인간에게 소중한 모든 가치가 상품화되고 자본화되는 이 시대에, 환대의 불가능성을 넘어 불가능한 것에 열정의 씨앗을 치열하고 품고 길러내야 한다는 것을 상기시킨다.

지불 능력에 따라 환대 또는 적대가 작동되는 호텔의 경우에서 보았듯이, '환대 일반(hospitality in general)'을 조명하는 것은 불가능하다. 환대란 언제나 특정한 정황 속에서 논의되어야 한다. 예를 들어서 휠체어를 사용해야만 하는 신체 장애인과 비장애인에게 '공적 환대'의 의미는 전적으로 다르다. 엘리베이터가 없는 건물 3층에 신체적 장애가 있는 사람과 없는 사람이 가야 한다고 가정해보자. 그 건물은 이두 사람에게 환대적인가, 적대적인가. 비장애인에게는 굳이 적대의 경험을 할 필요가 없는 건물이다. 계단을 걸어서 3층까지 올라가면 되기에 이 건물이 자신에게 '적대적'이라는 생각을 하지 않는다. 그러나 3층까지 계단으로 올라가는 것이 불가능한 신체 장애인에게 엘리베이터가 없는 건물은 매우 적대적인 공간이 된다.

미국에서 나와 박사과정을 함께 하고 캐나다에서 교수로 가르치고 있던 장애가 있는 친구가 한국에서 열린 국제 학회에 참석하러 온 적이 있다. 학회가 끝나고 그 친구와 일주일간 함께 여행을 했다. 그런데 비장애인인 내가 한국에 살면서 한 번도 경험하거나 생각조차 해보지 못했던 것을, 나의 장애인 친구와 여행하면서 알게 되었다. '환대 일반'을 논의하는 것이 얼마나 무의미하고 추상적인지를 경험했다. 한국 곳곳의 음식점, 대중교통, 카페, 하다못해 지나가는 사람들의 시선 등 모든 것이 한쪽 다리가 없어서 늘 목발을 짚고 다녀야 하는 나의 친구에게 '적대적'이었다. 즉 '한국 사회는 환대적인가, 아닌가'와 같은 일반 논의는 매우 추상적일 수밖에 없다는 것이다.

우리는 매우 구체적으로 질문해야 하고 언제나 특정한 정황과 연결시켜 논의하는 미시적·거시적 접근을 동시에 해야 한다. 비장애인인 나는 그동안 한 번도 '적대'라고 경험해 보지 않았던 제도나 공간이, 장애인인 친구에게는 전혀 달랐다. 지하철, 버스와 같은 대중교통은 물론, 회사 건물이나 사무실 공간, 주거 공간 등 곳곳에 장애인에 대한 적대가 은밀하게 또는 노골적으로 도사리고 있었다. 한국 사회라는 동일한 정황에 있지만, '누가' 그 특정한 정황을 경험하는가에 따라 다를 수 있다는 것을 기억해야 하는 이유다.

또 다른 예를 보자. 미국으로 여행할 때, 어떤 나라 국민은 입국비자가 필요 없고, 또 어떤 나라 국민은 입국비자를 받아야만 한다. '정치적 환대'라고 하는 구체적인 정황에서 벌어지는 예다. 즉 국가적으로 '교환경제'의 가치가 있는 나라에는 환대를, 그 교환 가치가 별로 없는 나라에는 적대의 정치를 작동시킨다. '국가적 환대'란 이렇게 그 국가의 이득을 확대할 수 있는 관계에서만 작동된다. 그렇지 않을 경우는 어떤 국가에 대한 적대는 '국익'의 이름으로 정당화한다. 그뿐인가. 제도적 환대나 적대의 문제는 심각하게 개인들의 삶을 지배하고 있다. 예를 들어서 성소수자들은 한국 사회에서 법적 결혼을 할 수 없다. 이들에게 한국 사회는 극도로 적대적인 나라다. 법적 결혼이 너무나 당연한 이성애자들은 경험하기 어려운 적대의 공간이 바로 한국 사회가 되는 것이다. 또한 여성에게 신부나 목사 등 성직자 안수를 불허하는 종교 제도 역시 남성은 경험하지 못하는 적대의 현장이다. 이런 의미에서 어떻게 국가나 특정한 제도들이 환대 또는 적대라는 막강한 권력을 행사하고, 그것이 특정한 조건 속 사람들의 삶에 구체적 영향을 미치는가를 볼 수 있다. 환대에 대한 '낭만적 이해'가 위험한 이유다. 낭만적 이해는 '환대'의 어두운 면을 보지 못하게 한다.

2) 환대와 적대의 얽힘: 호스티피탈리티

환대를 영어로 하면 '호스피탈리티(hospitality)'다. 이를 독일어로 하면 '호스피탈리태트(Hospitalität)'이다. 환대라는 단어의 라틴어원에는 이미 '적대(호스틸리티)'의 의미가 담겨있다. '호스피탈리티'는 '호테(hôte)'라는 개념으로 구성된다. 그런데 이 '호테'는 '원하는 손님'만이 아니라, '원하지 않은 손님'도 포함한다.[14] 적대적인 낯선 사람(적)과 호감이 가는 낯선 사람(손님)을 모두 함축하고 있다. 데리다는 환대가 적대라는 그림자를 지니고 있기도 한, 적대/환대의 구체적 현실의 모습을 '호스티피탈리티'라는 개념을 통해서 드러내고자 한다.

'호스티피탈리티'를 군이 한국어로 번역하면 '적환대'라고 할 수 있다. '호스티피탈리티'라는 개념은 환대에 대한 우리의 상투적 이해를 근원적으로 다시 생각하도록 한다. 우리는 흔히 적대와 환대는 당연하게 반대 축에 있는 것으로 생각한다. 그러나 우리의 구체적 일상 세계 속에서 적대와 환대는 다양한 방식으로 얽혀있다. 환대에 대한 논의에서 이러한 '호스티피탈리티'를 함께 조명할 필요성을 데리다는 신조어를 통해 강조하고 있다.

14.　Derrida, "Hostipitality", in *Angelaki*, 3

유대교, 이슬람교 그리고 기독교는 '아브라함적 종교'라고 불린다. 이 세 종교에서 '아브라함적 환대(Abrahamic hospitality)' 개념은 매우 중요하다. 데리다는 유대 전통에서 태어났다. 이 아브라함적 환대에서 호스티피탈리티, 즉 환대와 적대가 어떻게 동시적으로 일어날 수 있는지, 또 환대와 적대가 어떤 방식으로 복잡하게 얽혀 있는지를 들여다보자.

아브라함적 환대에 관한 이야기들은 환대에 대한 여러 복합적인 층을 드러내고 있다. 특히 남성 손님들에게 환대를 베풀기 위해, 여성들을 희생시키는 남성 주인의 성차별적 적대의 어두운 이면을 동전의 양면처럼 담고 있다. 바로 여성을 '비존재'로 다룬다는 것이다. 예를 들어서 롯(Lot)의 이야기는 '아브라함 전통의 환대'의 예로 종종 사용된다. 그런데 이 이야기는 사실상 '환대'에 관한 것만은 아니다. '적대'에 관한 이야기이기도 하다.

창세기 19장에는 롯이라는 인물이 등장한다. 그는 여행자를 자기 집의 손님으로 맞이한다. 그런데 마을 사람들이 롯의 손님들을 공격하려 찾아온다. 롯은 손님들을 보호하기 위해 자기 집을 둘러싸고 있는 남자들에게 두 딸을 내어주려 한다. 남성 손님들을 환대하기 위해 롯은 '처녀'인 두 딸을 그 공격자들에게 내어줄 테니 "마음대로" 하라고 한다.

> 나에게는 처녀인 두 딸이 있습니다. 그들을 데리고 가서 당신들이 하고 싶은 대로 하십시오. 그러나 나의 손님인 여행객들에게는 아무것도 하지 마십시오. 왜냐하면 그들은 나의 환대를 즐기고 있기 때문입니다.[15]

---

15. 창세기 19: 8.

당신이 이런 아버지의 딸이라면 그 상황에서 무엇을 생각하고 느끼겠는가. 당신의 아버지가 여행자들을 손님으로 맞이하며, 그들에게 환대를 베풀며, 그 손님을 보호하려고, 당신을 폭력적인 광기에 찬 남자들에게 내어주면서 '마음대로 하라, 그렇지만 내 손님에게만은 아무 짓도 하지 말라'고 한다면 당신은 무엇을 경험하겠는가. 두 명의 남자 손님이 주인의 절대적 환대로 보호받는 동안, 롯의 딸인 여자 사람은 자신의 아버지에 의하여 남자들의 성적 노리개로 제공되는 고도의 '적대'를 경험한다. 여기에 등장하는 두 여자 사람에게 인간으로서의 존엄이나 가치는 존재하지 않는다. 그 두 딸이 무엇을 경험하고 느끼고 있는지 이 환대의 이야기는 전하고 있지 않다.

그런데 이러한 여자 사람은 단지 특정한 종교 경전에만 등장하지 않는다. 이들은 도처에서 목소리 없는 인간, 존재하지만 존재하지 않는 존재로 살아가는 '살아있는 죽은 존재(living dead)'를 대변한다. 롯의 딸들은 이 세계 내에서 다양한 방식으로 인간으로서의 존재감을 박탈당하는 인간의 모습을 재현하는 것이다. 이 두 여자 사람은 롯이 손님에게 베푸는 '환대의 현장' 한가운데에서, 극도로 생명 위협적인 '적대의 현장' 속에 던져진다. 그 두 딸은 환대의 이름으로 행해지는 적대 한 가운데서, '살아있는 죽은 자'들로 전락한다. 호스티피탈리티, 즉 적대와 환대의 얽힘 속에서 약자들은 극도의 적대를, 중심부에 있는 이들은 절대적 환대를 베풀고 경험한다. 호스티피탈리티의 공간이 이렇게 '자연스럽게' 환대의 이름으로 창출되고 있는 것이다. 환대의 낭만화를 경계해야 함을 늘 기억해야 하는 이유다.

이와 유사한 환대 이야기가 구약성서의 사사기에도 등장한다. 한 집안의 주인이 여행 중이던 어떤 사람에게 환대를 베풀어 손님으로 영접한다. 그런데 성읍의 불량배들이 이 손님을 공격하고 위협하자, 불량배들부터 손님을 보호하기 위해 딸과 손님의 첩을 그들에게 '선물'로 제공한다.

"나에게 처녀인 딸이 있고, 내 손님의 첩이 있습니다. 그들을 당신들에게 내어줄 테니, 당신들이 좋아하는 방식으로 하고 싶은 대로 마음대로 하십시오. 그러나 나의 손님에게는 결코 나쁜 짓을 해서는 안 됩니다." 동네의 불량배들이 말을 듣지 않자, 손님인 레위인은 자신의 첩을 밀쳐서 그들에게 내어주었다. 그들은 그녀를 끌고 가서 밤새 반복하여 강간을 하고서, 새벽이 되어서야 그녀를 놓아주었다. 새벽녘에 그녀는 주인집 문 앞에 쓰러져 있었다. 손님인 레위인이 아침이 되어 일어나 떠나려고 문을 열어보니 자신의 첩이 문 입구에 쓰러져 있었다. 일어나라고 해도 아무 말이 없자 그는 그녀를 나귀에 태워서 길을 떠났다. 집에 도착하자마자 칼로 자신의 첩을 열두 조각으로 잘라서 이스라엘 전역에 보냈다.[16]

이것이 아브라함적 환대 전통에 등장하는 이야기다. 밤새 남자들로부터 윤간을 당하면서 그 레위인의 '첩'은 무슨 생각을 했을까. 남자 손님을 환영하고 보호하고자 하는 남자 주인의 '환대'를 실현해내기 위해, 여자들에게 가해지는 이러한 고도의 적대는 무엇을 의미하는가. 성서에 나오는 이 '환대'의 이야기는 그 환대 장면에서 행해지던 극도의 '적대'에 대해서는 침묵하고 있다. 왜냐하면 그녀는 존재하나 존재하지 않는 '비인간'이었기 때문이다. 남자 폭도들에게 밤새 윤간을 당한 후 쓰러져 있던 그녀를 누군가가 돌보았다는 기록도, 또

---

16.   사사기19: 24-29.

는 집에 도착했을 때 이미 죽은 상태였는지 아니면 여전히 살아있었는지도 성서는 분명하게 기록하지 않는다. 다만 손님이었던 레위인은 자신과 동행하던 동반자이자 가족이라 할 수 있는 그녀를 칼로 토막낸다. 그녀의 몸을 12부분으로 '토막'내었다는 것은 '토막 살인'의 장면을 상상하게 한다.

성서는 이렇게 '살아있는 죽은 자'들에게 무슨 일이 일어난 것인지 구체적인 기록을 담지 않는다. 결국 그 '환대'를 베푼 주인이나, 그 환대의 수혜자였던 레위인은 환대를 지켜내기 위한 과정에서 한 여성 인간을 죽음에 이르게 한다. 고도의 '적대'의 희생자로 만든 것이다. 뿐만 아니라 그녀의 몸을 12부분으로 토막내어 이스라엘의 12지파에 보낸다(사사기 19:29). 자신의 '소유물'을 침해한 것에 대한 '경고'의 의미라고 해석할 수밖에 없는 상황이다.

창세기와 사사기에 등장하는 각기 다른 정황에서 일어난 이 두 가지 이야기는 다음과 같은 한 가지 공통점을 가지고 있다. '남성-주인'이 '남성-손님'들에게 제공한 '환대의 공간'은 '여성'들에게 처참하고 끔찍한 '적대의 공간'이며 이 적대를 통해서 환대가 행사되고 있다는 점이다. 한편으로는 남성-주인은 남성-손님에게 무조건적 환대를 베푼다. 그러나 또 다른 한편으로는 자신의 딸이나 첩인 '여성-손님'을 '비존재(non-being)', '살아있는 죽은 자'로 취급하면서 손님에 대한 '환대의 이름으로' 그들에게 적대를 행사한다. 그들을 생물학적으로 살아있지만 아무런 정치적 보호 또는 종교적 가치를 부여받지 못하는 생명을 지칭하는 '호모 사케르(homo sacer)'로 취급한 것이다. '호모 사케르'는 고대 로마에서 "죽일 수 있지만 종교적 희생물로 바쳐질

수 없는 존재"를 의미한다.[17]

이 환대에 관한 이야기에서 여성들은 환대의 주체인 '주인'이나 또는 환대의 대상인 '손님'으로 등장하지 않는다. 다만 환대를 행사하기 위한 '소모품'으로서 '폭력적 적대'의 가능성에 늘 노출되어 있는 대상일 뿐이다. 또한 폭도 역시 남성들이다. 창세기와 사사기에 등장하는 이러한 환대와 적대의 얽힘, 즉 '호스티피탈리티'의 정황은 외부 손님의 등장에서만 적용되는 것이 아니다. 그것은 가정 안에서도 이루어진다. 예를 들어서 세 명의 '먼 타자들(distant others)', 즉 '낯선 자들'에게 무조건적 환대를 베풀었던 아브라함도(창세기 18: 1-8), 자신의 여성 가족에게는 인색했다. 부인인 사라와 첩인 하갈이 갈등을 빚자 아브라함은 사라에게 "당신의 몸종인데 당신 마음대로 할 수 있지 않소? 당신 좋을 대로 하시오(창16: 5-6)"라고 말한다. 그렇게 자신의 아이를 낳은 '가까운 타자' 하갈을 보호하지 않고 외면하고 사라가 박대하는 것을 방치한다.

물론 이렇게 구약성서에 등장하는 '환대'의 이야기들은 그 당시 여자라는 존재는 한 인간이 아니라, 남편이나 아버지와 같은 '남성의 소유물'로 간주되었던 시대라는 배경을 전제하고 읽어야 한다. 그러나 문제는 그러한 시대적 제한성과 상관없이, 가부장제적인 남성중심적 사건들이 세계에서 막강한 권력을 행사하는 기독교라는 종교의 경전이라는 성서에 담겨있기에 '절대적 진리'라고 종종 해석되고 있다는 점이다. 21세기에도 이러한 노골적인 여성의 소유화가 다양한 '종교적 진리'의 이름으로 여전히 세계 곳곳에서 벌어지고 있다는 것은 부

---

17.   Agamben, *Homo Sacer*, 8.

정하기 어려운 상황이다. 성서의 환대 이야기들 속에서 성서 저자들은 처참한 적대의 대상이 되어버린 여성들의 목소리를 전혀 기록하지 않는다. 그 여성들은 철저히 '비존재'로 처리된다는 점에서 '절대적 희생자들(absolute victims)'로 존재한다.

어떤 특정한 그룹의 사람들에게(성서의 환대 이야기에서의 경우, 남성들) 베푸는 환대의 이면에, 다른 그룹의 사람들(이 경우, 여성들)에게는 그들의 존재가 철저히 소멸되는 적대가 행해지고 있다. 이런 적환대, 즉 호스티피탈리티는 환대 이면에서 외국인 혐오, 성소수자 혐오, 또는 여성 혐오와 같은 적대들이 다양하고 은밀한 방식으로 행사될 수 있다는 가능성을 적나라하게 보여준다. '환대의 성공' 어두운 이면에서 무수한 목소리 없는 이들, 대변되지 못하는 이들의 존재를 '비존재'로 전락시킴으로써 이미 '환대의 실패'를 담을 수 있다. 이러한 맥락에서 볼 때, 성서의 환대 이야기에 '언급'되기만 할 뿐인 여성들 같은 '서브알턴(subaltern)' 또는 '절대적 희생자'들은 지금 현대 세계에서 펼쳐지는 개인적 또는 국가적·집단적 환대의 행위에서도 여전히 존재할 수 있다. 이 가능성을 인지하는 것은 환대에 관한 담론과 실천에 있어서 매우 중요하다.

4. 환대의 두 축과 코즈모폴리턴 환대

1) 환대의 두 축: 환대의 정치와 환대의 윤리

데리다의 환대 이해는 심오하다. 그 어느 측면도 단순하게 볼 수 없음을 데리다는 우리에게 끊임없이 상기시킨다. 그리고 이 환대를 단지 추상적인 철학적 관념이 아니라, 우리의 현실과 연결시켜야 함을 강조한다. 그가 환대의 두 축, 즉 '환대의 정치(조건적 환대, 환대의 가능성)'와 '환대의 윤리(무조건적 환대, 환대의 불가능성)'에 대하여 논의하는 이유다. 우리의 구체적인 현실 세계 속에서 가능한 환대는 대부분 특정한 조건들을 설정한다. 데리다는 이 조건적 환대를 '환대의 정치 (politics of hospitality)'라고 부른다. 그리고 무조건적 환대, 우리의 현실 세계에서 실현 불가능한 것으로 보이는 환대를 '환대의 윤리(ethics of hospitality)'라고 명명한다. 데리다는 환대만이 아니라, 정의나 용서와 같은 개념에도 이러한 '정치'와 '윤리'라는 두 축을 등장시킨다. 여기에서 데리다가 차용하는 '윤리'는 에마뉘엘 레비나스적인 의미라는 것에 주목해야 한다. 레비나스에게서 '윤리'란 우리가 타자에 대하여 가지는 무한한 책임성의 영역을 의미한다. 따라서 '용서의 윤리'라고 한다면 그 어떤 선조건도 내세우지 않는 '무조건적 용서', 용서할 수 없는 것을 용서하는 '불가능성의 용서'이다.

이러한 레비나스적 맥락에서 '환대의 윤리'란 '초대(invitation)에 의한 환대'만이 아니라, '방문(visitation)에 의한 환대'까지도 포함하는 것이다. 즉 주인과 손님의 경계를 넘어서는 환대다. 손님이 주인이기도 하고, 주인이 손님이기도 한 그 여타의 경계를 넘어서는 환대다. 아마 우선적으로 우리가 묻게 되는 질문은, 그렇게 '불가능한 환대'를 왜 우리가 생각해야 하는가라는 것일 것이다. 여기에서 데리다가 한 말, "오직 그 이름의 가치를 담을 개념은 불가능한 개념이다"를 환대에 적용시켜 보자. 만약 무조건적 환대가 불가능하다면, 환대라는 의미를 부여할 수 있는 유일한 환대는 바로 불가능한 환대, 무조건적 환대, 즉 '환대의 윤리'다.

이 점에서 우리가 물어야 할 질문은 그러한 '무조건적 환대가 가능한가, 불가능한가'라는 질문이 아니다. 오히려 그 무조건적 환대, 환대의 윤리, 도래할 환대의 지평에 어떻게 조금이라도 더 다가갈 수 있는가. 어떻게 조건적인 '환대의 원'을 조금씩이라도 확장해 나갈 수 있는가다. 즉 우리의 질문방식을 '가능한가, 불가능한가'가 아니라, 어떻게 해야 지금 불가능해 보이는 그 지평으로 좀 더 나아갈 수 있겠는가라고 전환시켜야 한다.

이 점에서 '환대의 정치'는 언제나 '환대의 윤리'를 '기억'하고 '참고'해야 하는 과제를 지닌다. 불가능성의 환대, 무조건적 환대를 '기억'해야 하는 과제를 지닌다. '이제는 되었다'라는 환대란 없다. 이러한 의미에서 "환대란 언제나 환대-너머(hospitality beyond hospitality)에 존재한다"는 것, 또한 진정한 환대란 언제나 "도래할 환대(hospitality-to-come)"라는 데리다의 말은 심오한 의미를 지닌다. [18]

환대는 데리다 사상에서 가장 근원을 이루는 개념 중의 하나이다. 데리다에게 있어서 '정의'란 궁극적으로 '환대'이다. 다양한 양태의 정의란 결국 타자의 존재를 환영하는 환대의 심오한 의미를 담고 있다. 환대에는 개인적 차원만이 아니라, 사회적이고 국가적인 차원의 환대가 있다. 타자를 환영하는 의미로 환대를 이해하는 것은 매우 단순할 것 같다. 그러나 우리의 현실 세계 속에서는 참으로 복잡한 정치적 행위라는 것을 알 수 있다. 환대가 타자를 환영하는 것이라면, 그 '환영'의 범주는 어디까지인가. 데리다의 환대 이해는 특히 이주민, 난민, 또는 국제법 등의 이슈들과 맞물려 있다고 할 수 있다.

---

18. Derrida, "Hostipitality", *Angelaki*: 6&14.

환대는 언제나 권력의 문제와 연결되어 있다. 환대란 결국 주인과 손님의 관계이기 때문이다. '주인'의 자리에 있는 사람은 '손님'의 자리에 있는 사람과의 관계에서 이미 '권력'을 행사할 수 있는 위치에 있게 된다. 데리다는 환대에 대한 논의에서 '환대의 절대적 법(the law)', 그리고 '환대의 상대적 법들(laws)'의 관계를 예리하게 분석한다.[19] 즉 '환대의 법들'은 무조건적 윤리적 책임과 의무로서의 '환대의 절대적 법'이 구체적인 정황에서 적용되는 정치적 현장이다. 따라서 이 '환대의 법들'은 어떻게 '환대의 절대적 법', 즉 '무조건적 환대'를 구체적 현실에서 실천하는가라는 물음을 다루게 된다. 이러한 환대의 실천은 민주적 정치를 새롭게 다시 생각해보는 것이 요청된다.

인간의 현실 세계 속에서 무조건적 환대인 '환대의 절대적 법'과 조건적 환대인 '환대의 법들' 사이에 언제나 커다란 거리가 있다는 것을 부인할 수 없다. '환대의 법들'이 시대적·공간적 제한 속에 이루어지는 것이라면, '환대의 절대적 법'이 담긴 그 정신은 시대와 공간을 초월하여 존재한다. 이러한 의미에서 '환대의 절대적 법'은 "정언적 규범 없는, 명령이나 의무가 없는, 그리고 법 없는 법"이다.[20]

이러한 데리다의 환대 이해에 따르면, 칸트의 개념에서처럼 윤리적 의무나 명령 또는 정언적 규범이기 때문에 베푸는 환대는, 더 이상 무조건적이고 절대적인 진정한 환대가 아니다. 왜냐하면 '도덕적 의무' 때문에 행하는 환대란 '환대의 빚'을 갚는 행위로서 이미 '계산된 환대'의 의미를 지니기 때문이다.[21] 예를 들어서 내가 누군가를 환영하는데 그것이 '의무'이기 때문에 한다면, 손님은 진정 환영받는다는

19. Derrida, *Of Hospitality*, 77.
20. Derrida, *Of Hospitality*, 83.
21. Derrida, *Of Hospitality*, 83.

느낌이 드는가. 진정한 환대란 의무이기 때문에 수행하는 것을 넘어서서, 나의 존재가 전적으로 손님을 환영할 때 가능하다.

여기에서 '환대의 법들', 즉 '조건적 환대'란 역사적이다. 왜냐하면 '법들'이란 문화적으로 사회정치적으로 언제나 어떠한 특정한 시간과 공간 속에 놓여있기 때문이다. 따라서 어떤 사람이 그 '법들'을 개선하고, 창출하고, 변혁하고 또는 뒤집을 때, 그들은 이전 '법들'의 '해체' 과정을 거치는 것이다. 그러므로 데리다에게 있어서 환대란 "해체의 전형 또는 이름"이다.[22] 더 나아가 데리다는 정의와 법의 분명한 차이점을 다음과 같이 밝힌다.

> 정의 자체는 법 바깥(outside)에 또는 법 너머(beyond)에 존재하며, 해체가 불가능하다. …해체는 정의이다.[23]

이러한 맥락에서 보자면, 우리는 실정법과 같은 '법들(laws)'을 해체할 수 있을 뿐만 아니라, 보다 나은 법을 창출하기 위해 기존의 '법들'을 지속적으로 해체해야 한다. 그러나 궁극적으로 절대적 법의 의미로서 '정의'를 해체할 수는 없다. 왜냐하면 정의란 어떠한 사상, 형태 또는 통제적 원칙 같은 것이 아니며 또한 '법들'에 환원될 수 있는 것도 아니기 때문이다. 우리는 흔히 기존의 실정법과 같은 법을 집행하는 것이 정의를 이루는 것이라는 생각을 한다. 그러나 '법'이란 인류의 역사 속에서 무수한 재구성과 변화를 거듭해 왔으며, 그 어느 법도 완전성을 이루고 있지 못한다. 이러한 사실을 고려해 볼 때, 데리

---

22. Derrida, "Hostipitality", in *Acts of Religion*, 364.
23. Derrida, "Force of Law", in *Acts of Religion*, 243.

다가 환대 개념을 절대적 법, 상대적 법, 그리고 정의의 개념들과 연계시켜서 그 의미를 구성하는 것은 환대의 심오하고 복합적인 차원들에 대해 우리의 예민성을 작동시키게 한다.

우리가 기억하고 주목할 점은, 데리다에게 있어서 환대란 '미소' 없이는 불가능하다는 점이다. '의무로서의 환대'인 칸트적 환대와 갈라지는 지점이다. 데리다는 "누군가를 환영하는 자리에서 타자를 향한 웃음이 없는, 기쁨과 즐거움의 표시가 없는 환대의 장면이란 상상하기 어렵다"면서, 더 나아가 미소와 웃음만이 아니라 기쁨의 눈물도 환대의 장면 속에 있다고 한다. 데리다는 기쁨의 웃음, 미소, 눈물만이 아니라, 누군가의 상실과 죽음에 애도하는 것 역시 환대의 한 측면으로 하는 "애도로서의 환대(hospitality as mourning)"까지 환대를 심화한다.[24] 누군가를 환영하는 것만이 아니라, 타자의 상실과 죽음에 애도하는 것도 궁극적으로 그 타자와 함께하고 받아들이는 '환대'의 의미를 지닌다는 것이다.

환대란 '나'를 타자에게 무한히 확장하는 것이다. 여기에서 '나'란 한 개별인이든, 집단이든, 국가이든 '주인'의 역할을 하는 주체를 의미한다. 진정한 환대, 즉 '환대의 윤리'는 '무조건적 환대'이며 따라서 '불가능한 환대'이다. 이러한 '불가능성의 환대'의 축을 기억하면서, 가능성의 환대의 원을 더욱 확장해 나가는 것이 우리의 지속적인 과제일 것이다. 환대의 정치와 환대의 윤리, 조건적 환대와 무조건적 환대, 가능성의 환대와 불가능성의 환대라는 두 축의 거리를 좁혀 나가는 것은 '불가능성에의 열정'을 가져오며, 이 두 축 사이의 공간은 '변

---

24. Derrida, "Hostipitality", in *Acts of Religion*, 358.

혁에의 열정'이 개입되는 공간이 되는 것이다. 레비나스는 "타자와 관계의 형이상학은 돌봄과 환대에서 성취된다. 누군가의 얼굴은 제3자와의 관계 속으로 우리를 집어넣는다는 점에서, 나와 타자와의 형이상학적 관계는 하나의 '우리(we)'라는 형태를 지니며, 보편성의 원천을 형성하는 국가, 제도들 그리고 법으로 흘러 들어가게 한다"라고 강조한다.25 레비나스의 이 말은 환대가 지닌 심오한 차원을 드러내고 있다.

데리다를 직접 만나기도 하고 데리다에 관한 여러 책을 낸 마이클 나스Michael Nass는 데리다를 "환대의 예술가이며 시인"이라고 부른다.26 데리다가 말하는 무조건적 환대는 우리에게 찾아오는 그 '손님'이 초대받은 이들이든 방문하는 이들이든, 어떠한 신분의 사람이든 모두를 환영하는 것이라고 한다. 그들이 나와 다른 젠더, 인종, 성적 지향, 계층, 학연, 지연 등을 가졌더라도, 그 어떤 존재라도 환영하는 것을 의미한다. 초대받은 손님만이 아니라, 초대장 없이 방문하는 모든 존재를 환영하는 "무조건적 환대의 절대적 법"이기 때문이다.27 레비나스 역시 "먼 타자든 가까운 이웃이든 모든 이에게 평화(이사야 57:19)"를 기원하는 것처럼 환대의 범주가 "이웃, 이웃의 이웃, 그리고 동료가 아닌 사람들인 타자의 이웃"인 "제3자"에게까지 확대되어야 하는 환대의 윤리, 무조건적 환대를 강조한다.28

---

25. Levinas, *Totality and Infinity*, 300.

26. Nass, *Derrida From Now On*, 27.

27. Derrida, *Of Hospitality*, 77.

28. Levinas, *Otherwise than Being or Beyond Essence*, 157.

2) 코즈모폴리턴 환대: 환대의 원의 확장

그런데 환대란 오직 인간을 향한 것인가. 데리다는 "환대의 원(circle of hospitality)"에 인간만이 아니라, 동물도 포함시켜야 한다고 강조한다. 그러면서 환대의 대상에 동물을 포함시킨 사례로 성서의 "노아의 방주"를 예로 든다. 신은 노아에게 인간만이 아니라 동물도 방주에 거하게 하도록 명령한다. 즉 환대의 원을 동물에게까지 확장한 것이라고 데리다는 해석한다.29 타자에 대한 무한한 책임성과 환대를 강조한 레비나스와 데리다는 여러 사상적 맥락을 함께하지만, 환대의 범주를 동물에게까지 확대한다는 점에서 데리다는 레비나스보다 앞서 나간다.

레비나스는 "얼굴은 소유가 되는 것에 저항한다"고 하면서 인간의 '얼굴'을 '윤리적 자리'라고 한다.30 즉 '얼굴'이 상징하는 인간의 개별성과 존엄성을 강조하는 것이다. 얼굴 또는 머리는 내가 타자와 사물을 보고, 내가 타자에게 보여지고, 내가 말하고, 내가 타자의 말을 듣는 자리다. 즉 얼굴은 내가 이 세계에 존재하는 유일무이한 사람으로서의 정체성을 가장 직접적으로 드러내는 자리라는 것이다. 우리가 어떤 이를 만날 때 그 사람이 누구인지 알 수 있는 것은 '얼굴'이다. 그 사람이 기계가 아니라 독특한 존재라는 것을 알 수 있는 자리는, 손도 아니고 다리도 아니고 바로 얼굴이다.

그렇기에 우리는 사람을 처음 만날 때 나의 얼굴에 있는 눈으로 그 사람의 얼굴에 있는 눈을 바라보며 인사를 한다. 즉 그 사람이 진정 누구인가를 드러내는 것은 여권이나 주민등록증에 있는 이름 이전에

---

29. Derrida, "Hostipitality", in *Acts of Religion*, 363.
30. Levinas, *Totality and Infinity*, 197과 198.

눈, 코, 입, 귀가 있는 '얼굴'이다. 그 얼굴이 상징하는 것은 '나는 이 세계에서 유일무이한 존재, 대체 불가능한 존재, 개별성을 지닌 존재'라는 선언 자체가 되는 것이다. 우리 각자가 지닌 '얼굴'은 내가 누구인가를 드러내는 가장 직접적인 자리다. 이런 의미에서 레비나스가 '얼굴'을 '윤리적 자리'라고 하는 것은 매우 중요한 의미를 지닌다. 여기에서 '얼굴'이란 두 가지 의미를 지닌다. 첫째는 누구나 지닌 실제적·육체적 자리로서의 얼굴이며, 둘째로는 '개별성의 윤리'가 시작되는 '메타포'의 의미를 지닌다. 이 얼굴은 진정한 환대가 시작되는 자리이고, 환대를 해야 하는 책임성의 자리이기도 하다.[31]

그런데 환대의 자리이며 타자에 대한 윤리적 자리인 이 '얼굴'은 인간만 가지고 있는 것인가. 하이데거에게 묻는다면 '물론 인간만이 얼굴을 지닌다'라고 했으리라 추측하는 게 어렵지 않다. 하이데거는 "인간만이 죽는다, 동물과 식물은 소멸할 뿐"이며, "돌은 세계가 없다, 동물은 세계에서 빈곤하다, 인간은 세계를 구축한다"라면서 전형적인 인간중심주의적 사유를 곳곳에서 밝혔기 때문이다.[32] 하이데거에게서 '존재(Being)'는 시간 개념이 없는 동물이나 식물에게 적용되지 않는다. 따라서 인간만이 '윤리적 자리'를 지닌 존재다. 그렇다면 "하이데거의 현존재는 결코 배고프지 않다(Dasein in Heidegger is never hungry)"라며 하이데거의 현존재(Dasein) 개념을 비판한 레비나스는 어떠한가.[33]

데리다는 2002년 2월 27일에 했던 세미나에서 레비나스와 얼굴의 문제를 다룬다. 데리다가 죽기 2년 전에 했던 세미나다. 그는 이 세미

31.   Levinas, *Totality and Infinity*, 134.
32.   Heidegger, *The Fundamental Concepts of Metaphysics*, 176.
33.   Levinas, *Totality and Infinity*, 134.

나에서 D. H. 로렌스의 "뱀(Snake)"이라는 제목의 시를 세밀하게 분석하면서, 레비나스를 등장시킨다. 뱀은 얼굴이 있는가. 데리다는 1997년 프랑스 인문 토론장 스리지라살에서 열린 모임에서 강연을 했을 때, 질문자가 레비나스에게 "당신은 인간의 윤리적 자리에 대해 말하는 것을 동물에게도 말할 수 있는가?"라고 물었던 것을 상기한다. 레비나스에게 이 '윤리적 자리'란 '얼굴'이라는 것을 모두가 안다. 그런데 레비나스는 "나는 모른다…"라고 답하면서 질문자에게 "당신은 뱀이 얼굴이 있다고 할 수 있는가"라는 질문을 다시 했다고 한다.[34] 레비나스에게 책임과 환대의 대상은 여전히 인간의 영역일 뿐임을 보여주는 예다.

우리 각자는 인식의 한계를 지니고 있다. 그 인식의 한계는 역사적 정황 때문에 제한되기도 하고, 개인적 인식의 한계에서 기인하기도 한다. 레비나스가 활동했던 시기는 '동물권'에 대한 인식이 확산되지 않았을 때였다. 1906년 1월 12일에 태어나 1995년 12월 25일에 죽은 레비나스가 지금까지 살아있다면, 아마도 동물도 '얼굴'을 지닌 존재라고 그 '윤리적 자리'를 확대했을 것이라 나는 생각한다. 레비나스는 유대인으로 세계 제2차대전 중 전쟁 포로로 갇히기도 했다. 그런 경험을 가진 레비나스의 타자를 보는 시선은 '생명은 소중하다는 인식에서 나온 따스함'이라고 나는 생각한다. 레비나스의 삶의 여정과 글들 속에서 느껴지기 때문이다. 물론 나의 매우 주관적인 해석이다. 데리다 사상에 중요한 영향력을 미친 레비나스 사상의 출발점이며 도착점이라고 할 수 있는 '얼굴의 철학'을, 데리다는 인간만이 아니라 동물에게까지 확장한다.

---

34.   Derrida, *The Beast & the Sovereign*, vol. 1, 237.

"코즈모폴리턴 환대"라는 개념을 사회정치 영역에서 부각시킨 사상가는 칸트다. 칸트는 1785년에 나온 〈영구적 평화〉라는 글에서 "환대란 이방인이 타국에 도착했을 때 적으로 취급받아서는 안 된다는 이방인의 권리를 의미한다. 이 방문할 권리는 모든 인간이 이 지구 표면의 공공 소유권을 지닌다는 사실에 근거한다"라며 코즈모폴리턴 환대를 규정한다.[35] 즉 칸트의 코즈모폴리턴 환대는 주로 타국을 방문하는 외국인에 대한 문제에 집중되어 있다. 외국인이 나의 나라에 도착했을 때 그를 환대하는 것은 자선을 베푸는 것이 아니라, 그의 인간으로서의 '권리'라는 것이 칸트의 코즈모폴리턴 환대가 지닌 중요한 점이다. 이 지구 표면의 '공동 소유권(common ownership)'을 지니는 것은 특정한 사람들이 아니라, '모든 인간'이라고 칸트는 보았다. 이 점은 시사하는 바가 크다.[36] 지금도 난민 문제, 외국인 혐오 문제, 이주민 문제가 심각한 21세기 한국 땅에서도, 이러한 코즈모폴리턴 환대는 매우 중요한 원리를 우리에게 던져주고 있다.

칸트의 코즈모폴리턴 환대는 환대의 대상인 '손님'이 어떠한 존재든, 그가 '지구상에 거하는 존재'라는 조건 하나만으로 환대해야 한다는 것이 초점이다. 칸트의 환대는 현대 사회에서 경험되고 있는 난민, 망명자, 외국인 노동자 등의 문제를 대할 때, 우리가 기억해야 할 중요한 점을 잘 짚어주고 있다. 그들 모두가 사실상 우리와 마찬가지로 '지구 위에 거하는 존재'로서 이 지구의 '공동 소유권'을 지닌 존재임을 상기시키는 것이다.

---

35. Kant, Perpetual *Peace and Other Essays on Politics, History, and Morals*, 118.

36. Kant, *Perpetual Peace*, 118-119.

데리다의 환대 개념을 내가 '코즈모폴리턴 환대'라고 보는 것은 칸트의 매우 제한적 의미의 코즈모폴리턴 환대의 깊이와 넓이를 심화시키고 있기 때문이다. 데리다의 환대는 칸트와 레비나스와 함께 출발한다. 그런데 데리다 환대의 도착점은 칸트나 레비나스의 환대의 원을 훨씬 뛰어넘는다. 칸트나 레비나스가 미처 보지 못한 차원으로 데리다는 환대의 영역을 확장하고 있다는 것이다. 칸트나 레비나스에게서 환대의 대상은 오로지 인간 생명이다. 동물에게까지 그 환대가 확장되어 적용되어야 한다는 것을 보지 못한 것이다. 그러나 데리다는 인간 생명만이 아니라 동물에게까지 환대의 원을 확장시킨다. 이러한 맥락에서 데리다의 환대야말로 진정한 '코즈모폴리턴 환대'의 의미를 충족시킨다고 나는 본다.

데리다는 "환대의 사람"으로서 "환대의 예술가이며 시인"이다.[37] 데리다의 환대 개념은 어쩌면 우리가 지금 이 《데리다와의 데이트》에서 다루는 모든 개념의 토대를 이루기도 한다. 데리다의 해체, 용서, 애도, 연민, 동물, 종교 등 모든 개념은 '환대'와 연결되어 있다. 어쩌면 우리의 삶이란 크고 작은 환대, 그리고 적대의 문제라는 것을 데리다는 끊임없이 상기시킨다.

37.　Nass, *Derrida From Now On*, 27.

제10장

애도와 연민:
함께 살아감의 존재방식

데리다의 글소리

살아감이란 언제나 "함께 살아감"이다.
(Living is always "living together.")[1]

연민은 "함께 살아감"의 근원적 방식
(Compassion ⋯a fundamental mode of "living together.")[2]

나는 애도한다, 고로 존재한다.
(I mourn, therefore I am.)[3]

살아남음—그것은 애도의 다른 이름이다.
(Surviving—that is the other name of a mourning.)[4]

매번 ⋯죽음은 세계의 종국이다.
(each time⋯, death is nothing less than the end of the world.)[5]

무관심 또는 수동성은 '인류에 대한 범죄'의 시작이다.
(Indifference or passivity ⋯is the beginning of a crime against humanity.)[6]

1. Derrida, "Avowing", in *Living Together*, ed. Weber, 19-20.
2. Derrida, "Avowing", in *Living Together*, ed. Weber, 30.
3. Derrida, *Points ⋯ Interviews, 1974-1994*, 321.
4. Derrida, *Politics of Friendship*, 13.
5. Derrida, *Sovereignties in Question*, 140.
6. Derrida, "Avowing", in *Living Together*, ed. Weber, 38.

1. 왜 연민인가: 살아감이란 '함께–살아감'

우리가 살고 있는 한국은 물론 이 세계는 여러 가지 위기를 경험하고 있다. 한 국가만의 위기도 있지만, 많은 경우 다양한 위기들이 서로 연결되어 얽혀 있다. 이러한 다층적 위기 속에서 21세기를 살아가는 인간에게 가장 중요한 화두가 있다면, 그것은 무엇일까. 데리다는 '함께–살아감(living together)'이라고 한다. 데리다는 2001년 9월 11일 미국에서 벌어진 사건인 "911 사건"에 관한 다양한 대담과 글에서, 그 특유의 섬세함으로 '함께 살아감'의 심오한 의미를 펼친다. 데리다는 더 나아가서 그저 함께 살아가는 것이 아니라, '함께–잘–살아감(living-well-together)'을 의미해야 한다고 강조한다.

물론 '함께 살아감'이라는 개념 자체는 새로운 것이 아니다. 하이데거의 '함께–존재(Mitsein, being-with)'라는 개념은 잘 알려진 철학적 개념이다. 또한 정치가, 종교인 등 많은 이가 '함께 살아감'이라는 개념을 사용하곤 한다. 그래서 이 '함께 살아감'이라는 개념을 들을 때 그 의미를 알고자 하기보다는, 상투적이고 피상적으로 생각하기 쉽다. 레비나스는 "하이데거의 현존재(Dasein)은 결코 배고프지 않다"라는 구절로 구체적인 일상 세계에 개입하지 않는 하이데거의 존재 개념을 비판한다.[7] 데리다의 '함께 살아감'은 상투적인 의미로가 아니라 전적으로 새로운 개념으로 이해해야 한다. 즉 '인용부호' 속에 넣어서 생각해야만 한다. 그의 '함께 살아감'의 강조는 우리의 현실에 다층적으로 개입하면서, 새로운 이해를 제시한다.

여기에서 데리다의 말을 지속적으로 상기할 필요가 있다. 데리다에 따르면, 이 세계에는 '인용부호가 없는 개념'과 '인용부호가 있는 개념', 이 두 가지 개념이 존재한다. 우리가 흔히 사용하는 매우 평범한 개념을 그대로 받아들일 때, 그것은 인용부호가 없는 개념이다. 그런데 데리다가 그 개념에 개입하기 시작하면, 평범한 것 같은 개념이 전적으로 새로운 의미의 결들을 지니며 등장하게 된다. 즉 '인용부호가 있는 개념'의 의미로 자리 잡게 되는 것이다. 인용부호가 없는 함께 살아감 그리고 인용부호가 있는 '함께 살아감'이 등장하면서, '함께 살아감'의 매우 심오한 복합성이 드러나게 된다.

데리다는 함께 살아가는 것 외에 다른 선택은 없다고 강조한다. 현대 세계는 생태적으로, 정치적으로, 종교적으로, 경제적으로 갖가지 위기를 경험하고 있다. 인간 생명만이 아니라 모든 생명이 상호 의존되어 있다는 것, 또한 한 생명의 생존은 다른 생명들의 생존과 근원적으로 연결되어 있다는 것에 대한 인식이 그 어느 시기보다 절실하게 요청되는 시대에 우리는 살고 있다. 그런데 이렇게 현대 세계의 가장 중요한 과제인 '함께-잘-살아감'을 위해서 우리에게 우선적으로 필

7.   Levinas, *Totality and Infinity*, 134.

요한 것은 무엇일까. 데리다는 '연민'이라고 한다. 데리다에 따르면, 연민은 "'함께 살아감'의 가장 근원적 방식"이다.[8]

데리다가 개입하고 다루던 다양한 주제들 저변에 흐르는 물음이 있다면, 그것은 '어떻게 함께 살아갈 것인가'라고 할 수 있다. 데리다에게 중요한 개념들인 환대, 법과 정의, 종교, 용서, 코즈모폴리터니즘 등과 같은 주제는 표면적으로 각기 다른 영역인 것처럼 보일 수도 있다. 그러나 궁극적으로 이 모든 주제는 우리가 '어떻게 함께-잘-살아갈 것인가'라는 절실한 물음과 연결되어 있다. '연민'은 바로 이 함께 살아감에 있어서 중요한 토대를 놓는 존재방식이라고 할 수 있다.

2019년 12월부터 서서히 모습을 드러낸 신종 코로나 바이러스가 온 세계로 확산되었다. 21세기에 들어서서 온 인류는 총체적으로 극심한 위기 상황을 경험하고 있다. 세계 어느 곳에 살든지 코로나 위기에 영향을 받지 않은 곳은 없다. 또한 기후 변화는 미래 세계에 지속적으로 우리의 통제 너머 다층적 위기를 생산할 것이다. 뿐만 아니라 세계 곳곳에서 벌어지는 정치적 또는 경제적 위기 상황은 많은 이를 난민과 망명자의 삶으로 밀어 넣고 있다. 현대 세계의 심각한 위기 중 하나가 점점 증가하고 있는 난민 문제라는 것은 놀랍지 않다. 시리아 난민만이 아니라, 2021년 8월 미국이 아프가니스탄에서 철수하고 탈레반의 지배체제로 들어가면서 아프가니스탄 난민 문제는 2022년에도 여전히 긴급한 문제로 등장하고 있다.

2016년 유럽의 난민 위기가 부상할 때 프란체스코 교황은 2016년 4월 16일 시리아를 비롯해 유럽연합 난민 3천여 명이 수용된 그리스

---

8.   Derrida, "Avowing", in *Living Together*, ed. Weber, 30.

레스보스섬을 5시간 동안 방문했다. 그리스 방문 후 돌아가면서 그는 6명의 아이들을 포함해서 시리아에서 온 12명의 무슬림 난민들을 바티칸으로 데리고 갔다.[9] 그리고 교황은 다음과 같은 말을 트위터에 올렸다. "난민들은 숫자가 아닙니다, 그들은 얼굴을 지니고, 이름들이 있고, 삶의 이야기들이 있는 사람들입니다. 그리고 그렇게 인간으로 대우받아야만 합니다."[10] 이어 교황은 돌아오는 전용 비행기 안에서 연민의 감정을 다음과 같이 표현한다. "오늘은 정말 울고 싶은 날입니다. 난민 어린이들이 저에게 많은 그림을 선물해 주었어요. 이걸 보세요. 어린이들이 원하는 건 평화입니다. 어린이들 마음속에 이런 장면이 있어요. 오늘은 정말 울고 싶은 날입니다."[11]

우리는 위기 상황을 접할 때, 위기 속의 그 인간이 개별성의 얼굴을 지닌 존재임을 잊곤 한다. 코로나 사태에서 인간은 코로나 감염자 ○○명 또는 사망자 ○○명이라는 숫자로 표기된다. 또한 세계를 떠도는 난민 인간도 숫자로 표기된다. 그러나 그 수가 많든 적든, 그 숫자 속의 인간은 각기 다른 고유한 얼굴과 이름을 지닌 인간이다. 프란체스코 교황이 "난민들은 숫자가 아닙니다"라고 선언하는 것은 바로 우리의 살아감이란 결국 이 숫자가 아닌 인간을 동료 인간으로 바라보고, 그 존엄성을 인정해야 하는 존재임을 상기시킨다.

데리다의 '함께 살아감'이란, 통상적으로 생각하는 '공동체'를 의미하는 것은 아니다. 오히려 데리다는 '공동체'라는 개념을 경계한다. 많은 경우 '공동체' 개념은 동질성을 공유하는 사람끼리 모여 사는 것

9. "Pope Francis Takes 12 Refugees Back to Vatican After Trip to Greece", *The New York Times*, Apr. 17, 2016.
10. https://twitter.com/Pontifex/status/721201476467499008
11. 2016년 4월 18일 뉴스 https://www.iom.int/newsdesk/20160418

으로 이해하기 때문이다. 사람들은 인종적·종교적·제도적·혈연적 동질성 등 공동체는 특정한 요소의 '동질성'을 공유하는 사람들만이 '함께'하는 것이라고 흔히 이해한다. 그리고 동질성을 공유하지 않는 이들에게는 극도의 경계심과 배타성을 드러낸다. 이러한 측면을 드러내지 않고 '공동체'라는 개념을 무비판적으로 사용할 경우, '함께 살아감'을 단지 낭만화할 뿐 그것의 복합적인 차원을 보지 못하게 된다. 인용부호가 없는 통상적인 의미의 공동체는 다른 말로 하면, '동질성의 공동체(community of sameness)'를 떠올리게 한다.

'공동체'의 이름으로 '동질성'이 아닌 '다름'을 지닌 사람은 배제하고 차별하는 것이 현실 세계에서 벌어지고 있는 일이다. 공동체를 '탈낭만화'해야 하는 이유다. 데리다의 '함께 살아감'이란 이러한 낭만화된 의미의 공동체적 삶을 지칭하는 것이 아니다. 하이데거의 '함께 존재(Mitsein, being-with)'라는 근원적인 존재방식을, 우리의 구체적인 현실 세계와 연결시키는 의미를 드러내는 것이다. 인간의 존재방식은 고립되어서가 아니라, 무수한 타자들과 함께 존재함으로써 가능하다는 것을 강조하는 것이다. 추상적이고 낭만적인 '함께 존재함'이 아니다. 현실 세계의 구체적인 문제들에 개입하고 변혁을 모색하면서 '다름'을 있는 그대로 끌어안으면서 '함께' 살아가는 것이다. 따라서 '함께 살아감'란 동질성을 공유한 사람끼리만 '함께'하는 것이 아니라, 다양한 차이와 다름을 지니고 존재하면서 정의, 평화, 평등의 세계를 지향하고 연민과 연대의 삶을 추구하는 것이다. 즉 '다름의 공동체(community of alterity)'를 일구어 가면서, 이 세계 구성원 한 사람 한 사람이 그 어떤 이유로도 차별받지 않고, 그 평등과 존엄성이 제도적으로 보장되는 세계를 의미한다.

2. 연민이란 무엇인가: 근원적인 존재방식

'연민'은 인간의 감정 세계하고만 연결된 개념처럼 보이곤 한다. 그래서 난해하기로 유명한 데리다 같은 철학자가 '연민'을 인간의 가장 근원적인 존재방식으로서, 함께 살아감의 과제를 모색하는 데 중요한 개념이라 강조할 거라 생각하는 이는 많지 않을 것이다. 데리다에 대한 오독과 오해 중의 하나는 그가 언어에 집착하는 추상적이고 비정치적인 허무주의자이고, 해체주의자일 뿐이라는 것이다. 그러나 그의 다양한 글을 보면 데리다가 정치, 법, 윤리, 철학, 문학, 예술 등의 경계를 넘어 궁극적으로 관심하는 것은, 결국 인간의 '함께 살아감'의 문제라는 것을 알 수 있다. 여기에서 '함께 살아감'이란 매우 복합적인 개념이다. 데리다는 '어떻게 함께 살아갈 것인가'의 물음에 개입하면서, 여느 개념과 마찬가지로 우리의 통상적 이해에 근원적인 사고 전환을 하게 한다. 그러한 물음을 물으면서 심오한 '함께 살아감'의 지평을 열고 있다. 그의 해체적 방식은 우리의 텍스트 읽기방식, 사물의 보기방식, 그리고 구체적인 현실 세계 속의 개입방식과 그 차원을 복합화하고 다양화한다.

1) 연민, 정의와 평등을 위한 비판적 행동주의

우리의 통상적인 이해와는 달리 진정한 의미에서의 연민이란 "단순히 감정적인 반응이 아니라, 정의와 평등을 위한 비판적 행동주의"라는 점을 분명히 주목할 필요가 있다.[12] 연민의 통상적 이해를 인용부호 속에 집어넣고서, 데리다가 가리키는 연민의 심오한 의미와 그

---

12. Weber, "Living-With-Torture-Together", in *Living Together*, ed. Weber, 248.

사회정치적 함의를 새롭게 조명해 볼 때 비로소 복합적인 연민의 결들과 만나게 될 수 있기 때문이다. 많은 이가 동정을 연민과 동의어로 생각하곤 한다. 그런데 '동정'과 '연민'의 차이는 무엇인가.

우리는 흔히 '불쌍하게 여김(pity)', '동정(sympathy)', '감정이입(empathy)'을 '연민(compassion)'과 비슷하게 생각한다. 영한사전을 찾아보아도, 이 네 가지 단어의 뜻이 모두 혼합되어 있다. 이런 의미에서 보자면, 사전이 우리에게 말해주는 것은 언제나 지극히 제한적이기도 하고, 위험하기조차 하다. 앞의 세 가지(pity, sympathy, empathy)에는 한계가 있다. 타자에게 그러한 감정을 지닌 사람, 즉 불쌍함을 느끼는 사람에게 동정의 대상이 된 이는 열등한 존재가 된다는 것이다. 따라서 두 사람 사이에 윤리적 위계가 생긴다. 개인의 의도와는 상관이 없다. 그런데 이 세 가지 감정과는 달리, 연민(compassion)은 두 존재 사이에 '윤리적 위계'가 형성이 되지 않는다. 좀 더 세밀하게 살펴보자.

'동정'의 영어 말은 '심퍼시(sympathy)'이다. 이 단어는 희랍어에서 '함께'라는 의미의 'syn'과 '감정'이라는 의미의 'pathos'에서 나왔다. 즉 동정의 문자적 의미는 '함께-느낌(fellow-feeling)'이라고 할 수 있다. 어려움을 당한 사람의 느낌에 동조하고 함께하는 것이다. 이러한 동정의 감정은 물론 중요하다. 그런데 이러한 동정이 지닌 한계가 있다. 고통과 어려움에 당한 사람을 불쌍하게 여기는 감정은 매우 중요하지만 여전히 누군가를 불쌍하게 여기는 '나'는 동정받는 '너'보다 여러 면에서 '우월한' 위치에 있다. 동정하는 사람과 동정받는 사람, 즉 동정의 시혜자와 수혜자 사이에 의식적·무의식적으로 '윤리적 위계주의'가 형성되고 그 관계 속에서 작동되는 것이다. 동정의 한계는 '불쌍하게 여기는 느낌'에서 머물 뿐 앞으로 더 나아가 다른 것으로 이어지지 않는다. '함께' 고통을 느끼기는 하지만 거기에서 멈출 뿐이다. 그 고통이 '왜' 일어나는지 뿌리 물음을 묻지는 않는다.

연민에 대하여 다음의 여섯 가지 측면을 생각해 볼 수 있다.

첫째, 연민이란 타자의 '얼굴'과 타자의 고통을 대면하는 것이다. '얼굴'이란 개별성의 존재로서 인간과 마주함을 의미한다. 즉 얼굴은 '개별성의 윤리'가 작동되는 자리라는 것이다. 타자의 얼굴을 대면하는 것으로 시작되는 연민은 바로 그 타자의 고통과 어려움에 함께하는 것으로 이어진다.

따라서 둘째, 고통을 야기한 원인 제거를 위해 적극적 개입을 하게 한다. 구제(charity)는 고통과 어려움의 정황이 '왜' 일어나는가를 묻지 않는다. 그러나 연민은 그 '왜'를 묻는다는 점에서 정의(justice)에 관한 것이다. 구제와 정의의 결정적인 차이다.

셋째, 연민은 '함께-살아감'의 과제와 책임의식으로 작동된다. 나의 삶이 너의 삶과 분리될 수 없기 때문이다.

넷째, 연민은 인간됨의 실천과 확인을 하게 하는 원동력이 된다. "무관심은 '인류에 대한 범죄'의 시작"이라는 데리다의 말은 의미심장하다.[13]

다섯째, 데리다의 말처럼 연민이란 결국 '함께-살아감'의 근원적인 존재방식이다.

여섯째, 연민은 공평성, 정의, 상호의존성의 가치에 근거한다. 연민의 실천을 통해서 우리는 공동의 정치적 공간을 창출하게 된다. 연민의 이러한 측면들을 좀 더 살펴보자.

연민은 동정과는 달리 공평성, 정의 그리고 상호의존성의 가치들

13.　Derrida, "Avowing", in *Living Together*, ed. Weber, 38.

에 근거해 있다. 연민은 영어로 '컴패션(com-passion)'이다. 이 단어는 '함께(with)'를 의미하는 '*compati*-com', 그리고 고난이나 고통(suffer)을 의미하는 '패션(*pati*-passion)'이 합쳐진 개념이다. 연민, 즉 '컴패션'은 '함께 고통함(suffer-with)'의 의미를 담고 있다. 이러한 연민은 단지 고통과 아픔을 수동적으로 함께 느끼는 것에 머물지 않는다. 연민은 그 고통과 아픔을 야기시킨 원인을 없애기 위해 적극적 개입을 하게 만드는 동력이다. 연민의 대상자와 연민을 느끼는 사람과의 윤리적 위계는 존재하지 않는다. 근원적으로 우리는 각자의 존재함을 위해 서로 의존한다는 진정한 상호의존성을 품고 '함께 살아감'의 과제와 책임을 인식하기 때문이다.

연민은 왜 함께 살아감에서 중요한 인간의 존재방식인가. 이것은 추상적인 개념이 아니다. 우리의 구체적인 삶에서 참으로 중요한 인간이 지녀야 할 존재방식이다. '함께 살아감'에 가장 근원적인 방식인 연민을 파괴하는 것이 있다면 그것은 무엇일까. 고문의 예를 생각해 볼 수 있다. 현대 세계에서 다양한 방식으로 한국은 물론 세계 곳곳에서 자행되고 있는 고문은 가해자와 피해자의 '함께('with' or 'together')'를 파괴한다. 고문하는 가해자는 타자의 고통을 부정해야 고문을 실행할 수 있다. 이렇게 타자의 고통을 부정하는 것은 단지 '함께 살아감'의 인지적 실패가 아니라, 정신(spirit)에서의 실패이다.[14]

'함께 살아감'의 가치와 정면으로 배치되는 고문 현장에서, 어떻게 '함께 살아감'의 연민이 작동될 수 있는지 구체적인 예를 살펴보자. 1939년 실제로 일어났던 일이다. 페트초Mordehy Petcho는 유대인 게릴라 그룹인 '이르군(Irgun)'의 요원이다. 그는 영국 범죄수사국에 붙잡

---

14. Weber, "Living-With-Torture-Together", in *Living Together*, ed. Weber, 247.

혀 고문을 당하고 감옥에 갇히게 된다. 그런데 쓰러진 페트초에게 그 감방에 함께 있던 어느 아랍인이 음식을 가져온다. 페트초가 기운이 없어서 음식을 스스로 먹지 못하자, 이 아랍인은 페트초에게 음식을 먹여준다. 그리고 페트초가 통증이 심해서 아파하자 담요를 들어보라고 한다. 온몸에 여기저기 멍이 든 것을 보자, 영국을 최악의 야만인이라고 욕을 한다. 그런데 이렇게 팔레스타인 아랍인과 유대인 게릴라 요원이 자신들 안의 '인간됨(humanity)'을 서로 확인하고 있는 장면은 참으로 보기 드문 것이며, 통상적으로는 상상조차 불가능한 일이다. 서로 극도의 대립적인 '원수'로 살아왔기 때문이다.[15]

영국 감옥에서의 이 장면은 데리다가 '함께 살아감의 가장 근원적인 방식'이라고 하는 '연민'이 극단적인 상황에서도 일어날 수 있다는 것을 보여주고 있다. 인간이 지닌 타자에 대한 '연민'이 '행동'으로 옮겨지는 순간, 감동을 경험하는 것이다. 연민 안에는 감정적 반응에만 머무는 것이 아니라, 행동으로 이어지게 하는 힘이 있다.[16] 연민은 아랍인과 이스라엘 유대인인 페트초의 경우에서처럼, 많은 경우 타자의 고통을 목격하면서 생기기 시작한다. 그렇지만 연민은 타자의 고통에 대한 직접적인 목격보다 훨씬 더 심오한 차원을 지닌다.

2) 연민, 얼굴과 얼굴의 대면

데리다는 타자의 고통만이 아니라, 타자의 '얼굴'을 마주하는 것 – 이러한 '얼굴과 얼굴'의 대면이 바로 연민의 감정이 생기기 시작하는 지점이라고 본다. 데리다가 이렇게 타자의 '얼굴'을 타자에 대한 책임

15. Darius Rejali, *Torture and Democracy* (Princeton: Princeton University Press, 2009), 30.
16. Weber, "Living-With-Torture-Together", in *Living Together*, ed. Weber, 243.

성, 환대, 연민의 중요한 자리로 생각하는 것은 레비나스의 타자의 철학과 만난다. 레비나스는 타자의 '얼굴'이야말로 그들의 존재를 인식하게 되는 가장 중요한 자리라고 본다. 나와 '얼굴과의 관계'는 단지 "대상-인지(object-cognition)"의 관계가 아니다.[17] '얼굴'이란 '개별성의 윤리'의 출발이다. 이 개별성이란 대체 불가능한 유일무이한 존재라는 것을 드러내는 개념이다. 데리다에게 있어서 이 개별성의 윤리는 모든 주제에서 적용되는 중요한 개념이다.

이러한 맥락에서 보면 연민은 얼굴을 지닌 타자의 고통에 감정적으로만 반응하는 것이 아니다. 연민은 타자의 고통에 함께한다는 점, 서로에게 필요한 존재들이 '공동의 정치적 공간'을 창출하게 한다는 점에서 '비판적 행동주의(critical activism)'이다. 연민은 타자의 고통을 목격하면서 인지 세계에서만이 아니라, 몸과 마음으로 그 고통을 함께 느끼는 것이다. 따라서 연민은 공동의 정치적 공간을 창출하는 데 강력한 동기를 부여하고 정의와 평등 그리고 평화를 파괴하는 것에 반대, 저항 그리고 행동을 구체적으로 하게 한다. 연민으로 동기부여가 됨으로써 이러한 '공동의 정치공간'이 창출되는 것이다.

데리다는 함께-살아감에 있어서 가장 근원적인 방식의 연민에는, 타자의 고통을 함께 고통함으로써 정의가 무엇인지 말할 수 있게 되며, 그 정의란 법을 요구하고 그 법을 넘어서는 요구를 하도록 가르치는 구체적인 효과가 있다고 보았다.[18] 성서에서 신은 '연민하는 존재(the Compassionate)'로 인지되기도 한다.[19] 그런데 타자의 고통을 목격

---

17. Levinas, *Totality and Infinity*, 75.
18. Derrida, "Avowing", in *Living Together*, ed. Weber, 30.
19. 참조, 시편 25:6, 이사야 49:15, 54:7.

하면서 가지게 되는 연민의 감정은 인간에게만 적용되는 것일까.

데리다에 따르면, 인간만이 아니라 동물에 대해서도 그러한 연민의 감정이 발생한다. 데리다는 동물에 관한 그의 책에서 무한하게 다양한 인간 아닌 생물을 모두 '동물'이라고 규정하는 폭력성에 대해 문제 제기를 한다.[20] 그러면서 인간은 착취, 박해, 고문 또는 살인처럼 끔찍한 일을 정당화할 때만, 자신을 동물과 동일시한다고 한다. 그러나 데리다가 '동물'이라는 범주 규정의 폭력성에 문제 제기를 한다고 해서, 인간과 동물 사이에 심연이 있음을 부정하는 것은 아니다. 이러한 측면에서 인간 고문과 동물 학대 사이에는 차이가 있다. 그럼에도 불구하고 인간 고문과 동물 학대는 서로 겹치는 세 가지 공통적 요소가 있다. 첫째, 인간이든 동물이든 피해자가 고통을 받고 있다는 것에 대한 감지. 둘째, 피해자에 대한 연민의 감정이 생길 가능성이 있다는 점이다. 그리고 셋째, 피해자에게 생기는 불쌍히 여기는 마음(pity) 자체를 없애려는 지속적인 내면 갈등의 가능성이 있다는 것이다.[21]

이러한 의미에서 볼 때, 인간이든 동물이든 고통을 당하고 있는 타자를 목격하는 '나'는 총체적인 하나의 존재가 아니며, 다층적 감정으로 분열을 경험한다. 한편으로는 그 고통당하는 존재에게 연민을 느끼게 되면서, 그 고통을 제거하기 위해 그가 처한 정황에 개입해야겠다는 의지를 가지게 된다. 그런데 또 다른 한편으로는 그 상황을 모른 척하고 외면하고 싶은 생각도 하게 된다. 개입하자마자, 자신의 삶도 그 고통의 짐을 짊어져야 한다는 것을 인지하기 때문이다.

데리다는 이 점에서, 함께-살아감의 첫 번째 단계는 언제나 '총체

---

20. Derrida, *The Animal That Therefore I Am.*
21. Derrida, *The Animal That Therefore I Am,* 28-29.

화(totalization)'에 대한 반역을 의미한다고 강조한다. '총체화'란 모든 생명이 각각 지닌 유일한 존재로서의 '개별성의 윤리'를 함몰시킬 뿐만 아니라, '나' 자신 속에서도 벌어지는 다양한 차이나 분열들을 하나로 묶어서 외면하고 억누르게 한다. 이러한 의미에서 총체화에 대한 반역이란 외부 세계일 수도 있고, 나 자신 속에서 일어나는 일일 수도 있다. 예를 들어 독재정권에서 살아가는 사람들은 독재자에게 박해당하고 고통당하는 사람들에게 동정심이나 연민을 가지는 것을 허용하지 않는다. 즉 인간의 매우 섬세하고 다층적인 감정들을 억누르고 무관심과 당연함으로 간주하도록 만든다. 이러한 과정이 바로 '총체화'의 양상이다. 총체화는 생명들의 다름과 개별적 고유성을 인정하지 않음으로써 비인간화시킨다. 타자의 고통에 연민이 있어야 정의나 공평함을 요구하게 되고 이러한 요구는 공동의 정치적 공간을 형성하게 함으로써, 비판적 행동으로 연계될 수 있다. 연민은 정의와 평등의 확장을 향한 연대의 몸짓이다.

3. "애도한다, 고로 존재한다":
애도의 정치학과 코즈모폴리턴 연민

데리다는 "살아감이란 언제나 함께 살아감"을 의미한다고 강조한다.[22] 그렇다면 '어떻게' 함께 살아가야 하는 것인지 우리는 배워야만 한다. 함께 살아간다는 것은 단순히 감정적이고 낭만적인 이야기가 아니다. 그것은 윤리적·법적·정치적 그리고 종교적 함의를 지니고 있

22.　Derrida, "Avowing, in *Living Together*, ed. Weber, 19.

다. 함께 살아감이란 진정한 평화를 이루기 위하여 필수적이다. 그런데 함께 살아감은 '함께-잘-살아감'을 의미한다. '함께-잘-살아감'에 대하여 데리다는 두 가지 질문을 던진다. 첫째, '누구와' 함께인가. 둘째, 함께 살아감에서 '살아감'은 무엇을 의미하는가. 이 질문은 단순한 것 같지만, 사실 매우 복잡한 이야기이다. '코즈모폴리턴 연민'은 바로 데리다가 우리에게 던지는 질문과 연결되어 우리가 생각해야 하는 연민의 대상과 그 연민을 통해 함께 살아간다는 의미가 무엇인지를 근원적으로 재구성하게 한다.

그런데 '누구'와 함께 살아감인가. 내가 알고 있는 가족, 친척, 친구들을 '함께'의 범주 속에 넣어 생각하는 것은 그렇게 어렵지 않을 것이다. 그런데 '함께' 살아야 할 대상에 내가 전혀 알지 못하는 낯선 사람, 외국인, 이주민, 더 나아가서 싫어하거나 혐오하는 사람들까지 포함시킬 수 있을까. 만약 내가 혐오하거나 꺼리는 사람까지 그 '함께'의 범주에 넣어야 한다면, '함께 살아감'이란 돌연히 너무나 '불가능한 사건'이 되어버린다. '함께'가 담고 있는 의미가 매우 복잡해진다. 이 '함께'란 그저 같은 공간에 사람들이 모여 있는 의미에서의 '함께'가 아니기 때문이다.

또한 이 '함께'에는 살아있는 타자만 포함되는 것이 아니다. 나 자신과 함께 살아감, 죽은 자들과 함께 살아감의 문제도 중요하다. 한 인간이란 단순한 결을 지니지 않는다. 자신 속에 상충하는 다양한 모습의 '나'가 있다. 데리다가 "나는 나와 하나가 아니다"라고 하면서 한 사람 속에 여러 '나'가 있음을 강조하는 이유다.[23] 그 다양한 '나'들과

23. "On Forgiveness: A Roundtable Discussion with Jacques Derrida", in John Caputo, Mark Dooley,& Michael J. Scanlon, eds., *Questioning God*, 60 & 61.

'함께-잘-살아감'의 의미는 무엇인가. 어쩌면 이 물음은 한 사람의 삶에서 지속적으로 성찰해야 하는 심오한 주제라고 할 수 있다. 내가 나의 '고통'에 함께한다는 것, 그 고통과 함께하면서 그 고통이 야기 되는 원인을 성찰하면서, 그 나와 '함께-잘-살아감'의 의미를 추구하 는 것은 나의 실존의 가장 근원적인 존재방식이라고 할 수 있다.

죽은 자와 '함께 살아감'이란 무엇일까. 데리다는 살아있는 사람만 이 아니라, 죽은 사람과도 함께 살아가야 한다고 말한다.[24] 예를 들어 세월호 참사에서, 광주 민주화운동에서, 지금도 세계 곳곳에서 벌어 지고 있는 무수한 내전과 전쟁에서 희생당한 사람들과 '함께 살아감' 의 의미는 무엇인가. 또 다층적 혐오로 죽임을 당한 성소수자와 그들 의 가족, 친구, 친지와 '함께 살아감'의 의미는 무엇인가.

우선 그들의 고통에 함께하는 연민의 감정은 그들이 이루고자 했 던 삶, 그들이 보고자 했던 사회, 그들이 살아가면서 경험한 다층적 차별과 억압의 고통을 상기하는 것에서 출발한다. 죽은 자와 '함께 살 아감'은, 연민과 연대 그리고 보다 나은 사회를 향한 변화에의 씨앗을 자기 삶의 정황에서 뿌리는 것이다. 데리다는 죽은 자들과 '함께 살 아감'을 말하면서 레비나스를 언급한다. 데리다는 레비나스가 죽었 지만, 그에 대한 기억을 소환한다. 이렇게 그를 기억하면서 그를 향해 가고, 그에게 감사한다고 한다.

예를 들어서 누군가의 묘지를 방문한다고 하자. 묘지 방문 행위는 죽은 자와 함께 살아감의 한 측면을 드러낸다. 특정인의 묘지를 방문 할 때, 그 행위를 통해서 나는 죽은 자의 삶, 그가 남긴 여러 가지 정신 적 유산, 이루어야 할 일들을 소환하고 상기하게 된다. 데리다에 따르

---

24.   Derrida, "Avowing", in *Living Together*, ed. Weber, 20.

면, 죽은 자와 함께 살아감이란 우연한 일이거나, 기적 같은 일, 또는 보기 드문 기이한 일이 아니다. 오히려 죽은 자와 함께 살아감은 인간 실존의 본질적인 가능성이다.[25]

현재는 물론 미래에도 함께하지 못할 과거의 사람과 함께 살아간다는 것은 단순한 일이 아니다. 죽은 자와 함께 살아간다는 것은, 자신과 함께 살아간다는 것과도 연결된다. 한 사람의 자아란 총체화된 균질적 자아가 아니다. 그 자아는 분산되기도 하고, 닫히기도 하고, 분열되고 찢겨지기도 하고, 또한 개방되기도 하는 자아다. 이러한 자아와 '함께-잘-살아감'이란 과거의 자신, 현재의 자신 그리고 예측 불가의 다가올 미래의 자아와도 함께 잘 살아감을 의미한다. 죽은 자와 함께 살아감은 죽은 자에 대한 애도 속에서 진행되며, 또한 그 애도하는 나 자신을 품고 함께 살아감과 연결되기도 한다.

"나는 생각한다, 고로 존재한다"라는 '사유 주체'의 부각은 중요하다. 그러나 인간의 '함께 존재'라는 차원을 결여한다. 이 데카르트적 인간 이해의 한계를 넘어서서, "나는 애도한다, 고로 존재한다"라는 "애도 주체(mourning subject)"로서의 데리다의 선언은 내게 매우 중요하다. 인간이 '사유 주체'만이 아니라 '공존의 주체(the subject of co-existence)'라는 심오한 이해의 차원을 열어주기 때문이다. 그래서 이러한 데리다의 인간 이해는 나의 사유와 실천 세계에 매우 중요한 토대가 되어왔다. 내가 페미니즘, 포스트모더니즘, 포스트콜로니얼리즘 등과 같은 현대 담론/운동에 개입하는 것은 인간의 '상호존재성의 의미'를 다층적으로 확인해주는 이론이며 실천으로서의 의미를 지닌다. 그 이론들이 나와 다른 입장을 정죄하고 파괴하는 '무기'가 아니

---

25. Derrida, "Avowing", in *Living Together*, ed. Weber, 20.

라, 인간됨을 상실하지 않는 평등과 정의 확장의 '도구'로 사용되어야 한다고 내가 언제나 강조하는 이유이다. 이러한 사상적 배경이 어떠한 주제든 나의 글, 말 또는 운동의 출발점을 구성한다.

그런데 한 사람의 죽음을 '애도한다'는 것은 무엇인가. 특히 그 사람과 내가 개인적 친분이 없는 경우 애도한다는 것은 무엇인가. 아울러 애도의 대상이 인간이 아닐 때 그 의미는 무엇인가. 애도란 대상이 인간 생명이든 동물 생명이든, 알고 있든 그렇지 않든 나의 존재방식에서 '너와 함께'임을 심오하게 드러낸다. 인용부호가 없는 애도와 인용부호 속의 "애도"라는 두 개념의 차이를 스스로 마음속에 구성하고 있는가. 이러한 근원적인 물음을 우리 각자는 자신의 정황에서 씨름해야 한다. 나는 오직 내가 생각하는 "애도"를 말할 수 있을 뿐이다. 나는 '진정한 애도'와 '위험한 애도'가 있다고 본다. 내가 보는 '위험한 애도'가 지닌 세 가지 특성은 첫째, 애도 대상에 대한 이상화, 둘째, 낭만화, 셋째, 내면화이다.

첫째, '이상화'란 그 존재가 삶에서 이루어 온 업적이나 한 인간으로 걸어 온 자취를 가장 최고의 것으로 올려놓고서, 누구도 접근할 수 없는 존재로 승격시키는 것이다. 둘째, '낭만화'란 '밝고 좋은 것'만을 부각시킬 뿐, 인간에게 모두 있을 수 있는 '어둡고 문제적인 것(dark side)'은 보길 거부하는 것이다. 셋째, '내면화'란 그 죽음이 살아남은 '나'에게 무엇을 의미하며, 어떠한 방향으로 나아갈 것인가를 보지 않고, 그 죽음 자체를 하나의 '실존적 늪'으로 기능하도록 하는 것이다. 무기력감, 낭패감, 냉소성으로 둘러싸인 그 '실존적 늪'에 침잠하는 방식의 애도는 '위험한 애도'이다.

'내가' 생각하는 '진정한 애도'는 무엇인가. 우선 '위험한 애도'의 세 요소를 넘어서는 과정으로부터 시작한다. 첫째, 죽음을 맞이한 사람이 한 '인간'이라는 것을 인식한다. 그리고 대체 불가능한 생명 상실에 대한 아픔에서 진정한 애도가 시작된다. 둘째, 그렇다고 해서 '애도하기'가 그 인물에 대한 '이상화', '낭만화'를 하면서 그 죽음을 '냉소성, 낭패감, 무기력감의 늪'으로 만드는 것이 아니다. "한편으로는" 한 인간으로서 그가 해 온 일들의 의미를 되짚는 작업이 필요하다. 그러면서 "다른 한편으로는" 그가 개별 인간으로서 다층적 한계와 잘못을 할 수 있는 사람임을 보면서, 그 한계와 과실을 책임적으로 비판적 조명을 하는 것이다. 셋째, 그가 지녔던 '가치들'이 있다면, 그 가치들은 무엇이었으며 가치들의 구체적 실천에 대하여 남아 있는 '내가' 나의 삶의 정황에서 할 수 있는 또는 해야 하는 과제는 무엇인가를 성찰하는 것이다. 이것이 내가 생각하는 인용부호 속의 "애도", '진정한 애도'이다. 그렇기에 애도하는 대상과 '함께(with)'만이 아니라, 그 사람을 비판적으로 '넘어서고 문제 제기하는(beyond/against)' 접근이 요청되는 것이다.

내가 감동 깊게 마주한 어떤 사람의 '애도하기' 방식이 있다. 사람마다 각기 다른 애도의 방식이 있다는 것을 나는 이 철학자에게서 확인하게 되었다. 데리다는 2004년 10월 9일에 죽었다. 그런데 그의 죽음을 '애도하기'란 무엇인가. 자명한 것 같은 '애도하기'가 사실상 전혀 자명하지 않다. 숀 가스톤Sean Gaston은 데리다의 죽음 후 데리다의 '애도하기'를 자신만의 방식으로 했다. 후에 책으로 출판된 그의 '애도하기' 방식은 2004년 10월 12일부터 12월 17일까지 두 달에 걸쳐서 데리다의 작업, 사상, 삶의 자취에 대한 자신의 성찰을 기록하는 것이었다. 52편의 글이 되었다. 책의 제목은 《자크 데리다에 대한 불가능한 애도》다.[26] 가스톤의 '애도하기' 방식에서 나타난 그의 글들은 참으로 다양하게, 심오하게, 복합적인 모습으로 '애도하기'가 '가능/불가능'하다는 것을 내게 감동적으로 일깨워주었다.

이렇듯 한 죽음에 관한 '애도하기'란 다양한 모습을 지닌다. 그렇기에 나는 모든 사람이 동일한 방식의 애도를 해야 한다고 생각하지 않는다. 왜냐하면 '애도하기' 역시 '자서전적'이기 때문이다. 살아감이란 도처에서 일어나는 죽음들을 마주하는 것을 의미하기도 한다. 또한 우리 각자는 예외 없이 '죽음을 품고 살아가는 존재'이다. '나'는 인용부호가 없는 애도와 인용부호 속의 "애도"의 의미를 어떻게 생각하는가. 자기만의 방식을 타자에게 강요하는 것이 아니라, 다양한 방식의 애도하기를 품고서, 각자가 지속적으로 씨름해야 할 개인적·사회정치적 과제이다.

1) 연민과 애도

근원적으로 타자의 고통과 얼굴을 대면할 때, 그 '타자의 고통'은 언제나 쉽게 인지할 수 있는 것인가. 그렇지 않다. 여기에서 우리가 늘 기억해야 하는 것이 있다. 연민은 마음만 먹는다고 자동적으로 실천할 수 있는 것이 아니라는 점이다. 물론 고문과 같이 눈에 보이는 육체적인 고통, 또는 강한 사람이 약자에게 폭력을 행사할 때 그 피해자가 느끼는 고통, 또는 먹을 것이 없어 굶고 있는 노숙인의 고통과 같은 것은 용이하게 알아차릴 수 있다. 그러나 차별과 편견, 배제, 또

---

26.   Gaston, *The Impossible Mourning of Jacques Derrida.*

는 여러 가지 형태의 비가시적 폭력 등에 의한 고통은 자명한 것으로 알아차릴 수 없기에 연민의 대상이 되지 못하는 경우가 빈번하다.

따라서 고통을 야기하는 것이 무엇인가. 어떤 종류의 고통들이 있는가. 그 고통의 본질적 동기는 무엇인가. 이러한 근원적 물음을 물으면서 이 세계의 다양한 모습의 배제, 차별, 폭력 등을 학습하는 것이 필요하다. 고통은 육체적인 것만이 아니라 차별과 배제로 야기되기도 한다는 점에서, 연민을 실천하려면 고통을 일으키는 것들을 학습할 필요가 있다. 미국 스탠퍼드 대학교에 〈연민과 이타주의 연구와 교육 센터(The Center for Compassion and Altruism Research and Education)〉가 있다.[27] 이 센터에서는 '연민'을 가르치는 코스와 교사 훈련 프로그램을 제공하고 있다. 연민은 자동적으로 찾아오기만 하는 것이 아니라, 현대 사회에서 일어나고 있는 다양한 모습의 '고통'을 학습하고, '함께-고통'하는 것이 어떠한 것인지 연습해야 하는 것이다.

직접적 차별과 간접적 차별이 있다. 우리가 살고 있는 한국 사회나 세계에서 한 사람의 젠더, 사회적 계층, 인종, 성적 지향, 정신적 또는 육체적 장애, 출신 학교, 출신 지역, 외모, 나이 등에 근거한 다양한 차별이 벌어지고 있다. 타자의 '고통에 함께한다'는 의미의 연민을 실천하고자 해도 어떤 고통이 내 주변에 존재하고 있는가를 알지 못한다면, 연민이란 단지 상투적이고 낭만적인 구호에 지나지 않는다. 연민이 인간의 가장 근원적인 존재방식이라고 할 때, 어떠한 고통을 사람들이 겪고 있으며 그 고통을 '함께' 겪는다는 것은 무엇을 의미하는가

27.　http://ccare.stanford.edu/about/mission-vision/

는 결코 단순하지 않다. 이러한 맥락에서 보자면 연민, 즉 타자의 고통에 함께하려면 그 '고통의 구조'를 알아야 한다. '아는 것만큼' 함께할 수 있기 때문이다.

데리다는 이 세계에서 연민과 환대의 대상이 되는 인간의 고통에 대해 다음과 같은 예를 든다. 첫째, 외국인과 이주민들 문제다. 둘째, 시민 결합(civil union)과 동성 간의 결혼 문제이다. 셋째, 제1차 세계대전 이후 지속된 다양한 국가적 기억의 문제이다.[28] 물론 이 세 가지 주제라고 해서, 단순히 세 가지 항목만 있는 것은 아니다. 하나의 문제는 개인적 차원만이 아니라, 각기 매우 복합적인 사회정치적 차원과 연결되어 있기 때문이다. 외국인, 이주민, 난민, 망명자 등으로 분류되는 이 다양한 이름의 사람들은 다층적 고통을 경험하게 된다. 그들이 도착한 지역에 거주 허가가 있든 없든, 그 어떠한 이유에서든 자신이 태어난 나라를 떠나 살아가야 하는 사람들을 환대하는 문제는 고통 속에 있는 그들과 '함께 살아감'의 문제이다.

예멘 난민들, 시리아 난민들, 아프가니스탄 난민들 등 세계 곳곳에서 낯선 곳으로 가야 하는 난민들이 점점 증가하고 있다. 이러한 난민들은 정치적·경제적 또는 육체적 고통 속에서 삶을 펼치고 있다. 난민의 위치가 아니라 해도, 낯선 곳에 새롭게 살아가야 하는 외국인은 언어, 문화, 종교 등 다층적 차이를 지니며 그 차이가 차별의 근거로 사용되는 경험을 하게 된다. 이러한 차별, 편견, 배제의 경험은 그들의 삶이 가시적 또는 비가시적 고통 속에서 구성됨을 의미한다. 이렇게 다양한 타자의 고통에 함께하는 의미로 연민을 가지는 것은, 그 고통의 복합적인 차원을 인식하는 것만큼 가능하다.

28.   Derrida, "Avowing", in *Living Together*, ed. Weber, 24.

2) 살아남음과 책임으로서의 애도

데리다는 "나는 애도한다, 고로 존재한다"라고 한다.[29] 내가 이 책의 부제로 삼은 데리다의 이 말은 매우 심오한 의미를 지닌다. '애도한다'는 것은 '생각한다'보다 더 본래적인 것이라고 데리다는 강조한다. '애도하는 것'이 한 사람의 존재를 드러내는 근원적인 존재방식이란 것은 내가 너와 연결되어 있으며, 너의 상실에 대한 애도가 나의 삶을 구성하는 요소임을 나타낸다. 이런 의미에서 '함께 살아감'은 '함께 고통함'의 의미를 지닌 연민, 그리고 상실에 대한 아픔을 드러내는 '애도'와 분리할 수 없다. 너와 나의 관계가 형성되자마자 애도는 시작된다. '우정의 법(law of friendship)'이란 '애도'라고 데리다는 말한다. 애도란 윤리의 시작이다. 애도란 내가 고립되어 살아가는 존재가 아니라, 타자와 '함께 살아가는 존재'임을 드러낸다. 우정은 생존의 가능성으로부터 시작하며, 생존은 애도의 다른 이름이다."[30] 애도는 어떤 사상이나 언어 같은 것에 보이는 감정이 아니다. 애도는 언제나 타자에 대한 반응이며, 생명에 대한 반응이다. 인간으로 존재한다는 것은 바로 이렇게 자신과 타자를 연결하며 살아감을 의미하며, 누군가에 연결된다는 것은 바로 애도가 시작된다는 것을 의미한다.

그런데 데리다에게 애도란 무엇인가. 데리다의 애도는 먼저 떠난 사람을 '기억'하고 동시에 그 떠난 사람이 못다 한 삶까지 살아내는 '책임성'을 의미한다. 여기에서 '기억'한다는 것은 인용부호 속에 넣어서 생각해야 한다. 데리다가 이 세계에는 '인용부호가 없는 개념'과 '인용부호가 있는 개념'이 있다고 한 것을 상기하자. 여기에서 기

---

29. Derrida, *Points ⋯ Interviews, 1974-1994*, 321.
30. Derrida, *Politics of Friendship*, 1.

억이란 낭만적인 기억이 아니다. 상실에 대해 눈물 흘리며 슬퍼하기만 하는 것은 데리다의 '기억'이 아니다. 데리다의 기억은 언제나 '책임성'과 연결된다. 즉 '정치화된 기억'이다. 나보다 먼저 고통과 죽음을 경험한 사람의 못다 한 삶까지 내 어깨에 짊어지고, 보다 나은 세계를 만들기 위해 이 세계에 개입하는 것을 의미한다. '애도의 정치학 (politics of mourning)'이 구성되는 의미다.

데리다는 전통을 유산으로 받는다는 것은, 언제나 '애도의 작업'이 개입된다고 한다. 애도는 다가올 나의 죽음, 또한 나보다 먼저 간 사람들에 대한 애도를 의미한다. 애도는 먼저 간 사람들이 남긴 자취와 '과거'를 지속적으로 '기억'하도록 하고, 그들이 살고자 했던 '미래'를 '기억'하면서 새로운 전통을 만들 책임을 짊어지고 있기 때문이다. 애도는 이런 의미에서 중요한 윤리적 자리다. 애도가 부재할 때, 윤리역시 부재하다. 여기에서 '윤리'란 레비나스의 윤리이해와 맥을 같이한다. 애도와 연결되는 윤리란, 타자에 대한 책임성을 의미한다.

연민이란 누군가를 단지 불쌍하게 여기거나 동정하는 것이 아니다. 연민은 타자의 고통에 함께하는 것이며, 타자의 죽음에 애도하는 것이다. 그러한 애도와 연민은 우리의 존재방식으로 자리해야 한다. 타자의 고통을 부정하는 것은 단지 우리의 인지에서의 실패가 아니다. 그것은 정신과 영혼의 실패이다. 이러한 의미에서 타자의 고통에 무관심하거나 아무것도 하지 않는 수동성은 "인류에 대한 범죄의 시작"이라고 데리다는 강조한다.[31] 결국 연민은 애도와 함께 '함께-살아감'의 근원적인 존재방식이 된다. 연민과 애도는 내가 타자들과 관

---

31.   Derrida, "Avowing", in *Living Together*, ed. Weber, 35.

계 속에서 살아가고 있으며, 나와 타자 간에 '격한 관계성'이 형성되자마자 언제나 '방해받음(disturbance of violent relatedness)'으로 이어진다.[32] 데리다는 애도를 파울 첼란Paul Celan의 시와 연결시킨다.

> 세계는 사라졌다,
>
> 나는 당신을 데리고 가야만 한다
>
> (The world is gone, I must carry you; Die Welt ist fort, ich muss dich tragen)[33]

'매 죽음마다 이 세계의 종국'이라고 한 데리다에게 이제 세계가 사라졌고, "나는 당신을 데리고 가야만 한다(must)"는 첼란의 시는 연민과 애도야말로 인간의 가장 근원적인 존재방식, 즉 '함께-잘-살아감'을 위해 없어서는 안 되는 것임을 섬세하게 드러낸다. 데리다의 연민과 애도는 나를 포함하여 타자의 과거와 미래의 기억, 그리고 '함께-잘- 살아감'을 위한 책임과 연대의 장으로 우리를 초대한다.

데리다가 자신의 죽음을 '애도'하며, 남아 있는 사람들에게 쓴 '조사'를 다시 만나보자. 2장에서 전문을 소개했는데, 그의 조사를 매듭짓는 마지막 부분은 여러 가지 중요한 점을 우리에게 전하고 있다.

첫째, '애도'란 우리가 통상적으로 생각하듯 타자의 죽음에 대한 애도만은 아니라는 것이다. 애도는 다가올 '나의 죽음'에 대한 애도까지 포함한다.

둘째, 진정한 애도는 슬픔과 비통의 늪에 침잠하는 것이 아니다. 진

---

32.   Nancy, *Being Singular Plural*, xiii.
33.   Derrida, *Sovereignties in Question*, 161-62.

정한 애도란 나 또는 너보다 먼저 간 사람이 남긴 자취 그리고 그에 대한 '기억'을 하면서 치열하게 '살아남음(survival)'의 '책임성'을 의미한다. 데리다가 "살아남음을 무조건적으로 긍정하기를 멈추지 말라(never cease affirming survival)"고 부탁하는 말은 자신의 장례식에 올 사람만을 향하는 것이 아니다. 지금 이렇게 이 책을 통해 데리다를 접하는 우리를 포함해 자신을 알고, 만나고, 기억하는 모든 이에게 절절하게 당부하는 것이다. 데리다 사상에서 이 "살아남음"이란 인용부호 속에 넣어서 생각해야 함을 기억하자. "살아남음"이란 단지 생물학적 생명을 '유지'하는 의미가 아니다. 이 삶을 전적으로 긍정하고, 나보다 먼저 갔지만 그의 현존을 생각하며 그를 '데리고(carry)' 그가 살고자 했던 삶과 만들고자 했던 세계를 향해 치열하게 씨름하고 살아감을 의미한다.

셋째, '애도'란 나 자신은 물론 타자의 삶과 고통에 '함께'하는 '연민'의 다른 말이기도 하다는 것을 보여준다.

넷째, 연민과 애도란 결국 '생명을 향한 사랑과 미소'를 의미한다. 데리다에게서 '미소'는 심오한 의미를 지니는 중요한 개념이다. '미소'는 우리가 자신과 타자를 긍정하는 실제적 몸짓이기도 하고, '존재의 전적 긍정'이라는 의미의 심오한 메타포이기도 하다. 그래서 인간의 윤리적 의무로서 환대를 강조한 칸트에게 환대란 미소 없이도 가능할 수 있겠지만, 데리다는 '환대는 미소 없이는 불가능하다'고 한 것이다. 타자에 대한 진정한 환영이란 '윤리적 의무'의 차원을 넘어 나의 전 존재가 타자의 전 존재를 환영하는 것을 의미하기 때문이다. '미소'는 이러한 전적 환대, 전적 환영을 지칭하는 중요한 의미다.

내가 여러분을 향하여 끝까지 미소 지을 것처럼, 나를 향하여 미소 지어 주십시오.

언제나 삶을 사랑하고 그리고 살아남음을 무조건적으로 긍정하기를 멈추지 마십시오.

나는 여러분을 사랑합니다, 그리고 내가 어디에 있든지 여러분에게 미소 지을 것입니다.[34]

데리다는 2004년에 이 지구에서의 삶을 종결했다. 그러나 자신은 물론 타자에 대한 따스한 연민, 그리고 타자와의 관계가 형성되자마자 동시에 시작되는 '애도'의 심오한 의미는 지금 살아남아 우리 속에 남아 있다. 데리다가 현존(presence)과 부재(absence)의 경계를 넘어서는 '유령(specter)'이라는 개념을 차용해 《마르크스의 유령》에서 말하듯이, 이제 우리는 '데리다의 유령성(spectrality)'을 느끼고 경험하면서, 애도와 연민의 의미를 배워야 할 것이다.

---

34. Cited in Hill, *The Cambridge Introduction to Jacques Derrida*, 11.

제11장

인간과 동물:
'동물에 대한 범죄'를 넘어서

데리다의 글소리

동물, 이것은 도대체 무슨 말인가!

이것은 하나의 단어다, 인간이 살아있는 타자에게 명명할 권리와 권위를 스스로에게 부여하면서, 인간이 제도화한 이름일 뿐이다.

(The animal, what a word!

The animal is a word, it is an appellation that men have instituted, a name they have given themselves the right and the authority to give to the living other.)[1]

그렇다, 동물, 이것은 도대체 무슨 말인가!

동물은 인간들이 스스로 명명의 권리를 부여해 만든 이름이다. 인간들은 명명 권리와 권위를 유산으로 수여받은 것처럼 행동하지만, 사실 그 권리란 인간들이 직접 자신에게 부여한 것이다. 인간들은 수없이 많은 살아있는 존재를 단순한 이 하나의 개념 속에 몰아넣기 위해, 이 단어를 자신에게 부여했다: (절대화된 대문자로서의) "동물", 인간들이 명명했다.

(Yes, animal, what a word!

Animal is a word that men have given themselves the right to give. These humans are found giving it to themselves, this word, but as if they had received it as an inheritance. They have given themselves the word in order to corral a large number of living beings within a single concept: "The Animal", they say.)[2]

동물은 우리를 바라본다, 그리고 그 동물 앞에서 우리는 벌거벗었다. 사유는 아마도 그 지점에서 시작되리라.

(The animal looks at us, and we are naked before it. Thinking perhaps begins

---

1. Derrida, *The Animal That Therefore I Am*, 23.
2. Derrida, *The Animal That Therefore I Am*, 32. 한글은 대문자나 소문자의 구분이 없고, 또한 이탤릭체를 거의 사용하지 않는다. 그러나 데리다에게서 이러한 표지는 매우 중요하다. 두 번째 문장에 나오는 '동물(*Animal*)'은 이탤릭체로, 그리고 마지막 문장의 '동물(The Animal)'은 따옴표 속에 넣었으며, 동시에 정관사 "The"를 그리고 대문자 "A"를 써서 "Animal"을 사용했음을 주목할 필요가 있다. 정관사와 대문자를 사용한 '동물(The Animal)'은 그 개념과 범주에 절대적으로 고정화하는 장치로 작동한다.

there.)[3]

진정으로 내 말을 믿으시라, 내가 말하는 고양이는 실제의 고양이, 한 작은 고양이다. 그것은 고양이라는 표상이 아니다. 그 고양이는 이 지구상에 있는 모든 고양이를 우의적으로 대표하는 것으로서 소리 없이 침실에 들어오는 그런 비유적 존재가 아니다. … 한 동물이 나를 바라본다. 이 문장에 대하여 나는 무엇을 생각해야만 하는가?

(The cat I am talking about is a real cat, truly, believe me, a *little* cat. It isn't the *figure* of a cat. It doesn't silently enter the bedroom as an allegory for all the cats on the earth⋯

An animal looks at me. What should I think of this sentence?)[4]

동물은 벌거벗지 않는다, 왜냐하면 벌거벗었기 때문이다. 동물은 자신의 누드성을 느끼지 않는다. "자연에는" 누드성이란 없다.

(The animal, therefore, is not naked because it is naked. It doesn't feel its own nudity. There is no nudity "in nature.")[5]

3. Derrida, *The Animal That Therefore I Am*, 29.
4. Derrida, *The Animal That Therefore I Am*, 6.
5. Derrida, *The Animal That Therefore I Am*, 5.

1. '자서전적 동물':
'동물'은 철학적 주제가 될 수 있는가

동물은 고통을 느낄 수 있는가(Can they suffer)? '최대 다수의 최대 행복'이라는 공리주의 사상의 토대를 놓은 제러미 벤담Jeremy Bentham은 동물에 이러한 질문을 제기한 최초의 철학자로 '동물 해방 운동'의 기초를 만든 사람으로 알려져 있다. 그는 도덕이론 안에서 동물도 평등한 고려 대상이 되어야 한다고 처음으로 주장했으며, 이 점은 중요하다. 동물이 인간처럼 '고통을 느낄 수 있는가'라는 벤담의 질문은 동물 해방이나 동물권 논의의 기본적인 인식 토대를 제공했다고 할 수 있다. 하지만 그가 동물에 대해 본격적이고 결정적인 글을 쓴 것은 아니다.

1789년에 출간한 벤담의 유명한《도덕과 입법의 원칙에 대한 서론 (An Introduction to the Principles of Morals and Legislation)》에서 그는 노예와 동물 문제를 다룬다. 그러나 18세기 철학자인 벤담의 동물에 관한 입장은 현대의 동물 논의에서 보자면 그렇게 혁신적인 것은 아니다. 그는 지나치게 잔인한 방식이 아니라면, 동물을 죽이거나 인간의 필요를 위해 동물을 사용할 수 있다고 한다.[6] 하지만 벤담의 질문, '동물은 고통을 느낄 수 있는가?'는 '동물은 사유하고, 이성을 사용하고, 또는 언어를 이용해 말할 수 있는가'라는 전통적인 철학적 질문과 다르다는 점에서 중요한 의미를 지닌다. 이러한 맥락에서 데리다는 벤담의 질문이 동물 자체에 관한 것만이 아니라, 인간에 대한 다층적 철학적 전통에서 중요한 분기점을 제시한다고 본다.[7]

인간과 침팬지는 DNA의 99%가 겹친다고 한다. 그렇다면 인간은 어떤 점에서 침팬지보다 진화한 존재인가. 니체는 '인간이란 그 특성이 아직 결정되지 않은 동물'이라고 한다. 이러한 니체의 말을 재구성한다면, 인간과 마찬가지로 우리가 '동물'이라고 부르는 그 '동물'은 '아직 충분히 관찰되지 않은 존재'라고 할 수 있다. 데리다는 동물에 철학적 개입을 한다. 데리다가 동물을 철학적 주제로 삼은 자취는 오래전부터 그의 글 곳곳에서 찾아볼 수 있다. 특히 데리다 사후에 출판된 책들에서 분명히 그 모습을 드러내고 있다. 데리다가 동물 문제를 철학적 주제로 삼은 것은 이제까지의 '동물학'이라고 하는 연구·실천 분야에 새로운 에너지를 주는 것이기도 하다.

'동물'에 철학적 성찰을 한다는 것은, 동물 자체만이 아니라 윤리와 철학, 법과 문학, 젠더 문제 등 다양한 분야와 연결된 매우 복합적인 주제를 조명하는 것이라 할 수 있다. 이러한 맥락에서 보자면 데리다

---

6.   Johannes Kniess, "Bentham on Animal Welfare", *British Journal for the History of Philosophy* (Nov. 2018): 556-572.

7.   Derrida, *The Animal That Therefore I Am*, 27.

가 '동물'을 주요한 철학적 주제로 다루는 것은 단지 '동물'만을 논의한다고 볼 수 없다. 거시적으로는 '인간이란 어떤 존재인가'라는 철학적 인간학에 근원적인 문제 제기를 하는 것이며, 미시적으로는 언어, 윤리, 정치, 법, 종교 등 인간 삶의 제반 영역에서 고정된 개념들에 근원적인 조명을 하는 것이기도 하다. '자연적인 것'으로 간주되었던 동물 이해에 근원적인 문제 제기를 하고, 고정된 인식을 탈고정화하면서 해체가 일어난다. 이러한 해체를 통해서 다양한 주제에 새로운 이해 지평을 확장하고 새로운 인식으로 나아가게 된다.

당신이 만약 외딴 섬에 홀로 고립되어 살아야 하고 오직 책 두 권만을 가지고 갈 수 있다고 한다면, 어떤 책을 가지고 갈 것인가. 데리다는 2002~2003년에 했던 세미나에서 학생들에게 이 질문을 했다. 소위 '생각 실험(thought experiment)'이다. 그리고 나서 자신이 선택할 두 책을 소개한다.[8] 이 질문은 한 사람의 모습을 드러내는 매우 '종말론적' 질문이라고 할 수 있다. 이 질문에 어떠한 답을 하는가는 한 사람의 개성, 가치관, 갈망, 사유방식 등 많은 것을 드러내기도 한다. 이 책을 읽고 있는 여러분도 한번 생각해보면 흥미로울 것 같다. 내가 선택할 최종적인 두 권의 책은 무엇이 될까. 또한 데리다는 과연 어떤 책을 선택했을까.

데리다는 하이데거가 1929~1930년에 했던 마지막 세미나인《형이상학의 근원적 개념들: 세계, 유한성, 고독(The Fundamental Concepts of Metaphysics: World, Finitude, Solitude)》, 그리고 1719년에 나온 다니엘 디포Daniel Defoe의《로빈슨 크루소(Robinson Crusoe)》를 가지고 갈 것

---

8. Derrida, *The Beast and the Sovereign*, vol. II, 84.

이라고 말한다.

데리다가 선택한 두 권의 책은 우리의 통상적인 기대를 벗어난다. 하이데거의 유명한《존재와 시간》도 아니고, 그 책보다 덜 알려졌고 《존재와 시간》보다 늦게 나온 세미나를 택했기 때문이다. 또 헤겔이나 아리스토텔레스, 플라톤, 루소 등과 같은 사상가의 책이 아니라, 소설《로빈슨 크루소》를 골랐다. 데리다는〈프랑스 사회과학고등연구소(EHESS)〉에서 2001년 12월 12일부터 2003년 3월 26일까지 스물세 번의 세미나를 열었다. 이것은 결국 그의 생애 마지막 세미나가 되었다. 스물세 번의 세미나에서 데리다는 하이데거와 디포의 책을 동물과 주권의 문제와 연결하며 매우 심도 있게 다룬다.

다양한 철학자와 사상가 그리고 문학적 작품들에 깊숙이 개입하면서 동물과 인간의 문제를 세밀하게 다룬 이 마지막 세미나의 강연 원고는 14,000페이지다. 이 세미나는《야수와 주권(The Beast and the Sovereign)》이라는 제목으로 두 권으로 나뉘어 출판되었고 책 페이지로는 총 870여 페이지에 이른다. 불어로는 2008년(1권)과 2010년(2권)에, 영어로는 2009년(1권)과 2011년(2권)에 출판되었다. 데리다가 2004년에 죽었으니 사후에 출판된 책이다.

놀라운 것은 데리다가 암으로 투병하면서도 이렇게 자신의 강의를 기록으로 남긴 성실성이다. 그 치열한 열정은 참으로 놀랍다. 2004년 죽음에 이르기 직전까지 10여 년 동안, 데리다는 동물에 대하여 특별한 관심을 기울인다. 특히 사후에 출판된 두 권의 책은 동물에 대한 데리다의 심오한 성찰을 담아내고 있다. 첫 번째 책은 2006년에 나온 《동물을 쫓다, 고로 나는 동물이다》이고, 두 번째 책은《야수와 주권》

이다.[9] 데리다는 이전에도 다양한 글에서 동물을 다루었다. 그러나 동물 주제를 본격적으로 다루기 시작한 것은 1997년이라고 할 수 있다.

데리다는 1997년 7월 프랑스 노르망디에 있는 스리지라살에서 열흘에 걸쳐서 열린 콘퍼런스에 초대받았다. 그리고 7월 15일 스리지라살 콘퍼런스에서 거의 9시간짜리 세미나를 한다. 7월 15일은 그의 생일이니 그는 67세 생일에 긴 시간의 강연을 한 것이다. 세미나의 제목은 "자서전적 동물(The Autobiographical Animal)"로 매우 생소하게 들리는 제목이다. 이때 데리다의 발제문은 일부가 번역되어서 2002년 한 학술지에 실렸다. 책의 형태로는 《동물을 쫓다, 고로 나는 동물이다》라는 제목으로 2006년 불어로 먼저 출판되었고, 2008년에는 영어로 출판되었다. 데리다가 2004년에 죽었으니, 이 역시 사후에 출판된 책이다. '동물'을 책 제목에 넣으면서, 데리다의 '동물'에 관한 자료가 본격적으로 등장하기 시작한 것이다.

두 번째 책도 데리다 사후에 출판된 《야수와 주권》이다. 이 두 권의 책을 통해 데리다는 철학적 전통에서 어떻게 '동물/동물들'이 다루어져 왔는지를 방대하게 다룬다. 데리다는 이 두 권의 책 이외에 《글라(Glas)》, 《마르크스의 유령들》, 《우정의 정치학(Politics of Friendship)》, 《우편 엽서》 등 곳곳에서 동물에 대하여 논의한다.

1997년 세미나 제목인 "자서전적 동물"은 그 제목 하나만으로도 우리에게 여러 가지 질문을 이미 던지고 있다. 데리다의 글이나 강연

---

9. 〈동물을 쫓다, 고로 나는 동물이다〉 라는 번역은 다음에 나온다. 나카마사 마사키 저, 《자크 데리다를 읽는 시간》, 김상운 옮김 (아르테, 2018), 551. 데리다 글의 제목을 한글로 옮기는 것은 매우 어렵다. 거의 '불가능한' 작업이라고 할 수 있다. 다소 어색한 감이 있지만, 이 번역을 사용한다. 또한 〈동물, 그러니까 나인 동물〉이라는 번역도 있다. 참조, Jacques Derrida, 〈동물, 그러니까 나인 동물〉, 최성희, 문성원 옮김, 《문화과학》, 76호, 문화과학사 (2013년 겨울호): 299~378.

문에서 데리다가 붙이는 '제목'은 언제나 세심하게 주의를 기울여서 읽어야 한다. 단순한 듯한 이 세미나 제목, "자서전적 동물"은 심오한 사유의 세계로 우리를 초대한다. 인간에게만 적용했던 '자서전'이란 개념과, 인간 사유의 '대상'으로만 간주되었던 '동물'을 연결시켜 철학자들의 세미나 제목으로 소개하는 것은 여러 질문을 끌어낸다. "자서전적 동물"은 '자서전'과 '동물'이라는 두 개념의 통상적 이해에 문제 제기를 한다. 이 두 개념에 고정된 이해를 우선 탈고정화하는 '해체'를 통해 비로소 데리다가 무엇을 말하고자 하는지 조금씩 다가갈 수 있다. "자서전적 동물"이라는 제목에 질문을 던지는 그 과정 자체에서, 사건으로서의 '해체'가 이미 벌어지고 있는 것이다. 데리다의 세미나 제목을 보면서 다음과 같은 질문을 생각해보자.

- '자서전'이란 과연 무엇인가.
- 자서전이 인간 아닌 다른 존재에게, 어떤 의미가 있을 수 있는가.
- 도대체 '동물'이 '자서전'과 어떠한 관계가 있는가.
- 어떤 동물이 '자서전'을 쓸 수 있는가. 아니 자서전을 쓰겠다는 생각을 할 수 있는가.
- 동물이나 '인간 아닌 존재'가 자서전을 만들어낼 수 있는가.
- 인간 외에 '자서전적으로' 행동할 수 있는 존재가 있는가.
- '자서전적 동물'이라는 표현은 인간을 '정치적 동물'로 표현할 때처럼, 인간을 지칭하는 다른 식의 표현인가.

'자서전'이란 단지 글쓰기(writing)만이 아니다. 하나의 장르로서 '자서전'이란 독특하다. '자서전'이란 자기 자신을 성찰하고, 해석하고, 그 성찰과 해석을 정리하고 구성해 글로 담아낸 결과물이다. 데리다는 우리의 읽기와 쓰기란 언제나 이미 '자서전적'이라고 한다. 즉 인간 각자는 대체 불가능한 개별성을 지닌 존재로서, 각자의 읽기방식, 보기방식 또는 쓰기방식이 구성된다는 것이다. 이러한 맥락에서 보자면, '자서전'이라는 범주와 개념 자체는 '인간'이 누구인가를 구성하는 중요한 요소라고 할 수 있다. '자서전'이란 인간이 동물성(animality)만을 지닌 존재가 아니라 인간성(humanity)을 지닌 존재로서, 인간을 동물과 확연히 구분시키는 결정적 분리점의 의미를 지녀왔다. 그런데 데리다는 자신의 세미나 발제 강연을 "자서전적 동물"이라고 명명함으로써, 이미 그 제목 자체로 결코 연계될 수 없다고 생각해오던 '자서전'과 '동물'에 전통적 이해를 해체하며, 우리가 전통으로 상속받은 이해에 근원적인 문제 제기를 한다.

데리다가 말하는 '자서전'의 중요한 특성 중의 하나가 있다. '비결정성(undecidability)'이다. '나는 누구인가'에 대한 자취를 담아내는 자서전은 아무리 길게 쓴다고 해도, 그것이 '나'라고 하는 존재를 결정적으로 규정하면서 최종적 형태로 담아낼 수 없다. 데리다 사상에서 중요한 개념 중의 하나인 이 '비결정성'은 어떤 주제를 다루든 연결되는 개념이다. '자서전적 인간/동물'에서 '비결정성'의 의미를 연결시켜야 비로소 데리다가 왜 '자서전적 동물'이라는 제목을 차용했는지를 짐작할 수 있을 것이다. 니체가 '인간이란 그 특성이 아직 결정되지 않은 동물'이라고 한 것처럼, 인간이 규정하는 '동물' 역시 아직 그 특성이 결정되지 않은, 아니 결정될 수 없는 '비결정성의 존재'다.

2. '우리가 동물이라고 부르는 그것', 고양이와의 조우

데리다에 따르면, 동물에 관해 두 부류의 사상가가 있다. 첫 번째는 동물의 시선에 스스로 보여진 적이 없거나, 보여진다고 결코 생각하지 않는 사상가들이다. 이런 사상가들은 동물의 시선을 이론적 또는 철학적으로 고려한 적이 없다. 왜냐하면 그들은 "전적으로 다른 기원"으로부터 자신들이 바라보여지는 것을 숙고하지 않기 때문이다.[10] 하이데거의 마지막 세미나 부제에는 하이데거의 사상적 토대가 되는 중심개념이 등장한다. 세계(World), 유한성(Finitude), 고독(Solitude)이다. '세계'란 단지 수동적으로 '주어진 것'이 아니라 과거, 현재, 미래라는 시간 개념을 지닌 인간이 의도성을 작동시켜 구축하는 것이다. '세계'를 사물의 특성을 규정하는 기준으로 삼은 이유다. 인간을 다른 것들과 구분하는 '세계'를 하이데거는 다음과 같이 이해한다.

> 돌은 세계가 없다(the stone is worldless).
>
> 동물은 세계에서 빈곤하다(the animal is poor in world).
>
> 인간은 세계를 구축한다(man [sic] is world-forming).[11]

뿐만 아니라, 식물과 동물 그리고 인간을 '시간 개념' 기준에 따라서 '인간만이 죽는다; 동물과 식물은 소멸할 뿐'이라고 한다. 이러한 맥락에서 보자면, 인간만이 '존재'하며, 돌이나 동물은 그곳에 있을 뿐이다.

---

10. Derrida, *The Animal That Therefore I Am*, 13.

11. Heidegger, *The Fundamental Concepts of Metaphysics*, 176.

두 번째 부류의 사상가는 동물이 자신들에게 말을 건넨다는 것을 받아들이는 이들이다. 그러나 철학자로서가 아니라 시인으로서 그것을 생각한다. 동물에 대하여 관심하고 관계하는 것은 '시적 사유'에서 나온다고 여기기 때문이다. 데리다는 동물을 본격적으로 다루는 두 권의 책에서 파울 첼란 또는 D. H. 로렌스의 시를 사용한다. 동물과 인간의 관계에 근원적 문제 제기를 하면서 시와 시인을 등장시키지만, 데리다는 철학자로서 이 문제를 조명한다. '동물'이란 어떤 존재인가. 동물의 사전적 정의는 식물을 제외한 길짐승, 날짐승, 물고기, 벌레 등 모든 생물을 일컫는다. 불어로 '아니말(animal 또는 bête)'은 인간을 제외한 모든 살아 움직이는 것을 의미한다.

우리는 동물과 조우할 수 있는가. 인간인 내가 고양이를 보는 것이 아니라, '동물'이라는 범주에 들어가는 한 마리의 '고양이'가 인간인 나를 바라보고, 관찰할 수 있다고 생각조차 한 적이 있는가. 인간은 언제나 '보기의 주체(seeing subject)'라고 스스로 생각해왔다. 그런데 어느 날 데리다는 그 보기의 주체가 인간이라고 당연하게 생각하던 사유방식에 근원적 물음표를 던지는 경험을 한다.

동물 문제를 다룬 데리다의 주요 저서《동물을 쫓다, 고로 나는 동물이다》에서, 그는 동물과 '조우'했던 경험을 나눈다. 이 책의 제목은 창세기에 등장하는 창조 이야기와 연결된다. 인간은 신의 창조 순서에서 맨 마지막에 등장한다. 즉 인간은 인간보다 먼저 창조된 '동물'을 쫓아서 비로소 존재하기 시작한 것이다.

어느 날 샤워를 하고 나오다가 데리다는 자신의 벗은 몸을 바라보는 고양이와 마주하게 된다. 그 순간 인간인 자신이 고양이를 보는 것이 아니라, 우리가 동물이라고 부르는 고양이가 자신을 바라본다는 것을 인식한다. 즉 보기의 주체가 인간인 내가 아니라, '동물'이라고 불리는 자신의 고양이라는 사실을 인지하면서 데리다는 그 순간 놀라움을 경험한다. 첫 번째 놀라움은 고양이가 자신의 벗은 몸을 바라본다는 사실에 대한 놀라움이다. 두 번째 놀라움은 고양이의 시선을 인식하면서 자신이 느끼는 당혹스러움이다. 고양이의 시선 앞에서 자신의 벌거벗음을 당황스럽게 느낀다는 사실 자체가 놀라웠다. 마치 고양이가 인간인 자신이 옷을 입었는가 아니면 벗었는가를 상관할 수 있는 존재인 것처럼, 데리다 스스로 벗은 몸이 보여지는 것에 당혹스러움을 느꼈다는 것이다. 이러한 두 가지 종류의 놀라움은 데리다에게 다음의 물음을 묻게 한다. '이 순간에 나는 누구인가? 나 자신과 고양이를 이러한 방식으로 경험하는 나는 누구인가?'

동물은 '벌거벗음'을 경험하지 않는다. "'자연'에 나체성이란 없다(There is no nudity 'in nature')"라고 데리다는 말한다.[12] 여기에서 '자연'에 인용부호를 붙인 것은 왜일까. 그것은 우리가 '자연'이라고 부르는, '본질주의적 이해'에 문제를 제기한 제스처라고 나는 본다. 자연에 접근하는 데 '본질주의(essentialism)'란 자연과 문화를 이분법적으로 설정하고서, '자연'에는 변하지 않는 본질이 있다고 여기는 입장이다. 그러나 자연과 문화의 경계는 그렇게 흑백으로 나뉠 수 없으면 자연을 보는 인간의 '시선'과 이해는 '언제나 이미' 시대사회적 영향을 받으며 지속적으로 재구성되었다.

여기에서 '벌거벗음(nakedness)'과 '나체성(nudity)'을 구분해볼 필요

12.   Derrida, *The Animal That Therefore I Am*, 5.

가 있다. 이 두 개념의 구분이 인간 세계에만 존재한다는 것을 기억하자. 또한 이 구분은 인간과 동물을 분리하는 기능의 시작이라고도 볼 수 있다. '벌거벗음'은 말 그대로 아무런 옷도 입지 않은 것이다. 반면 '나체성'은 자신의 몸을 일종의 '옷'의 형태로 사용하는 것이다. 물론 이 '벌거벗음'과 '나체성'에 대한 이해는 시대와 문화에 따라 다르며 또 변화되어 왔다. 나체성은 인간 주체성의 산물로서 옷을 입지 않은 것이 아니라, 자신의 몸 자체를 하나의 옷의 양태로 규정하는 것으로 인간의 자의적 의도나 인식이 개입된다. 나체성은 벌거벗음, 성(sex), 또는 성별 사이의 관계 규정에 따라서 복합적 조명을 해야 하는 주제이기도 하다. 인간만이 자신의 '벌거벗음' 상태를 인지하기도 하고, 주체적으로 '나체성'의 상태를 선택하기도 한다.

데리다는 성서의 창세기 3장에 등장하는 인간의 '타락' 이야기를 새로운 각도에서 조명한다. 아담과 하와는 신이 금지한 소위 '선악과', 즉 '지식의 나무(tree of knowledge)'의 열매를 딴다. '지식의 나무' 열매를 따 먹는 '죄'를 범한 후, 인간이 가지게 된 최초의 경험은 '벌거벗음'에 대한 인식이다. 즉 인간이 자신의 벌거벗음을 인식하는 바로 그 순간이, 동물과 경계를 긋기 시작한 지점이 된다. 소위 '동물'은 '벌거벗음' 자체가 존재하지 않는다. 인간만이 지식의 나무 열매를 먹은 행위, 즉 신의 명령을 거스르는 행위를 한 지점에서 비로소 '벌거벗음'을 인지하게 된다. 그리고 그 벌거벗은 몸을 수치스럽게 여기고 가려야 할 필요성을 느낀다.

인간의 벌거벗음에 대한 인지, 그리고 벌거벗은 상태를 '수치'로 생각하고 몸을 가리는 사건은 에덴동산에서의 '인간의 타락'과 연결된다. '벌거벗음'이나 '나체성'에 대한 인간의 인지능력은 인간만이 선과 악을 구분하는 인지력이 가능하다고 생각하는 것과 연결된다. 또한 이것은 '지식의 나무'의 열매를 먹음으로써 시작된다.[13]

데리다는 자신의 책에서 '동물' 또는 '인간'이라고 하지 않는다. 대신 "우리가 '동물'이라고 부르는 그것(that which we call animal)", 그리고 "우리가 '인간'이라고 부르는 그것(that which we call human)"이라고 지칭한다. 그러면서 이 둘 사이, 즉 '동물'과 '우리가 동물이라고 부르는 그것'의 공간의 경계(limit)를 들여다보도록 한다. 이러한 표현을 읽으면서 단순하게 '동물'과 '인간'이라고 하지 않고, 왜 이리 복잡하게 "우리가 동물이라고 부르는 그것" 또는 "우리가 인간이라고 부르는 그것"이라 명명할까 의문이 들 수 있다. 그 의문을 품고 데리다의 의도를 이해하고자 하는 것이 데리다가 '동물'을 철학적 성찰 주제로 잡은 의미의 핵심인지도 모른다.

《동물을 쫓다, 고로 나는 동물이다》에서 데리다는 샤워 후 고양이와의 조우를 소개하고 그 고양이와 함께 등장하면서, 우리가 '동물'이라고 아무 의구심 없이 받아들이는 전제 자체에 물음표를 던진다. 우리가 이 지점에서 주목해야 할 것이 있다. 데리다는 이 책에서 복수로서의 동물들에 '관하여' 말하거나 또는 여러 종(species)의 하나인 '동물 일반(animal in general)'에 대해 논의하는 것이 아님을 강조하고 있다는 점이다. 데리다는 자신의 고양이, 작은 고양이, 즉 '개별성'을 지닌 '실제의 고양이'를 등장시킨다. 데리다는 '실제의 고양이' 앞에서 벌거벗은 자신을 바라보는 그 순간을 동물 논의의 중요한 출발점으로 삼는다.

왜 이런 지극히 '사소한 것' 같은 일을 데리다는 '중요한 것'으로 상

---

13. Derrida, *The Animal That Therefore I Am*, 4~5.

정해 철학적 주제로 삼는가. 인간이 동물을 바라본다는 전통적인 개념과 근원적으로 도치되면서, 소위 '동물'이라고 호명되는 고양이가 보기의 주체로 등장한다. 그래서 데리다는 다음과 같이 말한다.

> 동물은 우리를 바라본다, 그리고 그 동물 앞에서 우리는 벌거벗었다. 사유는 아마도 그 지점에서 시작되리라.[14]

소위 '동물'은 과학과 철학에서 사람들의 논의의 '대상'으로만 존재해 왔다. 그러나 거꾸로 동물이 인간을 대상화할 수 있는 존재라는 것은 상상조차 하지 못했다. 대부분의 철학자나 과학자는 인간이 동물의 관찰자라고만 여겼지, 반대로 동물이 인간의 관찰자가 될 수 있다는 것은 결코 생각조차 하지 않아 왔다. 이러한 맥락에서 보자면, 데리다는 동물을 철학적 논의에서 중요한 주제로 등장시킨 철학자라고 할 수 있다.

인간은 자신들의 착취, 박해, 고문 그리고 살인과 같은 것을 정당화하고자 할 때에만, 인간을 동물과 일체화한다. 즉 누군가가 매우 나쁜 일을 할 때, '짐승만도 못한 사람' 또는 '개·돼지만도 못한 인간' 등과 같이 어떤 부정적인 경우에만 인간을 동물과 일체화시킨다. 그런데 그렇게 인간을 동물에 빗대는 표현에는, 이미 '동물'은 인간보다 못한 존재라는 '존재의 위계주의'가 작동된다. 즉 인간이 동물과 단지 '다르다'가 아니라, 인간은 동물보다 훨씬 우월하다는 인간 중심주의적 위계가 매우 '자연스럽게' 상식적인 것으로 자리 잡게 된다. 그런데 정작 인간이 '동물'이라고 지칭하는 동물은 인간처럼 의도성을 가지

---

14. Derrida, *The Animal That Therefore I Am*, 29.

고 다른 생명을 고문하고, 착취하거나 살상하지 않는다. 어떤 점에서 인간이 동물보다 우월한 존재라고 할 수 있는가. 나의 벗은 몸을 바라보는 고양이의 시선을 인식하는 바로 그 지점에서, 우리의 사유는 시작된다.

3. '동물', 동물에 대한 범죄와 동물의 식민화

데리다를 제외한 그 어떤 철학자도 갖가지 벌레들, 침팬지, 악어, 개, 코끼리 등 셀 수 없이 다양한 생명체를 '동물'이라는 단일화된 개념 속에 집어넣는 것을 문제 삼지 않았다. 그런데 데리다가 처음으로 우리가 무심히 사용하는 '동물'이라는 범주가, 바로 '동질화의 폭력'이라고 한 것이다. 이러한 맥락에서 데리다는 지렁이, 바다사자, 종달새, 호랑이, 코끼리, 무수한 물고기, 벌레 등 다양한 '다수성(plurality)'을 지닌 생명을 '동물'이라는 고정된 개념 상자 속에 모두 집어넣는 총체화 자체가 '동물에 대한 범죄'라고 규정한다.

이러한 인식적 왜곡의 문제에 개입하고 지적하기 위해서 데리다는 불어로 "아니모(animot)"라는 새로운 개념을 만든다. '아니모'는 불어의 '동물(animal의 불어식 발음)'과 '단어(모:mot)'를 합친 말이다. 즉 우리가 총체적인 개념으로 사용하는 '동물'이란 단지 하나의 '단어'에 불과한 인위적 개념일 뿐임을 상기시키는 장치가 된다. '아니모'는 직역하면 '동물단어' 또는 '동물말'의 의미를 지닌다. 데리다의 신조어 "아니모"는 '아니말'이라고 우리가 의심 없이 사용하던 '동물'이라는 개념이, 사실상 무수한 동물의 개별성을 지우는 하나의 '단어'로서 인식적 폭력을 자연적으로 만듦을 상기시키는 '경고 장치' 역할을 한다.

우리가 주목할 흥미로운 점이 또 있다. '아니모'를 발음할 때, 단수만이 아니라 복수로서 '아니모(animaux)'를 의미하기도 한다는 점이다. 물론 이것은 우연이 아니라, 데리다의 의도성이 개입된 것이다. '아니모'라고 말할 때 쓰여진 글자를 보지 않으면, 그것이 단수(animot)인지 복수(animaux)인지를 알 수 없다. 즉 '아니모'라는 개념은, 말만이 아니라 글까지 모두 들여다보아야 하며 단수와 복수, 또한 말과 글이 서로 겹쳐서 존재한다는 것을 인지하게 한다. 데리다의 신조어인 '차연'의 장치와 유사하다. '차연(différance)'과 '차이(difference)'의 불어 발음은 모두 같다. 쓴 것(writing)을 보지 않고 말(speaking)만 들어서는 그 차이를 알 수 없는 것이 같다. 이러한 장치는 데리다가 서구의 형이상학 전통에서 '말하기'에 특권적 위치를 부여하면서 '쓰기'를 불신했던 역사에 문제 제기하는 방식이기도 하다.

이러한 논의들은 다소 복잡한 것이기에 이 주제를 처음 접하는 이들은, 데리다가 도대체 '왜' 이런 방식으로 굳이 문제 제기를 하는지 단숨에 이해하기 어려울 수도 있다. 그러나 적어도 이러한 장치는 '동물'이라는 단어/범주처럼 우리가 너무나 당연하고 자연스럽게 생각하던 모든 것이, 실제로는 누군가에 의해서 의도적으로 구성되고, 특정한 가치가 주입된 것이라는 인식을 하는 데 도움이 된다. 인간이 스스로에게 부여한 '명명 권위'와 인간 아닌 생명들을 통치하고 지배하고자 하는 '주권'의 문제를 보도록 이끄는 것이다.

데카르트부터 라캉에 이르는 철학은 동물을 스스로 볼 수 없고 보이기만 하는, 즉 대상화되고 물체화된 하나의 '개념적 구조'로 만들었다. 이러한 철학은 동물을 부인하는 효과를 가져왔으며, '동물'이라는 한 범주로 그 다양한 생명을 모두 집어넣어버렸다. '동물의 식민화'가 이 명명의 지점에서부터 시작된다. 데리다는 '동물'이라는 이름에, "그들이 '동물'이라고 부르는 전적 타자"라고 다시 명명한다. 우리가 무심히 생각하는 '인간'과 '동물'이라는 범주들, 그리고 그에 따른 사유방식들에 근원적인 문제 제기하는 의미의 호명방식인 것이다.

우리가 '동물'이라고 부르는 것 자체가 바로 '동물에 대한 범죄(crime against animal)'라고 데리다는 지적한다.[15] 우리는 늘 자연스럽게 '동물'이라는 말을 아무 생각 없이 사용한다. 그런데 무수한 다양성을 지닌 동물을 하나의 범주 속에 집어넣는 것 자체가 동물의 다양성을 동질화(homogenization)시키는 폭력을 작동시키는 것이다. 동물에 대한 이러한 방식의 명명은 '의인적 투사(anthropomorphic projection)', 즉 인간 중심으로 자신의 사유방식을 비인간 타자인 동물들에게 투사하는 것이다. 이렇게 인간 중심적으로 형성된 세계 이해는 동물들을 세계로부터 배제한 결과를 낳았다.

우리는 일상생활에서 다양한 카테고리들을 만들고 그러한 카테고리들을 늘 사용한다. 이러한 의미에서 보자면 살아간다는 것은 수많은 카테고리 속에 자신과 타자를 집어넣는 행위를 하는 것이기도 하다. 서양-동양, 어른-아이, 남자-여자, 부자-가난한 자, 인간-동물, 또는 생물-무생물 등 이 세계 안에 존재하고 있는 모든 것이 인간이 설정한 특정 카테고리 속으로 들어간다. 그런데 과연 이 카테고리들은 무엇을 말해주고 있으며, 어떠한 의미에서 적절 또는 부적절한가.

예를 들어서 '아시아인'이라는 범주를 생각해보자. 아마 한국을 떠

---

15. Derrida, *The Beast and The Sovereign*, vol. 1, 16.

나 외국으로 여행해 보면, 대부분의 나라에서 한국인들은 '아시아인'이라는 커다란 카테고리 속으로 들어간다. 좀 더 작은 카테고리라면 '한국인'이라는 범주 속에 들어가기도 한다. 그런데 '아시아인' 또는 '한국인'이라는 범주에 들어가게 될 때 어떤 일이 벌어지는가. 각 개별인이 지닌 독특성이 사라지게 되며, 그 안의 다층적 삶은 획일화되어 버린다. 아시아는 세계 인구의 60%를 이루는 거대한 대륙이며, 나라마다 각기 다른 언어, 문화, 종교가 있다. 이러한 다양한 차이를 무시한 채 '아시아인'이라는 범주 속에 모두가 들어간다면, 사실상 카테고리는 하나의 '폭력'이 될 수 있다. 다양성을 보지 않고, 각 개별인이 한 인간으로서 지닌 독특성과 그 유일성을 억누르기 때문이다. '식민화'는 바로 개별적 존재들의 다양성을 보지 않고 동질적인 '복수적 표지(the mark of the plural)' 속에 모두 집어넣는 것으로부터 시작된다. 내가 '동물'이라는 범주와 호칭 자체가 '동물의 식민화'가 시작되는 지점이라고 하는 이유이며, 데리다가 '동물에 대한 범죄'라고 하는 이유다.

전 세계인이 사용하는 '인간'과 '동물'이라는 범주를 다시 조명해보자. 인간과 동물을 확연히 구분하는 경계는 무엇인가. 데리다는 이렇게 우리가 당연하게 생각하는 '동물'의 범주가 지닌 근원적 한계의 문제를 철학적으로 분석하고 구분짓는 '경계 공간'에 주목한다. '경계'를 의미하는 '리미트(limit)'와 공간을 의미하는 '트로포스(trophos)'가 들어간 신조어 '리미트로피(limitrophy)'가 등장하는 배경이다.[16] 데리다는 여러 가지 신조어를 만들었다. '차연'처럼 대중적으로 알려진 개

16. Derrida, *The Animal That Therefore I Am*, 27-29.

넘도 있지만, '아니모'처럼 잘 알려지지 않은 개념들도 참으로 많다. '리미트로피'는 잘 알려지지 않은 개념 중의 하나다. 굳이 한국어로 번역하면 '경계 공간'이라고 할 수 있겠다. 데리다는 '리미트로피' 개념을 통해서 '동물'에 대한 전통적 이해의 문제점을 보도록 우리를 이끈다. '리미트로피'는 철저하게 인간 중심주의적으로 명명된 생명, 즉 동물 생명의 무한한 다중성과 다양성을 드러내고자 하는 시도이다.

데리다는 우리가 자연스럽게 생각하는 다양한 '범주화'가 지닌 인식적 폭력성은 물론 그 한계성을 드러내고자 한다. 그렇다고 해서 데리다가 '인간'과 '동물'이라는 차이를 모두 제거해야 한다고 주장하는 것은 아니다. 다만 다양성을 억누르고 '동질적 획일성'과 '고정성'을 전제로 하는 인간과 동물에 대한 범주가 어떻게 철학적 담론 형성에 영향을 미쳤는가를 세밀하고 철저하게 드러내고 있다. 데리다는 이 '인간-동물'이라는 경계가 어떻게 형성되고 고정되어 왔는가에 대하여 성서의 창세기를 비롯해, 아리스토텔레스부터 데카르트, 칸트, 하이데거, 레비나스, 또한 라캉 등에 이르기까지 철학자들의 사상을 면밀하게 조명한다.

하이데거의 예를 들어보자. 하이데거는 세 가지 존재론적 위치가 있다고 본다. 우선 하이데거는 생물, 즉 살아있는 존재(living being)와 무생물, 즉 살아있지 않은 존재(non-living being) 이 두 가지로 나눈다. 그다음 살아있는 존재는 동물의 동물성(animality)과 인간의 인간성(humanity)으로 나눈다.

하이데거에 의하면 동물과 인간의 결정적 구분점은 인간은 죽을 능력이 있다는 것이다. 동물은 죽지(die) 않는다. 다만 소멸할 뿐이다

(come to an end). 같은 맥락에서 개는 단지 살아있을 뿐, 존재(exist)하지 않는다. 반면 인간은 살아있음의 특성들을 지니고 있다. 살아있음의 특성들이란 로고스, 즉 말을 의미하기도 하고, 자신의 죽음성을 인식하는 것일 수도 있고, 또는 자신의 실존을 마음대로 조작하는 능력을 의미하기도 한다. 그리고 스스로 죽음, 즉 자살을 선택할 능력을 의미하는 것이기도 하다. 하이데거는 '돌은 언어가 없으며(wordless), 동물은 세계 내에서 빈약(poor)하며, 인간은 세계를 형성(world-forming)'한다고 본다. 그리고 "오직 인간만이 죽는다; 동물과 식물은 소멸할 뿐이다"라고 결론 내린다.

데리다는 특히 《야수와 주권》 2권에서 하이데거가 제시하는 이러한 존재론적 구분들에 대해 여러 가지 문제점을 지적한다.[17] 그중에서 데리다의 신조어 '리미트로피'를 통해 드러내는 중요한 것 중의 하나는 하이데거 등이 말하는 인간과 동물의 이분법적 구분이 사실상 다양한 종(species)들 간의 차이와 다중성을 대변하는 데 근원적으로 심각한 한계가 있다는 점이다.

데리다는 묻는다. 인간과 다르다는 이유로 하늘을 나는 종달새와 깊은 바다 속에 사는 바다사자, 작은 쥐와 호랑이, 코끼리를 모두 한꺼번에 '동물'이라는 범주에 집어넣는 게 과연 적절한가. 데리다는 귀뚜라미와 고래, 사자와 종달새, 기린과 두꺼비 등 너무나 다양한 생명을 뭉뚱그려 모두 '동물'이라 명명하는 것은 나태하고 경멸스럽기까지하다고 말한다.

'이름'을 가진다는 것은 양가적 현상을 지닌다. 한편으로 이름은 다른 이들이 우리를 관리하는 기능을 한다. 그런데 또 다른 한편으로는

---

17. Derrida, *The Beast and The Sovereign*, vol. II.

이름을 지닌다는 것은 자기 인정이나 권리 주장 등의 문제에서 중요한 자원이 되기도 한다. 현대 생태 위기는 무수한 생명의 멸종을 가져왔다. 이 세계에는 8백만 이상의 종이 있으며, 또한 아직 이름조차 없고 규정되지 않은 생명체가 존재하고 있다. 데리다는 '리미트로피'라는 신조어를 만들면서 이러한 검증되지 않은 전제들을 근원적으로 검증하고자 한다. 데리다에게 있어 인간 아닌 생명들을 일괄적으로 '동물'이라고 하는 것은 사실상 너무나 터무니없이 환원적이기 때문이다. 인간과 동물을 나누는 경계 지점을 주목해야 하는 이유다.

데리다는 '리미트로피' 개념으로 인간과 동물의 존재론적 구분성의 문제점을 지적하는 데 있어서 라캉도 예로 든다.

라캉에 따르면, 인간과 동물을 구분하는 결정적인 요소는 언어이다. 반응(response)과 반작용(reaction)의 차이이다. 즉 인간은 질문에 반응하지만, 동물은 질문에 반응할 수 없으며 다만 자극들(stimuli)에 반작용할 뿐이다. 동물들은 언어가 없으며 신호를 보내는 규칙화된 구조가 있을 뿐이다. 이러한 신호들은 인간들 사이의 역동적이고 상징적인 상호작용과는 반대로 역동성이 없고 고정적이다. 인간들 사이의 상호작용에는 '해석'이 필요하지만, 동물들 사이의 신호들을 이해하는 데는 오직 '자료'만 필요할 뿐이다. 여기에서 데리다가 관심하는 것은 사실상 라캉의 주장을 반박하는 것이 아니다. 다만 이러한 주장, 즉 인간과 동물을 확연하게 이분화해서 주장하는 그 '경계들(limits)', '반응'과 '반작용' 사이의 공간들을 면밀히 파헤쳐 보고 심층적이고 복합적으로 조명하면서 무수한 구멍들(porous)을 만들어내고자 하는 것이다.

벤담으로부터 시작한 질문, "동물은 고통을 느낄 수 있는가?"라는 질문을 우리는 흔히 묻는다. 그런데 데리다는 이러한 물음 방식 자체가 이미 인간의 동물에 대한 우월적 입지를 자연적인 것으로 만든다고 본다. 즉 '할 수 있는가(can)'라는 물음 자체는 인간 중심으로 구성된 것이다. 데리다에게 있어서 동물은 '살아있는 생명'이다. 그런데 인간과는 전혀 달리 셀 수도 없는 무수한 양태의 생명을 '동물'이라는 단 하나의 범주에 집어넣고서, 마치 그 동물 생명들이 모두 비슷한, 파악 가능한 동질적 존재로 규정하는 것은 바로 '동물에 대한 범죄'이며, '동물에 대한 폭력'인 것이다.

데리다의 동물에 대한 논의는 다음과 같은 세 가지 주제를 핵심적으로 다룬다고 할 수 있다. 첫째, '동물'이라는 개념 자체가 인간이 식용으로 소비하고, 인간의 필요에 따라 마음대로 사용할 수 있는 면허가 있는 것 같은 인식을 자연화한다. 둘째, 이러한 이유에서 데리다가 신조어 '아니모'를 만들었고, 또한 '동물'을 지칭할 때는 '우리가 동물이라고 부르는 그것'이라는 표현을 사용한다. 그리고 셋째, 그는 '동물 학살(animal genocide)'에 대해 언급하면서, 그것을 나치의 강제 수용소에 비유한다.[18] 이 세 가지를 출발점으로 삼은 데리다의 동물 논의는 다양한 정치적·윤리적·철학적·종교적 주제들로 확장되는 심오한 개입이라고 할 수 있다.

---

18. Derrida, *The Animal That Therefore I Am*, 26.

4. 인간과 동물: 주권과 죽일 수 있음

인간과 동물 관계에 대한 데리다의 논의에서 핵심적인 두 가지 개념이 있다. 첫째, 인간이 스스로에게 부여한 '주권(sovereignty)', 그리고 둘째, 그 주권 행사에 따라 비인간 생명의 살상, 즉 '죽일 수 있음(killability)' 개념의 정당화다. 데리다가 동물을 철학적 주제로 다룬 책의 제목을《야수와 주권》이라고 한 것은 심오한 의미를 지닌다. 기독교 사상은 서구 문명의 토대를 구축한 종교이기에, 그 기독교 사상에서 인간과 동물의 관계를 어떻게 규정하는지 조명하는 것은 매우 중요하다.

한국과 같이 다종교 사회에서는 기독교가 여러 종교 중의 하나다. 그래서 기독교가 어떤 인간관이나 세계관을 가지고 있는가가 한국 문화와 사회를 이해하는 데 결정적 구성요소는 되지 않는다고 생각할 수 있다. 그러나 우리가 서구라고 부르는 세계에서 기독교는 무수한 종교 중의 하나가 아니다. 아리스토텔레스 사상과 함께 소위 서구 문명의 사상적 토대를 이룬 사상이며 종교다. 그리고 21세기의 서구 문명은 서구만의 것이 아니다. 포스트콜로니얼 이론가들의 지적대로, 서구는 다양한 방식으로 '어디에나 존재(ubiquitous)'하는 것이 지금 우리의 현실이다.

전통적인 인간 이해에서 동물에 대한 주권 행사는 기독교(유대-기독교)의 신이 인간에게 부여한 권력이라고 해석되어왔다. 데리다는 동물 문제와 관련해서 창세기를 세밀하게 조명한다. 다양한 종교가 공존하는 한국 상황에서, 더구나 데리다와 같이 '무신론자'로 간주되곤 하는 철학자가 성서를 다루는 것이 조금 이상하게 보일 수도 있지만, 서구 문명의 기원을 상기하면 데리다가 창조 이야기에 개입하는 배경을 이해할 수 있다. 데리다는 자신의 벌거벗은 몸을 바라보는 고양이를 등장시키면서, 인간만이 '벌거벗음'을 인식할 뿐, 동물은 그 벌거벗음을 경험하지도 또는 할 필요도 없다는 것을 말한다. 성서에 등장하는 창세기의 이야기를 통해서다.

창세기의 창조 이야기를 보면, 신은 인간을 에덴동산에 살도록 하면서 한 가지 금기사항을 내린다. 인간인 아담과 하와에게 에덴동산에 있는 모든 나무의 열매를 먹어도 되지만, 선과 악을 분별하게 해주는 '지식의 나무(tree of knowledge)'의 열매는 절대로 먹지 말라고 명한다. 한글 성서에는 종종 "선악과나무"라고 번역되곤 하지만 영어 성서에서처럼 "지식의 나무"라고 하는 것이 이해에 도움이 된다고 나는 본다. 그런데 인간은 신의 명령을 따르지 않고, 금지된 '지식의 나무'의 열매를 따 먹는다.

이 이야기의 전형적인 해석은 인간이 신의 명령을 거역함으로써 신의 은총에서 벗어나 타락했다는 것이다. 즉 타락의 사건이다. 그런데 지식의 나무 열매를 먹은 인간에게 벌어진 사건이 있다. 바로 자신들이 벌거벗었음을 비로소 인식하게 되었다는 것, 더 나아가 벌거벗음에 수치감을 느끼기 시작했다는 것이다.

데리다는 지식의 나무 열매를 먹은 것을 '타락의 사건'이라기보다, 인간을 동물과 '구분 짓게 되는 사건'이라는 점에 주목한다. 벌거벗음에 대한 인식과 '수치감'이 바로 인간을 동물과 구분하는 경계의 시작이라고 보기 때문이다. 인간과 달리 동물은 자신에게 옷 입힐 생각을 하지 않는다. 그러므로 옷을 벗거나 입는 행위는 인간에게만 적용된다. 여기에서 몸을 가리는 기능의 '옷'이란, 결국 인간의 작품이고 소유이며 인간을 규정하는 독특한 특성이 되기 시작한다. 이 세계에 지금처럼 갖가지 브랜드의 '옷'이 없다면, 추위와 더위를 조정하거나 벗은 몸을 가리는 것으로만 '옷'이 기능한다면, 자본주의 세계에서 어떤 일이 벌어질까. 이러한 '전복적 상상'을 데리다는 가능하게 한다.

요즈음은 집에서 기르는 개와 같은 동물에게 인간처럼 '옷'을 입히는 이들이 있다. 동물 기르는 것을 상품화하는 시장이 만들어내고 있는 '반反동물적' 상품화이다. 동물에게는 벌거벗음의 개념이 없고, 따라서 '옷'을 필요로 하지 않는다. 동물의 인간 중심화가 사랑의 이름으로 오히려 그 동물됨을 거스르는 행위가 된다. 이러한 맥락에서 인간이 누구인가라는 논의에 언어, 이성, 역사, 웃음, 애도, 장례, 선물 등을 다루지만, '옷을 입는 행위'가 의미하는 다양한 문화적 존재로서의 인간에 대해 철학자들을 별로 논의하지 않았다.

창세기 1장 26~28절의 창조 이야기는 신이 '우리의 모습대로(in our image)' 인간을 만들자는 청유형으로 시작한다. 즉 단수가 아닌 '복수'로 신이 등장한다. 그 '복수(the plural)'의 신이 창조한 인간이 바로 여자와 남자다. 그다음에 신은 인간에게 이 세상에 존재하는 생명들에 대한 '주권'을 부여하는 것으로 나온다. 바다의 물고기, 공중을 나는 새, 이 땅에 거하는 짐승은 물론 이 지구 위를 기어 다니는 모든 생명체를 통제할 수 있는 주권은 오직 '신들의 형상'으로 창조된 인간에게만 주어진다.

성서는 이렇게 곳곳에서 '인간 생명'과 '비인간 생명'의 위계적 구조를 신이 부여한 것으로 재현하면서, 인간 생명을 중심으로 생명의 위계구조를 정당화하고 있다. 성서의 신은 아브라함에게 '네 아들, 네 사랑하는 독자 이삭을 데리고 모리아 땅으로 가서 내가 일러주는 산에 올라가 그를 번제물로 나에게 바쳐라(창세기 22:2)'라고 명령한다. 가장 사랑하는 생명, 즉 '외아들'인 자식을 희생제물로 바치라는 신의 명령을 따르기 위해서, 아브라함은 이삭을 데리고 모리아 산으로 간다. 신은 아브라함이 이삭을 희생제물로 바치려고 칼을 빼어든 순간, 이삭을 대신해서 희생제물로 사용할 수 있는 '숫양'을 제공한다(창세기 22: 13). 그런데 신과 아브라함이 '주인공'으로 등장하는 이 장면에서, 인간-생명인 '이삭'과 비인간-생명인 '숫양'은 '살아있지만 죽은 비존재(living dead, living non-being)'로 취급된다. 뿐만 아니라 인간 생명인 이삭과 달리 비인간 생명인 '숫양'은 신과 인간에 의해 아무 때나, 필요하면 '죽일 수 있는 존재'로 부각된다.

이처럼 인간은 절대적 범주로서 대문자화된 '동물(The Animal)'이라는 범주를 만들어 놓고서, 인간을 제외한 지구상에 거하는 모든 생명체를 그 범주에 집어넣는다. 그리고 그 '동물'은 인간의 필요에 따라서 언제나 '죽일 수 있음(killability)의 존재'로 규정된다. 그렇게 인간이 '동물'들의 생명을 마음대로 통제하는 '주권(sovereignty)'을 신이 부여했다는 생각이 '자연스럽게' 구성된다. 즉 신이 만든 '신적 질서(Divine Order)'는 인간 생명과 비인간 생명 사이의 '존재론적 위계주의'를 자연적인 것으로 만든다. 전형적인 '인간 중심적 생명관'을 고정시키는 것이다.

데리다는 특히 "지난 2세기" 동안 동물학, 생태학, 생물학, 유전학 등이 결합해서 새로운 기술 발전을 이룬 인간이, 그 발전 이전에는 상상할 수 없었던 방식으로 '동물 대량 학살(animal genocide)'을 자행하고 있다고 비판한다. 동물 사육, 유전학 실험, 고기의 식용 생산 등을 통해서 산업화, 대규모의 인공 수정, 게놈 조작, 호르몬, 이종교배, 복제 등의 방식을 개발하면서, 인간의 웰빙을 위해서 동물을 소비하고 이용하고 있다는 것이다. 이러한 '발전'은 나치의 종족 살인과 유사한 양태라고 데리다는 본다. 나치가 유대인이라는 한 종족을 가스실에 몰아서 죽이고, 의사와 유전학자들이 인공 수정으로 유대인, 집시, 동성애자들을 과잉 통제하는 것과 비슷하다는 것이다.[19]

인간이 이 세계에 거하는 모든 것을 지배하고 통치할 수 있는 존재라고 스스로 '주권'을 부여하면서, 동물을 포함한 무수한 '비인간 생명'에 대량 학살과 멸종을 행사하고 있다는 것이다. 하다못해 '동물권(animal rights)'이라는 개념의 대두조차도, 동물에게 간접적 통치와 간섭을 전제로 함으로써 문제적 방식을 양산하고 있다. 많은 경우 '동물권' 논의 역시 동물에 대한 철학적 문제의 인식 토대 자체를 도전하지는 않고 있다고 데리다는 지적한다.[20]

성서에 '신적 질서'로 고정되고 절대화되는 '생명의 위계주의'는 비단 인간 생명과 비인간 생명 간의 문제만이 아니다. 노아의 이야기는 인간과 비인간 생명 간의 '인간 중심주의'만이 아니라, 남성 생명과 비남성 생명 간의 '남성중심주의'적 위계주의를 노골적으로 보여준다. 신이 노아에게 전하는 말의 대상은 오직 "노아와 그 아들들"이다(창세기 9:1, 8). 따라서 노아의 부인이나 딸들은 신의 고려 대상조차 되지 않는다. 신의 언설을 담은 성서의 도처에서 볼 수 있는 그러한 '여성 부재'는, 이삭을 대신해서 희생제물로 대체된 동물 '숫양'의 '동물 부재'와 유사한 양상을 띤다. 존재하지만 존재하지 않는, 즉 '살아있

---

19.   Derrida, *The Animal That Therefore I Am*, 25-26.
20.   Derrida, *The Animal That Therefore I Am*, 27.

지만 죽은 존재(living dead)'로 자리매김된다.

이러한 인간의 '주권'과 '죽일 수 있음'의 거시적 개념은 인간-비인간, 남성-여성의 범주만으로 제한되지 않는다. 보다 미시적 정황으로 연결시켜 보자면, 근대의 식민주의에서 식민 종주국과 식민지의 관계에서도 그대로 재현된다. 식민 종주국은 식민지에 대한 '주권'과 식민지에 있는 모든 생명을 '죽일 수 있음'의 권력을 행사한다. 식민지인들은 마치 '동물'처럼 조정당하고 식민 종주국의 이득 확장을 위해서 마음대로 사용될 수 있는 소모적 존재로 자리매김된다. 이러한 맥락에서 보자면 데리다가 동물을 철학적 주제로 등장시키는 것은, 인간과 동물 간의 단순한 문제가 아니다. 우리가 다른 생명, 다른 존재들을 보는 근원적인 위계주의적 인식 토대 자체를 해체하도록 한다. 구체적인 정황에서 보자면, 존재의 이분법적 사유방식 자체는 인간과 동물의 위계구조만이 아니라, '모든' 사회정치적 구조에서 다양한 얼굴의 지배 논리를 자연화하는 인식적 폭력의 토대가 되는 것에 대한 경고다. 그 경고를 받아들일 때, 새로운 전통을 창출하는 혁명이 가능하게 된다.

신이 인간을 창조하면서, 인간에게 이 세계에 존재하는 것들에 이름을 붙이는 '명명 권력'을 부여했으며, 이 명명 권력은 비인간 생명에게 '주권'을 행사하는 권력으로 이어진다. 이러한 인식은 다양한 종류의 '불의' 문제와 연결된다. 정의란 무엇인가. 정의란 불의에 대한 인식으로부터 출발한다. 데리다 사상에 많은 영향을 준 레비나스에 따르면, "타자에 대한 관계 …이것이 바로 정의"다.[21] 또한 데리다는

---

21. Levinas, *Totality and Infinity*, 89.

"해체란 정의다"라고 강조한다.[22] 인간 생명에게만 적용되었던 정의의 범주를 동물 생명까지 확장하는 것으로서의 '동물 정의'라는 개념은, 동물에 대한 낭만적인 이해를 부추기거나 '학문적 목적'으로 학문 작업을 양산한다고 냉소적으로 볼 수도 있다. 그러나 동물을 철학적·종교적 주제로 등장시키고 동물에 대한 폭력, 동물에 대한 범죄 그리고 동물 정의로 이어가는 것은 이 세계에 거하는 모든 종류의 생명, 타자와의 관계를 근원적으로 재조명하고 재구성하게 한다.

집에서 기르는 동물을 '애완동물'의 자리에서 '반려동물'로 극상시킨다 해도, 여전히 남는 것은 과연 '동물은 누구·무엇인가'라는 근원적 물음이다. 또한 그 '동물과 인간인 나의 관계는 무엇인가'라는 철학적 인간론, 철학적 동물론의 인식을 성찰하고 재구성하는 것 역시 중요한 과제다. '반려동물'이라는 개념으로 동물을 '인간 취급'하는 것 또한 동물 생명을 여전히 인간 중심으로 구성하고 일치화시키려는 '동물의 이국화(exoticization of animal)'로 빠질 위험성을 언제나 지니고 있다. 반려동물이라고 하면서 이런저런 옷을 입히고, 유모차에 태워 산책 시키고, '호텔'에 보내고, '프리스티지 교육'을 시킨다며 '유치원'까지 보내는 현상들은 여전히 '동물 생명'을 인간 생명의 소모품으로 만드는 인간 중심적 생명관을 정당화시킬 수 있다.[23] 그런데 동물을 '이국적인 것(exotic)'으로 만들면서 '위로와 즐거움'을 주는 존재로 대상화하는 '이국화'는 동물에게만 국한되지 않는다. 나와는 다른 문화의 사람, 대상, 장소 등을 '이국적인 것'으로 범주화하면서, 그것

---

22. Derrida, "Force of Law", in *Acts of Religion*, 243.

23. '프레스티지 명문 유치원'을 언급하면서 '명문'에 대한 한국 사회의 집착 문제를 다음에서 보다 자세하게 다루었다. 강남순, "나는 행복한가, 인간의 권리로서의 행복 추구", 《질문 빈곤 사회》. (행성비, 2021), 285-286.

을 자신의 잣대로 길들이고 재단할 수 있다. '동물권'이나 '반려동물'이라는 개념으로, 인간은 '동물 이국화의 덫'에 쉽사리 갇히는 위험성이 언제나 있음을 기억해야 한다.

데리다는 언제나 다시 생각할 수 있는 과거로 우리를 이끈다. 우리에게 유산으로 주어진 전통은 결코 고정되지 않는다는 것을 데리다를 통해서 재확인하게 된다. 데리다의 해체는 우리가 살아가는 사회·정치·경제·종교 등 모든 영역에서 '탈고정화의 논리(logic of destabilization)', 그리고 '유령성의 논리(logic of spectrality)'가 언제나 이미 작동되고 있다는 의미를 지닌다.[24] 성서가 보여주는 인간관, 생명관, 세계관 역시 이러한 해체의 사건을 통해서 재긍정, 문제 제기, 또 새로운 이해의 구성이라는 탈고정화가 작동되어야 한다.

5. 인간과 동물 관계의 변혁:
존재론적 필요성과 윤리적 의무

데리다는 "인간과 동물의 관계는 바뀌어야만 한다(*must* change)"고 강조한다. 더 나아가서 그것은 "'존재론적' 필요성('ontological' necessity)이며 동시에 '윤리적' 의무('ethical' duty)"라고 한다.[25] 데리다의 이 강조는 결국 전통적인 의미에서의 존재론과 윤리에 근원적인 물음표를 붙이게 한다. 왜냐하면 전통적인 존재론과 윤리는 인간 중심성을 토대로 하고 있는데, 데리다는 '동물'과 인간과의 관계가 바뀌

---

24. Royle, ed., *Deconstructions*, 11.

25. Derrida, "Violence Against Animal", in *For What Tomorrow … A Dialogue*, 2004, 64.

어야만 하는 것이 '존재론적 필요성이며 윤리적 의무'라고 하기 때문이다. 데리다는 '존재론적'과 '윤리'에 인용부호를 넣으며, 바꾸어야만 한다(*must*)를 이탤릭체로 쓴다. 데리다에게서 이러한 부호와 표지는 매우 중요하다. 무심히 사용하는 것이 아니다. '존재한다는 것은 상속받는다는 것'이며, 상속이란 '주어진 것'이 아니라 '과제'라고 하는 데리다의 말을 상기하면, 이 모든 개념은 우리가 '유산'으로 상속받은 전통이다. 인용부호 속에 넣는 개념들은 우리가 유산으로 물려받은 그 개념의 전통에 문제 제기의 함의를 지닌다고 할 수 있다. 그리고 이것은 우리의 과제이다.

데리다에 따르면 '인간의 권리', 즉 '인권'에 대한 전통적인 인식적 토대, 함의 등은 분명 유익한 점들이 많다. 그럼에도 불구하고 인권은 "치열하고 끈질기게 분석되고, 정교하게 재조명되고, 발전시키고, 풍성하게 만들어야만 한다."[26] 이런 시도는 전통을 파괴하거나 부정하는 것이 아니라, 그 '권리'라는 개념과 법의 역사를 재조명하는 것이다. 데리다에게서 '윤리'란 레비나스적 윤리의 맥락에서 이해해야 한다. 즉 윤리란 '제1의 철학'으로서 타자에 대한 '무한한 책임성'의 문제다.

데리다는 종종 '상대주의, 회의주의, 비책임성'의 사상가라는 공격을 받아왔다. 그러나 오히려 그 반대다. 데리다의 "사유, 글 그리고 말은 오히려 고도의 책임성(hyperresponsibility)", 즉 "모든 경우, 역사 그리고 다가올 역사(history to come)의 복합적인 책임성"을 지니고 있다고 할 수 있다.[27] 동물성에 대한 데리다의 작업은 이러한 '고도의 책임

---

26.   Derrida, "Violence Against Animal", in *For What Tomorrow … A Dialogue*, 2004, 65&74.
27.   Ian Balfour, "Introduction", Late Derrida. *South Atlantic Quarterly*, 102.2(Spring 2007): 207.

성'을 드러낸다. 데리다가 관심하는 '무조건적 환대' 또는 '환대의 윤리'는 단순히 '불가능성'을 의미하는 것이 아니다. 그것은 우리가 거주하는 집 안은 물론 거리, 슈퍼마켓, 식탁, 산, 다양한 텍스트들, 전통, 종교적 경전, 동물원, 실험실, 동물 보호소 등 일상 세계 모든 곳에서 이루어져야 할 해석을 의미한다. 또한 인식 세계의 확장을 위해 지속적으로 실천하고 연습해야 함을 의미한다.

데리다는 단순히 '동물권(animal rights)' 운동을 전개하자고 하는 것이 아니다. 그보다 훨씬 복합적이고 심오한 근원적 문제로 우리를 초대한다. 한편으로는 윤리와 동물성의 문제를, 또 다른 한편으로는 타자들에 대한 관계의 토대를 흔드는 해체의 제스처다. 즉 우리가 유산으로 물려받은 전통들, 경전들 그리고 철학적 유산들을 근원적으로 재고해야 함을 제시한다고 볼 수 있다. 데리다의 동물성에 대한 개입에서 '일어나는 사건으로서의 해체'가 작동된다. 그리고 이 해체 과정에서 '인간 타자(human other)'만이 아니라 '비인간 타자(nonhuman other)'에 대한 '무조건적 책임(윤리)'과 '조건적 실천(정치)'의 문제를 새로운 방식으로 조명하고 구성하게 한다. 물론 데리다의 생명 존중의 무조건적 책임성 요구는 '무모한' 것처럼 생각될 수도 있다. 그러나 동물 생명을 포함한 모든 비인간 생명에 대한 책임성은 '데리다의 종교에서 '신'의 요구다. '종교는 불가능성에의 열정'이며, '종교란 책임성'이라고 보는 '데리다의 종교'가 개입되는 지점이다.

이러한 맥락에서 데리다가 인간의 '동물에 대한 폭력', 더 나아가 '동물에 대한 범죄'를 우리에게 환기시키는 것은 데리다가 강조하는 '책임성'의 폭을 더욱 심화하고 확장시킨다. 데리다는 동물성에 대한 문제를 '무조건적 정의', '무한한 책임성' 그리고 '한계 없는 환대' 사이를 오가며 다룬다. "종교란 책임성이다, 그렇지 않으면 아무것도 아니다"라고 하는 데리다의 종교 개념은 추상적이거나 탈정치적인 것이 아니다. 데리다의 신, 데리다의 종교 이해는 심오한 책임성의 문제와 분리 불가의 관계 속에 자리 잡는다. 이러한 맥락에서 볼 때, 데리다가 '인간과 동물의 관계가 바뀌어야만 한다'며, 그것이 '존재론적 필요성'일 뿐만 아니라, 우리의 '윤리적 의무'라고 한 말은 구체적인 일상 세계 속에 깊숙이 뿌리내린 역사적·정치적·종교적 함의를 지니고 있다.

동물 문제는 성서에서 등장하는 바, 먹고 먹히는 문제와 연결되어 있다. 이 문제는 데리다에게도 중요하다. 먹는 문제는 동물 문제와 관계가 있다. 단지 동물 식용을 피하는 것만으로는 충분하지 않다. '식용'처럼 우리가 늘 대면하는 문제들에 단순한 해결책은 없다. 매일 대하는 식탁에 올려지는 음식들에 타자의 고통(인간 타자든, 비인간 타자든)과 폭력으로부터 완전히 자유로울 대안이란 없다. 이런 의미에서 우리가 매일 접하는 '식탁'은 동물들에게는 매우 '양가적인 자리'다. 그것은 끊임없이 환대를 사유하고, 환대를 베풀고, 동시에 우리가 어떠한 환대를 베푸는 것이며 그 '식탁의 경제(economy of table)'는 무엇을 또는 누구를 포함하거나 배제하는가에 대해 '언제나 이미' 생각해야 하는 자리이기도 하다. '동물에 대한 범죄'를 넘어 '동물 정의'를 모색하려는 데리다에게 있어서, '인간 정의'의 문제와 '동물 정의'를 완전히 분리하는 것은 불가능하다. 이러한 '불가능성의 윤리'로서 진정한 정의란 언제나 '도래하는 정의(justice to come)'다.

제12장

데리다와 종교, 데리다의 종교:
종교 없는 '종교'

데리다의 글소리

신은 ···*불가능한* 것을 가능하게 하는 존재를 의미한다. ···나에게 있어서 신은 정확하게 내가 지닌 불가능성의 욕구를 나누는 존재다. 비록 신이 그 바람을 채워주거나 응답하지 않는다 해도.

(God ···it refers to the becoming possible of *'the* impossible' ···For me, God is precisely that one who would share my desire for the impossible, even if he[sic] doesn't respond to, or satisfy that desire.)[1]

종교란 무엇인가 ···종교는 책임성이다, 그렇지 않다면 종교는 아무것도 아니다 ···악마적인 것은 비책임성이다.

(What is a religion? ···Religion is responsibility or it is nothing at all ···the demonic is ···nonresponsibility.)[2]

종교란 응답이다. ···응답하는 것이란 책임성을 의미한다.

(Religion is the response. ···what responding means··· responsibility.)[3]

타자에 대한 윤리적 관계가 바로 종교다.

(The ethical relation to the other is religion.)[4]

윤리적 관계는 종교적 관계다. *하나의* 종교가 아니라 절대적 *의미의* 종교, 종교적인 것의 종교성.

(The ethical relation is a religious relation. Not *a* religion, but *the* religion, the religiosity of the religious.)[5]

---

1. Derrida, "The Becoming Possible of the Impossible: An Interview with Jacques Derrida," in Dooley, ed. *A Passion for the Impossible: John Caputo in Focus*, 29.
2. Derrida, *The Gift of Death*, 2 & 3.
3. Derrida, "Faith and Knowledge," section 29, in *Acts of Religion*, 64.
4. Derrida, *Writing and Difference*, 95-96.
5. Derrida, *Writing and Difference*, 96.

신은 절대적으로 알려져 있지 않은 비결정적 수신자의 이름일 것이다.

(God would be the name of the absolutely unknown indeterminable addressee.)[6]

6. Derrida, "Confessions and 'Circumfession':A Roundtable Discussion with Jacques Derrida," in *Augustine and Postmodernism*, eds. Caputo and Scanlon, 35.

1. 우리는 종교가 무엇인지 모른다: 종교의 '발명'

1) 인용부호가 없는 종교와 인용부호 속의 '종교'

대부분 우리는 종교가 무엇인지 이미 알고 있다고 생각한다. 또한 교회, 성당, 회당 또는 절에 정기적으로 가는 사람을 '종교적인 사람'이라고 생각한다. 그런데 제도화된 종교에 소속되는 것을 '종교적인 사람'의 전제조건으로 설정하는 것이 과연 맞는 것인가. 우리가 생각하는 종교란 대부분 '제도화된 조직으로서의 종교'다. 이 종교들은 많은 경우 교리, 예전, 기도문 등을 전통으로 만들어서 지속적으로 반복하고 소속된 이들에게 학습시킨다. 기도문을 암송하고, 찬송가를 부르고, 특정 절기를 만들어 특별 행사를 반복한다. 그러한 종교적 교리와 전통에 순응하는 사람들만이 그 종교에 '소속'될 수 있다.

이 세계에 존재하는 제도화된 종교들을 유지케 하는 굳건한 토대가 있다. 바로 다층적 '위계주의'다. 종교적 위계주의는 다양한 얼굴로 사람들의 인식 세계에 자리 잡고 동시에 외적 세계에 흔들리지 않는 권위를 부여한다. 위계주의를 토대로 목사, 신부, 랍비, 승려, 이만(iman) 등 종교 '지도자'들이 양성된다. 지도자 교육 과정에 적응하지 못해 탈락하는 이들은 지도자가 되지 못한다. 지도자 과정이 복잡해질수록, 지도자의 '외적 권위'는 강력해진다. 지도자와 구성원 사이의 제도적 위계주의가 바로 우리가 '알고 있다'고 생각하는 종교의 근원을 이루고 있다.

종교 지도자들은 부여받은 '권위'를 드러내기 위해 구성원들과 구분되고자 한다. 아무리 '겸손한 지도자'라고 해도, 이미 그는 권력의 중심에서 겸손함을 드러낼 뿐, 중심부와 주변부의 권력 위계를 전복시킬 의지까지 작동하는 것은 아니다. 설사 그 전복의 의지를 작동시킨다 해도, 그는 바로 예수처럼 '십자가형'에 내몰린다. 예를 들어서 예수는 '안식일'이 절대적 진리와 법으로 간주되던 당시에 다음과 같은 선언을 한다. "안식일이 인간을 위해서 있는 것이지, 인간이 안식일을 위해서 있는 것이 아니다(마가복음 2:27)." 이러한 예수의 선언은 체제 전복적인 '위험성'을 그대로 드러낸다. 만약 예수가 그 당시 제도화된 종교인 유대교의 위계적 권력 구조에 순응했다면, 십자가에서 처형되지 않았을 것이다.

가톨릭의 교황이나 추기경들이 입은 화려한 복장, '성직자'라는 명명의 이름표라 할 수 있는 '클러지 셔츠' 또는 승복 등 다양한 복장은 이러한 종교적 '권력과 지식'과 어떻게 일치하는지 보여준다. '종교적 의상의 정치학'이다. 기독교의 중심이라는 '예수'가 '기독교 지도자'가 되고자 해도, 아마 점점 복잡하고 까다로워지는 목사 안수나 사제 서품 과정을 통과하지 못할 것이라고 나는 학생들에게 농담처럼 이야기하곤 한다. 하지만 사실 농담만은 아니다. 예수가 가톨릭의 교황이나 추기경 같은 화려한 '탈일상적 의상'을 입고, 수억 원이 넘는 파이프오르간과 오케스트라와 성가대가 있는 참으로 화려한 성당이나 교회에 서 있는 모습을 상상할 수 있는가.

대부분의 제도화된 종교들은 두 가지 권력을 토대로 하여 존립을 유지한다. 하나는 '교수 권력(teaching power)'이고 또 다른 하나는 '강단 권력(preaching power)'이다. 교수 권력은 그 종교의 교육기관에서 예비 지도자를 대상으로, 그리고 강단 권력은 그 종교에 소속한 구성원들을 대상으로 설교, 강론 또는 설법의 형식 속에서 작동된다. 이러한 두 종류의 권력은 다층적 의미의 '외적 권위'를 구성하며, 종교는 지속적으로 그 '외적 권위'와 막강한 '권력'을 유지하고 강화하면서 존립을 유지한다.

제도적 구조가 부재한 종교라도 구성원들은 '초월적인 존재'에 기대어, 그 초월적 존재에게 자신이 원하는 것을 빌고 기도하면 그것을 받는다고 생각한다. 이러한 종교는 '교환경제로서의 종교(economy of exchange)'의 의미를 지닐 뿐이다. 그런데 이러한 모습이 종교인가. 결국 '우리는 종교가 무엇인지 모른다'라는 인식을 가질 때, 비로소 데리다의 종교가 어떠한 의미인지 조금이라도 경험하고 이해할 수 있을 것이다.

데리다와 '데이트'하려는 이들이 가장 어렵게 여기는 것 중 하나가 바로 데리다의 종교에 관한 것일 수 있다. '데리다의 종교'는 우리의 종교 일반(religion in general)에 대한 상식적 이해를 훌쩍 넘어선다. 내가 '데리다와 종교'라 하지 않고, '데리다의 종교'라고 하는 것은 이유가 있다. '종교 일반'을 논의하려는 것이 아님을 드러내기 위해서이다.

데리다의 종교를 조명하고 이해하고자 할 때, 우선 우리는 자신이 안다고 생각하는 것들을 괄호 속에 넣고, '의도적 망각(active forget-ting)'을 하는 것이 필요하다. 의도적 망각을 통해서 비로소 데리다가 말하는 종교에 조금씩 다가갈 수 있을 것이다. 또한 데리다의 '종교'는 언제나 인용부호 속에 넣어 생각해야 한다는 것도 기억하자. 즉 데리다의 종교는 우리가 생각하는 전통적 의미의 종교가 아니다. 일반적인 종교의 범주를 훌쩍 넘어서는 새로운 지평을 여는 의미로서의 종교다. 이런 의미에서 데리다의 종교는 "종교 없는 '종교'('religion' without religion)"다. 이 구절의 영어 표현에서 '데리다의 종교'는 앞에 놓이는데, 한국어로 번역하면 뒤에 놓인다. 인용부호가 없는 종교는 전통적 의미의 종교라고 할 수 있고, 인용부호 속에 넣은 '종교'는 '데리다의 종교'라고 잠정적으로 생각하고자 한다.

2) 종교의 '발명', 한계와 위험성

종교란 무엇인가. '종교가 무엇인가'를 규정하는 것은 사실상 불가능하다. 종교라는 것은 하나의 대상물처럼 객관화되어 우리가 발견하는 것이 아니다. 종교는 파악 불가능할 정도로 다양하고 혼합적이어서 '종교'라는 이름의 한 지붕 아래에 놓을 수 있는 것도 아니다.

'종교'라는 이름으로 서구 종교, 아시아 종교, 고대 종교, 근대 종교, 원시 종교, 민속 종교 등이 있는가 하면 유일신론(monotheism), 다신론(polytheism), 범신론(pantheism), 범재신론(panentheism) 또는 무신론 등이 있다. 이러한 거시 범주(macro-category)만이 아니라, 하나의 범주 안에도 무수한 미시 범주(micro-category)들이 있다.

《세계 종교의 발명》에서 도모코 마스자와 Tomoko Masuzawa는 우리가 매우 '자연적인 것'이라고 생각하는 다양한 종교의 분류와 범주가 어떻게 인위적으로 '발명(invention)'되었는지 세밀하게 분석한다.7 일반적으로 '발명'이라는 개념은 매우 긍정적인 함의를 지닌다. 그러나 현대에 이르러 많은 이론가가 차용하는 '발명'이라는 개념은 부정적 함의를 담고 있다. 즉 '발명' 개념을 차용함으로써 '자연적인 것'이라 생각하던 것들이 실제로는 누군가에 의해 인위적으로 구성되었음을 강조하는 것이다. '발명'이라는 개념을 도입하면서, '탈자연화'가 가능하게 된다. 예를 들어서 '인종의 발명', '젠더의 발명', '문화의 발명' 또는 '종교의 발명' 등과 같은 개념은 인종, 젠더, 종교 등의 범주가 '자연적인 것'이 아니라, 누군가의 특정한 관점이 반영되어 구성된 '인위적인 것'임을 드러낸다.

근원적인 질문을 해보자. 다양한 피부색을 지닌 인류를 단순히 흑인, 백인, 갈색인, 황인 등 네 개의 인종으로 분류하는 것은 어떠한 근거를 바탕으로 한 것인가. 누가 이러한 범주를 만드는가. 이러한 범주는 과연 복합적인 현실을 제대로 반영하고 있는가. 이렇게 네 가지 인종으로 분류되는 사람들은 같은 인종이라도 참으로 다양하다.

대부분의 아시아 사람들은 '황인'으로 분류된다. 그런데 아시아인은 세계 인구의 60%를 이룬다. 인도 출신의 피부색, 한국 출신의 피부색, 중동 출신의 피부색 등 소위 '황인'으로 분류되는 아시아인들 간의 차이는 헤아릴 수 없다. 인종적 범주에 이런 한계가 있는 것처럼, 종교도 몇 가지로 분류해 놓고서 종교에 대해 우리가 알고 있다고 하는 것은 유사한 문제와 한계가 있다. '범주화(categorization)'의 딜레마이며 위험성이다. 종교 논의에서 벌어지는 '범주화'의 한계는 다음과 같은 한계와 위험성을 지닌다. 첫째-동질화, 둘째-고정화, 셋째-

7. Masuzawa, *The Invention of World Religions.*

자연화, 넷째-과대단순화, 다섯째-비역사화, 여섯째-위계화, 일곱째-이국화, 여덟째-종족화 또는 인종화다. 간략하게 살펴보자.

첫째, 동질화(homogenization)는 한 종교가 동질성을 지녔다고 보는 것이다. 그러나 '기독교'란 하나의 종교를 보더라도 그 안에 너무나 다양한 교단, 종파들이 존재한다. 종교에 대한 논의는 이러한 동질화의 위험성을 언제나 지닌다.

둘째, 고정화(staticization)는 종교가 살아있는 생명체처럼 지속적으로 변한다는 사실을 보지 않고, 학자들이 분석한 그 종교의 '특성들' 속에 고정시키는 한계다. 그러나 동일한 종교라도 시대와 문화에 따라서, 그리고 그 종교에 소속된 사람들의 세계관, 인간관 또는 가치관에 따라서 매우 다양하게 이해되고 실천된다.

셋째, 자연화(naturalization)는 특정 종교에 있는 교리, 예전, 경전 해석 등이 마치 '자연적인 것'으로 생각하는 것이다. 자연화는 제도적 종교 안의 모든 것이 사회적 산물이라는 것을 외면하게 한다.

넷째, 과대단순화(oversimplification)는 한 종교가 지닌 복합성과 다층성을 보지 않고, 종교를 단순하게만 보게 만드는 것이다. 예를 들어서 많은 이가 '기독교'라는 복잡한 종교를 '예수 천당, 불신 지옥'이라고 단순화해서 이해한다. 한 종교가 지닌 복합적인 넓이와 깊이를 지나치게 단순화하면서, '예수'가 어떤 존재인지, '천당'이란 무엇을 의미하는지, '불신'이나 '지옥'은 과연 무엇을 의미하는지 질문하지도, 이해하려고도 하지 않는다.

다섯째, 비역사화(unhistoricization)는 종교가 '역사적 산물'이며, 따라서 특정한 역사적 정황과 밀접하게 연결되었다는 것을 부정하는 것이다. 특히 제도화된 종교는 '과거의 전통'에 자체를 고정시키고, 그 종교가 역사를 초월해 존재하고 있다고 고정시키는 '비역사화' 또는 '탈역사화'의 위험을 확산시키곤 한다.

여섯째, 위계화(hierarchalization)다. 세계 곳곳에 존재하는 종교들은 동일하게 취급받지 않는다. 종교 간에 위계가 이미 형성되어 있다. 고등 종교, 원시 종교, 토속 종교, 아프리카 종교, 또는 서구 종교, 동양 종교 등의 범주 자체는 우리의 인지 세계 속에 암묵적 '종교 위계주의'를 자연적인 것으로 만든다.

일곱째, 이국화(exoticization)다. 무교巫敎, 유교, 도교, 불교, 힌두교 등과 같은 종교들은 경시되거나 '신비한 종교'로 간주하는 것이다. 그러한 종교들은 기독교와 같은 종교가 가지지 못한 어떤 '신비로운', '이국적' 분위기의 종교로 이해된다. 이러한 이국화는 그 종교를 이상화하여 '좋게' 보는 것 같지만, 결국 현실 세계에서 그 종교의 다층적 모습은 보지 않게 만든다. 이국화의 문제는 그 종교의 밝은 면만이 아니라, 어두운 면을 외면함으로써 결국 종교의 왜곡을 야기시킨다는 것이다.

여덟째, 종족화(ethnicization) 또는 인종화(racialization)는 특정 종교를 특정한 종족이나 인종에 귀속시키는 것이다. 예를 들어서 기독교는 백인이나 서구의 종교로, 이슬람교는 중동의 종교로, 불교는 아시아의 종교로 생각한다. 그런데 세계에서 가장 많은 무슬림이 있는 곳은 중동이 아니라, 아시아의 인도네시아다. 세계에서 기독교인이 가장 많은 곳은 이제 소위 제1세계라고 하는 서구가 아니라, 제3세계 지역에 위치한 나라들이다. 세계에 존재하는 종교들을 특정 인종이나 종족에 연결하는 것은 그 종교에 대한 선입견과 고정된 편견을 가

중시키고 있다는 점에서 위험하다.

종교 논의에서 범주화의 문제만이 아니라, 우리가 생각해야 할 또 다른 문제가 있다. 다양한 이름의 종교 분류에서 드러나는 문제는 이 분류 자체가 서구에 의해 구성된 '오리엔탈리즘(orientalism)'이 반영되어 있다는 것이다.[8] 포스트콜로니얼 이론에서 중요한 사상가인 에드워드 사이드의 책《오리엔탈리즘》은 오리엔탈리즘의 복합적인 문제들을 세부적으로 논의한다. '오리엔탈리즘'은 "동양을 지배하고, 재구성하고, 권위를 행사하는 서구 스타일"이다. 동양, 즉 '오리엔탈'에 대한 전형적인 이미지는 정적이고, 퇴행적(backward)이며 과거에 고착된다.[9] 오리엔탈리즘은 서구가 '비서구'를 지배하고, 고정관념화하는 데 기여했다.

대부분의 종교 논의에서 종교는 크게 동양 종교, 서양 종교 그리고 제3의 범주로 나뉜다. 이 각각의 범주에는 고정관념이 작동된다. 동양 종교의 범주에 들어간 종교들은 신비하고, 퇴행적이고, 역사보존적이다. 서양 종교의 범주에 들어간 종교들은 진보적이고, 진취적이며, 역사를 창출한다. 동양과 서양 종교에 들어가지 못하고, 제3의 범주에 들어가는 종교들은 소위 '종교적 특성'조차 지니지 못한 '열등한 종교'라는 고정관념으로 사람들 속에 자리 잡는다.

큰 범주로는 세 가지 종교가 있으나, 결국 종교 논의의 주 대상이 되는 것은 서구 종교와 동양 종교라는 이분법적 범주다. 대표적인 서구 종교는 기독교다. 기독교는 가장 우월한 도덕 종교로 여전히 간주

---

8. Masuzawa, *The Invention of World Religions*, 4.
9. Edward Said, *Orientalism* (New York: Vintage Books, 1994), 12 & 206~207.

된다. 힌두교, 불교, 유교, 도교 등은 비서구종교, 즉 동양 종교의 범주에 들어간다. 종교에 대한 논의가 오리엔탈리즘의 구조에서 범주화되고 있는 예다.

이미 우리가 자명하다고 생각하는 '종교'라는 범주 자체가 이렇게 복잡하며, 한계들이 있다. 또한 각각의 종교에 대한 이해도 자명한 것이 아니다. 동시에 종교에 대한 개념 규정과 이해는 '객관적'인 것이 아니라, 여러 가지 편견이 작동되어 구성되고 확산된다. 이런 맥락에서 보자면, '종교 일반'이라는 이해는 불가능하다. 데리다가 "우리는 환대가 무엇인지 모른다"로 환대 세미나를 시작한 것처럼, "우리는 종교가 무엇인지 모른다"라는 것에서 종교 이해를 시작해야 하는 이유다. 종교에 대해 '안다'는 것은 지극히 피상적이며 종종 다층적 편견이 등장하는 등 일반적인 논의도 복잡하다. '데리다의 종교'는 이러한 전통적 종교 분류가 지닌 복합성에서 분리해 생각해야 한다.

2. 종교, 범주화 열병

1) 무신론자인가 유신론자인가: "나는 무신론자로 통한다"

우리가 살아가고 있는 현실 세계는 다양한 '범주화'를 생산하고 재생산하며 구성된다. 정치나 종교 영역은 이러한 '범주화-열병'을 앓고 있다고 할 수 있다. 정치는 언제나 '친구-적'이라는 범주로 개인과 국가 간의 관계를 범주화한다. 많은 한국인이 북한을 '적'으로, 미국을 '친구(우방)'의 범주로 분류한다. 또한 '진보-보수'라는 범주는 양극적으로만 구분된다. 어떤 특정한 면에서 변화와 개혁을 추구하는 사람을 '진보'라고 하며, 기존의 현실을 그대로 유지하려 하면서 변화를 거부하고, 개혁을 경계하는 사람을 보통 '보수'라고 한다. 그런데 어떤 면에서 진보라고 해서, 다른 면에서도 모두 그 진보성을 지니지는 않는다. 보수도 마찬가지다. 자신의 권력 확장을 위해서는 변화와 변혁을 마다하지 않기도 한다. 정치적 이해관계에 따라 친구-적, 또는 단선적인 시각에서 소위 진보-보수라는 범주로 사람을 나누어 고정시킬 때, 위험성과 그 한계가 드러난다.

그런가 하면 종교는 유신론-무신론, 신앙-불신앙, 정통-이단 등의 이분법적 범주화로 사람들을 분류한다. 복잡한 현실구조와 그 안에 사는 사람들을 이렇게 나누고, 그 표지를 절대화해 이해하는 것은 위험한 한계를 지닌다. 여러 영역이 겹치고, 교차하고, 종종 얽히고설키는 이 현실 세계의 복합성을 포괄적으로 보지 못하게 만들기 때문이다. 종교나 정치 영역만이 아니라, 한 사람의 내면 세계도 교차성과 복합성을 지닌다. 이러한 복합성과 교차성을 보지 못하게 하는 것이 바로 우리 삶의 영역을 특정 범주로 나눈 후 하나의 범주에 집어넣어 고정시키는 것이다. 이것은 '범주화'의 위험성이다.

그런데 이러한 '범주화 열병'을 좀 더 세부적으로 조명해보면, 정치와 종교에서 각기 다른 방식으로 작동된다. 정치적 범주화는 국가, 정당, 개별인 등 다양한 결을 중심으로 자신과 '이득' 관계 속에서 종종 상대화된다. 어제의 적이 오늘의 친구가 되기도 하고, 그 반대가 되기도 한다. 따라서 그 범주화는 가변적이다. 반면 종교가 지닌 '범주화 열병'은 '신의 이름'으로 적용되기 때문에 더욱 고질적인 왜곡으로 고착되고 절대화될 위험성에 노출된다. 무신론-유신론, 신앙-불신앙, 정통-이단, 선-악과 같은 이분법적 범주는 전적으로 상극적 의미로 이해하고 있으며, 불변적인 것으로 간주된다.

모든 종교에서 이러한 양극단적 범주들을 누가 규정하며, 누구의 관점이 적용되며, 어떠한 기능을 하는지에 대한 근원적 조명이 필요한 이유다. 특히 신의 존재 유무에 관한 범주인 무신론-유신론은 인류 역사에서 참으로 많은 문제를 만들어 왔다. 데리다의 종교 이해를 알고자 하는 사람은 바로 이 무신론-유신론이라는 전통적인 범주 자체를 근원적으로 다시 생각해보아야 한다. 데리다의 종교 이해는 종교의 존재 의미, 그리고 종교가 이 세계에서 하는 역할을 이해하도록 하는 중요한 통찰을 담고 있다. 데리다는 종교적 주제나 개념에 매우 중요한 통찰을 주는 철학자다. 데리다의 종교 이해에서 등장하는 개념들은 전통적인 종교 논의가 보지 못하던 새로운 지평을 연다.

'데리다'라는 이름에는 언제나 '해체'라는 이름이 따라온다. 데리다에 대한 가장 극도의 곡해는 바로 이 '해체'라는 개념에 대한 곡해에서 연유된다고 해도 과언이 아니다. '해체'라는 이름 때문에 많은 이가 데리다를 아무 의심 없이 '무신론자'라는 범주에 집어넣는다. 신에 대한 우리의 이해도 '해체'하는 사람이라면, 당연히 무신론자라고 생각하는 것이다. 이런 경우 사람들이 생각하는 '해체'는 '파괴'와 유사어다. 데리다는 무신론자인가 아니면 유신론자일까.

데리다는 '당신은 무신론자입니까?'라는 질문을 받았다. 이 질문에 데리다는 "나는 확실히 무신론자로 통하지요(I quite rightly pass for an atheist)"라고 답한다.[10] 데리다의 답변은 우리의 기대방식을 벗어난다. 예를 들어 누군가가 '당신은 무신론자입니까?'라고 묻는다면, 대

---

10. Derrida, "Circumfession," in Bennington and Derrida, *Jacques Derrida*, 155.

부분의 사람은 '네' 또는 '아니오'라고 답할 것이다. 그런데 데리다는 '네, 나는 무신론자입니다' 또는 '아니오, 나는 무신론자가 아닙니다'라고 하지 않는다. 대신 '나는 확실히 무신론자로 통하지요'라고 답한다. 무슨 의미인가.

1997년 9월 25~27일에 빌라노바 대학교에서 "종교와 포스트모더니즘"이라는 주제의 콘퍼런스가 열렸다. 존 카푸토가 중심이 되어 조직했고, 데리다가 연계된 종교에 관한 첫 번째 콘퍼런스다. 2001년의 두 번째 "종교와 포스트모더니즘" 콘퍼런스에서 리처드 커니R. Kearney는 데리다에게 "왜 당신은 무신론자인가라는 물음에 '나는 무신론자다'라고 간단하게 대답하지 않았는가?" 하고 물었다. 커니는 어쩌면 대부분의 사람이 묻고 싶은 질문을 대신해 물었을 것 같다는 생각이 든다. 커니의 질문에 데리다는 자신이 무신론자인지 아닌지 모른다면서 "만약 내가 알았다면, 나는 무신론자다 또는 아니다라고 답했을 것이다, 그러나 나는 모른다"라고 말한다. 데리다는 이어서 "나는 몇 년 동안 수도 없이 원인을 알 수 없는 것을 알려고 애를 썼다"라는 의미심장한 말을 덧붙인다.[11]

데리다의 이러한 답변 방식은 중요한 함의를 지닌다. 왜 데리다는 '네' 또는 '아니오'라고 하지 않고, '나는 무신론자로 통한다'고 답했을까. 또한 이러한 수수께끼 같은 답변을 통해서 데리다는 무슨 메시지를 전달하려고 하는 것인가. '당신은 무신론자입니까?'라는 질문은 매우 '부적절한' 질문이다. 오직 '네'나 '아니오'라는 이분법적 답변을 이미 전제하고 있다. 이러한 맥락에서 보자면, 데리다의 답변은 이러

---

11. Derrida, "Confession and 'Circumfession':A Roundtable Discussion with Jacques Derrida." Moderated by Richard Kearney. Caputo and Scanlon, eds. *Augustine and Postmodernism*, 2005, 38.

한 '범주화 열병(categorization fever)'에 근원적인 문제 제기를 하면서 그 범주화 자체에 제동을 걸고 있다. 즉 그 범주화를 담은 질문 자체에 질문을 던지는 것이기도 하다. 종교란 단순히 '무신론' 또는 '유신론'이라는 범주화로 드러낼 수 있는 것이 아니기 때문이다.

마크 둘리Mark Dooley와의 인터뷰에서 데리다는 왜 그렇게 '무신론자로 통한다'라고 답했는지에 대해 다음과 같이 말한다.

> 나는 역설적으로 말한 것이다. 무엇보다도 나는 '그들'이 말하는 것(what *they* say)을 강조하는 것이다. …그렇기에 '나'는 자유롭다. 왜냐하면 '무신론자'라는 말은 내가 한 것이 아니라 '그들'이 한 것이기 때문이다. 즉 내가 직접 한 말이 아니고 '그들'이 한 말을 언급한 것이다. 그렇지만 이 문제는 단순하지가 않다. 왜냐하면 나는 하나의 존재가 아니기 때문이다(I am more than one): 그들이 생각하는 것처럼 나는 무신론자일 수 있다. 그래서 나는 "확실히" 무신론자로 통한다(I "rightly" pass for an atheist)라고 말한 것이다. 그러나 반대로 그들이 내가 유신론자냐고 물었어도, 나는 그대로 인정할 것이다. 누가 옳은가? 나는 모른다. 내가 무신론자인지 유신론자인지, 나는 모른다. 그것은 어떤 순간 또는 시간에 달려 있기도 하다. 그것은 지식의 문제가 아니다. 나는 나 자신이 누구인지(who I am myself) 규정해서 말하지 않는 것을 선호한다.[12]

데리다가 자신이 유신론자인지 무신론자인지 규정해서 말하는 것을 선호하지 않는다고 하자, 인터뷰어인 둘리는 그렇다면 당신의 종

---

12. Dooley, "The Becoming Possible of the Impossible: An Interview with Jacques Derrida," in *The Essential Caputo*, ed. Putt, 53.

교가 "종교 없는 종교(religion without religion)"라고 하는 것은 괜찮은 가 하고 물었다. 데리다는 '그렇다'라고 답한다. 이어서 둘리가 카푸 토는 그 "종교 없는 종교"란 타자에게 열려있는 '정의의 종교'라고 말 한다고 하자, 데리다는 동의한다.

> 그것은 맞다. 나는 무엇이 종교이고 아닌지, 그리고 신앙과 지식의 차이가 무엇인지 '학문적' 텍스트로 설명하고자 한다. 그렇기에 특정한 의미에서 의 "종교"에서 나는 종교적이다. 나는 매우 종교적인 사람이다, 내가 기도 하거나 또는 교회나 시나고그에 가기 때문이 아니라, 나와 타자와의 관계 에서, 시민으로서, 아버지로서 나의 행동에서 나는 종교적인 사람이라고 할 수 있다. …나는 경건성(piety)이나 종교적 습성(behavior) 없는 종교적 성품(character)을 가지고 있다.[13]

나는 데리다의 이러한 일련의 답변을 그대로 소개한다. 왜냐하면 데리다의 이 말들은 우리가 '종교'에 대해 생각해야 할 사유 지평의 매우 중요한 단서를 제공하기 때문이다. 데리다는 이 답변에서 '나(*I*)' 와 '그들(*they*)'이라는 단어를 이탤릭으로 사용한다. 이 인터뷰는 2000 년 1월 15일 파리에서 녹음되었고 후에 풀어 쓴 것이다. 아마 출판되 기 전에 데리다도 이 원고를 살펴보았을 수 있다. 물론 이러한 과정이 구체적으로 밝혀지진 않았다. 그렇지만 나는 이 녹음한 인터뷰가 출 판되는 과정에서, 데리다가 곳곳에 나오는 특정 단어에 이탤릭이나 인용부호를 첨부할 것을 제안했으리라 추측한다. 특히 "신(God)"이라

---

13. Dooley, "The Becoming Possible of the Impossible: An Interview with Jacques Derrida," in *The Essential Caputo*, ed. Putt, 53.

는 단어는 거의 모든 곳에 인용부호를 사용한다. 데리다에게 인용부호 속에 넣은 단어들은 우리가 일반적으로 생각하는 이해에 '문제 제기'를 하는 행위로 읽어야 한다.

데리다가 인정한 바와 같이, 데리다의 종교는 '정의의 종교'다. 그런데 데리다가 말하는 '정의'는 우리가 일반적으로 생각하는 정의가 아니다. 데리다의 정의는 언제나 '도래할 정의(justice to-come)'다. 즉 인용부호 속에 넣은 "정의"라고 할 수 있다. 많은 이가 '정의'를 '법'과 동일한 것으로 본다. 그러나 데리다는 분명하게 '정의'란 '법'과 일치될 수 없다고 말한다. 이러한 '도래할 정의'와 일반적으로 사용되는 정의를 구분하기 위해, 데리다는 대문자로 시작하는 '정의(Justice)'와 소문자로 시작하는 '정의(justice)'로 나눈다. 그러니까 데리다의 '종교 없는 종교'는 '정의의 종교'와 연결되어 있으며, 여기에서 등장하는 '정의'는 소문자 정의가 아니라, 대문자로 시작하는 정의, 즉 '다가올 정의'다. 이 '도래하는 것'은 새로운 종류의 미래 개념이다.

데리다는 미래는 두 종류가 있다고 본다. '상대적 미래(relative future)'와 '절대적 미래(absolute future)'다. 상대적 미래는 우리가 달력에서 생각하는 미래다. 그 상대적 미래를 위해 우리는 저축을 하고, 보험을 들고, 또 여러 계획을 세운다. 상대적 미래는 살아있는 한, 반드시 다가온다. 그러나 '절대적 미래'는 결코 다가오지 않는 '도래하는 미래'다. 그 도래할 미래, 절대적 미래는 언제 어떠한 방식으로 도래하는지 그 누구도 예측하거나 계산할 수 없다. 이런 의미에서 '불가능한 미래'다. 이 '불가능성의 미래'와 '도래할 정의'는 데리다의 '종교 없는 종교'와 연결되어 있다.

2) 종교와 신: '어떠한 신'이 존재·부재하는가

신은 존재하는가 부재하는가, 또는 어떤 사람이 유신론자인가 무신론자인가라는 물음은 아무것도 말해주는 것이 없다.

우리가 우선 물어야 할 질문은 첫째, '어떠한 신'을 의미하는 가이다. 신이란 인간이 어떤 것을 요구하면(기도의 이름으로), 제공해주는 존재라고 생각하는 사람이 있다. 병이 낫게 해달라고 하면 낫게 해주고, 시험에 붙게 해달라면 붙게 해주고, 사업에 성공하게 해달라고 하면 성공하게 만들어주는 '요술 방망이' 같은 존재가 바로 '신'이라 생각하는 사람이 있다고 하자. 이런 표상을 가진 사람이 '유신론자'라고 자신을 지칭한다면, 그의 '유신론'은 무슨 의미를 지니는가. 그렇기에 우리가 신의 존재를 믿는가 아닌가라는 질문보다 먼저 물어야 할 것은, 여기서 호명되는 '신'은 '어떠한 존재'인가라는 것이다.

둘째, 신의 현존(presence) 또는 부재(absence)란 무슨 의미인가이다. '신이 있다'고 믿는 이들은 그 신이 하늘 어딘가에 자리 잡고 앉아서 이 세계에 사는 모든 사람을 한 사람씩 들여다본다는 의미의 '현존'인가. 아니면 구체적으로 어떤 생각으로 '신이 있다'라고 하는 것인가. 대부분의 사람은 이렇게 표면 깊숙이 들어가서 마주해야 하는 질문을 보려 하지 않는다. 그저 자신이 소속한 종교에서 지도자들이 말하는 대로 생각할 뿐이다. 신은 객관적으로 대상화된 물체처럼 '있다-없다'라는 공식으로 그 존재가 드러날 수 있는 것이 아니다. 그 신이 어떤 존재인가에 대한 성찰 없이 단순히 '존재 유무'를 논하는 것은 아무런 의미가 없다는 것이다. '신'이라는 이름을 똑같이 사용한다 해도, 내가 생각하는 신과 당신이 생각하는 신이 언제나 같지 않을 수 있다. 아무리 같은 종교에 소속되어 동일한 교리, 텍스트, 기도문을 암송한다고 해도, 우리 각자가 지닌 신의 표상은 동일하지 않다.

어떤 이는 물질적 축복과 성공을 달라고 기도하면 응답해주는 신을 믿고 존재한다고 생각한다. 그러한 신은 인간의 상상 속에 있는 '교환경제의 신'일 뿐이다. 그런데 이런 신을 믿는다고 하면 '유신론자'라고 하고, '그런 신은 존재하지 않는다'고 하면 '무신론자'라는 표지를 쉽게 붙인다. 따라서 누군가 자신을 '유신론자'라고 하든 '무신론자'라고 하든 그렇게 큰 의미가 있지는 않다. 무엇보다 근원적인 물음은 내가 생각하는 신은 '어떠한 존재'인가라는 점이다. '교환경제의 신'은 사실상 '교환경제의 기계'와 유사한 함의를 지닌다. 여기에서 종교는 현금인출기에 카드를 넣고서 원하는 금액을 스크린에 치면, 현금이 나오는 것 같은 기능으로 작동한다. 계좌에 어떻게 현금이 쌓이는가. 많은 종교가 현금, 즉 축복이 쌓이려면 교회에 충성하고, 교회에 충성하는 것이 신을 사랑하는 행위이며 그래서 신의 축복을 받는 것이라고 가르친다. 여기에서 '신'은 도대체 어떤 존재인가.

신에 대한 우리의 이해를 조명하면서 동시에 생각해야 하는 것은 '존재한다'는 개념이다. '존재한다(exist)'는 것은 무엇인가. 만약 하나의 컵이 있는가 없는가를 묻는다면 그 '컵'은 눈에 보이고 손으로 만질 수 있기에 자명하게 '존재한다' 또는 '존재하지 않는다'라고 말할 수 있다. 그런데 '신'이라고 부르는 존재는 '비가시적'이다. 그 누구도 신을 직접 보거나 손이라도 잡고 악수하며 만진 사람은 없다. 그렇기에 '유신' 또는 '무신'이라는 개념은 여러 딜레마를 지닌다. 그러니까 신이 '있다-없다' 또는 '존재한다-존재하지 않는다'라는 물음은 단순한 질문이 아니라는 것이다. 따라서 '존재한다'의 의미가 무엇인지 규정하기 전에, 신의 존재 유무를 논의하는 것 자체가 무의미하다고 할 수 있다. 이러한 맥락에서 보자면, 니체가 '신은 죽었다'라고 한 선언도 재조명해야 한다. 니체의 신 죽음 선언 때문에, 많은 이가 니체를 '무신론자'라고 단숨에 범주화한다. 그런데 니체의 선언에서 무엇보다 먼저 주목해야 할 것은 신이 '죽었다' 부분이 아니다. 오히려 '죽었다'고 선언되는 그 신은 도대체 '어떠한 신'인가라는 물음이다.

나의 포스트모더니즘 수업에서 실험을 한 적이 있다. 학생들에게 니체가 쓴 〈미지의 신에게(To the Unknown God)〉라는 시를 프린트해서 주고 읽게 했다. 이 시에는 신을 향한 절절한 갈망이 담겨 있다. 나는 그 시의 저자가 누구인지는 밝히지 않았다. 모두 시를 읽은 후, 학생들에게 이 시의 저자가 '무신론자인가 유신론자인가' 물었다. 그러자 그 수업에 있었던 열두 명의 학생이 모두 저자가 '유신론자'라고 손을 들었다. 우리가 자명한 범주처럼 사용하는 '무신론자' 또는 '유신론자'라는 개념이 지닌 근원적 한계를 생각해야 하는 이유다.

데리다는 종종 '종교'와 '자서전'을 연결하곤 한다. 아무 상관이 없는 것 같은 '종교'와 '자서전'은 도대체 어떻게 연관되어 있는가. 이 두 가지가 지닌 하나의 공통분모가 있다. '비결정성의 자리'라는 것이다. '종교란 ○○이다'라고 고정되어 표현할 수 없다. 종교라는 것에 왜 사람들이 끌리는지는, 아무리 학자들이 만들어놓은 개념 규정이나 교리 등을 읽는다 해도 알 수 없으며 종교가 무엇인지 다 드러낼 수도 없다. 종교 역시 그것에 개입되어 있는 개개인의 성향, 갈망, 가치관, 인생관 또는 성품 등 다양한 요소와 연결되어 있다는 점에서 '자서전적'이다. 마찬가지로 아무리 '나'에 대해 자서전에서 서술한다고 해도, 자서전으로 나를 모두 드러내는 것은 불가능하다. 데리다에게

'신'은 규정 불가능한 존재다. 즉 신은 '비결정성(undecidability)의 영역'이다. 그렇기에 그 '신'이 어떤 존재인지 알지 못한다. 이러한 의미에서 보자면, '유신론자'인가 '무신론자'인가라는 질문은 사실상 의미가 없다. '어떠한 신'인가라는 물음이 보다 근원적 문제이기에, 단순히 신이 존재하는가 또는 존재하지 않는가라는 것은 무의미한, 잘못된 질문이다.

3) 종교의 더블 바인드: 필요성과 불가능성

데리다는 자신이 '무신론자인가'라는 질문에 특이한 답변을 한다. 그의 답변을 보면 그의 신에 대한 이해가 연결되는 하나의 개념이 있다. '비결정성'이다. 아무리 생각해보아도 그는 자신이 무신론자인지 아닌지 알 수 없다고 한다. 왜냐하면 '신'이라는 이름이 무엇을 의미하는가를 모르기 때문이다. 이러한 데리다의 말에서 알 수 있듯이, 데리다에게서 종교를 이해하기 위해서는 고정된 교리와 전통으로 구성된 종교적 틀을 벗어나 다른 이해를 해야 한다. 즉 제도화된 종교가 '결정성의 종교'라고 한다면, 데리다의 종교는 '비결정성의 종교'다. '비결정성의 종교'라는 것이 어려운 개념으로 들릴 수 있다. 그러나 철학적으로 규정된 개념이라도, 우리의 일상적 삶과 깊숙하게 연관되어 있다.

'종교'라는 표제어 아래, 이 세계에는 무수하게 다른 '종교들'이 존재한다. 불교, 이슬람교, 무교, 유대교, 기독교, 힌두교, 또는 서구 종교, 아시아 종교, 아프리카 종교, 고대 종교, 근대 종교, 원시 종교 등 다양한 이름의 종교가 있다. 또한 신에 대한 이해에 따라서 유일신론, 다신론, 범신론 또는 범재신론 등으로 종교가 나뉘기도 한다. 종교란 무엇인가. 이 모든 종교 논의를 넘어 종교가 무엇인지 말할 수 있는 것이 있다면, 존 카푸토의 말대로 "종교란 사랑하는 사람들(lovers)을 위한 것이다"라고 나는 본다.

'종교'에 대해 '논의한다'는 것은 분명 필요한 것임에도 불구하고 사실상 불가능하다. 어느 한 종교를 논의할 때, 거쳐야 하는 과정은 '총체화(totalization)', '본질화(essentialization)', '고정화(fixation)' 그리고 '획일화(homogenization)'이다. 종교는 각기 다른 개별인의 삶의 정황 속에서 끊임없이 유동적으로 경험되고 존재하면서 종교의 무한한 '다양성(heterogeniety)'들은 억눌러지고 정형화된다. 그러면서 하나의 '단일한 집합체'가 되어 버리곤 한다. 이런 딜레마를 분명히 인지하는 것은 매우 중요하다. 왜냐하면 특정 종교에 대한 여타의 현상적 분석과 진단 '필요성'에도 불구하고, 언제나 우리의 '분석-너머'에 있는 종교의 의미-공간을 남겨놓아야 하기 때문이다. 동시에 우리의 분석으로 종교가 모두 '해부'되는 것이 아니라는 '인식론적 겸허성'을 받아들여야 한다. 그래야 논의가 전개될 수 있다. 종교 논의의 이러한 '더블 바인드(double-bind)', 즉 필요성과 불가능성에 대한 인식을 분명히 하면서 종교를 이해하려는 시도는, 종교의 이름으로 다층적 폭력과 살상이 일어나고 있는 이 세계에서 매우 긴급한 과제이다.

3. 데리다와 종교

1) 데리다 사상과 종교 연구
데리다는 전통적인 종교적 정체성, 도그마 또는 정통성 같은 주제에 관심을 가진 적이 없다. 종교에 대한 데리다의 관심은 언제나 종교가 사람들을 억압하는 불분명한 지식으로 사용된 것에 대한 '비판적 의심'이 함께한다. 데리다의 철학은 항상 칼의 양날처럼 '신앙과 의심'의 섬세한 균형을 유지한다. 데리다의 종교는 카푸토가 묘사한 대로, "종교 없는 종교"다. 왜냐하면 데리다는 종교의 현상적 형태나 고정된 형태를 넘어서서, 순수한 가능성으로서의 종교 자체를 사유하길 원했기 때문이다.

데리다의 책이 처음 나왔을 때, 사람들은 데리다가 세속적이고 무신론자 사상가이며 종교에 전혀 우호적이지 않다고 생각했다. 데리다는 특정 종교에 소속하거나, 또는 어떤 종교에 명시적으로 우호적인 입장을 표현하지 않는다. 그렇기에 데리다와 종교를 연관시켜 생각하는 것이 별로 의미가 없다고 사람들은 생각하곤 한다. 게다가 데리다에게 '무신론자'라는 표지를 의심 없이 붙이는 이들은, 당연히 그가 종교 연구에 미친 영향을 보기 어려울 수도 있다. 하지만 데리다는 종교 연구에 중요한 영향을 미친 철학자다.

데리다의 글이 영어로 번역되기 시작한 1970년대와 80년대, 북미에서는 종교 연구가 다음의 두 가지 측면에서 새로운 전환점을 맞이하고 있었다. 첫째, 기독교 중심의 신학적 연구에서 세계 종교들로 연구가 확장되기 시작했다. 둘째, 기독교의 신앙 고백에 토대를 둔 종교 연구에서 보다 학문적인 연구로 전환되기 시작했다. 이러한 맥락에서 종교를 연구하려는 사람들은 기독교 같은 특정 종교에 소속되어야 한다는 전제조건이 더 이상 작동될 필요가 없어지기 시작했다. 이런 정황에서 데리다가 점점 알려지면서, 종교 연구 분야에서 데리다의 작업이 진지하게 다루어지기 시작했다. 종교 연구 방향이 고정된 틀을 벗어나 초학제적 접근방식으로 확장되고 복합화되면서 데리다의 종교 이해는 다양한 방식으로 주목받게 되었다.

유대교, 기독교 그리고 이슬람교는 '아브라함 종교'라고 불리는데, 데리다는 종종 아브라함 종교적 텍스트에 개입한다. 세계적 정황에서 보면, 물론 이 세 종교가 지닌 '권력'의 무게는 동일하다고 할 수 없다. 기독교가 서구문명사에서 또 현대 세계에서 차지하고 있는 권력의 위치는 유대교나 이슬람교에 비교할 수 없기 때문이다. 이러한 맥락에서 서구에서 종교 논의는 기독교를 중심으로 전개되고 있다고 해도 과언이 아니다. 우리가 언제나 기억해야 할 것은 여기에서 데리다에게 '종교'라는 것이 유대교나 기독교 같은 특정한 종교에 제한되는 것이 아니라는 점이다. 물론 출발점이 특정 종교라고 해도, 데리다가 도착하는 지점은 그 어떤 제도적 종교의 범주를 넘어선다.

1967년 데리다가 《그라마톨로지》, 《글쓰기와 차이》 그리고 《목소리와 현상》 등 세 권의 책을 출판한 이후, 데리다에게 프랑스 대학의 문이 결정적으로 닫혔다고 할 수 있다.[14] 물론 프랑스에서만은 아니다. "케임브리지 어페어" 같이 1992년 케임브리지 대학교에서 데리다에게 명예 박사학위를 수여하고자 할 때, 다양한 학자들이 반대 서명을 했다. 데리다는 전통적인 학계에서 환영받지 못했고 북미의 대학교들도 그의 작업을 매우 경계하는 분위기였다. 데리다가 북미의 대학계에 들어가게 된 것이 철학부나 종교학부가 아니라, 문학을 통해서였다는 것은 시사하는 바가 크다. 기존의 철학부나 종교학부는 데리다가 철학이나 종교의 '전통'을 유산으로 받아서 계승하는 사상

---

14.   Bennington, "Derridabase," in *Jacques Derrida*, Bennington and Derrida, 331.

을 수용하지 못했던 것이다.

데리다의 종교가 미국 학계에서 주목받는 데 결정적으로 기여한 학자가 있다면, 존 카푸토다. 카푸토는 1968년부터 2004년까지 가톨릭 대학교인 빌라노바 대학교에서 철학 교수로 일했고, 2004년부터 2011년 은퇴하기까지 시라큐스(Syracuse) 대학교의 철학부와 종교학부의 교수로 가르쳤다. 카푸토는 빌라노바 대학교 교수로 일하던 당시, 동료들과 함께 1997년, 1999년 그리고 2001년에 종교에 관한 세 번의 콘퍼런스를 연다. '종교'를 논의하는 콘퍼런스에 당시 사람들이 별로 연결시키지 않았던 데리다가 그 중심에 있었다. 콘퍼런스에는 흥미롭게도 "종교와 포스트모더니즘"이라는 이름이 붙여졌다.

사람들은 데리다를 흔히 '포스트모더니스트'로 간주하고, 데리다 사상은 포스트모더니즘 범주에 넣는다. 그러나 데리다 자신은 '포스트모더니즘'이라는 담론에 자신을 일치시키지 않는다. 데리다는 '포스트모더니즘'이라는 개념 자체를 차용하지 않았다. 데리다는 '마르크시즘'을 포함해 여타의 '이즘(-ism)'이 지닌 '동질화' 구조에 지속적으로 의문을 던져 왔다. 우리가 어떤 운동, 관점, 성향을 'ㅇㅇㅇ이즘'이라는 범주로 만들자마자, 그것은 다양한 특성을 '동질화'하는 기능을 갖게 된다. 이런 데리다의 생각을 잘 이해하는 카푸토는 "포스트모더니즘"을 콘퍼런스의 표제어로 넣은 이유는 "데리다의 작업을 규정하기 위해서가 아니라, 사람들을 끌기 위해서"라고 유머러스하게 말한다.[15] 카푸토를 직접 만나 소통한 이들은 카푸토가 지닌 유머 감각, 그리고 학자 이전에 한 인간으로서 따스함을 지닌 사람이라는 것을 경험한다. 물론 나의 '자서전적 경험'이다. 카푸토의 이런 면을 안

---

15. Caputo and Scanlon, eds., *God, the Gift, and Postmodernism*, 1-2.

다면 진솔하고 유머러스한 코멘트에 쉽게 수긍하게 된다.

1997년 빌라노바 콘퍼런스는 데리다의 종교 이해가 서서히 주목 받기 시작한 계기가 되었다. 이전까지는 데리다의 종교 이해에 학계에서 주목하는 이가 많지 않았다. 콘퍼런스가 끝나면 발제문들을 담은 한 권의 책이 나오는데, 이 책들은 '데리다의 종교' 또는 '데리다와 종교'를 이해하고 접근하는 데 중요한 자료가 된다. 1997년 9월 25~27일 열렸던 첫 번째 빌라노바 콘퍼런스는《신, 선물, 그리고 포스트모더니즘(1999)》, 1999년 10월 14~16일 두 번째 콘퍼런스는《신에 대하여 질문하기(2001)》, 그리고 2001년 9월 27~29일, "911 사건" 직후 열렸던 세 번째 콘퍼런스는《어거스틴과 포스트모더니즘(2005)》이라는 제목으로 출판되었다. 이 세 권의 책은 데리다의 종교를 이해하는 데 여러 측면에서 중요한 관점들을 제공한다. 또 1997년에 출판된 카푸토의《자크 데리다의 기도와 눈물》은 '데리다의 종교'를 이해하는 데 가장 중요한 텍스트라고 할 수 있다.[16]

카푸토는 이렇게 자신의 저서, 세 번의 빌라노바 콘퍼런스, 그리고 데리다와의 수많은 인터뷰를 통해 데리다 사상의 복합적인 결을 섬세하게 드러내는 데 결정적 역할을 한 사상가라고 할 수 있다. 카푸토가 해석한 데리다 사상은 많은 것을 생각하게 한다.

카푸토는 데리다의 해체를 '명명할 수 없는 것', '비결정적인 것'에 대한 응답이라고 본다. 데리다 사상의 중요한 개념 중 하나인 '비결정성'은 무관심이나 냉정함이 아니다. 오히려 '비결정성'은 '불가능한

---

16. 빌라노바 대학교에서 열린 세 번의 "종교와 포스트모더니즘" 콘퍼런스 후에 나온 책들은 다음과 같다. Caputo and Scanlon, eds. *God, the Gift, and Postmodernism*, 1999; Caputo, Dooley, and Scanlon, eds. *Questioning God*, 2001; 그리고 Caputo and Scanlon, eds. *Augustine and Postmodernism: Confessions and Circumfession*, 2005. 또한 카푸토의 책의 자세한 정보는 다음과 같다. Caputo, *The Prayers and Tears of Jacques Derrida*.

것에의 열정' 그리고 '정의를 향한 갈망'이다.[17] 이러한 데리다의 종교
는 특정한 종교에 소속되는 것이 아니라, '신앙'과 '메시아적인 것'의
경험에 관한 것이다. 또한 데리다의 '종교 없는 종교'는 사건으로서의
'해체'가 지속적으로 가능하게 한다. 이러한 데리다의 종교는 바로 레
비나스 사상과 연결 선상에서 '타자에 대한 전적 열림'이기도 하다.
데리다의 종교가 다양한 의미에서 해체의 윤리적·정치적 함의와 연
결된다는 것은 우리에게 시사하는 바가 크다.[18]

2) 종교와 데리다의 기도: '비결정성'을 향한 '확실성'의 정지

데리다 삶의 배경은 지리적으로 또한 문화적으로 여러 복합적인
결을 지니고 있다. 데리다는 '아랍·이슬람계·북아프리카'와 '유럽·기
독교·프랑스' 전통 사이에서 '유대인' 부모로부터 태어났다. 그러나
그는 자신을 종교로서의 유대교와 연결하지 않는 삶을 살았다. 또한
스스로 유대교 전통을 따르는 결혼을 하지도 않았으며, 아들에게 유
대교 전통에서 매우 중요한 할례를 받게 하지도 않았다. 그는 자신을
"기도와 눈물의 사람(*person of prayers and tears*)"이라고 명명한다. 그
렇다면 그는 누구에게, 무엇을 위해, 왜 '기도'하는 것인가. 그의 '눈
물'은 어떠한 의미인가.

종교 이해에서 빼놓을 수 없는 개념이 있다면, 그것은 '기도'다. 어
떻게 명명하든 '기도'는 모든 종교에서 중요한 자리를 차지한다. 많은
경우 '기도'란 '교환경제'의 다른 이름이 되곤 한다. 원하는 것은 누군

---

17. *Caputo, The Prayers and Tears of Jacques Derrida*, 25-26.
18. 데리다와 레비나스의 사상적 연결성에 대한 자세한 논의는 다음의 책들이 도움이 된다. Critchley,
The Ethics of Deconstruction: Derrida and Levinas; Bernasconi and Critchley, eds. *Re-Reading Levinas;* 그리고 Liewelyn, *Appositions of Jacques Derrida and Emmanuel Levinas.*

가에게 구하면, 그 '누군가'가 원하는 것을 줄 것이라는 '주고받음(give and take)'의 교환경제가 되어 버리는 것이다. 그 '누군가'가 어떤 종교적 이름으로 불리든, 내가 원하는 것을 간절하게 구하면 보상해줄 것이라는 기대가 종교적 기도의 전통적 이해와 실천이다.

다음과 같은 근원적인 물음을 생각해보자.

- 누구에게 기도하는가.
- 무엇을 위해서 기도하는가.
- 왜 기도하는가.
- 기도란 과연 무엇인가.

그런데 어느 특정한 종교에 속하지도 않은 데리다가 자신을 '늘 기도하는 사람'이라고 한다면 우리는 어떤 생각을 하게 되는가. 데리다는 기도에 대해 말할 때, '내가 만약 기도한다면(if I pray)'과 같이 '"만약(if)"'이라는 말을 함께 하곤 한다. 데리다는 왜 '만약'이라고 말하는 것인가. 데리다의 '만약'은 그에게 중요한 '비결정성'을 품고 있다.

데리다에게 기도란 진리나 지식과는 아무런 상관이 없다. '기도'가 일어날 때, 모든 확실성 그리고 해답이나 이득 계산의 기대는 모두 유보되어야만 한다. 데리다는 물론 '아이'가 기도할 때는 그 기도가 응답될 것이라 믿는다는 것을 안다. 그러나 '어른'에게서 기도란 '보상의 경제' 또는 '교환경제'의 구조에 속하지 않아야 한다. 기도는 그러한 보상이나 교환의 틀에서 일어나서는 안 된다. 기도란 마치 미지의 타자에게 아무런 보상의 기대 없이 제공하는 '선물'과도 같다. 진정한 선물은 주는 사람이 받는 사람에게 그 어떤 대가를 바라지 않고 단지 주기만 하는 것이다. 어쩌면 기도란 "불가능한 것"의 또 다른 경험이 기도 하다. 그래서 데리다는 진정한 선물이란 선물을 준 사람이 자신이 주었다는 것을 '잊는 것'이라 말한다. 자신이 선물을 주었다는 것을 늘 '기억'한다는 것은, 선물을 받는 사람에게 어떤 방식으로든 그 '대가의 빚(debt of return)'을 주는 것이기 때문이다.

"정지와 신앙(Epoché and Faith)"이라는 제목으로 나온 카푸토와의 인터뷰에서, 데리다는 기도에 대해 질문받는다. "만약 당신이 무신론자라 통한다면, 누구에게 기도하는가? 당신의 기도는 어떻게 응답되는가? 누가 그 기도들에 응답할 것이라 기대하는가?"[19] 이 질문에 데리다는 자신이 생각하는 기도에 대하여 카푸토와 대화를 나눈다. 데리다는 자신이 어릴 때 신을 수염이 있는 엄격하고 정의로운 '아버지'와 같은 이미지, 그리고 동시에 데리다가 순수하다고 믿으며 언제나 용서할 준비가 되어 있는 '어머니' 같은 이미지로 여겼다고 한다. 기도할 때, 언제나 이러한 "어린아이 같은 결(childish layer)"이 있다는 것은 포이에르바하부터 니체에 이르는 종교 비판의 경험이기도 하다. 이 '어린아이 같은' 경험은 "누구에게 나는 기도하는 것인가?"라고 끊임없이 묻는 "비종교인(nonbeliever)"의 경험이며, '아이'의 경험이기도 하다고 말한다.[20]

이 '아이' 같은 경험, '비종교인'과 같은 경험이란 무엇인가. 그것은 여타의 확실성을 정지(suspension)시키는 것이다. 이 인터뷰의 제목에 '판단의 정지'라는 의미의 '에포쉬(epoché)'라는 용어와 '신앙'을 함

19. "Epoché and Faith: An Interview with Jacques Derrida," in Sherwood and Hart, eds., *Derrida and Religion*, 28.

20. "Epoché and Faith: An Interview with Jacques Derrida," in Sherwood and Hart, eds., *Derrida and Religion*, 30.

께 사용했다는 것은 데리다의 종교, 신앙 또는 기도의 의미가 어떠한 것인지를 보여주고 있다. '만약 데리다가 기도한다면', 그 기도는 모든 확실성, 보상과 이득의 기대 지평을 모두 '정지'시키는 것이며, "그것이 바로 내가 기도하는 방식이다, 만약(if) 내가 기도한다면. 그리고 나는 언제나 기도한다, 지금 이 순간도."[21]

기도의 대상이 '누구'인지, '왜' 기도하는지, 기도를 통해서 '무엇'을 기대하는지 '절대적 확신'을 가진다고 한다면, 자신의 지극히 제한된 인식의 상자에 '확실성', '절대적 진리' 등의 이름표를 붙이고서 모든 것을 그 작은 상자 속에 집어넣는 것이다. 소위 '정통적인 것'과 '비정통적인 것' 사이의 '비결정성'의 경험은 바로 '불가능한 것'의 경험이다. 데리다에게서 종교란 바로 이러한 '불가능성에의 열정'이며 '비결정성에의 열정'이라고 할 수 있다.

데리다가 기도하는 '신'은, '만약' 그가 기도한다면, 언제나 이미 '도래할 신(a god to come)'이다.[22] 데리다가 '신'이라는 '이름(the name)'을 부를 때, 그 이름이 상징하는 것이 있다. 신은 "예스(the originary 'yes')"의 상징이며, 데리다에게서 신은 "절대적으로 알려져 있지 않은 비결정적 수신자의 이름"이다.[23]

---

21. "Epoché and Faith: An Interview with Jacques Derrida," in Sherwood and Hart, eds., *Derrida and Religion*, 30. 본문: "That is the way I pray, *if* I pray. And I pray all the time, even now."

22. Nass, *Derrida From Now On*, 225.

23. Derrida, "Confessions and 'Circumfession':A Roundtable Discussion with Jacques Derrida," in *Augustine and Postmodernism: Confessions and Circumfession*, ed. Caputo and Scanlon, 35.

4. 데리다의 종교: 종교 없는 '종교'

1) 데리다의 '신앙'과 지식

데리다는 언제나 종교에 관심을 가지고 있었다. 그런데 보다 명시적으로 종교를 윤리와 정치 관계에서 연결하기 시작한 것은 1989년 카도조 법학대학원에서 열린 "법의 힘" 강연부터라고 볼 수 있다. 이 강연은 "해체와 정의의 가능성"이란 콘퍼런스에서 이루어졌다. 종교에 대한 데리다 사상에 어떠한 '전환점'을 말한다면, 1989년의 이 강연이라고 할 수 있다. 이 강연에서 데리다는 정의와 법(law)을 구분하면서 "해체는 정의다(*deconstruction is justice*)"라고 선언한다.[24] 법은 고정되고 결정된 것이면서, 언제나 정의의 이름으로 만들어진다. 반면 정의란 고정된 것이 아니기에, 해체할 수 없다. 고정되고 결정된 정의란 존재하지 않기 때문이다. 정의가 고정되자마자, 그 정의는 더 이상 정의가 아니다.

데리다에 따르면, "해체는 정의의 비해체성(undeconstru-ctability of justice)을 법의 해체성으로부터 분리하는 그 간격(interval)에서 일어난다. 해체는 불가능성의 경험으로서 가능하다, 비록 해체가 존재하지(*present*) 않는다 해도, 그것이 현존(present)하지 않는다 해도, 아직 또는 결코(not yet or never), 정의는 존재한다(*there is* justice)."[25] 여기서 데리다는 해체를 정의의 경험, 약속 또는 기도가 일어나는 것, 법의 문자적 존재 너머에서 일어나는 것으로 해석한다. 법이 없는 정의가 결코 없는 것처럼, 정의 없는 법이란 결코 없다. 그러나 정의와 법

---

24. Derrida, "Force of Law," in *Acts of Religion*, 243.
25. Derrida, "Force of Law," in *Acts of Religion*, 243.

이 동일한 것으로 간주될 수는 없다. 해체 불가능한 정의로서의 해체, 그리고 정의의 해체로서 해체의 인정은 윤리적이며 정치적인 인정(affirmation)이다. 정의의 경험은 단순한 해결이 없는 아포리아이며, 패러독스다. 데리다의 철학에서 종종 등장하는 'X의 정치'와 'X의 윤리'라는 표현이 있다. 여기에서 특히 'X의 윤리'는 레비나스적 의미에서 이해해야 한다. '정치'는 조건성의 차원을, '윤리'는 무조건성의 차원, 즉 '도래하는' 차원을 가리킨다. 데리다에게서 그 어떤 주제라도, '윤리'와 '정의'의 두 축을 보는 것은 매우 중요하다. 이렇게 '해체'의 윤리적이고 정치적 차원의 부각은 '해체' 개념이 지닌 종교적 측면과도 깊숙하게 연결되어 있다.

1990년대 레비나스, 키르케고르 그리고 마르크스에 대한 데리다의 작업은 1994년 2월 28일 발표한 카프리섬 강연의 배경이 된다. 데리다의 카프리섬 강연은 〈신앙과 지식: 이성의 한계 내에서 '종교'의 두 기원〉이라는 글에 실린다. 데리다는 우리가 종교에 대해 생각할 때 기독교가 그 우선성을 차지한다는 것을 인정하면서도 제도화된 종교에서 벗어난, 종교의 순수한 가능성을 조명하고자 한다. 그럼에도 서구에서 종교 논의란 결국 기독교 논의가 그 근원적 토대를 이룬다는 것을 부정할 수 없다. 서구 문명의 토대는 기독교이며, 그 서구는 이제 세계적으로 '무소부재'하고 모든 것에 존재한다.

데리다가 종교에 대하여 명시적으로 다룬 이 〈신앙과 지식〉은 《종교서》에 포함되어 있다. 《종교서》는 종교에 관한 데리다의 글을 모은 책으로 2002년에 출간되었다.[26] 〈신앙과 지식〉에는 두 편의 글이 묶

---

26.   Derrida, "Faith and Knowledge: The Two Sources of 'Religion' at the Limits of Reason Alone," *Acts of Religion*, 2002.

여 연이어 실려 있다. 첫 번째는 1994년 2월 이탈리아의 카프리섬에서 열린 세미나에서의 발제문이고, 두 번째 글은 1995년 4월 미국 캘리포니아 있는 라구나 비치에서 열렸던 콘퍼런스에서의 발제문이다. 〈신앙과 지식〉은 52개의 번호가 붙여져 있다. 이 글을 보면 우리가 흔히 기대하는 서론, 본론, 결론의 구조가 없다. 이러한 경구적인 형태는 우연적인 것이 아니라, 데리다의 분명한 의도가 있다고 할 수 있다.

데리다는 〈신앙과 지식〉에서 종교를 자가면역성(autoimm-unity)과 연결한다. 두 개의 강연문을 묶은 이 〈신앙과 지식〉은 몇 가지 특이한 점이 있다.

첫째, 데리다는 카프리 콘퍼런스에서의 글을 이탤릭체로 썼다. "이탤릭(Italics)"이라는 소제목을 붙인 후 그다음은 번호로 붙인 것이다.

둘째, 제목에 나온 "종교"라는 단어를 인용부호 속에 넣었다. 일반적으로 사용되는 개념에 인용부호를 붙인다는 것은 우리가 '유산'으로 물려받은 그 개념을 그대로 받아들이는 것이 아니라 문제를 제기하면서 사용한다는 것을 의미한다. 따라서 데리다 글에서 인용부호 속에 넣은 "종교"는 우리가 통상적으로 생각하는 제도화된 종교의 범주로 사용하는 것이 아니라는 것을 주목해야 한다.

셋째, 종교에 관한 중요한 글인 〈신앙과 지식〉에는 번호가 매겨져 있다. 〈신앙과 지식〉은 8개의 챕터가 있는 《종교서》의 제1장으로 들어가 있으며, 카프리섬 콘퍼런스와 라구나 비치 콘퍼런스에서 발표한 두 개의 발제문으로 구성되어 있다. 카프리 발제는 1번에서 26번까지, 그리고 라구나 비치 발제는 27번부터 52번까지 번호가 붙여져 있다. 마지막에는 "라구나, 1995년 4월 26일(Laguna, 26 April 1995)"이라고 매듭지었다. 통상적으로 저자들이 글의 말미에 글을 쓴 위치와 날짜를 명시하는 경우는 참으로 드물다. 데리다가 이렇게 위치와 날짜를 쓰는 것은 그가 자신의 글을 어떻게 이해하고 있는지 독특한 이해를 잘 드러낸다. 이것은 데리다가 자신의 글이 언제나 특정한 정황과 연계되었음을 드러내고자 하는 장치다. 그래서 데리다의 글에는 글이 나오게 된 배경과 정황을 명시적으로 밝히는 경우가 많다. 나는 데리다가 명시한 캘리포니아의 '라구나 비치'를 일부러 방문한 적도 있다. 데리다의 종교 이해를 잘 담아낸 〈신앙과 지식〉 속 두 편의 글은 각기 다른 정황과 연결되어 있다. 데리다는 왜 종교에 관한 글에서 '번호'를 붙였는가. 그 이유는 데리다가 "종교란 숫자, 계산 가능성, 그리고 계산 불가능성의 문제"라고 한 것과 연계시킬 수 있다.[27] 이러한 종교의 특성을 드러내고자 하는 철학적 장치라고도 할 수 있는 것이다.

데리다에 따르면, 종교는 "모두 종교적인 것이라고 일반적으로 간주되는 두 경험의 합류"를 의미한다. 즉 한편으로는 신념(belief)의 경험, 그리고 또 다른 한편으로는 '흠 없는 것(the unscratched)', 또는 거룩한 것의 경험이다.[28] 데리다는 '우리가 종교라고 부르는 것(what we call religion)'의 이 두 가지 경험에서 두 번째 경험에 관심한다. 흠 없고 거룩한 것으로 규정된 것들을 '의심'한다. 거룩한 것에 대한 우리의 욕구는 중요하지만, 궁극적으로 고정되어 채워질 수 있는 것이 아니라고 보기방식에 '의심'을 작동시키는 것이다.

대부분 종교에서 사람들은 오염되지 않은 '흠 없고 거룩한 것'을 바란다. 그리고 이런 경험을 '위협'하는 것처럼 느껴지는 모든 것에 저

---

27. Derrida, "A Note on "Faith and Knowledge", in *Acts of Religion*, 40
28. Derrida, "Faith and Knowledge" in *Acts of Religion*.

항한다. 이 지점에서 "자가면역성"이라고 부르는 정황 속에, 종교가 빠지게 된다고 데리다는 본다. 왜냐하면 '사회적 몸(social body)'으로서 종교 안에 있는 사람들은, 자신들이 믿는 것을 외부에서 위협한다고 느끼면 거부하기 때문이다. 그러나 이러한 반응은 소위 질병 자체보다 우리 몸을 더욱 위험하고 파괴적으로 만든다. 이것은 우리의 면역구조를 통제 불능으로 만들어서 유기적으로 몸을 파괴하는 "자가면역성 질병"과 같은 것이다. 반동적인 종교 근본주의는 근대 과학과 이성을 반대하면서, 동시에 그 과학과 테크놀로지를 자신이 생각하는 '거룩한 것'을 보존하는 도구로 사용한다. 데리다는 이것은 '텔레-테크노사이언스(tele-technoscience)'라고 부른다.

데리다는 이러한 단순한, 직선적인 신념(belief)에 관해 의심한다. 그러나 그 신념이 흠 없는 것의 복합적 이해와 만날 때, 그것이 데리다가 인정(affirm)하는 신앙(faith)을 가능하게 할 수 있다고 본다. 그러니까 '흠 없는 것', '거룩한 것'에 대한 갈망 자체가 문제가 아니라, 복합성이 결여된 단순한, 직선적인 욕구가 문제라는 것이다. 여기에서 신념과 신앙은 동일한 개념이 아님을 기억하자. '신념'은 확실성과 결정성을 토대로 하는 반면, '신앙'은 불확실성, 비결정성, 다가올 미래에의 개방성을 그 특성으로 하는 의미로 생각할 수 있다.

2) 데리다, 기도와 눈물의 사람

데리다의 종교 이해를 조명할 때, 가장 중요한 연구가 중 한 사람을 꼽는다면, 바로 존 카푸토라고 할 수 있다. 존 카푸토는 1997년에《자크 데리다의 기도와 눈물: 종교 없는 종교》라는 제목의 책을 출판했다.[29]

---

29. Caputo, *The Prayers and Tears of Jacques Derrida: Religion without Religion.*

'무신론자'로 간주되곤 하는 데리다를 종교 관련 연구서에서 '데리다의 기도와 눈물'로 제목을 붙여 조명한다는 것은 시사하는 바가 크다.

카푸토는 데리다의 작업을 세밀하게 연구하며 해석하고, 데리다를 종교와 연결시켜 소개한 학자다. 카푸토는 데리다에 관한 다양한 글을 썼을 뿐만 아니라, 데리다와 여러 콘퍼런스에서 함께 일하고 인터뷰하고, 무수한 이야기를 나눈 사람이다. 데리다는 카푸토를 "소중한 협력자(precious ally)"라고 부른다.[30] 데리다를 연구한 무수한 학자들이 있지만, 나는 데리다가 그 어떤 학자에 대하여 그렇게 진심으로 고마움과 애정을 표현하는 것을 보지 못했다.

세계 곳곳에서 수많은 학자가 다양한 언어로 데리다에 대한 글을 써왔다. 당연히 데리다가 이 모든 글을 다 읽었을 리는 없다. 그런데 데리다가 자신에 대해 글을 쓴 어떤 특정 학자의 작업을 세밀하게 읽고, 그것이 자신에게 어떤 의미가 있는지 섬세하게 밝힌 사람이 있다. 바로 존 카푸토가 그 특정 학자이다. 데리다는 자신의 글이 카푸토에게 읽히는 것을 정말 좋아했다고 한다. 2000년 1월 15일 파리에서 한 마크 둘리와의 인터뷰에서 데리다는 카푸토에 대한 경험과 생각을 매우 세부적으로 밝힌다. 둘리가 데리다에게 왜 카푸토의 읽기방식을 좋아하는가라고 묻자, 다음의 이유들을 나눈다.

데리다에 따르면, 카푸토는 데리다가 좋아하는 방식으로 데리다의 글을 읽을 뿐만 아니라, 데리다가 다른 사람들을 읽도록 이끌어주기도 한다. 이것이 어떤 사람에게는 그저 지나칠 수 있는 사소한 문제일 수도 있다. 그러나 데리다는 이러한 기능이 굉장히 중요하다고 본다.

---

30. Mark Dooley, "The Becoming Possible of the Impossible: An Interview with Jacques Derrida," in Mark Dooley, ed., *A Passion for the Impossible: John Caputo in Focus*, 23.

데리다에 대한 연구서는 셀 수 없이 많다. 그런데 데리다가 자신을 다룬 연구서들을 접하면서, 그 안에 등장하는 다른 사상가나 이론들을 읽고 싶다는 생각을 하게 한다면, 그것은 쓰기와 읽기의 릴레이 속에서 풍성한 향연이 벌어지는 것과 같다. 데리다는 카푸토의 글에서 자신의 글이 다른 텍스트와 연결되는 것을 세밀하게 관찰한다. 그리고 이런 카푸토의 글들은 데리다만이 아니라 데리다와 연결시키는 텍스트와 사상을 인정(affirm)하고 받아들이는 '응답신호(countersign)'의 의미를 창출한다고 본다.

어떤 사상가나 이론에 대한 무비판적인 칭송, 또는 반대로 그것이 기여하고 있는 것은 보지 않고 '없는 것'만을 지적하며 비판을 위한 비판을 하는 냉소적 읽기는 그 누구에게도 의미를 제공하지 않는다. 이 두 가지 양극의 접근방식은 각기 다른 한계와 문제를 지닌다. 데리다가 카푸토의 접근방식에 대한 그렇게 고도의 긍정적 평가를 하는 것은, 카푸토가 '예스의 제스처'로 끝나지 않고 카푸토 고유의 시선으로 데리다를 다층적 정황과 연결하고 확장했다는 것이다. 데리다는 자신에 대한 카푸토의 연구서를 읽으면서 자신도 몰랐던 것들을 배우고 알게 된다고 한다. 예를 들어서 데리다는 자신에 관한 카푸토의 글에서 마이스터 엑카르트, 마르틴 루터, 그리고 쇠렌 키르케고르와 같은 사상가에 대하여 읽고 새로운 것을 배우게 되었다고 한다.[31]

카푸토의 데리다 읽기는 데리다를 쉽게 '배반'하지 않으면서도, 자신만의 고유한 방식으로 읽기와 쓰기를 하고 있다. 이러한 이유에서 데리다는 카푸토를 단순히 데리다 텍스트에 대한 해설가(comm-

---

31. Dooley, "The Becoming Possible of the Impossible: An Interview with Jacques Derrida," in Dooley, ed. *A Passion for the Impossible: John Caputo in Focus*, 21.

entator) 또는 해석자(interpreter)라고 생각하지 않는다고 밝힌다.

데리다는 이어서, 카푸토가 자신의 텍스트를 읽는 방식은 매우 새로운 것이라고 한다. 카푸토가 자신의 텍스트들을 풍성하게 만들어 주고, 넓은 지평을 열어준다는 것이다. 데리다는 이런 방식으로 자신의 텍스트가 읽히는 것을 좋아하는데, 그 이유는 카푸토가 데리다 자신에 대한 글을 써도 그것은 특정한 방식으로 카푸토 '고유의 텍스트'가 되기 때문이다. 만약 카푸토의 텍스트에 카푸토의 고유성이 없고, 데리다의 텍스트와 별로 다른 것이 없다면, 아마 좋아하지 않았을 것이라고 데리다는 강조한다.

예를 들어서 카푸토의 《자크 데리다의 기도와 눈물》은 한편으로 '해체'가 어떻게 하이데거에 빚을 지고 있는지, 그리고 또 다른 한편으로 어떻게 마르틴 루터 전통과 연결되는지 데리다 자신이 이해하도록 돕는다고 한다. 이러한 맥락에서 데리다는 자신의 텍스트들에서 무엇이 기독교적이고, 비기독교적인지 이해할 수 있었다고 한다. 이러한 이해는 오직 카푸토를 통해서만 가능했다는 것이다. 이러한 맥락에서 카푸토는 특별한 '선생'이기도 하다고 데리다는 말한다. 카푸토가 자신의 텍스트에 대해 쓴 글을 읽는 것은, 텍스트의 단순한 반영이 아니라 매우 특별한 방식으로 새로운 지평을 여는 것이기에 카푸토가 자신의 텍스트를 읽는 방식을 참으로 좋아한다는 것이다.

카푸토와 데리다는 언어와 종교적 배경이 다를 뿐만 아니라, 매우 다른 학문적 배경에서 훈련받은 사람들이다. 그렇게 다른 두 사람이 이런 방식으로 조우하게 된 것은 정말 놀라운 것이고, '놀라운 행운'이라 말하는 데리다의 평가는 과장이 아니다.

데리다가 카푸토의 글들을 정말 고맙게 생각하는 또 다른 이유가 있다. 특히 그의《자크 데리다의 기도와 눈물》은 데리다 글들의 가장 철학적이고 이론적인 측면들을, 가장 자서전적인 측면과 함께 드러냈다는 것이다. 데리다가 보는 카푸토는 인간적인 관대함과 동시에 놀라운 학문적 능력을 지닌 학자다. 카푸토는 데리다의 글들에서 깊이 묻혀있거나 잘 드러나지 않는 것까지 세밀하게 주의를 기울이면서, 작은 것까지 놓치지 않고 읽어내며, 의미를 부여한다. 데리다 텍스트를 치열하게 읽는 사람들조차도 감지하지 못하는 것들을 카푸토는 찾아내어 의미 부여를 하는 것이다.

카푸토는 데리다를 '경건한 사람'으로 바꾸려고 하지도 않으며, 모든 복합적인 측면들을 고려하면서 데리다가 어쩌면 소위 '무신론자'일 수도 있다는 사실을 받아들인다. 카푸토는 데리다의 종교에 대한 관계가 매우 복잡한 것임을 알고, 또한 그 복잡성을 중요하게 다룬다. 데리다를 종교로 귀속시키려는 의도나 노력을 하지 않으면서, 데리다가 어떤 문제와 씨름하고 있는지 이해하고 존중한다.

카푸토는 신앙(faith)과 무신론(atheism) 사이에 매우 친밀한 관계가 있다는 것을 인정하고 있다. 개별인으로서 카푸토와 데리다는 여러 가지 점에서 참으로 다르다. 하지만 카푸토에게는 이러한 상이성이, 데리다 사상에 대한 편견이나 왜곡된 해석으로 작동되지 않는다. 많은 이가 데리다는 단순히 회의주의, 허무주의 또는 무신론과 연결된다는 편견을 가지곤 한다. 그러나 카푸토는 그러한 편견을 작동시켜 데리다를 조명하지 않는다.

나는 카푸토가 데리다의 '종교 없는 종교'를 세심하고 심오하게 이해하고, 해석하고, 확장했다고 생각한다. 그렇기에 카푸토가 데리다를 조명하는 텍스트를, 데리다가 어떻게 경험했는지 소개하는 것이 데리다의 종교를 이해하는 데 도움이 된다고 본다. 데리다는 자신의 고백대로, '기도와 눈물'의 사람이다. 데리다의 그 '기도'와 '눈물'은 '다가올 세계(the world to come)'를 향해 언제나 열려있다.

3) '종교'라는 이름: 타자에의 책임성, 불가능성에의 열정

카푸토는《자크 데리다의 기도와 눈물》의 서론과 결론에서 "불가능한 것의 열정(passion for the impossible)"과 "신에의 열정(passion for God)" 사이의 끝없는 "비결정적인 변동(undecidable fluctuation)"이 있다고 말한다. 이 '비결정성'의 의미는 무엇인가. 데리다는 이 '불가능한 것에의 열정'과 '신에의 열정' 사이의 차이에 대하여 다음과 같이 말한다. '신'과 '불가능한 것', 이 둘 사이의 우선적 차이는 "이름(name)"이다. '불가능한 것(The impossible)'은 이름이 아니고, 고유명사도 아니다. 그것은 어떤 존재를 지칭하는 것이 아니다(여기에서 "T"가 대문자이고, "The"를 이탤릭으로 표현한 것을 주목해야 한다). 반면 '신(God)'은 이름을 가진 어떤 존재이다. 그 이름이 "이름 없는 존재(the nameless)"라고 해도, '신'이란 이름을 지닌 존재라는 것이다. 데리다는 '신'을 '신성(divinity)'이라고 부르지 않는다. 신은 "명명 가능한 이름 없는 이름(a nameable nameless name)"이다. "불가능한 것(The impossible)"은 '비이름(non-name)'이며, '비고유명사(non-proper name)'이다. 즉 "보통 비고유명사, 또는 이름 없는 보통명사(common non-proper name, or nameless common name)"다.[32] 그렇기에 신과 불가능한 것, 이 두 가지를 어느 하나로 합쳐서 번역해 놓으면 안 된다. 또한 어느 하나로 다른 것을 대

---

32. Dooley, "The Becoming Possible of the Impossible: An Interview with Jacques Derrida," in *The Essential Caputo*, ed. Putt, 49.

체해서도 안 된다.

데리다의 종교, 신앙 또는 신에 대하여 이해하고자 할 때, 핵심적인 개념이 있다면 그것은 '비결정성'이라 할 수 있다. 그러나 그 '비결정성'은 단순히 '알지 못한다' 또는 '결정을 하지 못한다'는 것과 다르다. '비결정성'의 의미는 첫째, 그것은 어떤 '지식 체계'에 속하지 않는다는 의미다. 둘째, 나는 알기를 원하지 않는다는 것(I do not *want* to know), 알아서는 안 된다는 것을 의미한다.

그런데 데리다는 '신'이라는 이름을 단지 '사용(using)'하는 것인가, '언급(mentioning)'하는 것인가. 데리다는 이러한 "사용-언급"의 구분 자체를 넘어서고자 한다. 그럼에도 데리다는 자신이 자주 신이라는 이름을 단지 '언급'하는 것이라 생각한다. 사람들은 '신'이라는 말을 도처에서 사용한다. 그 사람들이 어떤 정황에 있든 이제 '신'은 마치 어떤 물건의 이름처럼 일반화되어 사용되곤 한다. 데리다는 도처에서 사람들이 사용하고 호명하는 그 '신'을 언급한다고 한다. 그렇다고 해서 데리다가 글을 쓸 때 언급하는 '신'은 교회 등과 같은 특정한 종교에 소속된 사람들을 염두에 두고 쓰는 것이 아니다. 이런 맥락에서 데리다는 자신이 늘 '언급의 상황(situation of *mentioning*)'에 있다고 한다. 데리다는 사람들이 말하는 신, 성서가 말하는 신, 헤겔이 말하는 신, 하이데거가 말하는 신, 카푸토가 말하는 신, 데리다의 어머니가 말하는 신 등 그러한 '신'들을 언급하고 지칭하는 것이다. 이런 의미에서 데리다는 자신이 신이라는 말을 '사용'하기보다는 '언급'하는 것이라고 한다. 그렇다면 데리다가 '언급'하는 '신'이란 데리다에게 어떤 의미를 지니는가. 데리다는 신이란 "'불가능한 것'을 가능하게 만드는 것(the becoming possible of 'the impossible')"을 의미한다고 한다.[33]

이어서 데리다는 자신이 '특정한 방식으로', '충실한 무신론자(faithful atheist)'라고 한다. 그런데 그는 무엇에 또는 누구에 '충실한' 것인가. 이 '충실한 무신론자'의 의미를 이해하려면 데리다가 말하는 '메시아주의 없는 메시아성(messianicity without messianism)'과 연결하는 것이 필요하다. 데리다가 쓴 〈신앙과 지식〉이라는 글의 제목은 여러 가지를 시사한다. 종교는 '지식'에 관한 것이 아니라, '신앙'에 관한 것이다. 유신론자인가 무신론자인가라는 물음은 종교를 이미 '지식'의 영역에 넣고서, 신앙은 그 종교적 '지식'에 무조건적으로 순응하고 따르는 것이라는 전제를 가지고 있다. 그러나 데리다에게 있어서 '신앙'이란 "도래할 어떤 것, 무엇인지 내가 알지 못하는 그 어떤 것에 대한 열정"이다. 그렇다면 종교, 또는 '종교적'이라는 것은 무엇인가. 데리다의 종교란 타자를 환영하는 것, 즉 환대라고 할 수 있다.

데리다에게 종교란 타자에 대한 관심이 그 중심을 이룬다. 데리다의 '전적 타자(the wholly other)'에 대한 관심은 레비나스의 타자에 대한 이해와 맥을 같이 한다. 레비나스의 타자에 대한 관심을 데리다는 '윤리의 윤리(ethics of ethics)'라고 명명한다. 레비나스는 '윤리를 첫 번째 철학'이라고 명명한다. 레비나스에게 '윤리'는 특별한 의미를 지니는데, 간결하게 말하자면 레비나스적 윤리란 존재론적 윤리(ontological ethics)로 '타자에 대한 무한한 책임'이라고 할 수 있다. 레비나스는 타자의 '얼굴'이 바로 윤리적 자리(ethical site)라고 본다. '얼

---

33. Dooley, "The Becoming Possible of the Impossible: An Interview with Jacques Derrida," in *The Essential Caputo*, ed. B. Keith Putt, 50

굴의 윤리(ethics of the face)'라는 개념이 등장하는 이유다.

"얼굴"이란 개별적 인간의 얼굴을 의미한다. 육체적 또는 미학적 대상으로서 '얼굴'이 아니다. 살아있는 인간의 현존으로 그 개별적 얼굴과의 조우는 추상적이고 미학적인 것이 아니라, 사회정치적이고 윤리적인 경험이라고 할 수 있다. 타자의 얼굴은 그 얼굴과 조우하는 나에게 책임성을 상기시키며 불러일으키는 자리다. 그렇기에 데리다는 "타자의 현존 없이 윤리란 없다(there is no ethics without the presence of *the other*)"라고 강조한다.[34] 데리다는 1964년에 출간한 〈폭력과 형이상학(Violence and Metaphysics)〉이라는 글에서 레비나스 사상에 깊숙이 개입한다. 데리다는 종교적 주제들을 조명하면서 레비나스를 연계시킨다. 1960년대 초기에 레비나스는 프랑스에서도 잘 알려지지 않은 철학자였는데, 데리다는 1964년의 글에서 레비나스의 철학을 굉장히 긍정적으로, 그리고 심오하게 다루고 있다.[35]

레비나스는 철학에 깊숙이 개입한다. 레비나스는 윤리와 종교의 이름으로, 그 전통적인 철학의 한계를 지적하면서 근원적인 문제 제기를 한다. 데리다는 이러한 레비나스의 사상이 전통적인 철학에 대한 도전이며 동시에 그 철학을 갱신하는 의미라고 매우 긍정적으로 해석한다. 데리다는 레비나스의 사상이 '윤리적 관계성의 요청—무한한 타자로서의 무한한 것에의 비폭력적 관계로의 요청'이라고 보고 있다. 레비나스가 형이상학과 윤리를 가치 있는 것으로 긍정한다고 데리다는 보는 것이다. "윤리적 관계는 종교적 관계다. 단지 하나

---

34. Derrida, *Of Grammatology*, 139-40

35. Derrida, "Violence and Metaphysics: *An Essay on the Thought of Emmanuel Levinas*", in Writing and Difference.

의 종교(a religion)가 아니라, 절대적 종교(the religion)[36]라는 것이다. 여기에서 데리다가 언급하는 '윤리'란 전적으로 레비나스의 '윤리'와 같은 선상에서 이해해야 한다. 레비나스에게 있어서 '윤리는 제1의 철학'으로서, 타자에 대한 전적인 책임성을 의미한다. 레비나스의 다음의 말은 데리다의 종교 없는 종교의 핵심을 드러낸다.

> 나(I)라는 말은 모든 것에 그리고 모든 사람을 위해서
> '내가 여기에 있다(here I am)'고 하는 의미다.[37]

데리다는 20세기의 가장 중요한 철학자 중 한 사람이다. 그리고 종교에 대한 사유는 데리다 작업에서 의미심장한 자리를 차지한다. 데리다의 종교 이해는 매우 복잡하고, 모호하고, 양가적으로 보일 것이다. 종교는 언제나 도전받고 '타자에 대한 책임성의 윤리' 그리고 '서로 함께 살아감의 정치'와 연결되어 있다. 데리다는 어떤 특정한 양태의 제도화된 종교를 지지하지 않는다. 그러나 인간됨의 중요한 의미로서 종교적인 것을 반대하지 않는다. 따라서 데리다가 종교적인가 아닌가 또는 유대교, 기독교, 이슬람교와 데리다의 관계는 무엇인가와 같은 단순한 질문들을 넘어, 우리가 '종교'라고 부르는 그 '종교'를 데리다가 어떻게 생각하고 있는가를 조명하는 것이 중요하다.

데리다의 종교를 다시 짚어보자.

첫째, 데리다의 종교는 책임성으로서의 종교다. 데리다의 매우 복

---

36.   Derrida, *Writing and Difference*, 96.
37.   Levinas, *Otherwise than Being or Beyond Essence*, 114.

합적인 종교 이해를 이 제한된 지면에 모두 담아내는 것은 불가능하다. 그러나 데리다의 종교를 이해하는 데 가장 중요한 출발점은 데리다의 종교-규정이다. 데리다는 '종교는 책임성이다. 그렇지 않다면 아무것도 아니다(religion is responsibility or it is nothing)'라고 규정한다. 이러한 데리다에게 '악마적인 것(the demonic)'이란 '비책임성(nonresponsibility)'이다. 종교(Religion)는 타자들의 부름에 반응/응답(Response)하는 것이며, 응답하는 것이란 바로 책임성(Responsibility)이다. 타자에 대한 책임성은 사실상 예수의 종교 이해에도 바로 그 핵심을 이룬다. '최후의 심판'에 대한 예수의 비유(마태복음 25장)는 철저히 나와 타자의 관계가 책임성으로 규정되는 것을 보여준다.

이 현대 사회에서 '배고픈 사람', '목마른 사람', '헐벗은 사람', '감옥에 갇힌 사람', '낯선 사람' 그리고 '아픈 사람'에게 연민과 책임성을 실천하는 것이야말로 종교의 핵심을 이룬다고 할 수 있다. 그렇지 않다면 종교는 개인의 이득 확장을 위한 '교환경제 욕망'을 재현하는 것일 뿐, 존재 이유의 토대를 상실하게 된다. 책임성으로서의 종교는 그 책임성의 의미를 포괄적으로 실천하기 위해 정의에의 예민성, 타자의 고통에 대한 연민과 연대, 그리고 가까운 타자/먼 타자에 대한 복합적 의미의 환대 등의 개념과 깊숙이 연결되어 있다. 이러한 의미에서 '종교란 해답이 아니라 질문'이다.

둘째, 데리다의 종교는 불가능성에의 열정이다. 카푸토는 데리다의 종교가 심오한 통찰을 지니고 있어서, 데리다의 종교에 관심을 가지게 되었다고 한다. 카푸토가 보는 데리다의 종교가 지닌 중요한 통찰은 세 가지 축, 즉 "정의, 신, 불가능한 것" 사이의 역동성이다. 그리고 이러한 데리다의 종교 이해는 인간이 지닌 희망과 기대 구조가 그 어떤 양태의 종교적·철학적 또는 정치적 형태나 역사적 양상으로 고정되거나 환원되지 않는다는 점이 핵심을 이룬다. 그 절대적 고정성에 대한 거부가 바로 데리다의 '메시아주의 없는 메시아성'과 같은 개념이 담아내는 의미다.[38]

이처럼 데리다에게서 '신'이란 "불가능한 것(the impossible)"과 연결된다. 그 불가능한 것이란 절대화되어 고정된 '종교' 또는 확실성의 존재가 아니다. 그 '신'은 내가 지닌 불가능성에의 열정과 갈망을 함께하는 존재로서, 나의 갈망에 응답하든 하지 않든 상관이 없다.[39]

카푸토가 예시한 바와 같이 데리다의 종교는 새로운 세계, 불가능성의 세계, 도래할 세계(the world-to-come)의 희망과 약속을 동시에 담고 있다. 그런데 이 '새로운 세계'란 '불가능성의 세계'이며 언제나 '도래할 세계'다. '다가오는' 또는 '도래하는'이란 선적인 달력 속의 도래가 아니다. 결코 도래하지 않는 불가능성의 세계지만, 그 불가능성의 세계에 열정을 부여잡는 것—이것이 바로 데리다의 종교이다. 그래서 데리다에게서 종교란 '불가능성에의 열정'이다.

이런 의미에서 데리다의 종교는 '메시아주의 없는 메시아성(the messianicity without messianism)'이다. '메시아성(the messianic 또는 the messianicity)'은 도래할 미래에 대한 희망과 약속을 상징하는 표현이다. '메시아적인 것'과 '메시아주의'의 차이점은 무엇인가. 왜 데리다는 굳이 '메시아주의 없는 메시아성'이라고 표현하는가. 데리다는 이렇게 말하는 이유는 '메시아주의'라고 할 때 고정되는 특정한 종

---

38.   Dooley, ed. *A Passion for the Impossible: John Caputo in Focus*, 236.
39.   Derrida, "The Becoming Possible of the Impossible: An Interview with Jacques Derrida," in Mark Dooley, ed. *A Passion for the Impossible: John Caputo in Focus*, 29.

교적 "기대 지평(horizon of expectation)" 또는 "예언적 예시(prophetic prefiguration)"와 혼돈하지 않기 위해서라고 밝힌다.[40] '메시아적인 것'은 특정한 종교나 결정적인 정통교리 등에 속하지 않는다는 의미에서 '추상적' 또는 '신비적'인 것이라고도 할 수 있다. 그러나 그 '신비적'이란 소위 신비주의 전통에 속하는 것은 아니다. 또 유대-기독교 전통의 '부정 신학(negative theology)'에 속하는 것도 아니다.[41] '메시아적인 것'이 제시하는 것은 "신앙의 경험"으로서, "정의의 출현으로서의 타자의 도래, 그리고 미래에 열린 것"이라고 할 수 있다. 즉 메시아적인 것은 "열림(opening)" 그리고 "타자가 오도록 하는 것(letting the other come)"을 의미한다.[42]

'메시아적인 것, 메시아성'은 데리다의 여러 개념과 연결해야 이해할 수 있다. '도래하는 것', '정의의 불가능성', '도래할 정의', '비결정성', '코라(khôra)' 등이다. 종교는 그 다양한 양태에도 불구하고 '새로운 세계에 대한 희망과 약속'을 담아내고 있다. 데리다의 '메시아성'은 도래할 세계에 대한 희망과 약속을 끈기 있게 지켜내는 열정을 가리킨다. 데리다의 해체는 '혁명적 힘'이다. 종교, 윤리 그리고 정치는 실천과 의미성의 복합적인 관계 속에서 서로 얽혀있다. '해체 가능한 결정적 법', 그리고 '아포리아적-해체 불가능한 정의'는 데리다의 '메시아주의 없는 메시아성'과 연관된 종교적 용어들 속에서 반복된다. "메시아주의 없는 메시아성"은 데리다의《마르크스의 유령들》에, 그리고 "종교 없는 종교" 개념은《죽음의 선물》에 등장한다. 이 개념들은 데리다의〈신앙과 지식〉에서 다층적으로 조명되고 있다.

40. Derrida, "Faith and Knowledge," in *Acts of Religion*, 56.
41. Derrida, "Faith and Knowledge," in *Acts of Religion*, 57.
42. Derrida, "Faith and Knowledge," in *Acts of Religion*, 56.

그렇다면 우리는 왜 '불가능한 것'에 열정을 부여잡아야 하는가. 예를 들어서 무조건적 사랑, 무조건적 용서, 무조건적 환대, 무조건적 우정, 절대적 정의 등은 유한한 인간으로서 이 현실 세계에서 실현 불가능하다. 그러나 '실현 가능성'의 세계에만 안주할 때, 종교는 그 존재 의미를 상실한다. 누구나 어디서나 '가능한 것'을 지향한다는 것은 사실상 아무것도 '지향'하지 않는 것이다. '가능성의 세계 너머'에 희망과 갈망을 가지고, 그 불가능성의 축을 지속적인 '참고서'로 받아들일 때 비로소 '종교'는 존재 의미를 확보하게 된다. 새로운 세계에 대한 '희망과 약속'의 미래를 '기억함'을 통해서 우리는 이 현실 세계에서 사랑과 환대의 원, 용서와 우정의 원, 정의와 연민의 원을 조금씩 확장해 나갈 수 있기 때문이다.

용서할 수 없는 것을 용서하는 것, 사랑할 수 없는 것을 사랑하는 것, 환대할 수 없는 이를 환영하는 것—이러한 '불가능성에 대한 열정'이야말로 '종교'라는 개념이 가능하게 하는 것이다. "정의란 불가능한 것의 경험"이라고 하는 데리다의 종교는 그렇기에 정의의 종교이기도 하다.[43]

4) 종교 없는 종교: 삭제 아래 선

데리다의 글 중에 〈서컴페션(Circumfession)〉이 있다. 이 말은 번역이 불가능하기에 음역한다. "서컴페션"은 두 개의 단어, 즉 할례를 의미하는 '서컴시전(circumcision)'과 어거스틴의 '고백'인 '컨페션(confession)'을 합쳐서 데리다가 만든 말이다. 데리다의 "서컴페션"은 자서전적 텍스트라고 할 수 있다. 그런데 이 글이 담긴 책의 구조를

---

43. Derrida, "Force of Law," in *Acts of Religion*, 244.

보면 우리가 전통적으로 생각하는 책이 아니다.[44]

데리다의 〈서컴페션〉이 들어가 있는 책의 제목은《자크 데리다》이다. 그런데 이 책의 저자는 2명이다. 제프리 베닝턴의 글은 〈데리다베이스(Derridabase)〉라는 제목으로 책 페이지의 상단에, 그리고 데리다의 글은 〈서컴페션〉이라는 제목으로 페이지의 하단에 있다. 그러니까 한 페이지에 두 종류의 글이 들어가 있다.《자크 데리다》라는 한 권의 책 안에 베닝턴이 쓴 〈데리다베이스〉와 데리다가 쓴 〈서컴페션〉 두 권의 들어가 있는 셈이다. 책을 열면 윗부분은 베닝턴이 데리다에 관하여 서술한 글이다. 베닝턴의 〈데리다베이스〉는 "시간과 함께(With Time)"라는 제목을 시작으로 32개의 주제로 이어진다. 책의 아랫부분에는 데리다의 〈서컴페션〉이 나오는데, 섹션 제목은 없이 1번부터 59번까지 번호가 붙여져 있다. 이 책의 프로젝트는 1989년 1월에 시작해서 1990년 4월에 끝났는데, 데리다가 베닝턴의 글에 대한 마지막 반응인 59번은 데리다가 59세가 되는 해다. 데리다는 베닝턴의 글들에 직간접적으로 반응하면서, 자서전적 서술을 하고 있다. 〈서컴페션〉에서 데리다는 '아무도 이해하지 않는 나의 종교'에 대하여 말한다. 이 "아무도 이해하지 않는" 데리다의 종교는 특정한 종교에 소속된 것이 아니며, 이 점에서 "종교 없는 종교"다.

데리다의 '종교 없는 종교'는 기존의 종교를 해체한 "종교"다. '해체'가 파괴하는 것이 아니라, 인정과 수용을 의미하는 '어퍼마티브(affirmative)'하다고 할 때, 그것은 있는 그대로 받아들이는 '긍정(positive)'과는 다르다고 데리다는 지적한다. 제도로서의 종교, 제도로서의 대학, 제도로서의 각종 기관을 조명할 때, 데리다의 이러한 해체

---

44. Derrida, "Circumfession," in Bennington and Derrida, *Jacques Derrida*, 1993.

개념은 매우 중요하다고 할 수 있다. 데리다의 말을 들어보자.

> 수용적 해체(affirmative deconstruction)란, 긍정적인 것(positive), 보수적인
> 것(conservative), 또는 기존의 제도를 단순히 반복하는 것이 아니다. 한 제
> 도란 우리가 비판할 수 있고, 개혁할 수 있고, 그 자체의 고유한 미래에 열
> 려 있도록 하는 것을 함축하고 있다.[45]

데리다는 이 대화에서 그가 새롭게 시도했던 대학을 예로 들고 있
다. 그런데 이러한 '수용적 해체'는 종교 논의에서도 그대로 적용된
다. 데리다의 '종교 없는 종교', 즉 종교의 해체가 일어나는 사건으로
서의 종교는, 파괴가 아니라 그 종교가 제도적 범주와 고정성을 넘어
서서 살아있는 생명성의 종교를 지향하게 한다. 종교가 생명력을 지
켜내고자 한다면 데리다의 말처럼 그 종교를 "비판할 수 있고, 개혁
할 수 있고, 그 자체의 고유한 미래에 열려 있도록" 해야 한다. 이러한
것이 바로 해체가 작동되는 의미이며, 그 해체가 지속적으로 일어나
는 종교를 "종교 없는 종교"라고 명명할 수 있는 것이다.

데리다가 "존재한다는 것은 상속받는다는 것"이며, 그 상속이란
"주어진 것"이 아니라 "과제"라고 한 것을 종교와 연결시켜 보면, 데
리다의 종교가 지닌 그 심오한 의미를 이해하게 된다. 우리는 '종교'
라는 전통을 유산으로 상속받았다. 그 상속받은 유산이 단지 '주어진
것'이 아니라 '과제'라고 할 때, 우리의 과제는 매우 복합적이 될 수밖
에 없다.

---

45.   Derrida, "Villanova Roundtable: A Conversation with Jacques Derrida," in *Deconstruction in a
      Nutshell: A Conversation with Jacques Derrida*, ed. Caputo, 1997. 4-5

첫 번째 과제는 유산으로 받은 '종교' 전통에서 우리가 지속적으로 보존하고 강조할 점을 찾아내는 것, 즉 '긍정의 과제'다.

두 번째 과제는 유산으로서의 종교 전통에서 무엇이 문제인가를 찾아내는 것, 즉 '문제 제기의 과제'다. 특히 종교는 확실성의 가치, 또는 절대화의 가치를 내세우면서 고정시킬 수 없는 것을 절대화하며 고정시키고, 불확실성의 가치를 부정적으로 만들었다. 그러한 절대화, 총체화, 고정화의 과정에서 권력 주변부에 있는 존재들을 비인간화시켰으며, 인간의 인지 세계 너머의 존재를 인간의 지극히 유한한 인지 세계 속에 가두어 버렸다.

세 번째 과제는 새로운 전통의 '창출의 과제'다. 데리다의 '종교 없는 종교'는 도래할 정의, 불가능성의 정의, 무조건적 책임성과 환대, 비결정성과 불확실성의 가치로 언제나 이미 열려있는 종교다. 우리의 예측과 계산 너머로 다가올 다양한 '타자들'에게 언제나 열려있고 긍정하는 '예스의 가치'를 품은 의미에서의 종교다. 생명의 가치를 언제나 '기억'하면서 새로운 전통을 창출하는 것이다. 이 세 번째 과제를 수행하는 데리다의 '종교 없는 종교'는 우리에게 종교의 존재 의미에 심오한 통찰을 준다.

데리다의 '한편으로는' 그리고 '또 다른 한편으로는'이라는 '더블 제스처'는 '해체'가 하나의 고정된 방법이나 테크닉이 아님을 말해준다. 마치 지속적으로 춤추듯 움직이는 '사건'으로서 '일어나는 것'의 의미를 가진다. 데리다의 '종교 없는 종교'에서 일어나는 해체는 다음과 같은 의미를 지닌다.

첫째, 해체는 일회적으로 일어나는 것이 아니라 지속적으로, 각기 다르게, 모든 곳에서, 언제나, 일어난다. 진정한 의미에서 종교의 살아남음, 즉 종교의 생명력을 지켜내기 위해 해체는 끊임없이 '일어나야만' 한다.

둘째, 해체는 살아있는 구조들 안에서 일어나는 것이다. 언어들에서, 텍스트들에서 해체는 일어난다. 우리가 기억할 것은 데리다가 말하는 '텍스트'란 쓰여진 문자로 구성된 것만이 아니라, 사건들 등 이 세계 자체가 하나의 '텍스트'라는 것이다. 우리가 '종교'라고 부르는 그 영역 자체도 다양한 언어와 텍스트로 구성되었다. 이 사실은 데리다의 '해체적 읽기와 해석하기'가 곳곳에서 일어날 수 있음을 알려준다.

셋째, 해체는 어떤 해석 주체(interpreting subject)나 자기 자신을 위해 강요되는 어떤 작전이 아니고, 도구나 테크닉도 아니다. 데리다의 더블 제스처를 통해 종교가 지닌 다층성 또한 다름(alterity)의 차원이 드러나며, 이러한 과정에서 해체가 사건으로 일어나는 것이다. '사건'의 특성은 '대체 불가능성'과 '반복 불가능성'이다. 즉 사건으로서의 해체는 매뉴얼에 따라 수행하면 되는 방법이 아니기에, 언제나 이미 새롭게 일어난다.

나는 이 장에서 '데리다와 종교'가 아니라, '데리다의 종교'라는 표현을 쓰고 있다. 왜냐하면 전자의 표현에는 '종교'를 이미 고정된 것으로 규정하고서, 데리다가 그 '종교'와 어떤 관련성이 있는지 조명하는 의도가 담기기 때문이다. 그러나 '데리다의 종교'는 전통적인 종교 이해의 고정성과 확실성의 토대 자체에 물음표를 붙이면서 '유산'으로 상속받은 '종교'라는 전통을 '과제'로 받아들인다. 그 과제를 수행하는 과정에서 해체는 이미 작동된다. '데리다의 종교'는 그러한 해체 사건을 지속적으로 받아들이면서 '비결정성'의 '토대 없는 토대'에 기초한 사건의 의미를 담아낸다. 데리다의 종교는 이런 의미에서 종교라는 전통의 수용, 문제 제기 그리고 새로운 창출이라는 세 가지 과제와 책임성을 수행해나가는 '종교 없는 종교', '책임성으로서의 종교', '무조건적 환대로서의 종교', 그리고 '불가능성에의 열정으로서의 종교'다.

해체란 '언제나 이미' 일어나고 있는 사건이며, 지속적으로 새로운 사건들을 만들어가게 된다. 이 지점에서 데리다의 더블 제스처가 처음 한 번만 일어나는 것이 아니라, 그다음 단계의 더블 제스처가 있다는 것을 기억해야 한다. 이러한 두 번째 단계의 더블 제스처, 즉, '한편으로는'으로 제시되는 '수용' 그리고 '또 다른 한편으로는'에서 드러나는 '문제 제기'는 일회적인 것이 아니라, 지속적으로 일어나는 '사건으로서의 해체'다. 즉 해체는 '이제 충분하다'가 아니라, 언제나 '더(more)'에 대한 갈망을 품고 있다. 해체는 허무주의적 파괴가 아니라, 고도의 긍정의 제스처라고 할 수 있다. 여기에서 '긍정'이라는 개념은 적극적 인정(positive)의 의미가 아니라고 데리다는 분명히 밝힌다. 긍정(positive) 또는 부정(negative)의 이분법적 분리를 통한 '긍정'이 아니라는 것이다. 오히려 그러한 분리 너머, 다양한 결의 의미로서 '다름(alterity)'을 끌어안는 수용과 인정이다. 영어로 '어퍼메이션(affirmation)'이라고 할 수 있다.

미국에서는 LGBTQ 등으로 지칭되는 다양한 의미의 성소수자들을 포용하는 교회를 '어퍼밍 교회(affirming church)' 또는 '어퍼밍 목회(affirming ministry)'라고 표현한다. 이것은 성소수자들에게 보내는 강력한 "예스"의 의미를 드러내는 것으로서, 사실에 대한 긍정/부정의 분리를 넘어 있는 그대로, 동등한 동료 인간으로 함께한다는 의미라고 할 수 있다. 그들의 성적 지향이나 젠더 정체성은 우리의 '긍정' 또는 '부정'의 문제가 아니라는 것을 분명히 하는 개념이 바로 '어퍼메이션'이다. 한국 사전을 통해서는 '인정적(affirmative)'과 '긍정적(positive)'이라는 두 개념의 차이를 명확히 알기가 어렵다. 그러나 뜻과 적용에서 이 두 개념은 커다란 차이가 있다.

데리다는 해체란 어떤 사실을 객관적으로 인정한다는 의미의 '긍정적'이 아닌, 무조건적 '예스의 제스처'로서 '어퍼마티브'임을 강조한다. 그는 종종 '허무주의자'라고 불린다. 하지만 데리다는 자신이나 동료들에 대한 이해가 잘못된 것임을 분명히 한다.

> 나는 나와 나의 미국 동료들에게 붙여져 온 '허무주의'라는 라벨을 전적으로 거부한다. 해체는 무(nothingness) 속에 갇혀 있는 것이 아니라, 타자(the other)에 대한 전적 개방성이다.[46]

또한 해체는 "무엇보다도 인정적(어퍼마티브, affirmative)—긍정적(positive)이 아니라, 수용적인 것이다. 다시 한번 더 말하지만, 해체란 파기나 파괴가 아니다"라고 강조한다.[47] 해체 개념과 기독교의 연관성에 대한 2002년의 인터뷰에서 데리다는 '해체'라는 용어는 하이데거의 '디스트럭치온(Destruktion)' 그리고 마틴 루터의 '데스트루운투르(destruuntur, 영어의 destroy)'의 개념과 문자적으로 연결되어 있다고 밝힌다. 그러나 그렇다고 해서 자신의 '해체'가 하이데거나 루터의 맥

---

46. Derrida, "Deconstruction and the Other: An Interview with Richard Kearney," in Richard Kearney, *Dialogue with Contemporary Continental Thinker*, 124
47. Derrida, *Points ⋯ Interviews 1974-1994*, 211.

락에서 사용하는 것은 아니며, 기독교가 다른 종교보다 우세한 입장에서 이 해체 개념에 대한 '전통'이 있다고 할 수 있는 것은 아님을 분명히 한다. 유사한 주장을 불교, 이슬람교, 유대교 또는 다른 종교들도 할 수 있을 것이기 때문이다. 또한 종교가 철학이나 과학보다 더 '해체적'이라고 할 수도 없다. 해체란 타자 또는 다름에 전적으로 열려있음을 의미한다. 이 점에서 '신앙' 또한 어느 특정 종교가 특권적 위치를 차지할 수 없으며, 또 종교가 철학이나 과학 우위의 위치에 있을 수도 없다.[48]

　　데리다에게 '종교'란 단일한 집합체가 아님을 매번 상기해야 한다. 데리다가 '신앙'이라는 표현을 사용할 때, 그것은 언제나 인용부호 속의 '신앙'이다. 따라서 데리다에게서 '신앙'이란 특정한 종교 전통이나 철학 전통에의 소속성, 또는 배타적 연관성을 지니는 개념이 아니다. 종교가 제도화될 때, 그 종교는 진리/신에 '확실성'과 '정형성'을 그 토대로 삼게 된다. 다양한 예전과 교리, 그리고 제도적 조직화를 통해서 '고착될 수 없는 것'을 고착하게 되고, '확실할 수 없는 것'을 정형화함으로써 제도적 종교는 유지되고 재생산된다. 인간의 유한한 인식능력으로 파악할 수 없는 것을 '파악 가능한 것'으로 만듦으로써 종교는 그 존재 의미를 상실하고 왜곡하게 되는 것이다. 유한자인 인간이 무한자인 신을 어떻게 '파악'하고 '이해'할 수 있겠는가. 그 어떤 위대한 인간도 '인간-너머의 존재' 또는 소위 '진리'에 대한 자신의 이해를 '절대화'해서는 안 되는 이유이다. '절대화의 덫'에 빠지자마자,

---

48. Derrida, "Epoché and Faith: An Interview with Jacques Derrida," in *Derrida and Religion*, ed. Sherwood and Hart, 33.

종교의 근원적 왜곡이 시작된다.

이러한 맥락에서, 마이스터 엑카르트의 유명한 기도 "나는 신에게 내 속의 신을 제거해 달라고 기도한다(I pray to God to rid me of God)"는 심오한 종교적 함의를 담고 있다. 신 또는 진리에 대한 확실성이 아니라 '불확실성'을, 결정성이 아닌 '비결정성'을, 그리고 명명성(nameability)이 아닌 '비명명성(unnameability)'을 받아들일 때 오히려 신/진리는 무한한 공간에서 인간의 구체적 현실 세계와 맞닿는 불가능한 가능성을 확장하게 된다.

엑카르트의 기도는 종교와 신의 정형화에 경고하면서, 탈정형화된 '해체적 종교, 해체적 신'의 의미를 드러낸다. 나의 유한한 인식과 경험체계 속에서 무한한 존재인 '신'을 절대화하고 고정하려는 인식론적 욕구를 넘어, 내 속에서 고정된 '확실성의 신'을 제거함으로써 '불확실성의 신', '비결정성의 신'에 대한 갈망을 지켜내고 그 신을 무한의 가능성 속에 다시 위치하게 하는 것이다. 그래서 나의 유한성 속에 갇힌 '신'을 해체하여 '삭제 아래 신(God under erasure)'으로 대체하는 것—이러한 해체적 행위는 '파괴'가 아닌 '무한한 인정/긍정'이 된다. 내가 인지하는 신은 언제나 '도래하는 신'에 열려 있어야 하며, 지금의 '신'을 탈고정화하면서 전적으로 낯선 '타자'에 열려 있어야 함을 제시한다. 언제나 '더(more)'가 있음을 인지하고 알고자 하는 열정을 지닌다면, 지금 내가 생각하는 신, 사람, 사물 등에 대한 인식을 고정시키거나 절대화하는 것은 결국 '인식적 폭력'임을 이해하게 된다.

여기에서 "삭제 아래(under erasure, *sous rature*)"라는 표현은 우리에게 매우 낯선 개념이다. 그런데 이 개념은 데리다의 관점을 이해하는 데 매우 중요하다. "삭제 아래"는 우리에게 익숙한 것들을 조명하면서, 고정된 이해들을 흔들고 탈고정화해 익숙하지 않은 결론에 도달하는 과정을 상징화하는 개념이다. '언더 이레이저'는 그 개념이 "부적절하지만 필요한" 것, 또는 그 어떤 고정된 개념을 거부하는 "비결정성"의 의미를 강조하는 철학적 장치다.

이 철학적 장치는 하이데거가 그의 1929~1930년의 강의인 《형이상학의 근원적 개념들》에서 처음으로 사용했다고 알려져 있다.[49] 이 책은 데리다가 세미나에서 고립된 섬에 두 권의 책만을 가지고 간다면 어떤 책을 가지고 가겠는가라는 물음을 하고서, 자신이라면 이것을 가지고 가겠다고 꼽은 책 중에 하나다.

데리다는 '삭제 아래'를 해체적 장치로 사용함으로써 이 개념을 더욱 복합화하고 심오하게 한다. 데리다의 '해체'는 고정된 이론이나 방법이 아니라, 일어나는 '사건'이다. '삭제 아래'라는 장치는 주어진 개념과 언어가 끊임없이 다른 표지로 인도한다는 것을 예시한다. 즉 온전한 의미는 지속적으로 지연(defer)되며, 결코 고정되지 않음을 나타내는 개념이다. 데리다의 《그라마톨로지》를 영어로 번역한 스피박은 그의 번역자 서문에서 데리다가 사용한 불어의 'sour rature'를 '언더 이레이저(under erasure)'로 옮기며 '언더 이레이저'란 "익숙한 것들을 검토하는 과정에서 우리의 바로 그 언어가 뒤틀려지고 구부려지는, 익숙하지 않은 결론들에 도달하는 것을 의미한다"고 설명한다.[50]

'언더 이레이저'란 철학적 장치는 우리가 익숙하게 사용하는 언어 안에서 그 언어에 대한 전적인 통달(mastery)이란 결코 가능하지 않으

49.   Madan Sarup, *An Introductory Guide to Post-Structuralism and Postmodernism*(1988; Athens: University of Georgia Press, 1993), 33.

50.   Spivak, "Translator's Preface," in Derrida, *Of Grammatology*, xiv.

며 언어가 담고 있는 결들은 끊임없이 다른 결로 이어진다는 것을 인식하게 한다. 즉 어느 언어, 개념도 결코 고정될 수 없으며, 고정된다고 생각해서는 안 된다는 것이다. 언어의 온전한 의미는, 만약 그러한 것이 있다면, 언제나 이미 지연된다. 데리다 사상의 중심을 이루고 있는 '비결정성'의 의미, 해체, 차연, 도래하는 것 등의 의미가 이 '언더 이레이저'라는 철학적 장치를 인지하게 한다. 이러한 철학적 장치를 이해하고자 할 때, 우리가 늘 상기할 점이 있다. 해체 사건으로서의 '삭제 아래 신(God under erasure)' 개념은 신에 대한 부정이나 신을 '파괴'하려는 것이 아니라는 점이다. 오히려 인간의 유한한 생각 속에 갇힌 '신'을 해방시켜 확장하고 심오하게 만드는 장치라고 할 수 있다. 그러한 신은 고정될 수 없으며, 언제나 '도래하는 신(God-to-come)'이다.

다층적 유한성을 지닌 인간이 '절대적 진리'를 파악하는 것은 불가능하다. 가능한 것은 오히려 '근사치적 진리' 또는 '관계적 진리'다. 이것은 신과 진리를 왜곡하지 않고서 그것에 다가갈 수 있는 유일한 가능성이다. '새로운 세계에 대한 희망과 약속'은 무의미의 삶, 무관심의 삶, 절망의 삶에서 인간을 끄집어내어, 타자와 '함께-살아감'이라는 의미를 심화시키는 종교가 가능하게 한다.

'삭제 아래 신', 또는 '삭제 아래 종교' 등은 결국 데리다의 '종교 없는 종교'의 중심을 이룬다. 데리다가 자주 사용하는 'X 없는 X'라는 개념은 매우 중요하다. X가 두 번 나오는데, 물론 그 두 X가 같은 것은 아니다. 처음과 두 번째의 X는 각기 다른 의미를 지닌다. 첫 번째 X가 여러 가지 한계를 지닌 기존의 의미라면, 두 번째의 X는 인용부호가 있는 X라고 할 수 있다. 데리다는 이 세계에 두 종류의 개념이 존재한다고 했다. 즉 '인용부호가 없는 개념'과 '인용부호가 있는 개념'이다. 또한 데리다는 '존재한다는 것은 상속한다는 것'이라고 한다. 우리가 사용하고 인지하는 모든 개념은 상속받은 것이다. 그 상속은 단지 피동적으로 '주어진 것(given)'이 아니라, 우리의 '과제(task)'라는 데리다의 강조를 종교에 적용시켜 보자.

'종교 없는 "종교"'라는 표현에서 처음의 '종교'는 우리가 상속으로 받은 종교다. 한국어로 번역하면 첫 번에 나오지만, 영어로 표현하면 두 번째 나오는 종교가 된다("religion" without religion). 그 상속받은 종교, 즉 인용부호가 없는 종교는 전통적으로 '확실성'과 '고정성'을 중심으로 형성되고 인지되어왔다. 확실성, 절대성으로 고정된 종교를 탈정형화하고 탈절대화하는 과정에서 '삭제 아래 ~~종교~~'가 등장하며, 그 '삭제 아래 ~~종교~~'에 새로운 의미를 지닌 '종교'가 등장한다. 인용부호 속의 종교, 즉 "종교 없는 '종교'"는 결코 고정되거나 절대화되는 종교가 아니다. 카푸토는 데리다의 종교 이해를 심오하게 보여주는 《종교에 관하여》에서, "종교란 사랑하는 사람들을 위한 것(religion is for lovers)"이라고 규정한다.[51]

결국 데리다의 종교, 즉 '종교 없는 종교'는 타자에 대한 무조건적 책임성의 종교이며, 그러한 '무조건성'이라는 불가능성에 대한 열정을 지켜내는 것이다. 그 '전적 타자(the wholly other)'는 성별, 인종, 계층, 성적 지향, 국적, 종교 등의 다름(alterity)을 지닌 인간 생명이기도 하고, 우리가 '동물이라고 부르는 그것'의 범주인 비인간 생명까지 확장된다. 데리다의 종교는 우리에게 '종교적인 사람'은 누구인지 근원

---

51.   Caputo, *On Religion*, 2001,1.

적으로 새롭게 생각하게 한다. 카푸토가 말하는 종교, 데리다의 '종교 없는 종교'를 카푸토의 목소리로 들어보자.

> 종교는 사랑하는 이들을 위한 것, 즉 열정의 남자와 여자들, 이득을 취하는 것이 아닌 그 어떤 것에 대한 열정을 지닌 실제의 사람들, 그 어떤 것을 믿는 이들, 그 어떤 것을 미치듯 치열하게 희망하는 이들, 이해를 홀연히 넘어서는 그 어떤 것을 사랑으로 사랑하는 이들을 위한 것이다. 신앙, 희망, 그리고 사랑, 이 세 가지 중에서 가장 최고의 것은 사랑이다(고린도전서 13:13). 종교적인 사람의 반대는 사랑 없는 사람(loveless person)이다. 사랑하지 않는 사람은 신을 알지 못한다(요한1서 4:8).[52]

나는 이러한 데리다의 '종교 없는 종교'가 추상적이거나, 기존의 제도화된 종교들을 파괴하려는 시도가 아니라고 생각한다. 오히려 그 종교들이 고정되어 죽어있는 '제도'가 아니라, 생명력 있는 살아있는 종교를 만드는 데 중요한 통찰을 준다고 본다. 예수의 "최후 심판"이라는 매우 종말론적 비유(마태복음 25: 31-46)가 있다. 그 비유에서 예수가 제시하는 '최후 심판' 기준은 우리의 예상을 뒤집는다. 배고픈 사람, 목마른 사람, 낯선 사람, 헐벗은 사람, 병든 사람, 감옥에 갇힌 사람을 돌보고, 환대하고, 책임적 연대를 나누었는가 하는 것이 바로 '심판'의 기준이다. 그 여섯 가지 항목 중 소위 '종교적인 것'은 전혀 없다. 이 기준이란 데리다의 종교에서 강조하는 바, '책임성으로서의 종교'이며, '무조건적' 책임, 환대, 용서, 연대와 같은 '불가능성의 열정'임을 확인할 수 있다.

---

52. Caputo, *On Religion*, 2001, 2.

5) 데리다의 종교 없는 '종교': 개념들의 매트릭스

데리다의 종교 이해는 여러 가지 개념이 서로 얽혀있다. 이런 개념을 처음 보면 도대체 각기 다른 이런 개념이 어떻게 데리다의 종교 이해와 연결되어 있는지 이해가 안 될 수 있다. 당연하다. 그럼에도 불구하고 이 개념들을 아래에 소개한다.

데리다의 종교 이해는 그림으로 비유하자면 정물화가 아니라, 추상화 같은 것이라고 할 수 있다. 추상화는 분리 불가능한 색채들이 섞여 보는 사람마다 각기 다른 해석과 느낌을 가질 수 있다. 이러한 개념들이 물감처럼 데리다의 종교 이해의 저변에서 다채로운 색채를 내고 있다고 생각하면서 살펴보는 것이 도움이 될 것이라 생각한다. 자신에게 이해가 되는 만큼만 이해하는 것, 그리고 지속적으로 그 이해의 폭을 확장하고 심오하게 만드는 것이 '데이트'에 요청되는 자세다.

나는 데리다의 종교의 핵심 개념인 '종교 없는 종교'와 연결시켜 생각할 수 있는 열여섯 개의 개념들을 제시해보았다. 그러나 데리다와 데이트하는 이들 각자가 이 열여섯 개에 더하여 다른 개념들을 넣을 수도 있고, 반대로 어떤 개념들을 이 매트릭스에서 생략해도 좋을 것이라고 생각한다. 또한 읽기에 관한 논의에서 제안한 것처럼, 데리다와 관련한 것만이 아니라 모든 읽기를 할 때, 자기만의 개념목록(렉시콘, lexicon)을 만들어보는 것은 읽기 행위를 유의미하게 만드는 시도 중 하나라고 본다.

종교는 인류에게, 나와 우리에게 하나의 '유산'으로 주어졌다. 데리다의 종교는 이 '유산'이 '주어진 것'이 아니라 '과제'를 수행하는 의미로 여러 가지 중요한 통찰을 주고 있다. 데리다의 이러한 개념들 역시 데리다 사상과 만나고자 하는 우리에게 '유산'으로 주어졌으며, 그 데리다 유산은 우리가 수행해야 할 지속적인 과제라고 할 수 있다.

상속이란 결코 '주어지는 것'이 아니다, 그것은 언제나 '과제'다. [53]

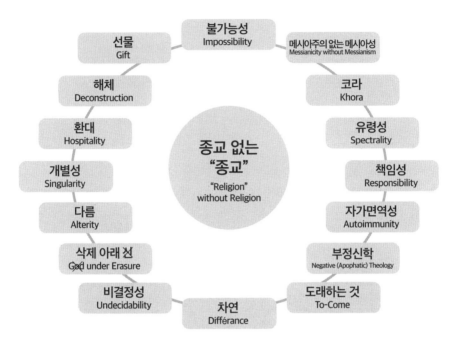

53.   Derrida, *Specters of Marx*, 67.

제13장

데리다의 유산,
'함께 살아감'의 과제

데리다의 글소리

책에 대한 생각은 총체성에 대한 생각이다.
(The idea of the book is the idea of a totality.)[1]

우리는 함께 잘 살아가야만 한다. (One must live together well.)[2]

이웃이란 무엇인가…? 내 이웃은 나의 시공간과 아주 멀리 떨어져 살고 있는 낯선 사람 또는 외국인, 어떤 타자 또는 전적 타자가 될 수 있다. …"함께 살아감" —맞다. 그런데 함께 살아간다는 것은 무엇을 의미하는가? "어떻게"보다 먼저 알아야 한다.
(What is a neighbor…? My neighbor can be a stranger or a foreigner, any other or wholly other, living very far from me in space and time. …"Living togerher"—yes, but what does that mean? Even before knowing "how"?) [3]

우리는 더 이상 편안하지 않다. (we are no longer at home.)[4]

아무도 편안하지 않다. (no one is at home.)[5]

오직 불가능한 것을 쓰라, 그것은 불가능의 규율이 될 것이다.
(Only write what is impossible, that would to be the impossible-rule.)[6]

1. Derrida, *Of Grammatology*, 18.
2. Derrida, "Avowing," in *Living Together*, ed. Weber, 24.
3. Derrida, "Avowing," in *Living Together*, ed. Weber, 19.
4. Derrida, *Of Hospitality*, 53.
5. Derrida, "Force of Law," in *Acts of Religion*, 404.
6. Derrida, "Circumfession," in Bennington and Derrida, *Jacques Derrida*, 194

1. 데리다는 페미니스트인가

데리다는 페미니스트인가. 데리다는 페미니즘의 동지인가 아니면 적인가.

이 질문은 데리다와 데이트를 진행하면서 어떤 이들에게 중요하게 다가올 것이다. 데리다는 "안무들(Choreographies)"이란 제목으로 출판된 인터뷰에서 자신이 '페미니스트(to *be* a feminist)'라고 주장하지 않는다.7 그리고 입장을 분명히 설명해달라는 요청에도 매우 조심스럽게 반응한다. 이 인터뷰는 1981년 가을 크리스티 맥도날드Christie McDonald와 서면으로 진행한 것이다.

데리다와 데이트하는 이들에게 '네' 또는 '아니오'라고 답하지 않는 데리다의 방식은 익숙할 것이다. 그는 '포스트모더니스트', '무신론자', '유신론자' 또는 '페미니스트' 등 그 어떤 고정된 라벨이 자신에게

---

7. McDonald and Derrida. "Interview Choreographies: Jacques Derrida and Christie V. McDonald.' *Diacritics*. (Summer, 1982): 66-76.

붙여지는 것을 거부한다. '당신은 무신론자인가'라는 질문에 '나는 무신론자로 통한다'라고 답하는 데리다가 '페미니스트'라는 고정된 표지를 선뜻 받아들인다면 오히려 의아스러울 것이다.

맥도날드는 인터뷰의 초반에 19세기 페미니스트 엠마 골드만Emma Goldman의 페미니즘 운동에 대한 유명한 비판인 "내가 춤출 수 없다면, 나는 당신의 혁명에 함께할 수 없다(If I can't dance, I don't want to be part of your revolution)"를 소개한다. 골드만을 언급하면서 여성에 대한 불평등이 제도화되는 것, 그리고 사회를 보다 급진적으로 재구성할 필요가 있다고 보는지 등을 데리다에게 물었다. 데리다는 "여성에 대한 '새로운' 개념"을 언급하면서, 여성 운동의 진보 개념에서 위로받는 것 자체를 경고한다. 동시에 페미니즘 문제를 '남자 대 여자', 즉 이분법적 대치 개념으로 보는 것에 의문을 제기했다.

데리다는 인터뷰에서 중요한 질문을 한다. "여성을 위한(for women)" 또는 "여성의(of women)" 자리란 무엇인가. 다양한 페미니스트들 간의 윤리적 차이와 긴장은 어떻게 다루는가? 새로운 미래는 언제나 전통과 긴장 안에서 변화에 열려있을 때 비로소 가능성을 지닌다고 데리다는 매듭짓는다.[8] 이러한 질문들은 지금의 페미니즘 운동과 이론에서도 비판적 조명이 필요한 중요성을 지닌다.

데리다가 '프로-페미니스트(pro-feminist)'인가 아니면 '안티-페미니스트(anti-feminist)'인가에 대한 여러 논의가 있다. 1997년에 나온 《자크 데리다의 페미니스트 해석》은 이 두 입장을 모두 담고 있다. 한편으로 일부 페미니스트들은 데리다 사상이 본질적으로 남성 세계의

---

8. McDonald and Derrida, "Interview Choreographies: Jacques Derrida and Christie V. McDonald.' *Diacritics* (Summer, 1982): 66.

일이며 결국 페미니즘에 도움이 되지 않는다는 입장을 가진다. 데리다의《그라마톨로지》를 번역한 스피박도 데리다의 해체가 여성에게 도움이 되지 못한다고 평한다.[9] 또 다른 한편으로는 데리다 사상이 페미니즘에 도움이 된다고 보는 페미니스트들이 있다. 이러한 입장을 가진 학자들은 낸시 홀랜드, 엘린 아모르, 엘리자베스 그로츠, 페기 카머프, 페그 버밍햄, 티나 챈터 등이다.

'데리다는 페미니스트인가' 또는 '데리다는 프로-페미니스트인가 안티-페미니스트인가' 같은 질문에 이렇게 반응이 양분되는 것은 놀랍지 않다. 데리다에 대한 평가가 극단적으로 양분되는 것처럼, 데리다가 페미니즘에 도움이 될 수 있는가 역시 그의 어떤 면을 보는가에 따라 매우 다르다. 또 데리다가 페미니즘에 도움이 안 된다고 하는 이들이나, 도움이 된다고 보는 이들이나 제시하는 이유도 각기 다르다. 즉 동일한 이유에서 데리다가 '프로-페미니스트'인가, 또는 '안티-페미니스트'인가를 규정하는 게 아니라는 것이다. 여기에서 우리가 생각해야 할 것은 데리다가 페미니스트인가 아닌가라는 고정된 표지가 아니다. 나는 모든 사상이나 이론은 하나의 도구(tool)라고 본다. 따라서 데리다 사상을 하나의 '도구'로 생각한다면, 그 도구를 어떻게 또 무엇을 위해 사용할 것인지 조명하고 성찰하는 것이 더 중요하다.

"오, 나의 친구들이여, 친구란 없다(O my friends, there is no friend)."

디오게네스 라에르티오스Diogenes Laёrtius와 몽테뉴에 의하면, 이 구

---

9. Spivak, "Displacement and the Discourse of Women," in Holland, ed. *Feminist Interpretation of Jacques Derrida*, 43-72.

절은 아리스토텔레스가 처음 말했다고 알려져 있다.[10]

데리다는 이 구절을 열 개의 장으로 된 그의《우정의 정치학(Politics of Friendship)》의 매 장에서 중요한 논의의 출발점으로 삼는다.[11] 앞에서는 "친구들"이 호명된다. 그런데 뒤에 없다고 한탄하는 '친구'와 앞에서 호명되는 '친구'는 일치하지 않는 '비대칭성'을 이룬다. 우리가 '친구'라고 부를 수 있는 존재는 어떤 존재인가. 친구 사이의 '우정'은 추상적이고 낭만적인 개념이 아니다. 진정한 친구, 진정한 우정은 언제나 '도래하는 것'이다. 그 '친구'나 '우정'은 아직 오지 않은, 오로지 도래하는 것일 뿐이다. 그런데 호명되는 '친구'는 우리의 현실에서 누구를 지칭하는가.

데리다는 《우정의 정치학》에서 '우정'과 '정치'의 분리 불가성을 논한다. 현실에서 '우정'이란 언제나 '정치'와 연결되어 있다는 것이다. 데리다는 우정에 관한 정치적 글에서 드러나는 '남성중심성(androcentrism)' 또는 '남근로고스중심주의(phallogocentrism)'를 비판한다. 전통적으로 '우정과 민주주의'는 '형제애와 박애'로 구성된다. 데리다의 분석에 따르면, 이러한 정치구조에서 남성은 다층적 특권구조에, 여성은 부재하는 존재로 부차적 위치에 놓는다. 프랑스 혁명의 주요 가치는 자유, 평등, 박애다. 여기에서 박애라는 말은 남성들 간의 교제, 형제애를 의미하는 '프래터니티(fraternity)'다.[12] 여성의 부재가 바로 정치와 민주주의의 토대가 되어온 것이다. 한국 문화에서도 '우정'은 언제나 남성의 주제로, 여성은 '우정'이 아닌 시샘과 질투로 연계되곤 한다. '우정'이 남성 간의 교제로 '자연화'되면서 종교·정치·

---

10. Sandra Lynch, "Aristotle and Derrida on Friendship," *Contretemps*, 3 (July 2002): 98.
11. Derrida, *Politics of Friendship*.
12. Derrida, *Politics of Friendship*, viii & 93.

교육·문화 등 사회 곳곳에서 연대가 이루어지고 구체화된다. '우정'과 '정치'가 남성중심주의와 남근로고스중심주의를 토대로 한다는 것을 데리다는《우정의 정치학》에서 세밀하게 분석한다.

우정과 정치의 남성중심성에 대한 데리다의 분석은 페미니스트적 읽기에 중요한 통찰을 준다. 페미니즘이 하나의 '도그마'로 굳어진다면, 그래서 그 도그마에 동조하지 않거나 입장이 다를 때 다름을 용납하지 않는다면, 도그마화된 페미니즘은 위험하다. 한국 사회에서도 진보 또는 보수의 이름으로 운동이나 이론의 도그마화가 이루어지는데 여러 문제와 한계를 지닌다.

"내가 춤출 수 없다면, 나는 당신의 혁명에 함께할 수 없다"는 엠마 골드만의 선언은 데리다의 해체와 연결시킬 수 있다. 해체는 페미니즘만이 아니라, 모든 운동과 교조화된 '이즘(ism)'들에서 '춤추기'를 가능하게 하고 새로운 '혁명'의 가능성을 품게 할지도 모른다. 나는 데리다 사상이 변혁을 위한 담론과 운동에서 빠지기 쉬운 교조화와 총체화를 경계하고, 개별성의 윤리를 상실하지 않으면서 함께-따로 춤추기를 가능케 할 것이라 본다. 나는 페미니즘에서 데리다 사상을 매우 의미로운 '도구'로 사용할 수 있다고 생각한다.

2. '새로운 선생', 데리다: '전적 타자'를 향한 관대함, 시선 그리고 웃음

2005년 3월 〈미국 현대어 문학협회(PMLA)〉 저널은 "포럼: 자크 데리다의 유산"을 출간했다. 30여 페이지의 이 글에는 18편의 에세이가 있다.[13] 한 편이 두 사람 이름으로 되어 있어서, 총 19명이 글을 남긴 셈이다. 저자들은 데리다에 관하여 가르치고, 쓰고, 말해 온 사람들이며 그중에는 많은 이에게 잘 알려진 세일라 벤하비브, 제프리 베닝톤, 페기 카머프, 힐리스 밀러, 아비탈 로넬, 가야트리 스피박 등이 있다. 이들이 데리다에 대해 말하는 것을 보면, 각기 다른 데리다의 결이 드러난다. 마치 이야기마다 데리다의 색깔이 달라서 끝없이 그 색채를 더할 수 있을 것 같은, 예술 작품 같다는 생각이 든다.

세일라 벤하비브는 1976년 예일대학교 학생이었을 때, 카페테리아에서 폴 드 만과 함께 있는 데리다를 처음 보았다. 그런데 데리다의 옷차림이 너무 멋져서 "무슨 철학자가 저렇게 옷을 잘 입고 있는가"라고 속으로 생각했다고 한다. 벤하비브는 당시 자신이 철학으로 세계를 '구원'하고 싶다고 생각했기에, 자신과 생각이 맞지 않는 것 같은 데리다의 과목에 처음에는 관심이 없었다고 한다. 그런데 그의 과목을 듣고 있던 주디스 버틀러J. Butler가 데리다의 수업은 놀랍도록 굉장하고, 새로운 읽기 방식을 가르쳐주는 "새로운 선생(new teacher)"이라고 극찬했다. 이 말을 듣고 벤하비브는 데리다에게 관심을 가지기 시작했다고 한다.[14] 데리다는 나를 포함해 많은 이에게 '새로운 선생'의 의미로 자리 잡고 있다.

페기 카머프는 데리다 학자라고 부를 수 있는 사람이다. 그녀는 파리와 캘리포니아 대학교-어바인에서 열렸던 많은 데리다 세미나에

---

13. Apter, et al., "Forum: The Legacy of Jacques Derrida," *PMLA* (March 2005): 464-494.
14. Benhabib, in Apter, et al., "Forum: The Legacy of Jacques Derrida," *PMLA* (March 2005): 468.

참석했고, 데리다에 관한 글들을 썼을 뿐 아니라, 데리다의 여러 글을 번역해 왔다. 데리다와 다양한 모임을 함께했던 카머프는 데리다의 유산을 나누는 글에서 데리다가 지닌 세 가지 특성을 언급한다. 그런데 이 세 가지는 우리의 예상-너머에 있는 것들이다. 학자로서 소위 '학문적인 것'을 말할 것이란 예상을 깨고 카머프는 다음의 세 가지를 이야기한다. 첫째, 데리다의 "관대함(generosity)", 둘째, 데리다의 "시선(gaze)" 그리고 셋째, 데리다의 "웃음(laughter)"이다.15

첫째, 데리다의 '관대함'은 카머프만이 아니라 다른 사람들에게서도 들을 수 있다. 다양한 학문 모임에서 데리다와 같이 세계적으로 '위대한 철학자'로 간주되는 사람이, 마치 냄새처럼 풍기는 '관대함'이란 무엇일까. 비록 데리다와 같은 공간에 물리적으로 있어본 적은 없지만, 무수한 학회에 참여했던 경험을 고려해보자면 나는 카머프가 말하는 '관대함'이 무엇인지 조금은 이해할 것 같다. 그 '관대함'이란 물론 일반적인 의미에서의 관대함은 아니다. 카머프의 표현에 따르면, 데리다와 함께한 수백 개의 콘퍼런스에서 데리다는 언제나 경청하고, 반응하고, "사유하고, 갈망하고, 명명하는(thinking, desiring, and naming)" 방식으로 그 '관대함'이 확장된다.16 다른 말로 하자면, 데리다의 현존은 함께하는 타자들에 대한 환대의 방식으로 팽창되는 것이다. 아마도 데리다의 '관대함'은 그 특유의 '미소'를 동반했을 것이다.

둘째, 데리다의 '시선'이다. 나는 여러 사람이 쓴 '데리다 유산'에 관한 글을 읽어보았고, 카머프의 생각에 전적으로 동의한다. 내가 데이트한 '데리다'라는 철학자, 사상가, 그리고 무엇보다 한 인간으로서의

---

15. Kamuf, in Apter, et al., "Forum: The Legacy of Jacques Derrida," *PMLA* (March 2005): 479-481.

16. Kamuf, in Apter, et al., "Forum: The Legacy of Jacques Derrida," *PMLA* (March 2005): 480.

이미지와 매우 일치하기 때문이다. 카머프는 데리다와 눈을 마주하게 되면, 그의 시선이 단순히 상대방을 인지 대상으로 보는 것이 아님을 경험한다고 한다. 데리다의 시선이 평범하고 상투적인 그것을 훌쩍 뛰어넘기 때문이다. 상투성의 시선은 '나'를 사라지게 한다. 그러나 데리다의 시선은 '나'가 사라지지 않도록 한다. "당신(You)은 지금 나를 바라보고 있는 유일한 타자"라는 생각을 하게 만드는 시선이다. 여기에서 "당신"을 카머프는 문장 중간에서 대문자(You)로 표현한다. 즉 그 대문자로 시작하는 "당신"은 대체 불가능한 존재, 유일무이한, 개별성의 존재로서의 '당신·너·그대'라고 하는 호명 방식이다.

그렇다고 해서 데리다의 시선이 상대방을 꼼짝 못 하게 고정시키거나, 꿰뚫어 보는 것은 아니다. 함께하는 타자를 한없이 팽창하고 자유롭게 하는 시선이다. 이런 표현을 이해하기 위해서는 시적 상상력이 요구된다. 그림으로 하면 사실주의가 아닌 인상주의 또는 추상적 인상주의 같은 묘사이기 때문이다. 같은 자리에서 데리다를 만났다고 해서 함께한 모든 사람이 데리다의 '유산' 중 하나로 '시선'을 들지는 않을 것이다. 카머프는 '데리다의 시선'이 그의 철학과 사상을 이해하는 데 중요한 단서를 준다고 본다. 나는 카머프의 이러한 생각에 전적으로 동의한다. 데리다는 프랑스 루브르 박물관의 큐레이션을 요청받아서 작업한 글을 1990년에 《눈먼 자들의 기억들(Memoirs of the Blind)》이라는 제목으로 출판한다. 카머프는 이 책을 데리다 '시선'의 심오함과 복합적 의미와 연결시킨다.[17] 그리고 데리다의 시선이 깊이 '터칭(touching)'한다고 카머프는 표현한다.

여기서 나는 음역하여 '터치'라고 잠정적으로 쓴다. 번역할 경우 포

---

17. Derrida, *Memoirs of the Blind*, 1990.

괄적 의미를 담아내기 어렵기 때문이다. 어떤 감동이 밀려와 마음이 움직이는 경험을 나타낼 때 영어로 '터칭(touching)'한다는 표현을 쓰기도 하고, 물리적으로 누군가/무엇인가를 '만진다'는 의미를 지니기도 한다. 또한 계속 연결되어 지내자는 표현으로 '터치(stay in touch)'라는 단어를 사용하기도 한다. 두 존재의 조우의 의미로 카머프는 '터칭'이라는 단어를 사용했을 것이라 나는 해석한다. 데리다는 친구인 장 뤽 낭시Jean-Luc Nancy를 다룬 글에서 '터칭'으로 상징하는 인간의 감각(sensation)을 다음과 같이 표현한다.

> 우리의 눈들이 터치할 때, 그것은 낮인가 밤인가? …
>
> 눈들은 서로를 터치할 수 있는가,
>
> 무엇보다도 그 눈들은 입술처럼 함께 맞닿을 수 있는가?[18]

'시선'으로 누군가를 '터치'한다는 것은 무엇인가. 데리다는 이 글 마지막 부분에서 마치 한 편의 시 같은 구절로 인간의 몸과 마음, 정신의 조우로서 '터치'를 심오하게 다룬다.

> 누구의 터칭인가? 누구를 터칭하는가?
>
> 나는 눈에 하는 키스를 꿈꾼다…

---

18. Derrida, *On Touching-Jean-Luc Nancy*, 2005, 2. 데리다는 이 글을 "터치에 관하여-장 뤽 낭시(Le toucher, Jean-Luc Nancy)"라는 제목으로 1992년에 썼다. 이 글을 페기 카머프가 1993년 〈패러그래프(Paragraph)〉저널에 처음으로 영어 번역해서 발표했다. 카머프는 〈패러그래프〉에서 장 뤽 낭시를 기념하는 특별호의 편집자였다. 데리다의 이 글이 영어 책으로 출판된 것은 번역자가 다른데, 번역자 서문에 보면 1993년의 카머프의 영어 번역을 카머프의 허가 아래 주요 참고로 삼았다고 밝히고 있다. 다음이 카머프의 번역 자료다. Derrida, "'Le toucher': Touch/to touch him," Trans. Peggy Kamuf, *Paragraph*, vol. 16. no. 2. On the Work of Jean-Luc Nancy (July 1993): 122-157.

"절대적인" 키스("*the*" kiss)란 없다.

한 키스(a kiss)가 있을 뿐.

··· .

애무―가슴에 걸려오는 전화같이 (나의 존재에) 와닿는(hitting like a phone call to the heart).[19]

셋째, 카머프가 꼽은 데리다의 특성은 "웃음"이다. 데리다는 웃기를 좋아한다. 친구의 장례식에 모였을 때를 제외하고, 웃음은 언제나 데리다와 함께한다. 그 웃음은 가장 진지한 토론에서도 담겨 있다. 데리다가 웃음을 분석 주제로 삼은 적은 없다. 그러나 언제나 데리다의 배경을 지탱하는 톤처럼 웃음이 흐르고 있다고 카머프는 말한다. 그녀가 기억하는 한, 데리다는 모든 공적 모임에서 웃음이 넘쳐난다. 그 웃음은 경이로운 부조리나 아이러니 또는 언어의 놀라움에 데리다가 보이는 관심 등 풍부한 감각에 의해 솟아나오는 것이다. 데리다가 웃음을 통해서 살아있음의 기쁨, 자신이 타자에게 그리고 타자와 함께 (to and with others) 살아있음에 놀라운 기쁨을 느끼고 있음을 알아차릴 수 있다.[20]

여기에서 웃음(laughter)은 미소(smile)와 다르다. 미소는 소리가 나지 않기에 다른 사람이 인지하지 못할 수도 있다. 그러나 웃음은 소리 나는 것이기에 자신은 물론 함께하는 사람들도 분명히 인지할 수 있다. 그런데 웃음 자체를 언어로 전달할 수 있는가. 웃음이나 눈물 같이, 문자 언어로 표현할 수 없는 '몸의 언어'는 말과 글의 한계를 넘어

19. Derrida, *On Touching-Jean-Luc Nancy*, 2005, 309-310. "나의 존재에"는 내가 이 글의 이해를 돕기 위해 첨부했다.

20. Kamuf, in Apter, et al., "Forum: The Legacy of Jacques Derrida," *PMLA* (March 2005): 481.

서는 소중한 가치를 품고 있다. 데리다는 "미소가 없다면, 그것은 환대가 아니다"라고 말한다.[21] 또한 자신이 오로지 관심하는 것은 "웃음과 노래, 눈물과 같이 편지로 부칠 수 없는 것들"이라고 한다.[22] 데리다는 우리에게 최후까지 지켜내야 할 소중한 가치가 무엇인지 글의 언어만이 아니라, 몸의 언어로 가르쳐주고 있다.

데리다가 사유 세계에 남긴 가장 중요한 유산 중 하나는 "전적 타자(wholly other)" 개념이라고 할 수 있다.[23] 힐리스 밀러의 말이다. 밀러는 1966년 10월 존스 홉킨스 대학교에서 데리다를 처음 만난 이후 데리다의 죽음까지 거의 40여 년 동안 관계를 맺은 사람이다. 예일 대학에서 밀러는 폴 드 만과 함께 적극적이고 변함없이 데리다의 지지자로 지내왔다. 밀러가 1986년 예일 대학교를 떠나 캘리포니아 대학교-어바인으로 가자, 후에 데리다도 밀러가 있는 캘리포니아 대학교-어바인으로 옮긴다. 밀러는 폴 드 만과 함께 소위 "예일 학파"의 중심에 있던 학자다. 2009년에 출판된 그의 《데리다를 위하여(For Derrida)》는 데리다와의 오랜 관계를 섬세하게 담아내고 있다.[24]

주목해야 할 것은 밀러의 사유에 가장 중요한 유산이 된 데리다의 사상이 "전적 타자"라고 할 때, 여기에서 '타자' 개념은 문화학에서 말하는 '타자'와 다른 의미라는 것이다. 문화학에서 타자란 인종, 젠더 또는 계층에서의 '다름(otherness)'을 의미한다. 그러나 데리다의 '전적 타자'에서 타자란 다른 나라나 문화에서 온 이방인은 물론 나의 이웃,

---

21. Derrida, "Hostipitality," in *Acts of Religion*, 358.
22. Derrida, *The Post Card*, 14-15.
23. Miller, in Apter, et al., "Forum: The Legacy of Jacques Derrida," *PMLA* (March 2005): 482.
24. Miller, *For Derrida*, 2009.

친구, 사랑하는 사람들이다. 이 전적 타자는 데리다의 작업에서 두드러진 동기라고 밀러는 본다. '주권'과 '무조건성'과의 연계에서 그 심오한 의미가 드러나는 데리다의 '전적 타자'는 데리다의 영원한 유산 중 하나라고 밀러는 본다.[25]

데리다를 연구하는 사람들이 생각하는 '데리다의 유산'이 각기 다른 것은 참으로 흥미롭다. 읽기와 해석하기가 여실히 '자서전적'이라는 사실을 보여주기 때문이다. '데리다의 유산'을 찾고자 무수한 콘퍼런스, 심포지엄, 콜로키움이 세계 곳곳에서 벌어지고 있고, 앞으로도 셀 수 없이 그러한 모임들이 생길 것이다. '데리다 유산'과 관련한 모임들은 '데리다'를 우선적 대화 상대로 하면서, 결국 이 세계의 다양한 문제를 다루는 사건들이기도 하다. 그런데 과연 누가 말하는 '데리다의 유산'이 '정통'인가. 데리다는 '정통-비정통', '중심-주변'의 경계 자체를 훌쩍 넘어서는 읽기방식을 가르친다. 주디스 버틀러의 표현처럼 데리다는 '새로운 선생'이며, 마이클 나스의 표현대로 "뛰어난 선생"이다.[26] 데리다는 강연이나 강의 외에 주변 사람들과 대화하고 일상을 나눌 때도, 새로운 것을 보게 하는 '뛰어난 선생'이라고 나스는 전한다. 데리다는 텍스트를 읽어내는 읽기와 해석하기 방식 자체를 근원적으로 다시 시작하게 한다.

'해체적 읽기'는 이 세계를 '텍스트'로 보는 데리다의 시선을 통해 보이지 않는 존재들의 시선과 들리지 않았던 목소리를 새롭게 느끼게 한다. 성서의 '모리아 산에서의 아브라함과 이삭' 이야기(창세기

25.   Miller, in Apter, et al., "Forum: The Legacy of Jacques Derrida," *PMLA* (March 2005): 484.
26.   Nass, *Derrida From Now On*, 229.

22:1-18)에서, 우리의 시선은 늘 '아브라함'에 머물렀다. 하지만 데리다는 '아브라함'이 아니라, 번제물이 된 '숫양'의 입장에서 이 텍스트를 읽어보라고 한다.

데리다의 권고를 따라 나치의 홀로코스트, 5.18광주민주화운동, 세월호 참사, 코로나 위기 등 갖가지 사건들을 '텍스트'로 읽는다면 어떤 일이 벌어질까. '어른-사람'의 시선만이 아니라, '아이-사람'의 시선으로 그 사건들을 읽어낸다면 어떤 해석의 문이 새롭게 열릴까. 더 나아가 '우리가 동물이라고 부르는 그것(that which we call animal)'의 시선으로 이 세계에서 벌어지는 사건이라는 '텍스트'를 읽는 것은 어떠한 결들을 드러낼 것인가.

데리다의 해체는 문자화된 텍스트만이 아니라, 이 세계의 갖가지 '텍스트'들을 접근하는 출발점 자체를 새롭게 만든다. 즉 출발점이 동일하고 해석만 다르게 하는 것이 아니라, 우리 사유방식과 보기방식의 출발점 자체를 다르게 만드는 것이다. 그러한 과정에서 보이지 않았던 존재들이 보이고, 들리지 않았던 목소리가 들리기 시작하게 된다. 그때 비로소 그 존재와 맞닿는 '데리다의 시선(gaze)'을 배우게 된다. 두 존재 간의 키스에서 입술과 입술이 맞닿듯, '너'를 바라보는 '나의 시선', 나를 바라보는 '너의 시선'에서 두 존재가 맞닿는다. 데리다의 시선은 '함께 살아감'의 의미를 글과 말의 언어로만이 아니라, 존재의 언어로 이해하게 하는 것이다.

3. 데리다의 유산, 함께-살아감의 과제

책의 마지막 장은 종종 에필로그, 후기, 또는 결론이라는 제목으로 '마무리'되곤 한다. 《데리다와의 데이트》에서 나는 통상적인 책 구조를 택하지 않는다. 데리다를 '총정리'하고 '요약'하면서 '결론' 내리는 것은 불가능하기 때문이다. 그러한 요약과 총정리 시도는 데리다가 비판해 온 '총체화(totalization)'의 구조 속에 데리다를 집어넣는 기능으로 작동될 수 있다.

데리다가 말했듯이, 한 권의 책이란 '언제나 이미' 총체화의 딜레마를 품고 있다. 총체화란 요약하거나 일괄적으로 만들어서 다양한 모든 것을 커다란 박스 속에 집어넣는 것과 같은 기능을 의미한다. 예를 들어서 내가 데리다에 관한 책을 작업한다고 할 때, '데리다'라는 사람의 광활한 바다와도 같은 사상, 개념, 주제들을 몇백 페이지로 구성된 하나의 '박스' 속에 압축시켜 억지로 집어넣는 것과 같다. 데리다에 관한 책을 낸다는 것은 이러한 딜레마와 씨름해야 하는 것을 의미한다. '적절한 시작'의 불가능성을 인지하면서 책을 시작하고, '적절한 끝남'의 불가능성을 마주하면서, '마무리 없는 마무리'를 지어야 하는 것이다.

데리다는 매우 상반되는 평가를 받아온 철학자 중의 한 사람이다. 한편으로 어떤 이들은 무수한 오해와 오역으로 데리다를 폄하한다. 그런데 또 다른 한편으로 데리다는 많은 이의 삶과 세계에 심오한 통찰을 준 사람으로 간주되기도 한다. 데리다를 만난 개별인들의 삶만이 아니라, 그 개별인들이 유산으로 상속받은 언어·정치·종교·문학·예술·교육·윤리·공동체 등 우리 삶의 전반을 구성하는 다양한 유산을 어떻게 다루고 이해하고, 계승하는가에 대한 심오한 통찰을 받은 사람들도 있다.

나도 그중 한 사람이다. 데리다를 '따른다'는 것은 무엇인가. 데리다가 '유산'으로 우리에게 남기고 있는 것은 무엇인가. 데리다는 나에게 무엇을 남기고 있는가. 분명한 것은 데리다는 그 어떤 '확실성'도 제공해주지 않는다는 것이다.

2004년 여름, 데리다는 독일 하이델베르크 대학교의 '가다머 교수직(Gadamer professorship)' 초청에 응해 독일로 갈 계획이었다. 그러나 데리다는 가지 못했고 가을에 세상을 떠난다. 당시 하이델베르크 대학의 총장이었던 피터 호멜호프P. Hommelhoff는 "학문적 영역으로서 철학의 경계를 넘어 데리다는 인문학만이 아니라 우리 시대 전체의 문화적 인식을 위한 선도적인 지성인이었다"고 이 세계에서 데리다가 차지한 의미를 요약한다. 데리다가 암 투병을 했기에 그의 죽음을 이미 인지했다고 해도, 그의 육체적 죽음은 많은 이에게 "생각할 수 없는 사건(unthinkable event)"으로 다가왔다.[27] 데리다가 죽은 후 뉴욕타임스 신문에 실린 새뮤얼 웨버S. Weber와 케네스 라인하르트K. Reinhard의 부고는 데리다의 업적과 유산을 폄하하는 것이었다. 이에 수백 명에 이르는 사람들이 그 부고에 항의하는 서한에 서명을 보냈다. 이들에게 데리다가 남긴 '유산'의 의미는 데리다의 '웃음'과 '시선'처럼 우리의 언어-너머에 있는지 모른다.

2004년 10월 9일 데리다의 죽음 후, 많은 학자, 사상가, 작가들과 학생들이 다양한 출판물, 콘퍼런스 또는 저널의 특별판 등을 통해 데

---

27.   Apter, et al., "Forum: The Legacy of Jacques Derrida," *PMLA* (March 2005): 464.

리다를 '따르는 것(to follow)'이란 무엇인지 의미를 모색하고 논의하는 시도들이 이어졌다. 2005년 3월 〈미국 현대어 문학협회(PMLA)〉 저널은 "포럼: 자크 데리다의 유산"이라는 특집을 출판했다. 이 특별호에는 19명의 학자가 데리다의 유산에 대한 글을 기고했다. 〈에포케(Epoché)〉 저널은 2006년 봄호에 "위탁된 책임: 자크 데리다를 읽고 기억하기"라는 제목으로 특집을 냈다. 이 특집에는 12편의 글과, 장 뤽 낭시의 "위로, 슬픔"이라는 기고문, 데리다의 "희망의 유럽(A Europe of Hope)"이 함께 실렸다. 〈현상학 연구〉 저널은 2006년 "자크 데리다를 위한 추모"라는 제목으로 15편의 글을 실은 특별호를 출판했다.

2006년 10월에는 데리다 죽음 2주기를 추모하는 큰 규모의 콘퍼런스가 "데리다를 따르기: 유산들"이라는 주제로 열렸다. 200여 명이 참석한 이 콘퍼런스는 〈모자이크: 간학제적 문학연구 저널〉이 주최했다. 콘퍼런스가 끝나고 발제문들은 2007년 6월호에 콘퍼런스 주제와 동일한 제목으로 특별호에 실렸다. 이 밖에도 모두 열거하기 어려울 정도의 수많은 특집, 콘퍼런스, 출판물을 통해서 데리다의 '유산'이 무엇이며, 그 유산이 어떠한 '과제'를 남기는가에 대한 논의들이 지금까지 진행되고 있다.

데리다의 유산에서 빼놓을 수 없는 것 중의 하나인 "비결정성"의 렌즈로 보자면, 그 누구도 '데리다 유산'의 총체적 의미를 절대화해서 고정시킬 수 없다. 데리다의 '유산'을 상속받은 이들은 그 총체화의 폭력을 '비결정성'의 철학, 해체라는 사건을 통해서 저항하고 넘어서야 한다. 데리다의 '유산'은 언제나 이미 '도래할 유산(legacy to come)'이기도 하다.

데리다 읽기는 결코 끝나지 않았고, 끝나지 않을 것이다. 또한 데리다가 남긴 '유산'의 결들은 내가 위치한 정황에 따라서, 또는 나의 가치관과 세계관의 변화에 따라서 새롭게 드러날 것이다. 데리다가 "존재한다는 것은 상속받는다는 것이다"라면서 "상속은 '주어진 것'이 아닌, '과제'다"라고 강조한 것은 시사하는 바가 크다. 우리 삶 전반에 복합적인 읽기와 개입을 요구하는 데리다는 글과 강연, 그리고 인터뷰 등을 통해서 '함께-살아감'이란 그 무엇보다 중요한 '과제'임을 강조한다. 더 나아가 "살아감이란 언제나 '함께 살아감'이다"라고 한다.28 장 뤽 낭시도 "실존이란 '함께(with)'다; 그렇지 않다면 아무것도 아니다"라고 선언한다.29

데리다는 '함께'의 범주를 인간 생명만이 아니라 동물 생명까지 확대하면서, '함께 살아감'의 의미를 복합적으로 확장한다. '함께 잘 살아감'이 여전히 구현되지 못하고 있는 지금, '우리는' 더 이상 편안하지 않으며, 더 나아가 '아무도' 편안하지 않은 것이다.30 코로나 위기만이 아니라 생태 위기, 난민 위기 등 무수한 다층적 위기와 전쟁을 경험하고 있는 이 21세기에, 우리가 '편안함'을 느낀다면 그것은 '함께 살아감'의 과제를 저버렸기 때문이다.

데리다는 누구인가. 이 질문의 답은 사람에 따라 각기 다른 이야기가 나올 것이다. 데리다는 '나에게' 누구인가라고 질문을 바꾸어서 해야 하는 이유다. 나에게 데리다는 무엇보다도 '함께 살아감'이라는 과제를 그 누구보다도 심오하게 그리고 복합적으로 보여주는 사상가

---

28. Derrida, "Avowing," in *Living Together*, ed. Weber, 19-20.
29. Nancy, *Being Singular Plural*, 4.
30. Derrida, *Of Hospitality*, 53 그리고 Derrida, "Force of Law," *Acts of Religion*, 404.

이며, '새로운 선생'이다. '나는 애도한다, 고로 존재한다'면서 '매 죽음마다 세계의 종국'이라고 하는 데리다는, 복잡하고 난해한 그의 글들 너머에서 이 '함께 살아감'의 의미를 섬세하고 예리하게 '미소'와 함께 보여준다. 그의 코즈모폴리터니즘, 용서, 선물, 환대, 우정, 애도, 정의 등은 각기 다양한 방식으로 '함께 살아감'의 과제 위에서 새로운 사유로 이어진다. 데리다가 나에게 남긴 '유산'이다. 고정된 방법이나 이론이 아니라, 일어나는 사건으로서의 해체는 '사랑'이 없으면 불가능하며, 따라서 해체란 '사랑의 작업'이라고 한 데리다는 말과 글, 언어로 환원될 수 없는 생명의 소중함을 '불가능성에의 열정'으로 품어내고 가꾼다.

데리다가 우리 각자에게 남긴 '유산'은 다를 것이다. 각기 다른 유산일지라도 나는 이 책을 통해서 데리다와 데이트를 시작한 이들이, '새로운 선생'으로서 데리다가 가르쳐주는 '전적 타자'를 향한 '관대함', 환대의 '시선' 그리고 타자에게(to), 타자와 함께(with) 살아감의 기쁨을 품은 '웃음'을 배우며 데이트를 계속해 나가길 바란다.

데리다에 관한 책을 쓴다는 것은, '데리다'라는 해변에 무한하게 펼쳐진 백사장에서 모래 한 줌을 집어서 보이는 것과 같다. 그런데 평범해 보이는 하나의 조약돌을 손에 잡으면, 그 조약돌은 독특한 방식으로 하나의 광활한 세계로 인도한다. 데리다는 손에 닿는 모든 것이 우리가 '유산'으로 물려받은 것임을 상기시키며, 우리에게 '과제'를 던져준다. 데리다에 관한 그 어느 책도 '데리다'라는 광활하고 심오한 세계를 온전히 드러낼 수 없다. 누군가에 대한 책의 '완성'이란 불가능하다. 그렇기에 한 권의 책은 늘 완성과 미완성의 사이 공간에 자리 잡고 있다.

《데리다와의 데이트》라는 미/완성의 책을 내어놓는다. 이 책을 펼치신 분들은 이미 데리다와 데이트를 시작하신 분들이다. 더 나아가 이제 자신만의 고유한 데이트를 이어가는 또 다른 문을 열길 바란다. 데리다는 "내가 칸트를 읽을 때마다, 그것은 언제나 처음이다"라고 했다.[31] 나는 데리다의 이 구절을 다음과 같이 바꾼다.

　　내가 데리다를 읽을 때마다, 그것은 언제나 처음이다.

마이클 나스에 따르면, 데리다는 언제나 특유의 "장난스러운 미소(mischievous smile)"를 띄고 다른 사람의 말을 경청했다고 한다.[32] 나스는 그의 글 여러 곳에서 '장난스러운 미소'를 데리다와 연결시켰다. 페기 카머프가 자신이 본 데리다를 나타내는 것 중 하나가 '웃음'이라는 것은 놀랍지 않다. 또한 데리다는 스스로 쓴 자신의 장례식 조사에서 "나는 당신을 향해서 미소 짓는다"라고 매듭짓는다. '환대란 미소 없이 불가능하다'고 한 데리다와의 데이트는 여전히 현재진행형이다. 아마도 결코 끝나지 않는 데이트가 될 것이다. 데리다의 따스한 미소와 함께.

　　나는 당신을 사랑합니다.
　　그리고 내가 어디에 있든지 당신을 향해 미소 지을 것입니다.[33]

31.　Derrida, *Who's Afraid of Philosophy?*, 49.

32.　Nass, *Derrida From Now On*, 229.

33.　Derrida, cited in Leslie Hill, *The Cambridge Introduction to Jacques Derrida*. Cambridge: Cambridge University Press, 2007), 11. 또한 다음에서도 볼 수 있다. Jean-Luc Nancy, "Trois phrases de Jacques Derrida," *Rue Descartes* no.48 (2005): "Salut à Jacques Derrida," 6-7.

1930	7월 15일, 아프리카 알제리의 엘 비아르(El Biar)에서 유대계 집안 5남매의 셋째로 태어남. 당시 알제리는 프랑스령이었음.
1940	프랑스의 반대유대주의 정책이 시작됨.
1942	6월, 유대인 학생을 7%로 제한하는 정책이 시작되고 데리다가 감축대상목록에 포함되면서 벤 아크눈 중등학교(Lycée Ben Aknoum)에서 강제 추방을 당함. 이후 유대인 학교에 다니지만 수업에 종종 빠지며 축구 대회에 참가한다. 이때 데리다는 프로 축구 선수를 꿈꾸었음.
1943	가을에 벤 아크눈 중등학교에 재입학.
1948	고티에 고등학교에서 대학 입학 자격시험을 통과. 파리고등사범학교 준비를 위해 프랑스로 자리를 옮기기로 결심.
1949	알제리를 떠나 파리의 리세 루이르그랑(Lycée Louis-le-Grand) 문과 수험 준비반(Khânge)에 기숙생으로 들어가고, 이곳에서 3년을 보냄.
1952	두 번의 입학시험 실패 후 파리고등사범학교(ENS)에 입학한다. 이곳에서 미래의 배우자가 될 마거리트 오쿠튀리에(Marguerite Aucouturier)를 만남.
1954	논문 주제로 "후설 철학에서 기원의 문제"를 제출.
1956	교원고등고시(아그레가시옹, Agregation)에 합격. 9월 30일 미국 하버드 대학교의 교환학생으로 그 당시 여자친구인 마거리트 오쿠튀리에와 함께 감.
1957	6월 9일 미국 매사추세츠 케임브리지에서 마거리트 오쿠튀리에와 결혼하고, 군 복무를 위해 6월 16일 프랑스로 귀국. 이후 1959년까지 알제리 독립전쟁이 한창일 때 불어와 영어를 가르치는 교사로 군 복무를 함.
1960	소르본 대학교에서 '일반 철학과 논리학' 강의를 시작, 소르본에서의 강의는 1964년까지 이어짐.
1962	《에드문트 후설의 기하학의 기원: 개론》을 출판. 데리다의 첫 출판인 이 책은 후설의 유명한 단편 〈기하학의 기원〉을 프랑스어로 번역하고 데리다가 매우 긴 해설을 붙인 것이며, 프랑스 최고 철학상인 장 카바예스 상 현대 인식론 부분을 수상함. 이름을 '재키Jackie'에서 '자크Jacques'로 바꿈
1964	파리고등사범학교(ENS)의 교수로 임용됨. 프랑스국립과학연구센터(CNRS)에서 연구직을 제안했지만 파리고등사범학교에 가기 위해 거절하고 1984년까지 파리고등사범학교에 머무름.
1966	미국 존스 홉킨스 대학에서 열린 구조주의 학회 콜로키움에서 강연자로 초청받아 "인문학 담론에서의 구조, 기호, 그리고 유희"의 발제를 함. 이 강연 이후로 데리다는 곳곳에서 강연자로 초청받았으며 국제적으로 그 이름을 드러내기 시작.

1967	《그라마톨로지》, 《글쓰기와 차이》, 《목소리와 현상》 출간.
1968	〈프랑스 철학회〉에서 "차연"이라는 제목으로 강연함.
	미국 존스 홉킨스 대학교에서 강의를 시작하고 베를린 대학교에서 세미나를 개최하는 등 활발한 활동을 이어감.
	베를린 대학교에서 연속 세미나를 함.
1972	《입장들》, 《철학의 여백》, 《확산》 출간.
1973	베를린 대학교에서 "글라"라는 제목으로 강연.
1974	《글라》 출간.
1975	미국 예일 대학교에서 가르치기 시작.
	사라 호프만, 필립 라쿠 라바르트, 장 뤽 낭시와 함께 〈철학교육연구회(GREPH)〉를 설립. 철학교육연구회는 프랑스 정부의 철학 축소 정책에 저항, 중등 및 대학 교육에서 철학의 위치를 확보하기 위한 여러 활동을 함.
1978	《에프롱》 출간.
1980	6월 2일, 소르본 대학교에서 구두시험을 통과하여 50세가 되던 해에 박사학위를 받음. 이 해에 컬럼비아 대학에서 첫 명예 박사학위를 받음.
	《우편 엽서》 출간.
	장 뤽 낭시와 필립 라쿠 라바르트가 세리지에서 데리다에 관한 콘퍼런스를 조직.
1981	3월, 〈낭테르 어페어〉 발생. 폴 리쾨르의 후임 교수로 낭테르 대학교에 지원했으나 탈락한 사건.
	12월 30일, 〈프라하 어페어〉 발생. 데리다는 체코 지식인을 돕기 위해 만들어진 〈얀 후스 교육재단〉 프랑스 지부의 부회장이 되며, 체코 정부의 반인권적 정치에 저항하는 철학자들의 비공식 세미나에 초청을 받고 프라하에 감. 돌아오는 길에 체코 정부에 의해 체포되었고 데리다의 가방에는 언제 들어있었는지 모를 마약이 발견됨. 그는 마약 소지 혐의로 다음 날 프랑스 대사관으로 이송됨. 프랑스 미테랑 대통령 정부와 미셸 푸코 등 철학자들의 도움으로 1982년 1월 2일 석방 또는 체코 정부의 표현에 따르면 "추방"되었음.
1983	10월, 프랑수아 샤틀레François Châtelet 등과 함께 철학 연구 장소를 제공하는 기관인 국제철학학교(CIPH)를 공동 설립하고 첫 번째 총장이 됨.
	프랑스 사회과학고등연구소(EHESS)의 회원이 됨.
	남아프리카 공화국의 아파르트헤이트에 반대하고 넬슨 만델라를 지원하는 다양한 활동을 시작.
	영화 〈고스트 댄스(Ghost Dance)〉가 개봉됨. 켄 맥뮬렌Ken McMullen이 감독한 영국 영화로 데리다가 대본 작업을 함께하고 출연하기도 함. 이 영화는 유령이라는 기억, 기억의 복잡성 등을 다룸.
	12월, 폴 드 만이 사망하고 데리다가 예일 대학교에서 열린 장례식에서 추모 연설을 함.
1984	캘리포니아-어바인 대학 웰렉 도서관에서 "폴 드 만을 위한 회고록"이란 제목으로 기념 강연을 함.

	프랑스 사회과학고등연구소(EHESS)에서 교수로 가르치기 시작.
	독일 프랑크푸르트에서 개최한 조이스 국제학술대회에서 기조 발제를 함.
1986	파리의 공원 라빌레타에서 피터 아이젠만과 공원 디자인 공동 작업을 시작. 이 프로젝트는 과거, 현재, 미래의 시간에 대한 연구이자 건축 재현에 관한 것으로 데리다는 이론적 배경에 참여함.
1987	캘리포니아 대학교-어바인의 종신 교수(tenured professor)가 되어 2003년까지 가르침.
	10월 《정신에 관하여: 하이데거와 질문》 출간.
	〈폴 드 만 어페어〉 발생. 12월 1일 〈뉴욕타임스〉에 "나치 신문에서 발견된 예일 학자의 글들"라는 폭로성 기사가 실림. 폴 드 만이 청년 시절, 1940년대 초반에 벨기에 신문에 발표한 글들이 나치주의를 옹호했다는 내용. 이 기사는 하이데거와 나치주의의 연루를 주장하는 하이데거 논쟁으로 진화되었고 데리다의 '해체' 또한 파시스트 이데올로기와 엮이게 됨.
1988	예루살렘 방문, 팔레스타인 지식인들을 만나 팔레스타인 자결권 지지 의사를 밝힘.
1989	미국 카도조 법학전문대학원에서 "해체와 정의의 가능성"이라는 주제의 콜로키움이 열리고, 데리다는 기조강연에서 "해체는 정의다"라는 말을 함.
	자크 브베레스Jacques Bouveresse와 프랑스 교육부가 설립한 인식론과 철학을 위한 성찰 위원회의 공동 의장을 맡음.
1990	소련 과학아카데미와 모스크바 대학에서 세미나를 개최함.
	《철학의 권리》 출간.
	10월부터 1991년 1월까지 프랑스 루브르 박물관에서 작품전이 열림. 데리다는 '편견Parti-pris'이란 주제로 참여. 이 전시회 기록은 1993년 《맹인의 기억들: 자화상과 다른 폐허들》이란 제목으로 출간됨.
1992	〈케임브리지 어페어〉. 케임브리지 대학에서 데리다에게 명예 박사학위를 수여한다는 정보가 나가자, 베리 스미스를 중심으로 미국, 호주, 스위스 등에 있는 19명의 학자가 영국 신문 〈타임〉에 공개서한을 냈음. 데리다의 명예 박사학위 수여를 두고 케임브리지 대학교 교수진은 투표를 했고 찬성 336, 반대 204로 데리다에게 명예 박사학위를 주는 것으로 결정함. 데리다는 6월 12일 케임브리지 대학교에서 명예 박사학위를 받음.
1993	《마르크스의 유령들》 출간.
1994	《우정의 정치학》 출간.
1996	11월 15일, 미국의 빌 클린턴 대통령과 힐러리 클린턴에게 공개 편지를 보냄. 피에르 프랑스Pierre Mendès France와 함께 보낸 서한은 1970년대 미국에서 흑인 민권운동을 주도했던 블랙 팬더당의 활동가이며 라디오 저널리스트였던 무미아 아부자말Mumia Abu-Jamal에 관한 것임. 아부자말은 1981년 경찰을 살인했다고 기소받고 사형선고까지 받았음. 데리다는 사형에 반대하는 시위를 했고 그의 말년에는 사형 폐지를 위한 세미나를 열었으며 아부자말을 석방하기 위한 캠페

인에 적극적으로 참여했음.

《애도집》 출간.

1997   프랑스 스리지라살 콘퍼런스에서 "자서전적 동물"이라는 제목으로 9시간 여의 세미나를 함.

1999   자전적 전기영화 〈데리다의 다른 곳(Derrida's Elsewhere)〉이 나옴.

이집트 출신의 시인이자 영화 감독인 사파 파티Safaa Fathy가 제작한 다큐멘터리 영화로 데리다의 용서, 환대, 책임, 공동체의 이야기를 담았으며 데리다가 출연했음. 알제리, 스페인, 프랑스, 미국 등 4개국에서 상영했음.

2001   '테오도르 아도르노 상'을 수상. 이 상은 철학·음악·영화·연극 분야에서 뛰어난 업적을 남긴 이에게 수여되는 상으로 3년마다 시상함.

중국 북경 대학교, 난징 대학교, 상하이 대학교에서 명예 박사학위를 받음.

2002   다큐멘터리 영화 〈데리다(Derrida)〉가 나옴. 커버 딕Kirby Dick과 에이미 지어링 코프만Amy Ziering Kofman이 감독했음. 데리다의 전기적인 영화이며 2002년 샌프란시스코 영화제에서 골든 게이트 상을 수상.

2003   조지 부시의 이라크 전쟁 승리 선언이 나온 직후인 5월 위르겐 하버마스Jürgen Habermas와 함께 〈우리의 혁신: 전쟁 이후 유럽의 재탄생〉이란 글을 독일과 프랑스 신문에 발표. 이라크 전쟁과 전쟁을 계기로 분열된 유럽의 현실을 비판하는 내용임.

췌장암 진단을 받음.

2004   8월 〈르 몽드〉 지와 마지막 인터뷰. 인터뷰는 "나는 나 자신과 전쟁을 하고 있다(I am at war with myself)"라는 제목으로 실렸으며, 이 인터뷰는 2007년 《드디어 살아감을 배우기》라는 제목으로 출간됨.

10월, 노벨문학상 후보로 거론됨.

10월 9일 토요일, 74세에 췌장암으로 별세. 10월 12일 장례식이 열림.

인명

ㄱ~ㄷ

ㄹ~ㅁ

ㅂ~ㅅ

개별성의 독자들께: '읽기-예식'을 위하여

참고문헌은 주로 책의 맨 뒤에 자리 잡고 있다. 특별히 자료에 관심을 가지지 않는다면 참고문헌을 주의 깊게 보는 이들이 많지 않을 수도 있다. 그러나 한 권의 책은 실제로 여러 종류의 세계와 연결되어 있다. 각주와 참고문헌이 본 글 못지않게 중요한 의미를 지니는 이유다.

내가 이곳에 나누는 자료는 대부분 영어로 된 자료다. 미국 대학 도서관을 이용하지 않는다면, 쉽게 찾기 어려운 자료가 대부분일 수도 있다. 그런데 나는 그 자료들의 '제목들'만이라도 읽는 것이 좋다고 본다. 서가에 꽂힌 책을 '모두' 읽을 수 없다고 해도, 간혹 그 제목만이라도 천천히 살펴보면 하나의 작은 세계로 나를 연결하는 상상력의 매체가 되기도 하기 때문이다.

'독자 일반'이란 존재하지 않는다고 나는 생각한다. 이러한 개념은 '독자'라는 범주에 들어가는 사람들을 동질화하는 '인식적 폭력'의 기능을 한다. '독자'라는 범주에 들어가는 사람들은 각기 다른 삶의 경험과 갈망을 가진 개인들이며, 개별적 얼굴을 지닌 이들이라고 생각한다. 즉 '개별성의 독자(the reader in singularity)'라고 부를 수 있다. 그 독자 중에는 참고문헌에 관심을 가지지 않는 이도 있을 것이고, 또는 여기에 나온 자료의 제목들을 세심하게 살펴보면서 다양한 '지적 상상력'을 작동시킬 사람들도 있을 것이다. 나는 어떤 책이나 글들의 제목들만 살펴보는 것도 새로운 '읽기 예식'이라고 본다. 모든 읽기, 사유하기, 해석하기는 데리다가 강조하듯 자서전적이다.

데리다는 언어, 즉 말하기와 쓰기에 대한 열정을 지닌 사람이다. 데리다와 처음으로 '데이트'하는 사람이라면, 그의 인터뷰나 에세이적 글을 병행하면서 데이트를 시작하는 것도 도움이 될 것이다. 한글로 번역된 인터뷰가 많지 않아서 그것들을 찾아보기가 쉬운 것은 아니다. 그러나 글로만이 아니라 유튜브에 있는 데리다 다큐멘터리 필름, 강연 또는 인터뷰 등을 살펴보면서, 데리다의 실제 목소리를 듣고, 그의 시선이나 표정을 보기도 하는 것은 데리다가 어떠한 소통을 했는지 상상하는 데 도움이 될 것이다.

'참고문헌' 작업을 하면서, 색다른 장르의 '데리다와의 데이트'를 하는 것 같다고 생각하게 되었다. 데리다만이 아니라, 다양하게 데리다와 '데이트'하는 이들의 자취를 만날 수 있기 때문이다. 참고문헌은 아래와 같은 순서로 구성했다.

Ⅰ. 데리다의 글들(Works by Derrida)

1. 데리다의 주요 저서(Selected Books)　　　　　　　　　(오리지널 출판연도순)

한국어 번역본이 있는 경우 함께 실었다. 오리지널 출판연도란 영어 번역본이 아닌 불어의 초판 출판연도를 말한다.

1962

Edmond Husserl's Origin of Geometry: An Introduction. 1962; Lincoln, Nebraska: University of Nebraska Press, 1989.
　　·《기하학의 기원》. 배의용 옮김. 지만지, 2012.

1967

Of Grammatology. Trans. Gayatri Chakravorty Spivak. Intro. Judith Butler. 40th Anniversary Edition. Newly Revised Translation. 1967; Baltimore: John HopkinsUniversity Press, 2016.
　　·《그라마톨로지에 대하여》. 김용권 옮김. 동문선, 2004.
　　·《그라마톨로지》. 김성도 옮김. 개정판. 민음사, 2010.

Writing and Difference. Trans. Alan Bass. 1967; Chicago: University of Chicago, 1978.
　　·《글쓰기와 차이》. 남수인 옮김. 동문선, 2001.

Speech and Phenomena: And Other Essays on Husserl's Theory of Signs. Trans. David B. Allison. 1967; Evanston, IL: Northwestern University Press,1974.

· 《목소리와 현상: 후설 현상학에서 기호 문제에 대한 입문》. 김상록 옮김. 인간
　　사랑, 2006.

1972

Dissemination. Trans. Barbara Johnson. 1972; Chicago: Chicago University Press, 1981.

Positions. Trans. Alan Bass. 1972; Chicago: Chicago University Press, 1981.

Margin of Philosophy. Trans. Alan Bass. 1972; Chicago: Chicago University Press, 1982.

1974

Glas. Trans. John P. Leavey and Richard Rand. 1974; Lincoln, NE: University of Nebraska
　　Press, 1990

1978

Spurs: Nietsche's Styles. Trans. Barbara Harlow. 1978; Chicago: University of Chicago
　　Press, 1979.

The Truth in Painting. Trans. Geoff Bennington and Ian McLeod. 1978; Chicago:
　　University of Chicago Press, 1987.

1980

The Post Card: From Socrates to Freud and Beyond. 1980; Chicago: University of
　　Chicago Press, 1987.

1987

Of Spirit: Heidegger and the Question. Trans. Geoffrey Bennington & Rachel Bowlby.
　　1987; Chicago: University of Chicago Press, 1989.

1990

Memoirs of the Blind: The Self-Portrait and Other Ruins. 1990; Chicago: University of
　　Chicago Press, 1993.

Who's Afraid of Philosophy?: Right to Philosophy 1. 1990; Stanford: Stanford University
　　Press, 2002.

1991

"Circumfession." In Jeffrey Bennington and Jacques Derrida, *Jacques Derrida*. Trans.
　　Geoffrey Bennington. 1991; Chicago and London: The University of Chicago
　　Press, 1993.

1992

Points ··· Interviews, 1974-1994. Ed. Elisabeth Weber. Trans. Peggy Kamup & Others.
　　1992; Stanford: Stanford University Press, 1995.

The Gift of Death. Trans. David Willis. 1992; Chicago: University of Chicago Press, 1995.

1993

On the Name. Ed. Thomas Dutoit. Trans. David Wood. 1993; Stanford: Stanford
　　University Press, 1995.

Aporias. Trans. Thomas Dutoit. 1993; Stanford: Stanford University Press, 1993.

Specters of Marx: The State of the Debt, the Work of Mourning. Trans. Peggy Kamuf. 1993; New York and London: Routledge, 1994.

· 《마르크스의 유령들》. 진태원 옮김. 그린비, 2014.1994

1994

Politics of Friendship. Trans. George Collins. 1994; London and New York: Verso, 2005.

1995

Archive Fever: A Freudian Impression. Trans. Eric Prenowitz. 1995; Chicago: The University of Chicago Press, 1996.

1996

Monolingualism of the Other; or, The Prosthesis of Origin. Trans. Patrick Mensah. 1996; Stanford: Stanford University Press, 1998.

1997

Adieu to Emmanuel Levinas. Trans. Pascale-Anne Brault and Michael Nass. 1997; Stanford: Stanford University Press. 1999.

Of Hospitality. Cultural Memory in the Present. 1997; Stanford: Stanford University Press, 2000.

· 《환대에 대하여》. 남수인 옮김. 동문선, 2004.

2000

On Touching-Jean-Luc Nancy. Trans. Christine Irizarry. 2000; Stanford: Stanford University Press, 2005.

2001

Paper Machine. Trans. Rachel Bowlby. 2001; Stanford: Stanford University Press, 2005

2. 데리다 글 모음집(Anthology) (출판연도순)

Limited INC. Trans. Samuel Weber. Baltimore: Johns Hopkins University Press, 1977.

A Derrida Reader: Between Blinds. Ed. Kamuf, Peggy. New York: Columbia University, 1991.

The Work of Mourning. Chicago and London: The University of Chicago Press. 2001.

On Cosmopolitanism and Forgiveness. Trans. Mark Dooley and Michael Hughes. London and New York: Routledge, 2001.

Acts of Religion. Edited and with an Introduction by Gil Anidjar. New York: Routledge, 2002.

Counterpath: Travelling with Jacques Derrida. With Catherine Malabou. Trans. David

Wills. Stanford: Stanford University Press, 2004.

Sovereignties in Question: The Poetics of Paul Celan. Ed. Thomas Dutoit and Quti
    Pasanen. New York: Fordham University Press, 2005.

The Animal That Therefore I Am. Ed. Marie-Louise Mallet. Trans. David Willis. 2006;
    New York: Fordham University Press, 2008.

     · 이 책은 4장으로 되어 있는데, 1장은 아래의 글이 포함되어 있다.

     · "The Animal That Therefore I Am (More to Follow)." Trans. David Wills.
     Critical Inquiry. 28.4 (Winter, 2002): 369-418.

     · Jacques Derrida, 〈동물, 그러니까 나인 동물〉. 최성희, 문성원 옮김, 〈문화과
     학〉 76호. 문화과학사 (2013년 겨울호): 299-378.

The Beast & the Sovereign. Volume I. Ed. Michel Lisse, Marie-Louise Mallet, and Ginette
    Michaud. Trans. Geoffrey Bennington. Chicago: The University of Chicago
    Press, 2009.

The Beast & the Sovereign. Volume II. Ed. Michel Lisse, Marie-Louise Mallet, and
    Ginette Michaud. Trans. Geoffrey Bennington. Chicago: The University of
    Chicago Press, 2011.

Theory and Practice (The Seminars of Jacques Derrida). Ed. Geoffrey Bennington and
    Peggy Kamuf, trans. David Willis. Chicago: University of Chicago Press, 2019.

Life Death. Ed. Pascale-Anne Brault and Michael Nass. Chicago: The University of
    Chicago Press, 2019.

Heidegger: The Question of Being & History. Trans. Geoffrey Bennington. University of
    Chicago Press, 2019.

Perjury & Pardon. Vol. 1. Trans. David Wills. Chicago: University of Chicago Press,
    2022.

3. 데리다 에세이와 주요 글(Selected Essays and Short Texts) (출판연도순)

"Otobiographies: The Teaching of Nietzsche and the Politics of the Proper Name." In
    The Ear of the Other: Otobiography, Transference, Translation. Texts and
    Discussion with Jacques Derrida. Ed. Christie McDonald. 1982; Lincoln and
    London: University of Nebraska Press, 1988.

"The Time of a Thesis: Punctuations." Trans. Kathleen McLaughlin. In *Philosophy in
    France Today*. Ed. Alan Montefiore. Cambridge: Cambridge University Press,
    1983.

"Deconstruction and the Other." In Richard Kearney. *Dialogues with Contemporary*

Continental Thinkers. Manchester: University Press, 1984.

"Some Statements and Truisms about Neo-Logisms, Newisms, Positions, Parasitsms, and other Small Seismisms." In The States of 'Theory': History, Art and Critical Discourse. Ed. David Carroll. New York: Columbia University Press, 1990.

"Et Cetera … (and so on). " Trans. Geoffrey Bennington. In Deconstruction: A User's Guide. Ed. Nicholas Royle. Baskingstoke and New York: Palgrave, 2000: 282-305.

"Hostipitality." Angelaki: Journal of the Theoretical Humanities. Vol. 5. No. 3 (December 2000): 3-18.

"To Forgive: The Unforgivable and the Imprescriptible." In Questioning God. Ed. John Caputo, Mark Dooley, and Michael Scanlon. Bloomington and Indianapolis: Indiana University Press, 2001.

"Deconstructing Terrorism." In Philosophy in a Time of Terror: Dialogue with Jürgen Habermas and Jacques Derrida. Ed. Giovanna Borradori. Chicago: University of Chicago Press, 2003.

"Avowing—The Impossible: 'Returns,' Repentance, and Reconciliation." In Living Together: Jacques Derrida's Communities of Violence and Peace. Ed. Elisabeth Weber. New York: Fordham University Press, 2013.

II. 데리다 인터뷰 (출판연도순)

Positions. Trans Alan Bass. 1972; Chicago: Chicago University Press, 1981.

"Interview Choreographies: Jacques Derrida and Christie V. McDonald." Diacritics. Vol. 12. No. 2 (Summer, 1982): 66-76.

"Deconstruction in America: An Interview with Jacques Derrida." With James Creech, Peggy Kamuf, and Jane Todd. Critical Exchange. 17 (1985): 1-33.

"Deconstruction and the Other: An Interview with Richard Kearney." In Richard Kearney Dialogues with Contemporary Continental Thinkers: The Phenomenological Heritage, Paul Ricoeur, Emmanuel Levinas, Herbert Marcuse, Stanislas Breton, Jacques Derrida. Manchester, UK: Manchester University, 1986.

Points ⋯ Interviews, 1974-1994. 1992; Stanford: Stanford University Press, 1995.

"Hospitality, Justice and Responsibility: A Dialogue with Jacques Derrida." In Questioning Ethics: Contemporary Debates in Philosophy. Ed. Richard Kearney and Mark Dooley. London: Routledge, 1999.

"On Forgiveness: A Roundtable Discussion with Jacques Derrida." Moderated by Richard

Kearney. In *Questioning God*. Ed. John Caputo, Mark Dooley, and Michael J.
Scanlon, 21-51. Bloomington: Indiana University Press, 2001.

Negotiations: Interventions and Interviews, 1971-2001. Ed. Elizabeth G. Rottenberg.
Stanford: Stanford University Press, 2002.

McKenna, Kristine. "Three Ages of Jacques Derrida: An Interview." *LA Weekly*.
November 6, 2002.

Dooley, Mark. "The Becoming Possible of the Impossible: An Interview with Jacques
Derrida." In Mark Dooley, ed. *A Passion for the Impossible: John Caputo in
Focus*. New York: State University of New York Press, 2003.

"Autoimmunity: Real and Symbolic Suicides—A Dialogue with Jacques Derrida." In
*Philosophy in a Time of Terror: Dialogue with Jürgen Habermas and
Jacques Derrida*. Ed. Giovanna Borradori. Chicago: University of Chicago
Press, 2003.

Counterpath: Traveling with Jacques Derrida. Interview with Catherine Malabou.
Stanford: Stanford University Press, 2004.

For What Tomorrow ⋯ A Dialogue. Trans. Jeff Fort. 2001; Stanford: Stanford University
Press, 2004.

"Violence Against Animal." In *For What Tomorrow. ⋯ A Dialogue*. Trans. Jeff Fort.
2001; Stanford: Stanford University Press, 2004.

"Confession and 'Circumfession': A Roundtable Discussion with Jacques Derrida."
Moderated by Richard Kearney. In *Augustine and Postmodernism:
Confessions and Circumfession*. Eds. John D. Caputo and Michael J. Scanlon.
Bloomington: Indiana University Press, 2005.

Sovereignties in Question: The Poetics of Paul Celan. Ed. Thomas Dutoit and Outi
Pasanen. New York: Fordham University Press, 2005.

"Epoché and Faith: An Interview with Jacques Derrida," An Interview with John D.
Caputo, Kevin Hard, and Yvonne Sherwood." In *Derrida and Religion: Other
Testaments*. Ed. Yvonne Sherwood and Kevin Hart. New York: Routledge,
2005.

Learning to Live Finally: The Last Interview. An Interview with Jean Birnbaum.
Trans. Pascale-Anne Brault and Michael Nass. Hoboken, New Jersey: Melville
House Publishing, 2007.

III. 데리다 부고(Obituary) (알파벳순)

데리다 사망 후 나온 부고들은 데리다에 대하여 극단적으로 엇갈린 평가를 보인다. 데리다에 대한 폭넓고 긍정적인 부고는 영국 신문 가디언에 2004년 10월 11일에 나온 것(1번)과 존 카푸토의 부고(4번)를 참고할 수 있다. 부정적인 부고로는 논란이 되었던 뉴욕타임스의 2004년 10월 10일 부고(5번)를 참고하면 좋다.

뉴욕타임스의 부고에 문제 제기하는 편지가 노스웨스턴 대학교의 새뮤얼 웨버, UCLA의 케네스 라인하르트, 컬럼비아 대학교의 가야트리 스피박, 그리고 시카고 대학교의 에릭 샌트너 교수의 이름으로 2004년 10월 13일 자 뉴욕타임즈 오피니언란에 나왔다. 이 편지는 300여 명의 학자, 건축가, 음악가, 작가 등이 서명을 했다. 뉴욕타임스는 2004년 10월 14일에 데리다 철학의 의미와 기여를 깊이 있게 다룬 마크 테일러 교수의 글(13번)을 실었다.

1. Attridge, Derek and Thomas Baldwin. "Jacques Derrida." Obituary for Jacques Derrida. *Guardian*. October 11, 2004.

2. BBC News. "Obituary for Jacques Derrida." *BBC News*. October 9, 2004.

3. Callinicos, Alex. "Obituary for Jacques Derrida." *Socialist Review*. November 2004.

4. Caputo, John. "Jacques Derrida (1930-2004)." *Journal for Cultural and Religious Theory*. 6, no. 1 (December 2004): 6-9.

5. Fleming, Chris and John O'Carroll. "In Memoriam: Jacques Derrida (1930-2004)." *Anthropological Quarterly*. Vol. 78. No. 1 (Winter 2005): 137-150.

6. Kandell, Jonathan. "Jacques Derrida, Abstruse Theorist, Dies in Paris at 74." Obituary for Jacques Derrida. *New York Times*. October 10, 2004.

7. Kimball, Roger. "Derrida and the Meaninglessness of Meaning." *The Wall Street Journal*. Oct. 12, 2004.

8. McLemee, Scott. "Obituary for Jacques Derrida." *Chronicle of Higher Education*. October 22, 2004.

9. Mendez, Anabell Guerrero. "Obituary for Jacques Derrida." *Economist*. October 21, 2004.

10. Siegumfeldt, Inge-Birgitte. "Milah: A Counter-Obituary for Jacques Derrida." *SubStance*. Vol. 34. No. 1. (2005): 32-34.

11. Smith, James K. A. "Obituary for Jacques Derrida." *Christianity Today*. October 1, 2004.

12. Sturrock, John. "Obituary for Jacques Derrida." *Independent*. October 10, 2004.

13. Sudan, Meghant. "On Derrida: The Impossible Possibility of Speaking on Death." *Social Scientist*. Vol. 32/12 (Nov-Dec., 2004): 98-102.

14. Sullivan, Patricia. "Obituary for Jacques Derrida." *Washington Post*. October 10, 2004.

15. Taylor, Mark C. "What Derrida Really Meant." *New York Times*. October 14, 2004

16. Trueheart, Charles. "Paris: The Death of Derrida." *American Scholar*. December 1, 2004.

17. Tumolo, Michael Warren, Jennifer Biedendoft, and Kevin J. Ayotte. "Un/Civil Mourning: Remembering with Jacques Derrida." *Rhetoric Society Quarterly*. Vol. 44. No. 2 (2014): 107-128.

18. Turner, Bryan. "Obituaries and the Legacy of Derrida." *Theory, Culture & Society*. Vol. 22. No. 2 (2005): 131-136.

19. Woo, Elaine. "Obituary for Jacques Derrida." *Los Angeles Times*. October 10, 2004.

20. Wood, David. "Obituary for Jacques Derrida." *Radical Philosophy*. January/February 2005.

IV. 참고자료

1. 데리다 전기(Biography) (알파벳순)

Baring, Edward. *The Young Derrida and French Philosophy, 1945-1968*. Cambridge: Cambridge University Press, 2011.

Mikics, David. *Who Was Jacques Derrida?: An Intellectual Biography*. New Haven & London: Yale University Press, 2009.

Norris, Christopher. *Derrida*. Cambridge, MA: Harvard University Press, 1987.
· 크리스토퍼 노리스, 《데리다》 이종인 옮김. 시공사, 1999.

Peeters, Benoît. *Derrida: A Biography*. Trans. Andrew Brown. 2010; Cambridge: Polity Press, 2013
· 브누아 페터스, 《데리다, 해체의 철학자》. 변광배, 김중현 옮김. 그린비, 2019.

Powell, Jason. *Jacques Derrida: A Biography*. London: Continuum, 2006.
· 제이슨 포웰, 《데리다 평전》. 박현정 옮김. 인간사랑, 2011.

Salmon, Peter. *An Event, Perhaps: A Biography of Jacques Derrida*. London & New York: Verso, 2020.

2. 데리다와 페미니즘 관련 자료(Works on Derrida and Feminism) (알파벳순)

Deutscher, Penelope. *Yielding Gender: Feminism, Deconstruction and the History of*

Philosophy. London & New York: Routledge, 1997.

_____. "Mourning the Other, Cultural Cannibalism, and the Politics of Friendship (Jacques Derrida and Luce Irigary)." *Differences: A Journal of Feminist Cultural Studies.* 10. 3 (Fall 1998): 159-172.

Devere, Heather. "Fraternization of Friendship and Politics: Derrida, Montaigne and Aristotle." *Critical Perspectives on Communication, Cultural & Policy Studies.* Vol. 24 (1& 2) 2005: 75-82.

Elam, Diane. *Feminism and Deconstruction.* London and New York: Routledge, 1993.

Feder, Ellen, Mary Rawlinson, and Emily Zakin, eds. *Derrida and Feminism: Recasting the Question of Woman.* New York and London: Routledge, 2015.

Holland, Nancy, ed. *Feminist Interpretations of Jacques Derrida.* Pennsylvania: The Pennsylvania State University Press, 1997.

McDonald, Christie V. and Jacques Derrida. "Interview Choreographies: Jacques Derrida and Christie V. McDonald." *Diacritics.* Vol. 12. No. 2 (Summer 1982): 66-76.

3. 데리다 관련 참고자료(Works on and Around Derrida)   (알파벳순)

Agamben, Giorgio. *Homo Sacer: Sovereign Power and Bare Life.* Trans. Daniel Heller-Roazen. Stanford: Stanford University Press, 1998.

Apter, Emily, et al. "Forum: The Legacy of Jacques Derrida." *PMLA* (Publication of the Modern Language Association of America). Vol. 120. No. 2 (March 2005): 464-494.

Baring, Edward and Peter E. Gordon, eds. *The Trace of God: Derrida and Religion.* Perspectives in Continental Philosophy. New York: Fordham University Press, 2014.

Bernasconi, Robert and Simon Critchley, eds. *Re-Reading Levinas.* Bloomington: Indiana University Press, 1991.

Borradori, Giovanna. *Philosophy in a Time of Terror: Dialogues with Jürgen Habermas and Jacque Derrida.* Chicago: The University of Chicago Press, 2003.

Brannigan, John, Ruth Robbins, & Julian Wolfreys, eds. *Applying: To Derrida.* NewYork: St. Martin's Press, INC., 1996.

Bruns, Gerald L. "Derrida's Cat (Who Am I?)." *Research in Phenomenology.* 38 (2008): 404-423.

Caputo, John D. *The Prayers and Tears of Jacques Derrida: Religion without Religion.*

Bloomington & Indianapolis: Indiana University Press, 1997.

_____, ed. *Deconstruction in a Nutshell: A Conversation with Jacques Caputo*. New York: Fordham University Press, 1997.

_____. "Goodwill and the Hermeneutics of Friend: Gadamer and Derrida." *Philosophy and Social Criticism*. 28.5 (2002): 512-522.

_____. *On Religion*. London and New York: Routledge, 2001.

_____. *What Would Jesus Deconstruct: The Good News of Postmodernism for the Church*. Grand Rapids: Baker Academic, 2007.

_____. *The Essential Caputo: Selected Writings*. Ed. B. Keith Putt. Bloomington: Indiana University Press, 2018.

_____. *On Religion*. Second Edition. London and New York: Routledge, 2019.

_____. *Search of Radical Theology: Expositions, Explorations, Exhortations*. New York: Fordham University Press, 2020.

Caputo, John and Michael J. Scanlon, eds. *God, the Gift, and Postmodernism*. Bloomington: Indiana University Press, 1999.

Caputo, John, Mark Dooley, and Michael J. Scanlon, eds. *Questioning God*. Bloomington: Indiana University Press, 2001.

Caputo, John and Michael J. Scanlon, eds. *Augustine and Postmodernism: Confessions and Circumfession*. Bloomington: Indiana University Press, 2005.

Carroll, David, ed. *The States of 'Theory': History, Art and Critical Discourse*. New York: Columbia University Press, 1990.

Clayton, Crockett. *Derrida after the End of Writing: Political Theology and NewMaterialism*. New York: Fordham University Press, 2018.

Critchley, Simon. *The Ethics of Deconstruction: Derrida and Levinas*. Oxford: Blackwell, 1992.

Deutscher, Penelope. *How to Read Derrida*. London: Granta Books, 2005.

Devere, Heather "Fraternization of Friendship and Politics: Derrida, Montaigne and Aristotle." *Critical Perspectives on Communication, Cultural & Policy Studies*. Vol. 24. No. 1& 2 (2005): 75-82.

Dick, Kirby and Amy Ziering Kofman, directed. *Derrida*. A Documentary Film. Zeitgeist, 2002.

Dooley, Mark, ed. *A Passion for the Impossible: John Caputo in Focus*. New York: State University of New York Press, 2003.

Foucault, Michel. *Power/Knowledge: Selected Interviews and Other Writings, 1972-1977*. Ed. Colin Gordon. New York: Pantheon, 1980.

Gaston, Sean. *The Impossible Mourning of Jacques Derrida*. London: Continuum, 2006.

Glendinning, Simon. *On Being with Others: Heidegger-Wittgenstein-Derrida*. London and New York: Routledge, 1998.

_____. *Derrida: A Very Short Introduction*. Oxford: Oxford University Press, 2011.

_____, ed. *Arguing with Derrida*. Oxford: Blackwell, 2001.

Glendinning, Simon and Robert Eaglestone, eds. *Derrida's Legacies: Literature and Philosophy*. London and New York, 2008.

Gschwandtner, Christina M. "Jacques Derrida and Religion without Religion." In *Postmodern Apologetics: Argument for God in Contemporary Philosophy*. New York: Fordham University Press, 2013.

Hägglund, Martin. *Radical Atheism: Derrida and the Time of Life*. Stanford: Stanford University Press, 2008.

Heidegger, Martin. *The Fundamental Concepts of Metaphysics: World, Finitude, Solitude*. Translated by William McNeill and Nicholas Walker. 1983; Bloomington and Indianapolis: Indiana University Press, 1995.

Hill, Leslie. *The Cambridge Introduction to Jacques Derrida*. Cambridge, UK: Cambridge University Press, 2007.

Holland, Nancy J., ed. *Feminist Interpretations of Jacques Derrida*. University Park, Pennsylvania: The Pennsylvania State University Press, 1997.

Kakoliris, Gerasimos. "Jacques Derrida's Double Deconstructive Reading: A Contradiction in Terms?" *Journal of the British Society for Phenomenology*. Vol. 35. No. 3 (October 2004): 283-292.

Kang, Namsoon. *Cosmopolitan Theology: Reconstituting Neighbor-Love, Hospitality, and Solidarity in an Uneven World*. St. Louis, MO: Chalice Press, 2013.

_____. *Diasporic Feminist Theology: Asia and Theopolitical Imagination*. Fortress Press, 2014.

Kamuf, Peggy, ed. *A Derrida Reader: Between the Blinds*. New York: Columbia University, 1991.

_____. "Introduction: Event of Resistance." In Jacques Derrida. *Without Alibi*. Ed. and trans. Peggy Kamuf. Stanford: Stanford University Press, 2002.

Kant, Immanuel. *Perpetual Peace and Other Essays on Politics, History, and Morals*. Trans. Ted Humphrey. Indianapolis and Cambridge: Hackett Publishing Company, 1983.

Kearney, Richard. *Dialogue with Contemporary Continental Thinkers: The Phenomenological Heritage, Paul Ricoeur, Emmanuel Levinas, Hervert Marcuse, Stanislas Breton, Jacques Derrida*. Manchester, UK: Manchester University, 1986.

Kearney, Richard, Richard and Mark Dooley, eds. *Questioning Ethics: Contemporary Debates in Philosophy*. London: Routledge, 1999.

Krell, David Farrell. *Derrida and Our Animal Others: Derrida's Final Seminar, the Beast and the Sovereign*. Bloomington and Indianapolis: Indiana University Press, 2013.

Levinas, Emmanuel. *Totality and Infinity: An Essay on Exteriority*. Trans. Alphonso Lingis. 1961; Pittsburgh, PA: Duquesne University Press, 1969.

_____. *Otherwise than Being or Beyond Essence*. Trans. Alphonso Lingis. 1974; Pittsburgh: Duquesne University Press, 1998.

Liewelyn, John. *Appositions of Jacques Derrida and Emmanuel Levinas*. Bloomington: Indiana University Press, 2002.

Lucy, Niall. *Derrida Dictionary*. Malden, MA: Blackwell Publishing, 2004.

McCance, Dawbe. *Derrida on Religion: Thinker of Difference*. New York: Routledge, 2014.

McDonald, Christie V. and Jacques Derrida. "Interview Choreographies: Jacques Derrida and Christie V. McDonald.' *Diacritics*. Vol. 12. No. 2 (Summer, 1982): 66-76.

McQuillan, Martin, ed. *Deconstruction: A Reader*. Edinburgh: Edinburgh University Press, 2000.

Malabou, Catherine and Jacques Derrida. *Counterpath: Traveling with Jacques Derrida*. Trans. David Wills. Stanford, CA: Stanford University Press, 2004.

Masuzawa, Tomoko. *The Invention of World Religions: Or, How European Universalism Was Preserved in the Language of Pluralism*. Chicago and London: The University of Chicago Press, 2005.

Miller, J. Hillis. *For Derrida*. New York: Fordham University Press, 2009.

Montefiore, Alan, ed. *Philosophy in France Today*. Cambridge: Cambridge University Press, 1983.

Nancy, Jean-Luc. *On the Commerce of Thinking: Of Books & Bookstores*. Trans. David Wills. New York: Fordham University Press, 2009.

_____. *Being Singular Plural*. Trans. Robert D. Richardson and Anne E. O'Byrne. Stanford: Stanford University Press, 2000.

Nass, Michael. *Miracle and Machine: Jacques Derrida and the Two Sources of Religion, Science, and the Media*. Perspectives in Continental Philosophy. New York: Fordham University Press, 2012.

_____. *Derrida From Now On*. New York: Fordham University Press, 2008.

_____. *Taking on the Tradition: Jacques Derrida and the Legacies of Deconstruction*. Stanford: Stanford University Press, 2003.

_____. *The End of the World and Other Teachable Moments: Jacques Derrida's Final Seminar*, 2014.

Nietzsche, Friedrich. *The Portable Nietzsche*. Trans. Walter Kaufmann. New York: The Viking Press, 1954.

Philipson, Robert. *Linguistic Imperialism*. Oxford, UK: Oxford University Press, 1992.

Rapaport, Herman. *Later Derrida: Reading the Recent Work*. New York: Routledge, 2003.

_____. *The Theory Mess: Deconstruction in Eclipse*. New York: Columbia University Press, 2001.

Reynolds, Jack and Jonathan Roffe, eds. *Understanding Derrida*. Bloomsbury Academic, 2004.

Royle, Nicholas. *After Derrida*. Manchester and New York: Manchester University Press, 1995.

_____. *Jacques Derrida*. New York: Routledge, 2003.

Royle, Nicholas, ed. *Deconstructions: A User's Guide*. New York: Palgrave, 2000.

Salusinszky, Imre. *Criticism in Society*. New York and London: Methuen, 1987.

Shepherd, Andrew. *The Gift of the Other: Levinas, Derrida, and a Theology of Hospitality*. Pickwick Publications, 2014.

Sherwood, Yvonne, ed. *Derrida's Bible: (Reading a Page of Scripture with a Little Help from Derrida)*. Religion/Culture/Critique. New York: Palgrave Macmillan, 2004.

Sherwood, Yvonne and Kevin Hart, eds. *Derrida and Religion: Other Testament*. New York and London: Routledge, 2005.

Smith, James K. A. *Jacques Derrida: Live Theory*. London: Continuum, 2005.

Still, Judith. *Derrida and Hospitality: Theory and Practice*. Edinburgh, UK: Edinburgh University Press, 2010.

Watkin, Christopher. *Jacques Derrida*. Phillipsburg, NJ: P&R Publishing, 2017.

Weber, Elisabeth, ed. *Living Together: Jacques Derrida's Communities of Violence and Peace*. New York: Fordham University Press, 2013.

Wolfreys, Julian. *Derrida: A Guide for the Perplexed*. London: Continuum, 2007.

Wortham, Simon Morgan. *Derrida: Writing Events*. London: Continuum, 2008.

_____. *The Derrida Dictionary*. London: Continuum, 2010.

데리다와의 데이트

나는 애도한다, 고로 존재한다

초판 1쇄 발행	2022년 8월 1일
초판 2쇄 발행	2022년 8월 17일
지은이	강남순
펴낸곳	(주)행성비
펴낸이	임태주
책임편집	이윤희
디자인	이유진
출판등록번호	제2010-000208호
주소	경기도 파주시 문발로 119 모퉁이돌 303호
대표전화	031-8071-5913
팩스	0505-115-5917
이메일	hangseongb@naver.com
홈페이지	www.planetb.co.kr

ISBN 979-11-6471-194-9 (03100)

※ 이 책은 신저작권법에 따라 보호를 받는 저작물이므로 무단 전재와 무단 복제를 금합니다.
  이 책 내용의 일부 또는 전부를 이용하려면 반드시 저작권자와 (주)행성비의 동의를 받아야
  합니다.
※ 책값은 뒤표지에 있습니다. 잘못 만들어진 책은 구입하신 서점에서 교환해드립니다.

행성B는 독자 여러분의 참신한 기획 아이디어와 독창적인 원고를 기다리고 있습니다.
hangseongb@naver.com으로 보내주시면 소중하게 검토하겠습니다.